RAGIONERIA GENERALE ED APPLICATA – *Volume I*

Alessandro Mura - Gianluigi Roberto

IL SISTEMA DI CONTABILITÀ GENERALE DELLE IMPRESE

IUSTITIAM COLIMUS
G. Giappichelli Editore

VIA PO, 21 - TEL. 011-81.53.111 - FAX 011-81.25.100
http://www.giappichelli.it

ISBN/EAN 978-88-921-0738-0

Volume pubblicato con i fondi dell'Università di Cagliari – Dipartimento di Scienze Economiche ed Aziendali.

Composizione: Voxel Informatica s.a.s. - Chieri (TO)

INDICE

Capitolo quinto
LA LOGICA E LA RILEVAZIONE DELLE OPERAZIONI DI ASSESTAMENTO E LA CHIUSURA DEI CONTI

Capitolo sesto
LA RIAPERTURA DEI CONTI

PREMESSA

Questo lavoro è stato ideato e scritto avendo in mente le esigenze didattiche degli studenti di Ragioneria Generale ed Applicata dei Corsi di Laurea dell'Università degli Studi di Cagliari. Più specificamente, è rivolto sia agli studenti iscritti nella sede di Cagliari, in cui l'insegnamento di Ragioneria ha un'impostazione tradizionale e orientata alla generalità delle imprese industriali, mercantili e di servizi sia agli studenti iscritti nella sede di Oristano (Economia e Gestione dei Servizi Turistici) in cui l'insegnamento parzialmente si differenzia per approfondire anche la specifica realtà delle imprese alberghiere e di viaggio, in armonia con gli obiettivi formativi di questo percorso.

È un lavoro che ha avuto un lungo periodo di gestazione. Da un lato, le sempre più frequenti manutenzioni normative operate dal legislatore civilistico e dall'Organismo Italiano di Contabilità (OIC) nell'ultimo decennio hanno sempre suggerito una posticipazione della pubblicazione per la costante preoccupazione degli autori di presentare un prodotto editoriale obsoleto in partenza. Per la verità, si tratta di una preoccupazione sempre latente, nonostante gli sforzi per incorporare le novità del D.Lgs 139/2015 e dei nuovi principi contabili OIC emanati al termine del 2016. Dall'altro, la gestazione è stata allungata dalla continua ricerca su quale grado di sintesi/analisi dovesse avere il lavoro: snello e sintetico in modo da lasciare spazio ai dovuti approfondimenti in aula mediante lezioni e casi applicativi o più voluminoso e analitico in modo da consentire i dovuti approfondimenti anche agli studenti che non possono frequentare le lezioni? In controtendenza con la politica della contrazione del numero di pagine e dei contenuti che contraddistingue i testi della scuola secondaria superiore, la scelta finale è ricaduta sull'ultima opzione, pur con tutti i dubbi che la complessità tecnica e pedagogica propria del trasferimento delle conoscenze della Ragioneria - e soprattutto delle capacità di applicarle - porta comunque con sé.

Gli autori hanno maturato una lunga attività di insegnamento sia nei corsi della sede di Oristano sia di Cagliari, condividendo annualmente gran parte delle scelte dei contenuti e delle modalità didattiche. Alcune parti del lavoro finale sono state utilizzate in forme diverse come dispense, con costanti cambiamenti di impostazione e correzioni sulla base delle sollecitazioni avute dagli studenti. A loro va il nostro ringraziamento: se il lavoro avrà qualche gradimento, sarà fondamentalmente per le loro osservazioni, correzioni e, a volte, intuizioni. Il contributo, quindi, si presenta lungo e si articola in volumi autonomi: il primo, ossia il presente volume, si concentra sul sistema delle rilevazioni della contabilità generale delle imprese industriali, mercantili e di servizi. Il resto del contributo si focalizzerà ancora sulle rilevazioni, ma con riguardo alla contabilità elementare e generale delle imprese alberghiere e di viaggio, e introdurrà le tematiche del bilancio d'esercizio.

Pur scontato che sia, è opportuno chiarire che la Ragioneria Generale ed Applicata non è, e non può essere, un insegnamento di Diritto Tributario. Tuttavia, la normativa delle imposte dirette e indirette influenza ampiamente le rilevazioni contabili e la redazione del bilancio, dove comunque l'attribuzione delle imposte di competenza economica dell'esercizio rappresenta l'ultimo passaggio prima della sua chiusura. Le vigenti normative tributarie sono sistematicamente richiamate nel testo in modo strumentale alle esigenze di rilevazione contabile e di rappresentazione in bilancio.

La consultazione e lo studio dei contenuti del lavoro possono basarsi unicamente sul testo, anche se lo stesso è spesso costellato da note a piè di pagina. Le note svolgono comunque importanti funzioni: 1) innanzitutto contengono gli specifici riferimenti alla dottrina ragioneristica che ha elaborato le diverse posizioni riportate nel testo. Oltre a restituire i meriti scientifici ai relativi autori, ciò può fornire una comoda base di partenza per gli studenti che volessero approfondire determinati argomenti nella loro tesi di laurea o in futuri momenti della loro vita professionale; 2) contengono inoltre specifici riferimenti normativi (codice civile, OIC, disciplina fiscale) con cui poter risalire al testo originale delle fonti normative analizzate nel testo.

Più in particolare, il presente volume si articola nel modo seguente.

I primi due capitoli sono dedicati ad introdurre le fondamentali nozioni di captale e di reddito (primo capitolo) e le metodologie e gli strumenti utilizzati per dare attuazione al sistema delle rilevazioni contabili (secondo capitolo).

Il terzo capitolo è dedicato all'esame delle principali caratteristiche e dei meccanismi di applicazione dell'imposta sul valore aggiunto (IVA), aspetti che si riflettono nelle rilevazioni contabili relative agli acquisti e alle cessioni dei beni e dei servizi.

I capitoli dal quarto al sesto sono dedicati all'esame delle principali rilevazioni contabili di esercizio (capitolo quarto), delle operazioni di assestamento e di chiusura dei conti (capitolo quinto) e delle operazioni di riapertura, nonché dell'utilizzo dei diversi fondi (fondo svalutazione crediti, fondo TFR, fondi rischi e oneri e fondi di ammortamento) rilevati in contabilità generale (capitolo sesto).

Il lavoro prosegue con la presentazione di un primo caso applicativo che consente di riepilogare le principali scritture contabili presentate nei precedenti capitoli.

Nella seconda parte del libro si esaminano le rilevazioni contabili più complesse: operazioni in cambi e commercio con l'estero (capitolo settimo), rapporti con il sistema bancario e con altri intermediari finanziari (capitolo ottavo), operazioni di investimento in titoli (capitolo nono), operazioni relative alla costituzione, alle variazioni di capitale, al riparto dell'utile e alla copertura delle perdite delle S.p.A. (capitolo decimo), emissione, gestione e rimborso dei prestiti obbligazionari (capitolo undicesimo) e, infine, operazioni riguardanti l'ottenimento di contributi pubblici da parte delle imprese (capitolo dodicesimo).

Il lavoro si chiude con un caso applicativo che consente di riepilogare le rilevazioni contabili analizzate nei capitoli dal settimo al dodicesimo.

Tutti gli argomenti sono affrontati, dapprima, presentando una trattazione teorica per inquadrare il tema, per lasciare spazio, successivamente, alla presentazione di casi ed esemplificazioni per considerare i risvolti pratici delle diverse operazioni, nonché per comprendere meglio i contenuti e consolidare le conoscenze acquisite.

Il volume, pur essendo il risultato di un comune confronto di idee, è da attribuirsi come segue: i Capitoli 1 e 2, da 4 a 7 e da 9 a 11 a Gianluigi Roberto; i Capitoli 8 e 12 ad Alessandro Mura. Inoltre, il Capitolo 3 va attribuito a Silvia Macchia; il Caso Bio-Brew S.p.A. parte prima e seconda a Laura Mulas. I paragrafi 9.1 e da 9.7 a 9.13 sono stati scritti con la collaborazione di Milena Serra.

Alessandro Mura
Gianluigi Roberto

Cagliari, Università degli Studi, dicembre 2016

Capitolo primo
IL CAPITALE E IL REDDITO DELLE IMPRESE

1.1. Il capitale d'impresa sotto l'aspetto qualitativo

Per soddisfare i propri innumerevoli bisogni, l'uomo promuove una serie di azioni volte all'ottenimento di beni e servizi idonei allo scopo. Queste azioni costituiscono nel loro insieme l'*attività economica* che si estrinseca nell'«attività umana rivolta alla scelta delle vie più convenienti per il soddisfacimento dei bisogni umani» [1]. Tale attività economica, in concreto, riguarda l'acquisizione, la produzione, lo scambio ed il consumo di beni e servizi. L'unità elementare in cui si compiono le diverse fasi relative all'attività economica è rappresentata dall'azienda, organismo destinato a perdurare, costituito da uomini e mezzi, ed avente come ultima finalità quella del soddisfacimento dei bisogni umani [2].

Per raggiungere tale scopo, l'azienda realizza, durante la sua esistenza, un insieme di operazioni tra loro coordinate. Tali operazioni, nel loro complesso, costituiscono la *gestione aziendale* [3]. Si fa distinzione tra operazioni di esterna gestione ed operazioni di interna gestione [4].

Le operazioni di esterna gestione riguardano gli scambi di beni e servizi con l'ambiente/mercato (acquisti di materie prime e merci dai fornitori, vendita di prodotti finiti, servizi e merci ai clienti, ecc.), mentre le operazioni di interna gestione riguardano processi interni di produzione economica che non mettono

---

[1] C. Caramiello, *L'azienda. Alcune brevi riflessioni introduttive*, Terza edizione, Milano, Giuffrè, 1995, p. 7.

[2] Cfr. P. Onida, *Economia d'azienda*, Torino, Utet, 1971, p. 3; G. Zappa, *Le produzioni nell'economia delle imprese*, Tomo I, Milano, Giuffrè, 1956, p. 37.

Per l'Amaduzzi «l'azienda è un sistema di forze economiche che sviluppa, nell'ambiente di cui è parte complementare, un processo di produzione, o di consumo, o di produzione e di consumo insieme, a favore del soggetto economico, ed altresì degli individui che vi cooperano» (A. Amaduzzi, *L'azienda nel suo sistema e nei suoi principi*, Torino, Utet, 1992, p. 20).

[3] «La gestione dell'azienda è il sistema delle operazioni simultanee e successive che dinamicamente si dispiega, finché l'azienda ha vita, per il raggiungimento dei fini della medesima» (P. Onida, *Economia d'azienda*, Torino, Utet, 1971, p. 251).

[4] Sulla distinzione tra operazioni di interna ed esterna gestione si veda G. Melis, *Elementi di economia aziendale*, terza edizione, Milano, Giuffrè, 2015, pp. 78-83.

l'azienda in relazione con terze economie (utilizzazione degli impianti, consumo di materie per la produzione, conservazione e confezionamento merci e prodotti, attività di ricerca, ecc.).

In via generale, l'impresa, per poter svolgere concretamente la propria attività di gestione, necessita di molteplici *condizioni produttive*[5] tra loro coordinate per il raggiungimento delle finalità aziendali. Tali condizioni di produzione si presentano tra loro eterogenee e se sono di pertinenza dell'impresa costituiscono il capitale o patrimonio osservato sotto l'aspetto qualitativo[6]. L'osservazione del capitale sotto l'aspetto qualitativo presuppone l'individuazione dei singoli elementi che lo compongono e la loro considerazione secondo le caratteristiche fisiche e funzionali.

Così, ad esempio, si possono individuare *fattori produttivi generici* (denaro) e *fattori produttivi specifici* (ad esempio impianti, attrezzature, materie prime, ecc.). Alcuni di questi fattori costituiscono *beni materiali* (ad esempio impianti, materie prime, ecc.) mentre altri sono rappresentati da *beni immateriali*, cioè non dotati del requisito della tangibilità (ad esempio brevetti, marchi, ecc.).

Un'importante classificazione degli elementi del capitale osservati sotto l'aspetto qualitativo è quella che distingue tra *beni a fecondità semplice* e *beni a fecondità ripetuta*. I primi sono destinati a partecipare ad un solo atto produttivo, mentre i secondi possono essere impiegati più volte nello sviluppo dei processi produttivi[7].

---

[5] «Il *complesso insieme delle condizioni di produzione* è inteso in modo molto ampio; esso include ogni elemento o circostanza che direttamente o indirettamente contribuisce a rendere possibile, a facilitare, od ostacolare, la produzione economica d'impresa; rientrano nelle condizioni di produzione elementi materiali e non, elementi d'ambiente ed elementi interni all'azienda» (G. Airoldi, G. Brunetti, V. Coda, *Economia aziendale*, Bologna, Il Mulino, 1994, p. 24).

[6] «Un insieme rilevante di condizioni di produzione (le condizioni di pertinenza dell'impresa in un dato momento) costituiscono il patrimonio d'impresa [...]» (*Ibidem*).

Sul capitale osservato sotto l'aspetto qualitativo si possono utilmente consultare: D. Amodeo, *Ragioneria generale delle imprese*, quarta edizione riveduta, Napoli, Giannini, 2002, pp. 70-86; G. Catturi, *L'azienda universale. L'idea forza, la morfologia e la fisiologia*, Padova, Cedam, 2003, pp. 221-243.

[7] Cfr. D. Amodeo, *Ragioneria generale delle imprese*, quarta edizione riveduta, Napoli, Giannini, 2002, pp. 72-76. Nell'ambito della dottrina economico-aziendale italiana si fa anche distinzione tra immobilizzazioni e disponibilità. Peraltro, tale distinzione non è univoca, ma può essere effettuata sulla base di diversi criteri. Tra questi, sono principalmente due quelli che hanno trovato concreta utilizzazione.

La prima classificazione si basa sul criterio della destinazione, ossia della partecipazione degli elementi patrimoniali ai processi produttivi aziendali. Sotto questo profilo le immobilizzazioni rappresentano elementi patrimoniali permanentemente destinati ed indispensabili ai processi produttivi, mentre le disponibilità sono costituite dai beni non aventi carattere di permanenza e indispensabilità ai fini dei processi produttivi. La seconda classificazione si basa sulla conversione in denaro dei diversi elementi patrimoniali. In base a tale distinzione, sono immobilizzazioni gli elementi patrimoniali che non sono prontamente liquidabili o lo sono solo a condizioni non economiche, mentre rappresentano disponibilità gli investimenti prontamente ed economicamente convertibili in denaro. Sul punto si vedano: D. Amodeo, *Ragioneria generale delle imprese*, quarta edizione riveduta, Napoli,

Si parla anche di *capitali fissi* (beni a fecondità ripetuta) e *capitali circolanti* (beni a fecondità semplice). Il legislatore civilistico distingue tra *immobilizzazioni* e beni appartenenti al *capitale circolante*. Le immobilizzazioni sono costituite dagli investimenti in elementi patrimoniali destinati a permanere durevolmente nell'economia dell'impresa[8]. Tali investimenti solitamente ritornano in forma monetaria in un periodo di tempo pluriennale, attraverso il contributo dato alla realizzazione della produzione aziendale.

Nell'ambito delle immobilizzazioni si hanno:

- *immobilizzazioni materiali*, cioè beni ad utilizzo pluriennale dotati del requisito della tangibilità (ad esempio fabbricati, impianti, macchinari, ecc.);
- *immobilizzazioni immateriali*, caratterizzate da utilità pluriennale ma non dotate del requisito della tangibilità (ad esempio brevetti, marchi, ecc.);
- *immobilizzazioni finanziarie*, rappresentate da crediti a media-lunga scadenza ed altri investimenti di natura finanziaria destinati a permanere durevolmente nel patrimonio aziendale (ad esempio partecipazioni azionarie, titoli di stato, ecc.).

I beni appartenenti alla categoria del capitale circolante sono destinati a non permanere durevolmente nell'economia dell'impresa e rappresentano investimenti che di solito ritornano in forma monetaria in un periodo di tempo breve (convenzionalmente entro 12 mesi).

Nell'ambito di tale categoria si possono individuare:

- *rimanenze* (*giacenze di magazzino*), rappresentate da beni destinati ad essere venduti (ad esempio merci, prodotti finiti) o utilizzati nella produzione (ad esempio materie prime) entro un periodo di tempo breve;
- *crediti a breve scadenza*, che rappresentano diritti ad incassare somme di de-

---

Giannini, 2002, pp. 76-81; F. Giunta, *Appunti di economia aziendale*, ristampa riveduta, Padova, Cedam, 1996, pp. 39-48.

Per un approfondimento sulle differenti classificazioni individuate dalla dottrina economico-aziendale con riferimento alle nozioni di immobilizzazioni e disponibilità si veda ampiamente: U. De Dominicis, *Le immobilizzazioni tecniche nei problemi d'impresa*, Cuneo, Ghibaudo, 1955, pp. 12-47.

[8] Si tratta della definizione inserita nell'art. 2424 *bis* del codice civile che recita: «Gli elementi patrimoniali destinati ad essere utilizzati durevolmente devono essere iscritti tra le immobilizzazioni».

Sul criterio della destinazione economica per la classificazione degli elementi patrimoniali si vedano, tra gli altri: C. Caramiello, *Il bilancio di esercizio, ieri e oggi. Brevi note per un confronto*, Milano, Giuffrè, 1994, p. 63; F. Dezzani, P. Pisoni, L. Puddu, *Il bilancio*, Milano, Giuffrè, 2001, pp. 44 e 45; F. Giunta, M. Pisani, *Il bilancio*, seconda edizione, Milano, Apogeo, 2008, pp. 143 e 144; G. Melis, P. Congiu, *Il bilancio d'esercizio delle imprese industriali, mercantili e di servizi*, terza edizione, Milano, Giuffrè, 2015, p. 73; A. Provasoli (a cura di), *Bilancio d'esercizio. Letture e casi*, Milano, Egea, 2002, p. 22; A. Quagli, *Bilancio di esercizio e principi contabili*, Torino, Giappichelli, 2001, pp. 44 e 45; U. Santesso, S. Sòstero, *I principi contabili per il bilancio d'esercizio. Analisi e interpretazione delle norme civilistiche*, Il Sole 24 Ore, 2006, p. 93.

naro alla scadenza convenuta (ad esempio crediti verso clienti, cambiali attive, altri crediti con scadenza breve);

- *attività finanziarie non immobilizzate*, costituite da investimenti in azioni ed altri titoli destinati a non essere mantenuti durevolmente tra le attività aziendali;
- *liquidità immediate*, rappresentate da somme di denaro disponibili per le esigenze aziendali (ad esempio denaro in cassa, c/c bancari attivi e c/c postali)[9].

Le modalità attraverso cui gli investimenti negli elementi patrimoniali ritornano in forma monetaria (disinvestimento) sono costituite dal *realizzo diretto* e dal *realizzo indiretto*. I beni a realizzo diretto sono quelli che ritornano in forma monetaria attraverso i ricavi derivanti dalla loro cessione (ad esempio merci e prodotti finiti).

I beni a realizzo indiretto, invece, non sono destinati alla vendita, ma all'utilizzo nei processi produttivi aziendali (ad esempio materie prime, impianti, ecc.). Il loro ritorno in forma monetaria avviene appunto indirettamente grazie ai ricavi di vendita delle produzioni che gli stessi beni hanno contribuito a realizzare.

Come si è visto, il capitale osservato sotto l'aspetto qualitativo è costituito da un insieme eterogeneo di condizioni produttive di pertinenza dell'impresa, cioè a disposizione di diritto e di fatto in un dato momento per lo svolgimento dell'attività aziendale.

L'osservazione sotto l'aspetto qualitativo del capitale non permette una sua rappresentazione unitaria proprio perché i singoli elementi che lo compongono sono tra loro eterogenei e sono espressi in unità di misura differenti: non si possono sommare tra loro, infatti, fabbricati, impianti, materie, crediti, ecc.

---

[9] La distinzione tra immobilizzazioni e capitale circolante è stata da taluni Autori criticata, in quanto la dottrina economico-aziendale, come si è visto, tende a contrapporre alle immobilizzazioni le disponibilità e al capitale fisso il capitale circolante. Il legislatore civilistico ha invece operato la classificazione distinguendo tra immobilizzazioni e capitale circolante.

A tale proposito scrive Mella: «La contrapposizione tra IMMOBILIZZAZIONI e ATTIVO CIRCOLANTE non appare corretta; corretto sarebbe stato contrapporre le IMMOBILIZZAZIONI alle DISPONIBILITÀ, secondo una logica di riclassificazione fondata sul grado di realizzabilità delle attività; oppure contrapporre all'ATTIVO CIRCOLANTE l'ATTIVO FISSO, secondo una riclassificazione finanziaria» (P. Mella, *Contabilità e bilancio*, Torino, Utet, 1993, p. 336).

Anche il Capaldo riconosce che la terminologia utilizzata dal legislatore civilistico non appare perfettamente in sintonia con i concetti elaborati dalla dottrina aziendale. Tuttavia scrive afferma: «La questione, in verità, non ha grande importanza, anche perché – mancando, in questa materia, una consolidata standardizzazione terminologica – non vi è il rischio che l'uso di un linguaggio non consueto possa generare incertezza e confusione.

Ad ogni modo, ha fatto bene, a nostro parere, il legislatore a usare l'espressione "Attivo Circolante" piuttosto che "Disponibilità": ha così evitato il possibile equivoco di ritenere che le voci iscritte tra le "Disponibilità" esprimessero somme di numerario o, comunque, *cose* sostanzialmente equivalenti al numerario» (P. Capaldo, *Reddito, capitale e bilancio di esercizio. Una introduzione*, Milano, Giuffrè, 1998, p. 280).

1.2. Il capitale d'impresa sotto l'aspetto quantitativo

Se si vuole dare una rappresentazione unitaria del capitale, occorre considerarlo sotto l'aspetto quantitativo e ricercare un'unità di misurazione comune dei singoli elementi patrimoniali tra loro eterogenei se considerati sotto l'aspetto qualitativo.

Tale obiettivo può essere raggiunto esprimendo gli elementi che concorrono a formare il capitale in termini di valore monetario [10]. La moneta rappresenta un bene (fattore di produzione generico) che consente di misurare il valore degli altri beni (fattori di produzione specifici) che l'impresa acquisisce durante lo svolgimento della gestione [11]. Pertanto, se si considera il valore attribuibile alle differenti condizioni produttive espresso in unità monetarie omogenee (ad esempio euro), si può identificare una nozione di *capitale-valore*.

In particolare, con il termine *attività* si indica il complesso dei valori relativi ai fattori produttivi di pertinenza dell'impresa e a sua disposizione in un dato momento (*capitale lordo*), mentre con il termine *passività* si indica il complesso dei debiti, o più in generale dei valori passivi, che gravano sull'impresa, sempre con riferimento ad un dato istante.

La differenza tra il valore attribuito alle attività (capitale lordo) e il valore attribuito alle passività rappresenta il *capitale* o *patrimonio netto*, «cioè un fondo di valori che esprime la ricchezza netta a disposizione dell'impresa in un dato momento della sua vita»[12], ovvero il capitale di pertinenza del titolare o dei soci.

Se si indica con A il valore attribuito alle attività, con P il valore attribuito alle passività e con N il valore del capitale o patrimonio netto, si può scrivere:

$$A - P = N$$

La misura del capitale netto segnala, come già evidenziato, la ricchezza netta a disposizione dell'impresa in un dato momento, cioè il suo *capitale proprio* (capitale di pertinenza del titolare o dei soci). Infatti, è ben diverso il caso di due imprese che hanno lo stesso valore di attività (capitale lordo), ad esempio 100, ma un importo di passività, rispettivamente, di 10 e di 60.

Appare evidente che a parità di valore delle attività (capitale lordo), la prima,

---

[10] «La nozione di capitale d'azienda è essenzialmente quantitativa e di valore, se non altro perché il capitale, nelle sue varie configurazioni, è costituito di molti componenti positivi o negativi che non possono avere altra espressione che in valore» (P. Onida, *Economia d'azienda*, Torino, Utet, 1971, p. 629). Peraltro, l'Autore riconosce anche l'importanza degli aspetti qualitativi. Scrive, infatti, l'Onida: «Tuttavia, per la conoscenza del capitale e per l'apprezzamento del suo contributo all'economia della produzione e dei suoi diversi processi, importano anche gli aspetti qualitativi riguardanti i beni, i loro caratteri e le loro relazioni funzionali nell'azienda» (*Ibidem*).

[11] Cfr. P. Mella, *Economia aziendale*, Torino, Utet, 1992, p. 111.

[12] G. Frattini, *Contabilità e bilancio. Principi economici, disciplina giuridica e normativa fiscale*, Milano, Egea, 2000, p. 23.

avendo un minor valore di passività (debiti ed altri valori passivi), risulta possedere un capitale netto pari a 90 (100 – 10 = 90), cioè una maggior ricchezza disponibile rispetto alla seconda che può vantare un capitale netto di 40 (100 – 60 = 40).

Quindi, il capitale netto rappresenta la parte del capitale lordo che non è gravata da debiti, ovvero esprime la misura dei diritti patrimoniali che può essere soddisfatta in via residuale attraverso le attività dopo aver rimborsato in via prioritaria il *capitale di terzi* (rappresentato dalle passività). Ciò significa che in sede di liquidazione dell'impresa, il patrimonio netto viene rimborsato al titolare o ai soci solo nella misura in cui residuano risorse dopo aver interamente rimborsato i creditori dell'azienda. Oltre che con riferimento alle modalità di rimborso, il capitale di terzi ed il capitale proprio (o capitale netto) presentano significative differenze anche sul piano della remunerazione.

Mentre al capitale di terzi spetta una remunerazione su base contrattuale (ad esempio interessi passivi pattuiti), il capitale proprio viene remunerato su base residuale, in modo eventuale e variabile. Eventuale, perché la remunerazione rimane subordinata alla creazione di nuova ricchezza grazie allo svolgimento della gestione aziendale; variabile, in quanto l'entità della remunerazione dipende dalla misura della ricchezza creata e distribuita ai portatori del capitale proprio.

Per queste sue caratteristiche il capitale netto viene anche denominato *capitale a pieno rischio*[13]. Si tratta del rischio generale di impresa, secondo cui in presenza di andamenti negativi lo stesso capitale viene intaccato, sino all'ipotesi estrema in cui la distruzione di ricchezza annulla il valore dello stesso capitale. In queste circostanze emerge un *deficit patrimoniale* (D), perché le attività risultano inferiori alle passività, segnalando, in via potenziale, che non solo non vi sarà rimborso del capitale proprio, ma neanche di una parte del capitale di terzi (le passività). In questo caso, l'equazione patrimoniale assume la seguente forma:

$$D = P - A$$

Ritornando all'ipotesi di capitale netto positivo, l'equazione patrimoniale A – P = N può essere esposta nella forma A = P + N che considera, al primo membro, i fattori produttivi di pertinenza dell'impresa e, al secondo membro, le fonti di finanziamento di cui l'impresa ha potuto beneficiare. In particolare, le fonti di finanziamento sono rappresentate dal capitale di terzi (debiti ed altre passività) e dal capitale proprio. Quest'ultimo costituisce il capitale di diretta pertinenza dell'impresa (capitale o patrimonio netto). Si può affermare che il primo membro dell'equazione patrimoniale mette in evidenza gli investimenti effettuati dall'azienda, ossia in che modo sono state impiegate le risorse monetarie affluite all'impresa (*impieghi*), mentre il secondo membro individua la provenienza delle stesse risorse (*fonti di finanziamento*).

---

[13] Sulla nozione di capitale a pieno rischio si veda: G. Ferrero, *Finanza aziendale*, Milano, Giuffrè, 1981, pp. 36, 96 e 97.

Lo Stato Patrimoniale è il prospetto bilanciante a due sezioni che mette in evidenza il capitale aziendale nel suo aspetto qualitativo e quantitativo. La sezione di sinistra indica la tipologia (aspetto qualitativo) e il valore (aspetto quantitativo) delle attività, mentre la sezione di destra evidenzia sia la tipologia e il valore delle passività sia l'importo del capitale netto.

Stato Patrimoniale

Attività (A)	Passività (P)
	Capitale netto (N)

Di seguito è riportato un esempio di Stato Patrimoniale riferito ad un'impresa individuale:

Stato Patrimoniale

Attività		***Passività e netto***	
Cassa	3	Debiti vs. fornitori	40
Banca c/c	7	Cambiali passive	10
Crediti vs. clienti	30	Mutui passivi	90
Merci in magazzino	60	*Totale passività*	140
Attrezzature	100	Capitale netto	60
Totale attività	200	*Totale passività e netto*	200

1.3. Il reddito totale o globale

L'impresa, attraverso la sua attività di gestione, tende ad accrescere la ricchezza netta a sua disposizione (rappresentata dal capitale netto); peraltro, in condizioni sfavorevoli di operatività, la stessa ricchezza potrebbe subire una riduzione.

Si definisce *reddito* la variazione che il capitale netto subisce per effetto delle operazioni di gestione svolte dall'impresa, con esclusione degli scambi di risorse tra l'impresa e l'imprenditore o i soci. Si ha un *utile* se si evidenzia un incremento del capitale netto (e quindi si ha creazione di nuova ricchezza), mentre si manifesta una *perdita* in presenza di una riduzione di capitale netto (e quindi si ha distruzione di ricchezza) [14].

Questa modalità di determinazione del reddito si basa su un *procedimento sintetico* che pone a confronto l'entità del capitale netto in due momenti diversi. Se si considera l'intera vita dell'impresa, e si confronta il capitale netto iniziale (capita-

---

[14] Cfr. G. Zappa, *Il reddito di impresa. Scritture doppie, conti e bilanci di aziende commerciali*, terza ristampa della seconda edizione, Milano, Giuffrè, 1950, pp. 277 e 278.

le di costituzione [15], ricchezza netta iniziale) con il capitale netto finale (capitale di liquidazione [16], ricchezza netta finale), si perviene alla determinazione del *reddito totale* o *globale* (ricchezza creata o distrutta durante l'intera gestione aziendale) [17].

Questa differenza esprime la ricchezza creata o distrutta dall'impresa durante la sua intera esistenza, nell'ipotesi che in tale periodo non vi siano stati nuovi apporti di capitale né erogazioni al titolare o ai soci sotto forma di distribuzione di utili o rimborsi di capitale. Infatti, tali operazioni modificano la misura del capitale netto, ma non esprimono una sua variazione imputabile all'attività di produzione economica. In presenza di simili apporti o prelevamenti, nella determinazione del reddito totale occorrerà neutralizzare l'impatto di queste variazioni di capitale netto non imputabili alla creazione di nuova ricchezza per effetto della gestione aziendale.

Pertanto, in estrema sintesi, possiamo dire che il reddito totale determinato con il procedimento sintetico si ottiene dal seguente calcolo:

capitale finale di liquidazione
(–) capitale di costituzione
(–) nuovi apporti di capitale netto
+ rimborsi di capitale netto
+ utili distribuiti [18]

Questa metodologia di determinazione del reddito totale (procedimento sintetico) evidenzia che le variazioni della ricchezza netta a disposizione dell'impresa (capitale netto) rappresentano produzione o consumo di reddito solo se si escludono le variazioni del capitale derivanti da scambi di risorse tra l'impresa e l'imprenditore o i soci (apporti e rimborsi di capitale e distribuzione di utili). Tuttavia, il procedimento sintetico non mostra quali sono le cause che hanno portato alla produzione o al consumo del reddito totale.

In pratica, durante la vita dell'impresa, per lo svolgimento della complessa attività di gestione, si acquisiscono fattori produttivi da terze economie sostenendo dei *costi*, cioè impiegando (sacrificando) ricchezza per l'attuazione dei processi produttivi [19].

---

[15] Il capitale di costituzione rappresenta il capitale conferito dal titolare o dai soci nel momento in cui l'impresa viene costituita. Sulle problematiche relative alla fase di costituzione dell'azienda si veda: F. Poddighe, *L'azienda nella fase istituzionale*, Pisa, Cursi, 1984.

[16] Il capitale finale di liquidazione rappresenta il capitale risultante al termine della vita dell'impresa, dopo aver pagato tutte le passività. Sul tema relativo alla fase della cessazione aziendale si veda: C. Caramiello, *L'azienda nella fase terminale*, Pisa, Cursi, 1968.

[17] Sulla nozione e sulle caratteristiche del reddito totale o globale si veda per tutti: P. Onida, *La logica e il sistema delle rilevazioni quantitative d'azienda*, seconda edizione accresciuta, Milano, Giuffrè, 1970, pp. 72-81.

[18] Cfr. G. Melis, *Elementi di economia aziendale*, terza edizione, Milano, Giuffrè, 2015, p. 268.

[19] Cfr. F. Giunta, *Appunti di economia aziendale*, ristampa riveduta, Padova, Cedam, 1996, p. 278.

Le produzioni ottenute vengono successivamente cedute sul mercato dietro l'ottenimento di *ricavi di vendita* che rappresentano la produzione di ricchezza lorda, ovvero ricchezza che viene rigenerata attraverso i processi produttivi[20]. Ora, dal confronto tra la ricchezza impiegata nei processi produttivi (costi) e quella rigenerata negli stessi processi (ricavi), si può determinare l'incremento o il decremento della ricchezza aziendale verificatosi in un dato periodo di tempo.

Prendendo come riferimento l'intera vita aziendale, è possibile determinare il reddito totale con un *procedimento analitico*, attraverso la differenza tra i ricavi complessivamente conseguiti ed i costi complessivamente sostenuti. In tal modo si evidenziano in maniera analitica le cause che hanno portato all'individuazione di un certo reddito totale, cioè i componenti positivi (ricavi) e negativi (costi) dello stesso reddito.

Con il procedimento analitico, pertanto, il reddito totale sarà dato dalla seguente differenza:

ricavi totali – costi totali

Il *Conto Economico* rappresenta il prospetto a due sezioni che mette in evidenza nella parte di sinistra i componenti negativi di reddito, nella parte di destra quelli positivi e, per differenza, a pareggio nella sezione con totale minore, il risultato economico conseguito, utile o perdita.

Conto Economico

Costi	Ricavi
Utile	*Perdita*

Si presenta di seguito un semplice esempio di determinazione del reddito totale con il procedimento sintetico e con quello analitico.

Si supponga la costituzione di una ditta individuale con un conferimento iniziale di capitale pari a 1.000, interamente rappresentato da denaro.

Lo Stato Patrimoniale al momento della costituzione si presenterà nel seguente modo:

Stato Patrimoniale

Attività		***Passività e netto***	
Cassa	1.000	Capitale netto (iniziale)	1.000
Totale	1.000	*Totale*	1.000

---

[20] Cfr. F. Giunta, Appunti di economia aziendale, ristampa riveduta, Padova, Cedam, 1996, p. 278; A. Pavan, *L'amministrazione economica delle aziende. Organizzazione e gestione; contabilità generale, bilancio e controllo nelle imprese. Associazioni "non profit" ed enti pubblici*, Milano, Giuffrè, 2001, pp. 24 e 25.

Durante la gestione aziendale, che si è sviluppata per tre anni, sono stati sostenuti i seguenti costi misurati da uscite monetarie:

acquisto merci:	4.000
fitti passivi:	500
spese per prestazioni di servizi:	200
totale costi:	4.700

Nel corso dell'intera gestione aziendale si sono conseguiti ricavi relativi alla vendita delle merci, misurati da entrate monetarie, per 5.000. Inoltre durante l'esistenza dell'impresa non ci sono stati nuovi conferimenti né prelevamenti da parte del titolare.

Alla cessazione dell'impresa, si procede alla sua liquidazione, ossia alla trasformazione in forma monetaria di tutti gli elementi patrimoniali attivi, attraverso la loro cessione, e al successivo rimborso dei debiti aziendali. Il capitale netto finale (ciò che residua dopo aver rimborsato tutte le passività) è costituito interamente da denaro contante.

In particolare, le disponibilità monetarie esistenti al termine della vita dell'impresa, che rappresentano l'entità del capitale netto finale, saranno date dalla somma algebrica tra la consistenza iniziale delle stesse disponibilità e le entrate e le uscite complessive di denaro verificatesi durante l'intera gestione aziendale.

Quindi si avrà:

disponibilità monetarie iniziali:	1.000
+ entrate complessive:	+ 5.000
(-) uscite complessive:	(-) 4.700
disponibilità monetarie finali:	1.300

Lo Stato Patrimoniale finale si presenterà come segue:

Stato Patrimoniale

Attività		***Passività e netto***	
Cassa	1.300	Capitale netto (finale)	1.300
Totale	1.300	*Totale*	1.300

Con il procedimento sintetico, il reddito totale dell'impresa sarà dato dal confronto tra il capitale netto finale (di liquidazione) ed il capitale netto iniziale (di costituzione).

Quindi si avrà:

capitale netto finale:	1.300
(-) capitale netto iniziale:	(-) 1.000
reddito totale (Utile):	300

Per la determinazione del reddito totale con il procedimento analitico, occorrerà considerare tutti i ricavi conseguiti e tutti i costi sostenuti durante l'intera esistenza dell'impresa:

ricavi totali:	5.000
(-) costi totali:	(-) 4.700
reddito totale (Utile):	300

La determinazione analitica viene evidenziata dal seguente Conto Economico relativo all'intera gestione dell'impresa:

Conto Economico

Costi		***Ricavi***	
Costo acquisto merci	4.000	Ricavi vendita merci	5.000
Fitti passivi	500		
Spese prestazioni servizi	200		
Totale costi	4.700		
Utile totale	300		
Totale a pareggio	5.000	*Totale ricavi*	5.000

Da un punto di vista teorico, il reddito totale determinato confrontando il capitale finale ed il capitale iniziale costituiti interamente da denaro contante (procedimento sintetico), ovvero considerando tutti i ricavi e tutti i costi misurati, rispettivamente, da entrate e da uscite monetarie, rappresenta una quantità oggettiva. Infatti, la sua determinazione si fonda sul confronto tra valori certi, misurati oggettivamente da quantità di denaro.

In realtà, il confronto tra quantità rappresentate da denaro contante (e quindi oggettive) in momenti diversi, di norma assai lontani, come avviene solitamente nel caso della determinazione del reddito totale, porta a considerare quantità solo nominalmente omogenee, poiché espresse nella stessa moneta (ad esempio euro), ma sostanzialmente eterogenee se considerate sotto il profilo del potere di acquisto.

Per poter ottenere un reddito totale significativo, occorrerebbe utilizzare appositi indici che tengano conto della svalutazione monetaria intercorsa nel periodo di tempo considerato [21].

Appare evidente che l'utilizzo di coefficienti determinati in modo convenzionale, per riesprimere i valori da utilizzare per la determinazione del reddito totale, fa perdere allo stesso la natura di quantità oggettiva.

Inoltre, se il capitale iniziale non è rappresentato interamente da denaro contante ma, ad esempio, da fattori produttivi specifici oggetto di valutazione (ad esempio terreni, fabbricati, ecc.), e quindi di apprezzamento soggettivo, la deter-

---

[21] Si veda in proposito: P. Onida, *La logica e il sistema delle rilevazioni quantitative d'azienda*, seconda edizione accresciuta, Milano, Giuffrè, 1970, p. 73.

minazione del reddito totale varierà in funzione del valore attribuito agli stessi fattori, perdendo la natura di oggettività[22].

Si pensi, ad esempio, al caso di un'impresa il cui capitale iniziale sia costituito da un apporto di un fabbricato valutato 100. Il capitale finale di liquidazione, rappresentato da denaro contante, sia pari a 130. Supponendo che durante l'intera gestione aziendale non vi siano stati né nuovi apporti né prelevamenti del titolare o dei soci, il reddito totale risulta pari a 30 (130 – 100).

Se, invece, all'atto della costituzione il fabbricato venisse valutato 90, il reddito totale risulterebbe pari a 40 (130 – 90).

In pratica, in presenza di un capitale iniziale costituito (anche solo parzialmente) da beni diversi dal denaro contante, e quindi oggetto di valutazioni soggettive, la determinazione del reddito totale non avviene più in modo oggettivo.

1.4. Il reddito di esercizio ed il capitale di funzionamento

La determinazione del reddito totale, valida dal punto di vista teorico, non risulta concretamente perseguibile ed utilizzabile nella realtà per numerose motivazioni sia di ordine concettuale sia di ordine pratico[23]. Oltre al già citato problema legato alla svalutazione monetaria, basti pensare al fatto che l'azienda è un istituto economico destinato a perdurare nel tempo[24], per cui non si può aspettare il termine dell'impresa per verificare se e in che misura la stessa ha generato o distrutto ricchezza. Numerose sono, infatti, le categorie di soggetti interessati a vario titolo alle vicende dell'impresa (*stakeholders*)[25] che necessitano di informazioni periodiche sulle dinamiche patrimoniali, finanziarie ed economiche dell'azienda[26].

Il *titolare* o i *soci* dell'impresa hanno necessità di conoscere periodicamente l'andamento della stessa per poter assumere decisioni circa lo svolgimento dell'attività aziendale, nonché per determinare le somme che possono essere distribuite ai portatori del capitale di rischio (capitale proprio) senza compromettere le condizioni di economico svolgimento della gestione.

---

[22] *Ibidem*, p. 74.

[23] Cfr. G. Melis, *Elementi di economia aziendale*, terza edizione, Milano, Giuffrè, 2015, p. 270; P. Onida, *La logica e il sistema delle rilevazioni quantitative d'azienda*, seconda edizione accresciuta, Milano, Giuffrè, 1970, p. 61.

[24] Cfr. G. Zappa, *Le produzioni nell'economia delle imprese*, tomo I, Milano, Giuffrè, 1956, p. 37.

[25] Coda definisce gli *stakeholders* come l'insieme dei «detentori di interessi convergenti nell'impresa [...]» (V. Coda, *L'orientamento strategico dell'impresa*, Torino, Utet, 1988, p. 18).

[26] Sulle diverse categorie di destinatari dell'informazione aziendale, ed in particolar modo del bilancio di esercizio, si vedano tra gli altri: P. Capaldo, *Qualche riflessione sull'informazione esterna d'impresa*, in *Rivista dei Dottori Commercialisti*, n. 6, 1975, pp. 841-846; A. Melis, *La qualità dell'informazione esterna. Principi contabili ed evidenze empiriche*, Milano, Giuffrè, 2008, pp. 19-27; G. Paolone, *Il bilancio di esercizio delle imprese in funzionamento e dei gruppi societari*, Torino, Giappichelli, 1992, pp. 51-57; A. Vivarelli, *Strutture e forme del conto economico delle imprese*, Padova, Cedam, 1983, pp. 73-78.

I *finanziatori* dell'impresa hanno bisogno di controllare periodicamente le condizioni in cui si trova ad operare l'azienda, per verificare il grado di rischio cui sono sottoposti e valutare la concreta possibilità di ottenere regolarmente le remunerazioni del capitale prestato, nonché il regolare rimborso dello stesso capitale alle scadenze contrattuali previste.

L'*erario* necessita di informazioni periodiche sui risultati aziendali per poter effettuare i prelievi fiscali durante la vita delle imprese operanti nel territorio dello Stato.

Anche i *clienti*, i *fornitori*, i *dipendenti*, gli *analisti finanziari* e la *pubblica amministrazione* possono avere interesse, per vari motivi, ad avere informazioni periodiche sui risultati aziendali.

Per raggiungere l'obiettivo di verificare periodicamente i risultati aziendali, occorre effettuare una segmentazione dell'unitaria gestione in periodi di tempo limitati (*periodi amministrativi*) e considerare le operazioni di gestione relative allo stesso periodo di tempo (*esercizio*)[27].

Pertanto, normalmente, la gestione unitaria aziendale viene scissa in periodi di tempo limitati, generalmente di durata annuale.

Si passa, così, dalla nozione di reddito totale a quella di *reddito d'esercizio*, definito come la variazione subita dal capitale netto per effetto dell'attività di gestione svolta in un determinato periodo amministrativo, con esclusione delle variazioni del capitale derivanti da scambi di risorse tra l'impresa e l'imprenditore o i soci (apporti e/o rimborsi di capitale e distribuzione di utili).

Tale definizione si collega al procedimento di determinazione sintetica del reddito di esercizio. Quest'ultimo, attraverso il procedimento di determinazione analitica, viene individuato dalla differenza tra i componenti positivi e negativi di reddito che sono attribuibili al periodo amministrativo.

Appare evidente che la determinazione del reddito d'esercizio si presenta molto più complessa rispetto a quella relativa al reddito totale. Per determinare quest'ultimo, infatti, non si riscontrano difficoltà nell'attribuzione dei componenti positivi e negativi di reddito relativi all'intera gestione aziendale: devono essere considerati tutti i costi e tutti i ricavi che si sono manifestati nel corso dell'esistenza dell'impresa.

Per determinare il reddito d'esercizio, invece, la gestione aziendale, unitaria nel tempo e nello spazio, viene artificialmente spezzata in periodi amministrativi, per cui si pone il problema di attribuire i componenti positivi e negativi di reddito ai singoli esercizi.

Così, ad esempio, mentre il costo di acquisto relativo ad un fattore produttivo ad utilità pluriennale (ad esempio impianto) verrà considerato per intero nella determinazione del reddito totale, per l'individuazione del reddito di esercizio si renderà necessario effettuare opportune congetture ed astrazioni per ripartire il co-

---

[27] Sulle nozioni di periodo amministrativo e di esercizio si vedano: P. Onida, *La logica e il sistema delle rilevazioni quantitative d'azienda*, seconda edizione accresciuta, Giuffrè, 1970, p. 81; G. Zanda, *Lineamenti di economia aziendale*, III Edizione, Kappa, 2006, p. 74.

sto sostenuto tra i diversi periodi amministrativi che hanno usufruito del bene.

Pertanto, la determinazione del reddito di esercizio si presenta assai complicata, poiché alla fine di ogni periodo amministrativo vi sono operazioni aziendali che sono iniziate nell'esercizio o in esercizi precedenti, ma che troveranno compimento in esercizi successivi (*operazioni in corso*)[28].

Occorre quindi effettuare un articolato processo di valutazione delle operazioni in corso alla fine di ogni periodo amministrativo basato su stime, congetture e astrazioni, per poter attribuire a ciascun esercizio i costi e i ricavi che si reputano di sua competenza e per determinare, quindi, il reddito di esercizio ed il collegato capitale di funzionamento, cioè il capitale riferito ad un'azienda che si trova ad operare in condizioni di normale funzionamento e destinata a continuare la propria attività anche in futuro (impresa in fase di funzionamento).

La scissione dell'unitaria gestione aziendale in esercizi, e la conseguente necessità di effettuare stime e congetture per attribuire i costi e i ricavi ai singoli periodi amministrativi, determinano la natura di quantità astratta[29] da riferire al reddito di esercizio.

In estrema sintesi, per la determinazione del reddito di esercizio occorre individuare i ricavi relativi alle cessioni di beni e di servizi effettuate nell'esercizio (*ricavi di competenza economica*), e poi correlare opportunamente a detti ricavi i costi relativi ai fattori produttivi utilizzati nello stesso esercizio per realizzare la produzione (*costi di competenza economica*).

Così, ad esempio, il costo sostenuto per l'acquisizione di materie prime sarà considerato di competenza economica dell'esercizio per la parte utilizzata nella produzione di beni o servizi, mentre il valore relativo ai fattori non utilizzati, e pertanto in rimanenza a fine periodo, costituisce un'operazione in corso, rappresentata da una condizione produttiva disponibile per la futura attività d'impresa (elemento attivo del capitale di funzionamento).

Le stime effettuate per la valutazione delle operazioni in corso a fine anno concorrono a definire il reddito di esercizio ed il capitale di funzionamento esistente al termine del periodo amministrativo[30].

---

[28] Trattando delle operazioni in corso scrive Melis: «Si tratta di investimenti in immobilizzazioni tecniche che troveranno reintegrazione economica attraverso i ricavi dei diversi esercizi alla cui produzione economica concorrono, di crediti commerciali in attesa dell'incasso, di giacenze di magazzino da realizzare direttamente o indirettamente, di anticipi da committenti per allestire beni e servizi, di rischi per collaudi e garanzie su prodotti ceduti, di oneri da fronteggiare per le indennità di trattamento di fine rapporto dei dipendenti, ecc.» (G. Melis, *Le rimanenze nel bilancio di esercizio delle imprese che operano su commessa*, Padova, Cedam, 1988, p. 48).

[29] Le quantità astratte «non esprimono alcuna realtà in sé stessa esistente e obbiettivamente accertabile nel presente o nel futuro: quantità configurate in funzione di date astrazioni e di date ipotesi di determinazione e che hanno senso e sono "vere" non già in assoluto, ma in relazione solo a quelle astrazioni e a quelle ipotesi» (P. Onida, *Economia d'azienda*, Torino, Utet, 1971, p. 558).

[30] «Il capitale di bilancio o di funzionamento è una categoria logica determinata in connessione alla necessità di misurare periodicamente il reddito di esercizio» (F. Superti Furga, *Le valutazioni di bilancio*, seconda edizione, Torino, Isedi, 1979, p. 17).

In pratica, la valutazione delle operazioni in corso risulta strumentale per individuare i componenti positivi e negativi di reddito di competenza del periodo amministrativo, dalla cui contrapposizione emerge il risultato economico (reddito) di esercizio, e per determinare il valore attribuibile agli elementi che compongono il capitale di funzionamento.

Infatti, attraverso il processo di valutazione delle operazioni in corso al termine del periodo amministrativo si individuano, nell'ambito dei valori aziendali, quelli che costituiscono il capitale di funzionamento, che trovano evidenziazione nello Stato Patrimoniale, e quelli che partecipano alla formazione del reddito di esercizio, che confluiscono nel Conto Economico.

Tornando all'esempio delle materie prime, se nel corso del periodo amministrativo si sono sostenuti costi per l'acquisizione di tali fattori produttivi per un importo pari a 100, ma si sono utilizzate materie soltanto per 70 significa che in magazzino si trovano giacenze di beni disponibili per le produzioni future per 30 (operazione in corso).

Pertanto, l'importo che esprime le materie consumate nell'esercizio (pari a 70), cioè che hanno ceduto la loro utilità ai processi produttivi svolti dall'impresa, rappresenta un costo di competenza e costituisce un componente negativo del reddito di esercizio che troverà rappresentazione nel Conto Economico, mentre il valore in rimanenza (pari a 30) rappresenta una condizione produttiva a disposizione dell'impresa per le produzioni future (operazione in corso), cioè un'attività da indicare nello Stato Patrimoniale.

In sostanza, i valori da considerare per la determinazione del reddito di esercizio sono rappresentati dai costi e dai ricavi riferiti ad operazioni che hanno trovato la loro conclusione nel periodo amministrativo, mentre i valori espressione delle operazioni in corso (non ancora concluse) al termine dell'esercizio (ad esempio merci e prodotti da vendere, impianti da utilizzare, crediti da incassare, debiti da pagare, ecc.) costituiscono, nel loro insieme, le attività e le passività del capitale di funzionamento [31].

Stato Patrimoniale e Conto Economico costituiscono i due documenti contabili di sintesi del bilancio di esercizio. Tali documenti esprimono nel loro insieme un sistema di valori finalizzato alla rappresentazione del reddito di esercizio (attraverso la redazione del Conto Economico) e del collegato capitale di funzionamento (attraverso la redazione dello Stato Patrimoniale) [32].

---

[31] Cfr. F. Giunta, *Appunti di economia aziendale*, ristampa riveduta, Padova, Cedam, 1996, p. 315.

Sulle attività e passività come valori originati dalle operazioni in corso al termine del periodo amministrativo si veda: G. Ferrero, *La valutazione del capitale di bilancio. Logica economico-quantitativa della valutazione. Legislazione vigente e direttive comunitarie. Principi contabili*, Milano, Giuffrè, 1988, pp. 10-15.

[32] «Il rendiconto generale d'esercizio, nelle imprese – comunemente detto "bilancio" – è un sistema di valori formalmente costituito da due parti: lo "Stato attivo e passivo" o "Stato Patrimoniale" o "Inventario patrimoniale" e il conto generale di "Profitti e perdite"» (P. Onida, *Il bilancio*

Reddito di esercizio e capitale di funzionamento rappresentano le grandezze economiche che sintetizzano lo svolgimento dell'attività aziendale e che costituiscono l'oggetto prioritario di determinazione attraverso il funzionamento del sistema di contabilità generale.

---

d'esercizio nelle imprese. Significato economico del bilancio. Problemi di valutazione, quarta edizione emendata, ristampa inalterata, Milano, Giuffrè, 1974, p. 3).

Capitolo secondo
LA CONTABILITÀ GENERALE: ASPETTI INTRODUTTIVI

2.1. L'aspetto finanziario e l'aspetto economico della gestione

Nello svolgimento della propria attività di gestione, l'impresa entra in relazione con economie esterne per l'acquisto dei fattori produttivi, per la vendita delle produzioni allestite e per l'acquisizione delle risorse finanziarie necessarie per fronteggiare i fabbisogni di capitale. Le operazioni di gestione possono essere osservate sotto due diversi ma complementari aspetti: l'*aspetto finanziario* e l'*aspetto economico*[1].

L'aspetto finanziario è collegato alle entrate ed uscite di denaro e ai crediti e debiti che daranno luogo, rispettivamente, ad entrate ed uscite monetarie future. Nell'ambito dell'aspetto finanziario, si possono individuare i valori finanziari. Tali valori comprendono i cosiddetti *valori numerari* (o monetari) ed i *crediti* e i *debiti di finanziamento*.

I valori numerari sono rappresentati dal denaro e dai *crediti* e *debiti di regolamento*, che sostituiscono temporaneamente il denaro nelle transazioni commerciali. Infatti, in un'operazione di scambio, il regolamento può essere immediato, dando luogo ad un movimento di denaro, oppure differito, cioè previsto in un momento successivo. In quest'ultimo caso, l'acquirente non rileverà un'uscita di denaro, ma evidenzierà un debito di regolamento (o di funzionamento) che, fino alla sua scadenza, sostituisce temporaneamente l'uscita monetaria.

Simmetricamente, il venditore non rileverà alcuna entrata immediata di denaro, ma evidenzierà il sorgere di un credito di regolamento (o funzionamento) che sostituisce temporaneamente l'entrata monetaria.

Alla luce delle considerazioni appena svolte, i valori numerari possono essere classificati tenendo conto del loro diverso grado di certezza. Si avranno pertanto:

– *valori numerari certi*, rappresentati dal denaro il cui valore non risulta gravato da alcuna incertezza[2];

---

[1] Cfr. A. Amaduzzi, *L'azienda nel suo sistema e nei suoi principi*, Torino, Utet, 1992, pp. 122-123; G. Melis, *Elementi di economia aziendale*, terza edizione, Milano, Giuffrè, 2015, pp. 83-91.

[2] «Le variazioni della moneta di conto hanno espressione sicura che permane inalterata nel mutare dei tempi e dei luoghi, e che non può essere oggetto di dirette rettificazioni. Tali variazioni noi

– *valori numerari assimilati*, simili cioè al denaro, per i quali risulta un grado di incertezza legato al fatto che alla scadenza non diano luogo ad un corrispondente movimento di denaro. Rientrano in questa categoria i crediti e i debiti di regolamento il cui valore nominale potrebbe non corrispondere, alla scadenza, ad un'entrata o ad un'uscita di importo corrispondente (ad esempio per insolvenza del debitore)[3];

– *valori numerari presunti*, che possono manifestare un elevato livello di incertezza. Si pensi, a titolo di esempio, ai crediti e debiti espressi in moneta estera che vengono convertiti in moneta nazionale sulla base di un cambio (provvisorio) diverso da quello che risulterà al momento dell'effettivo regolamento[4].

Nell'ambito dei valori finanziari, oltre ai valori numerari, si possono riscontrare i crediti e i debiti di finanziamento, collegati, rispettivamente, con i finanziamenti concessi e con quelli ottenuti dall'impresa. Mentre i crediti e i debiti di regolamento scaturiscono come temporanei sostituti del denaro in un'operazione di scambio che ha per oggetto beni o servizi, i crediti e i debiti di finanziamento traggono la loro origine da una contrattazione il cui oggetto è rappresentato direttamente dal denaro che viene concesso o ottenuto in prestito[5].

Il sorgere di un debito di finanziamento è collegato ad un'entrata monetaria per l'ottenimento di un prestito. Alle scadenze previste contrattualmente il debito di finanziamento dovrà essere rimborsato attraverso il sostenimento di uscite monetarie.

Considerazioni opposte valgono per i crediti di finanziamento.

Riassumendo, i valori finanziari possono essere classificati nel seguente modo[6]:

valori numerari {
- certi (denaro in cassa)
- assimilati (crediti e debiti di regolamento)
- presunti (crediti e debiti in moneta estera)

crediti e debiti di finanziamento

---

denomineremo "variazioni numerarie certe"» (G. Zappa, *Il reddito di impresa. Scritture doppie, conti e bilanci di aziende commerciali*, terza ristampa della seconda edizione, Milano, Giuffrè, 1950, pp. 429 e 430).

[3] «I crediti e i debiti che sono temporaneamente succedanei della moneta numeraria del regolamento degli scambi monetari, saranno da noi designati quali crediti e debiti numerari. E le variazioni che in essi si rilevano diremo variazioni numerarie assimilate, per ricondurle alla nozione delle variazioni numerarie certe, e nel contempo per distinguerle da queste ultime» (*Ibidem*, p. 436).

[4] Scrive Giunta che i valori numerari presunti «corrispondono ad *entrate ed uscite gravate da un notevole grado di incertezza*, incertezza relativa non solo al "se si verificheranno" ma anche alla "misura in cui" si verificheranno. Si pensi, ad esempio, a debiti o crediti in "moneta estera" i quali sono gravati dall'incertezza relativa anche al rapporto di cambio» (F. Giunta, *Appunti di economia aziendale*, ristampa riveduta, Padova, Cedam, 1996, p. 275).

[5] A tale proposito scrive l'Onida: «Chiamiamo crediti e debiti di finanziamento diretto quelli che non nascono come succedanei della moneta, nel regolamento degli scambi monetari, ma hanno origine dalla diretta e distinta negoziazione di prestiti attivi o passivi tra l'azienda e i terzi» (P. Onida, *La logica e il sistema delle rilevazioni quantitative d'azienda*, seconda edizione accresciuta, Milano, Giuffrè, 1970, p. 118).

[6] Cfr. A. Amaduzzi, *L'azienda nel suo sistema e nei suoi principi*, Torino, Utet, 1992, p. 128.

L'aspetto economico della gestione fa riferimento alla dinamica dei valori che incidono sulla ricchezza aziendale[7]. Si è visto che l'impresa viene dotata di un capitale proprio (ricchezza netta iniziale disponibile), apportato dai titolari o dai soci, che per effetto delle operazioni di gestione subisce delle variazioni che ne incrementano o ne riducono la consistenza. Le operazioni di gestione che modificano il capitale netto sono raggruppabili in due principali tipologie:

- operazioni che influenzano la formazione del reddito;
- operazioni che scaturiscono da scambi di risorse tra l'azienda e il titolare o i soci (aumenti e rimborsi di capitale e distribuzioni di dividendi).

Si è anche visto che il reddito di esercizio, determinabile in modo sintetico come variazione di capitale proprio verificatasi in un dato periodo amministrativo per effetto della gestione aziendale, può essere determinato in modo analitico attraverso la contrapposizione tra i ricavi (ricchezza rigenerata) ed i costi (ricchezza impiegata) giudicati di competenza dello stesso periodo amministrativo.

Nell'ambito dell'aspetto economico, pertanto, si possono individuare, in primo luogo, i valori economici che fanno riferimento ai costi ed ai ricavi, rispettivamente, sostenuti e conseguiti dall'impresa, che concorreranno a vario titolo alla formazione del reddito. Per tale motivo tali valori vengono denominati *valori economici di reddito*.

L'aspetto economico riguarda anche i valori relativi al capitale proprio (o capitale netto) che esprime la ricchezza netta disponibile per l'azienda. Si tratta dei valori relativi al capitale conferito dal titolare o dai soci e dai suoi incrementi (o decrementi) netti derivanti dallo svolgimento della gestione aziendale (utili e perdite). Tali valori sono denominati *valori economici di capitale*.

Riepilogando, i valori economici si suddividono in[8]:

- valori economici di reddito (costi e ricavi)
- valori economici di capitale (riferiti al capitale netto)

I due aspetti della gestione (finanziario ed economico) risultano strettamente collegati.

I valori finanziari, riferiti alle entrate ed uscite immediate (movimenti di denaro) e differite (crediti e debiti di regolamento e di finanziamento) sono per loro natura già espressi in termini monetari e risultano di immediata percezione. Per questo motivo l'aspetto finanziario rappresenta l'*aspetto originario* di osservazione delle diverse operazioni di gestione.

I valori economici, invece, non sono espressi direttamente in termini monetari, ma la loro misurazione avviene in via mediata attraverso i valori finanziari.

Così, ad esempio, il costo di acquisizione di un fattore produttivo (aspetto economico) è misurato (deriva) da un'uscita monetaria immediata o differita (aspetto

---

[7] Cfr. F. Giunta, *Appunti di economia aziendale*, ristampa riveduta, Cedam, 1996, p. 277.

[8] *Ibidem*, p. 291.

finanziario), cioè dalla quantità di moneta di cui l'impresa si deve privare per ottenere la disponibilità del bene o del servizio. Analogamente, il ricavo ottenuto dalla vendita delle produzioni allestite (aspetto economico) è misurato (deriva) da un'entrata monetaria immediata o differita (aspetto finanziario), cioè dalla quantità di moneta ottenuta per la cessione del bene o servizio.

Per tale motivo l'aspetto economico costituisce l'*aspetto derivato* di osservazione delle operazioni di gestione ed esprime le cause economiche (causali) che sono collegate con il manifestarsi dei movimenti riguardanti il denaro, i crediti e i debiti [9].

Così, ad esempio, se consideriamo l'operazione di gestione rappresentata dall'acquisto di merci per € 1.000,00 con pagamento immediato, si può effettuare la seguente analisi. L'aspetto di immediata percezione (aspetto originario) è rappresentato dal movimento in uscita del denaro per € 1.000,00 (aspetto finanziario).

Per derivazione, dall'esame della causa dell'uscita monetaria (aspetto derivato), si evidenzia che la stessa ha misurato il sostenimento di un costo per l'acquisizione di merci per € 1.000,00 (aspetto economico).

2.2. Il sistema di contabilità generale e il metodo della partita doppia

Tutte le imprese, per poter svolgere la propria gestione in modo consapevole, necessitano di informazioni. A loro volta le imprese, per disposizioni di legge, vincoli contrattuali, e in alcuni casi volontariamente, forniscono determinate informazioni a soggetti esterni interessati a vario titolo alle vicende aziendali.

Il *sistema informativo aziendale* è costituito dalle informazioni di carattere contabile o di altro tipo che vengono prodotte ai vari livelli nell'ambito del sistema aziendale [10].

Non basta, però, la semplice produzione di informazioni, se queste ultime non vengono trasmesse e rese disponibili ai diversi soggetti interessati ad avere conoscenza degli andamenti e delle dinamiche aziendali. Pertanto, il sistema informativo aziendale non è costituito soltanto dall'insieme delle informazioni prodotte all'interno dell'impresa, ma comprende anche l'insieme delle procedure operative, dei mezzi tecnici e delle strutture organizzative necessarie per garantire una

---

[9] «I due aspetti di osservazione delle operazioni di gestione vengono convenzionalmente denominati:
- aspetto originario;
- aspetto derivato.

L'aspetto originario di osservazione dei fatti aziendali è così denominato perché costituisce l'inizio dell'indagine conoscitiva, mentre l'aspetto derivato viene inteso come il successivo momento dell'indagine stessa» (G. Ferrero, F. Dezzani, *Contabilità e bilancio d'esercizio*, Milano, Giuffrè, 1983, p. 31).

[10] Cfr. G. Melis, *Elementi di economia aziendale*, terza edizione, Milano, Giuffrè, 2015, p. 167. Per un approfondimento sul sistema informativo aziendale si vedano: L. Marchi, *I sistemi informativi aziendali*, Milano, Giuffrè, 1988; P. Pisoni, *Il sistema informativo dell'impresa. Uno schema di studio*, Milano, Giuffrè, 1979; A. Rugiadini, *I sistemi informativi d'impresa*, Milano, Giuffrè, 1970.

corretta e tempestiva circolazione e trasmissione dei flussi informativi, sia all'interno dell'impresa sia all'esterno.

Nell'ambito del sistema informativo aziendale, un ruolo centrale è attribuito al *sistema di contabilità generale* che utilizza lo strumento del conto.

Dal punto di vista sostanziale il *conto* può essere definito come una rappresentazione (esposizione) di quantità riferite ad un dato oggetto, avente come scopo quello di evidenziarne la consistenza e le variazioni (*variazioni di conto*) [11]. Nel sistema di contabilità generale le quantità rappresentate nei conti sono quantità monetarie (*conti a valore*).

Dal punto di vista formale, i conti utilizzati nel sistema di contabilità generale rappresentano dei prospetti suddivisi in due sezioni denominate, rispettivamente, *Dare* (sezione di sinistra) ed *Avere* (sezione di destra).

I termini Dare e Avere, utilizzati in origine, nell'ormai lontano passato, con significato proprio, hanno perso la loro valenza originaria ed oggi si limitano a contraddistinguere le due sezioni in cui i conti sono suddivisi [12].

Il sistema di contabilità generale si caratterizza per essere rappresentato da un insieme di conti, collegati appunto in sistema, che riguardano un *oggetto complesso*, cioè un oggetto che scaturisce da un insieme di oggetti semplici.

In via generale, possiamo affermare che l'obiettivo fondamentale attribuito al sistema di contabilità generale è costituito dalla determinazione del reddito di esercizio e del collegato capitale di funzionamento [13]. Sia il reddito di esercizio, sia il capitale di funzionamento rappresentano oggetti complessi. Infatti, il reddito viene determinato considerando l'insieme dei costi e dei ricavi di competenza del periodo, mentre il capitale di funzionamento è costituito dall'insieme degli elementi patrimoniali attivi e passivi.

Per far funzionare concretamente un sistema contabile è necessario individuare un complesso di regole e di norme che consentano di dare concreta attuazione alle rilevazioni contabili. Tale insieme di regole prende il nome di *metodo contabile*.

Il metodo utilizzato per dare attuazione al sistema di contabilità generale è il *metodo della partita doppia* (P.D.) [14], così denominato in quanto la sua caratteristica peculiare è quella di osservare ed analizzare simultaneamente le operazioni da rilevare in contabilità (*fatti amministrativi*) sotto un duplice aspetto: aspetto originario e aspetto derivato.

---

[11] Zappa definisce il conto come «una serie di scritture riflettenti un dato oggetto, ed aventi per scopo di porne in evidenza la variabile e commensurabile grandezza» (G. Zappa, *Il reddito di impresa. Scritture doppie, conti e bilanci di aziende commerciali*, terza ristampa della seconda edizione, Milano, Giuffrè, 1950, p. 103).

[12] Sul significato originario dei termini Dare e Avere utilizzati per identificare le sezioni dei conti si veda: F. Besta, *La Ragioneria*, Volume II, Milano, Vallardi, 1909, pp. 311-326.

[13] Cfr. G. Ferrero, F. Dezzani, *Contabilità e bilancio d'esercizio*, Milano, Giuffrè, 1983, pp. 9-13.

[14] Sul metodo della partita doppia si veda ampiamente F. Besta, *La Ragioneria*, Volume III, Vallardi, 1909, pp. 61-420.

L'aspetto originario risulta di immediata percezione, mentre l'aspetto derivato discende (e quindi deriva) dal primo.

Nel sistema di contabilità generale cui si farà riferimento nel prosieguo della trattazione, l'aspetto originario viene identificato nell'aspetto finanziario, vale a dire quello collegato ai movimenti di denaro, dei crediti e dei debiti di qualunque natura (di regolamento e di finanziamento).

L'aspetto derivato, invece, è rappresentato dall'aspetto economico, che indica le causali dei movimenti finanziari, cioè le cause economiche collegate con le variazioni finanziarie.

Tali cause economiche sono rappresentate dal sostenimento dei costi e dal conseguimento dei ricavi, nonché dagli incrementi o decrementi del capitale proprio.

In via generale, si può affermare che le variazioni finanziarie (movimenti di denaro, di crediti e di debiti) consentono di misurare in termini di valore le variazioni economiche.

Così, ad esempio, il costo sostenuto per acquistare delle merci (variazione economica) viene misurato dalla quantità di denaro pagata al fornitore, ovvero dal debito di regolamento che sostituisce temporaneamente il denaro nello scambio (variazione finanziaria). In pratica, esaminando l'operazione appena riportata, l'aspetto di immediata percezione, e quindi originario, è rappresentato dall'uscita monetaria (o dal sorgere del debito, in caso di pagamento differito). Dall'esame della causale della variazione finanziaria deriva la correlata variazione economica (aspetto derivato).

Il metodo della partita doppia, essendo basato su un duplice aspetto di rilevazione, presuppone l'utilizzazione di due serie (insiemi) distinte di conti, rispettivamente riferite all'aspetto originario (aspetto finanziario) e all'aspetto derivato (aspetto economico). Le due serie di conti vengono fatte funzionare in modo *antitetico*. Ciò significa che le variazioni di conto dello stesso segno verranno rilevate in sezioni opposte nei conti riferiti alle due serie. Così, ad esempio, le variazioni di conto aventi segno positivo con riferimento ad una serie di conti troveranno collocazione in Dare, mentre le variazioni positive relative all'altra serie di conti troveranno collocazione in Avere. Analogo funzionamento è previsto per le variazioni di conto negative che troveranno collocazioni opposte nelle due serie di conti.

Date le modalità di funzionamento appena menzionate, il metodo della partita doppia ha la caratteristica di essere un metodo di scrittura *bilanciante*: infatti, per ogni rilevazione contabile gli importi registrati in Dare (sezione di sinistra) di uno o più conti devono essere registrati anche in Avere (sezione di destra) di uno o più conti. Da ciò consegue che, in qualsiasi momento, considerando l'insieme di tutti i conti del sistema di contabilità generale, il totale degli importi iscritti in Dare deve essere uguale al totale degli importi iscritti in Avere.

2.3. Il conto: classificazione e terminologia

Si è visto che il conto può essere definito come una rappresentazione di quantità riferite ad un dato oggetto, avente lo scopo di evidenziarne la consistenza e le variazioni (positive e negative). Nell'ambito della contabilità generale, ogni conto ha un'intestazione, che evidenzia l'oggetto di riferimento della rilevazione, e presenta due sezioni, denominate, rispettivamente, Dare (sezione di sinistra) e Avere (sezione di destra) destinate ad accogliere le variazioni che riguardano l'oggetto considerato.

Il *piano dei conti* costituisce l'elenco dei conti che si ritengono necessari, in base alla natura, all'attività svolta e alle dimensioni dell'impresa, per rilevare e rappresentare i valori relativi alle diverse operazioni di gestione [15]. Viene predisposto prima di dare attuazione alle rilevazioni contabili, rispettando un certo ordine logico prescelto. Ad esempio, il piano dei conti potrebbe essere elaborato individuando le seguenti categorie:

1- Attività
2- Passività
3- Capitale netto
4- Componenti negativi di reddito
5- Componenti positivi di reddito

Per ciascuna categoria si può provvedere all'individuazione di sottocategorie, all'interno delle quali si procede all'elencazione degli specifici conti ai quali viene assegnato un apposito codice numerico che li contraddistingue e che verrà riportato nelle rilevazioni contabili.

Così, all'interno della categoria delle *Attività* si potrebbe individuare la sottocategoria delle *Disponibilità liquide*, all'interno della quale si indicheranno gli specifici conti, come nel seguente esempio:

1. ATTIVITÀ
1.1 *Disponibilità liquide*
1.1.1 Cassa contante
1.1.2 Cassa assegni
1.1.3 Valori bollati
1.1.4 Banca X c/c
....
....

Nella codifica proposta, il conto *Cassa contanti* è contrassegnato dal codice

---

[15] Sul piano dei conti si veda: D. Amodeo, *Ragioneria generale delle imprese*, quarta edizione riveduta, Napoli, Giannini, 2002, pp. 337-345.

1.1.1. Il primo numero indica la categoria di riferimento (Attività), il secondo numero indica la sottocategoria (Disponibilità liquide), il terzo, infine, indica il numero progressivo assegnato allo specifico conto. È evidente che esistono diversi criteri per predisporre il piano dei conti, e ciascuna impresa procederà alla sua elaborazione secondo le modalità che verranno ritenute più opportune.

Il *mastro* (o *libro mastro*) costituisce, invece, l'insieme dei conti che sono stati effettivamente utilizzati nella contabilità generale per rilevare le operazioni aziendali [16].

Considerando diversi aspetti relativi ai conti è possibile effettuare diverse classificazioni degli stessi [17].

Se si considera la *natura delle quantità* che trovano rappresentazione nei conti si possono avere:

- *conti a quantità fisiche*: accolgono quantità non monetarie. Si pensi, ad esempio, alle schede di magazzino che evidenziano la consistenza dei beni in giacenza e le loro variazioni (carichi e scarichi) espresse in varie unità di misura (n. pezzi, metri, litri, ecc.);
- *conti a valore*: accolgono quantità espresse in moneta. Si pensi, a titolo di esempio, ai conti che si riferiscono al denaro in cassa, ai crediti, ai debiti. Tutti i conti relativi al sistema di contabilità generale accolgono valori monetari;
- *conti a quantità fisiche e a valore*: accolgono contemporaneamente quantità non monetarie e valori espressi in moneta. Si pensi alle schede di magazzino che contengono indicazioni sia sulle quantità fisiche in giacenza sia sul loro valore.

Considerando i *dati rappresentati* si possono avere:

- *conti sinottici*: riportano solo l'intestazione (oggetto) del conto e le quantità che ad esso si riferiscono;
- *conti descrittivi*: oltre all'indicazione delle quantità riportano anche la descrizione dell'operazione ed altre indicazioni (ad esempio la data, il numero della rilevazione, ecc.).

In base all'estensione dell'oggetto si hanno:

- *conti sintetici*: l'oggetto del conto risulta generale e non dettagliato. Ad esempio, il conto *Crediti vs. clienti* indica sinteticamente l'ammontare dei crediti vantati dall'impresa nei confronti di tutta la sua clientela;
- *conti analitici*: l'oggetto del conto risulta più dettagliato e costituisce un'ana-

---

[16] Cfr. *Ibidem*, pp. 307-312.

[17] Sulle classificazioni dei conti in base al loro contenuto e alla loro forma espositiva si vedano: D. Amodeo, *Ragioneria generale delle imprese*, quarta edizione riveduta, Napoli, Giannini, 2002, pp. 224-233; G. Ferrero, F. Dezzani, *Contabilità e bilancio d'esercizio*, Milano, Giuffrè, 1983, pp. 26-31; P. Onida, *La logica e il sistema delle rilevazioni quantitative d'azienda*, seconda edizione accresciuta, Milano, Giuffrè, 1970, pp. 49-55.

lisi di un conto sintetico. Ad esempio, il conto *Crediti vs. cliente Rossi* indica i crediti dell'impresa vantati nei confronti del cliente Rossi e costituisce un dettaglio (un'analisi) del conto sintetico *Crediti vs. clienti*.

In base al loro funzionamento si possono distinguere:

- *conti unilaterali* (o *unifase*): accolgono valori solo in una sezione. Ad esempio, i costi, che rappresentano componenti negativi di reddito, troveranno collocazione esclusivamente nella sezione dei conti ad essi intestati che accoglie variazioni economiche negative, mentre i ricavi, componenti positivi di reddito, verranno rilevati nella sezione dei conti ad essi riferiti che accoglie variazioni economiche positive;
- *conti bilaterali* (o *bifase*): accolgono valori in entrambe le sezioni. Si pensi, ad esempio, al conto avente per oggetto il denaro in cassa che accoglie nelle due sezioni, rispettivamente, variazioni positive (entrate) e variazioni negative (uscite).

Secondo la *forma espositiva* si possono avere:

- *conti in forma scalare*: presentano un'unica sezione in cui i valori vengono sommati algebricamente (segno + per le variazioni positive, segno – per quelle negative);
- *conti a sezioni divise*: presentano due sezioni distinte (Dare e Avere) che accolgono variazioni di segno opposto. Sono utilizzati nel sistema di contabilità generale.

Con riferimento ai conti è opportuno tenere presente la seguente terminologia [18].

Intestare un conto significa attribuire allo stesso l'oggetto di riferimento (ad esempio il conto con intestazione *Cassa* accoglierà le rilevazioni relative alla consistenza e alle variazioni del denaro).

Aprire o *accendere* un conto significa effettuare la prima rilevazione.

Tenere un conto significa proseguire con le rilevazioni successive in modo da seguire le variazioni che interessano il conto.

Addebitare un conto significa iscrivere un importo nella sezione Dare.

Accreditare un conto significa iscrivere un importo nella sezione Avere.

Il *saldo* (o *eccedenza*) di un conto esprime la differenza tra il totale degli importi iscritti in Dare ed il totale degli importi iscritti in Avere. Il saldo assume il segno contabile del totale maggiore. Così, se il totale Dare eccede il totale Avere, si avrà un saldo Dare, mentre in caso di eccedenza del totale Avere sul totale Dare si avrà un saldo Avere.

---

[18] Cfr. G. Ferrero, F. Dezzani, *Contabilità e bilancio d'esercizio*, Milano, Giuffrè, 1983, p. 27; P. Onida, *La logica e il sistema delle rilevazioni quantitative d'azienda*, seconda edizione accresciuta, Milano, Giuffrè, 1970, p. 55, nota 3.

Chiudere (o *spegnere*) un conto significa calcolare il suo saldo ed iscrivere quest'ultimo nella sezione con importo minore in modo da pareggiare l'importo dell'altra sezione.

Girare (o *stornare*) un conto significa chiudere il conto trasferendo il suo saldo ad un altro conto.

Nel successivo paragrafo si prenderanno in considerazione le diverse tipologie dei conti utilizzati nel sistema di contabilità generale ed il loro funzionamento.

2.4. I conti finanziari ed economici ed il loro funzionamento

Si è visto che il sistema di contabilità generale viene fatto funzionare attraverso il metodo della partita doppia che prevede l'osservazione dei fatti amministrativi sotto un duplice aspetto: aspetto originario ed aspetto derivato. Si è anche visto che i due aspetti di rilevazione sono rappresentati dall'aspetto finanziario (aspetto originario) e da quello economico (aspetto derivato). Si attiveranno, pertanto, due distinte serie di conti che funzionano in maniera antitetica, riferite rispettivamente all'aspetto finanziario e a quello economico. Per convenzione, si rilevano le variazioni finanziarie attive (V.F.A.) nella sezione Dare dei conti finanziari e le variazioni finanziarie passive (V.F.P.) in Avere degli stessi conti. Poiché le due serie di conti (finanziari ed economici) funzionano in modo antitetico, si avrà che nel Dare dei conti economici verranno rilevate le variazioni economiche negative (V.E.N.), mentre in Avere degli stessi conti verranno rilevate le variazioni economiche positive (V.E.P.)[19]. In sintesi, il funzionamento delle due serie di conti relative al sistema di contabilità generale può essere rappresentato nel seguente modo:

Conti finanziari

Dare	Avere
Variazioni finanziarie attive + (V.F.A.)	Variazioni finanziarie passive – (V.F.P.)
Entrate di cassa	Uscite di cassa
Aumento di crediti	Aumento di debiti
Diminuzione di debiti	Diminuzione di crediti

Conti economici

Dare	Avere
Variazioni economiche negative – (V.E.N.)	Variazioni economiche positive + (V.E.P.)
Costi	Ricavi
Rettifiche sottrattive di ricavi	Rettifiche sottrattive di costi
Diminuzioni di capitale netto	Aumenti di capitale netto

[19] Sulle convenzioni relative al funzionamento delle due serie di conti originari e derivati si veda: G. Ferrero, F. Dezzani, *Contabilità e bilancio d'esercizio*, Milano, Giuffrè, 1983, p. 43.

Più in particolare, i *conti finanziari* si riferiscono al denaro contante (*Cassa*) e ai crediti e ai debiti di regolamento e di finanziamento.

Il conto *Cassa* accoglierà in Dare le entrate ed in Avere le uscite secondo il seguente schema:

Cassa

Dare	Avere
Variazioni finanziarie attive + (V.F.A.)	Variazioni finanziarie passive – (V.F.P.)
Entrate di cassa	Uscite di cassa

I conti accesi ai crediti (ad esempio *Clienti*, *Cambiali attive*, *Crediti vs. l'Erario*, *Anticipi a dipendenti*, *Mutui attivi*, ecc.) accolgono in Dare l'importo del credito al momento della sua concessione ed in Avere la diminuzione (o l'annullamento) al momento della sua estinzione (parziale o totale).

I conti accesi ai crediti hanno pertanto il seguente funzionamento:

Crediti

Dare	Avere
Variazioni finanziarie attive + (V.F.A.)	Variazioni finanziarie passive – (V.F.P.)
Concessione (aumento) di crediti	Estinzione (diminuzione) di crediti

I conti accesi ai debiti (ad esempio *Fornitori*, *Cambiali passive*, *Debiti vs. l'Erario*, *Mutui passivi*, ecc.) accolgono in Avere l'importo del debito al momento della sua assunzione ed in Dare la diminuzione (o l'annullamento) al momento della sua estinzione (parziale o totale). Il loro funzionamento è il seguente:

Debiti

Dare	Avere
Variazioni finanziarie attive + (V.F.A.)	Variazioni finanziarie passive – (V.F.P.)
Estinzione (diminuzione) di debiti	Assunzione (aumento) di debiti

I conti finanziari sono conti bifase in quanto normalmente accolgono valori in entrambe le sezioni.

Come si è accennato in precedenza, i valori economici si suddividono in due grandi categorie: valori economici di reddito e valori economici di capitale. I primi trovano rappresentazione nei *conti economici di reddito*, mentre i secondi nei *conti economici di capitale*.

I conti economici di reddito fanno riferimento a quei valori che partecipano in vario modo alla formazione del reddito di esercizio. A questa categoria appartengono i *conti accesi ai costi e ai ricavi di esercizio* (che partecipano interamente alla formazione del reddito di esercizio), i *conti accesi ai costi pluriennali*, che solitamente partecipano alla formazione del reddito di esercizio per quote (*ammortamento*) poiché si riferiscono a fattori produttivi utilizzati nei processi di produzione economica in diversi periodi amministrativi, e i *conti accesi ai costi e ricavi sospesi* (o anticipati) che parteciperanno alla formazione del reddito in successivi esercizi e dei quali si tratterà successivamente [20].

I conti economici accesi ai costi di esercizio si riferiscono ai componenti negativi di reddito e vengono classificati in base alla causale della variazione finanziaria che li ha originati (ad esempio *Merci c/acquisti*, *Stipendi e salari*, *Fitti passivi*, *Interessi passivi*, ecc.). Accolgono in Dare l'importo che indica il sostenimento del costo e, eccezionalmente, in Avere eventuali rettifiche sottrattive (ad esempio per sconti ottenuti, per restituzione di merci ai fornitori, ecc.).

Lo schema seguente riassume il funzionamento dei conti economici accesi ai costi di esercizio:

Costi di esercizio

Dare	Avere
Variazioni economiche negative – (V.E.N.)	Variazioni economiche positive + (V.E.P.)
Costi di esercizio	Rettifiche sottrattive di costi

I conti economici accesi ai ricavi di esercizio esprimono i componenti positivi di reddito e, al pari dei costi di esercizio, vengono classificati in base alla causale della variazione finanziaria che li ha originati (ad esempio *Merci c/vendite*, *Fitti attivi*, *Interessi attivi*, ecc.). Accolgono in Avere l'importo che indica il conseguimento del ricavo ed, eccezionalmente, in Dare eventuali rettifiche sottrattive (ad esempio per sconti accordati, per restituzione di merci da parte dei clienti, ecc.).

In sintesi, il funzionamento dei conti economici accesi ai ricavi di esercizio è il seguente:

---

[20] In estrema sintesi, si tratta di costi e di ricavi che hanno già avuto manifestazione finanziaria, ma che sono temporaneamente sospesi dalla formazione del reddito, in quanto di competenza economica di futuri esercizi. Si pensi, ad esempio, ad un ricavo biennale di € 2.000,00 per un fitto attivo incassato anticipatamente il 1° gennaio dell'anno n, che per un importo pari a € 1.000,00 è di competenza dell'esercizio successivo (anno n+1). Tale ricavo viene sospeso dalla formazione del reddito dell'esercizio n e deve essere rinviato, con le modalità tecniche che verranno successivamente esaminate, all'esercizio n+1, in quanto di sua competenza economica. I successivi paragrafi da 5.10 a 5.14 approfondiscono la natura e il funzionamento di questi conti.

Ricavi di esercizio

Dare	Avere
Variazioni economiche negative – (V.E.N.)	Variazioni economiche positive + (V.E.P.)
Rettifiche sottrattive di ricavi	Ricavi di esercizio

Poiché i conti accesi ai costi e ai ricavi di esercizio funzionano normalmente accogliendo valori in una sola sezione, gli stessi rappresentano conti unifase.

I conti economici accesi ai costi pluriennali si riferiscono ai fattori produttivi ad utilità pluriennale, cioè a quei fattori che partecipano ai processi produttivi per più periodi amministrativi (beni a fecondità ripetuta). Per queste loro caratteristiche rappresentano, di norma, costi che partecipano al reddito di più periodi amministrativi attraverso la loro ripartizione in quote (quote di ammortamento). I costi pluriennali, rappresentando fattori produttivi disponibili per le produzioni future, costituiscono elementi attivi del capitale di funzionamento (immobilizzazioni). Possono essere rappresentati da veri e propri beni tangibili (ad esempio terreni, fabbricati, impianti, macchinari, ecc.) o da diritti ed altri costi ad utilità pluriennale che rappresentano elementi intangibili (ad esempio marchi, brevetti, costi di pubblicità di utilità pluriennale, ecc.). Nel primo caso si parla di immobilizzazioni materiali, nel secondo di immobilizzazioni immateriali.

I conti economici accesi ai costi pluriennali accolgono in Dare l'importo che indica il sostenimento del costo per l'acquisizione del bene ad utilità pluriennale ed in Avere lo storno per l'annullamento del valore quando il bene viene ceduto a terzi o eliminato dai processi produttivi aziendali.

Il loro funzionamento può essere così schematizzato:

Costi pluriennali

Dare	Avere
Variazioni economiche negative – (V.E.N.)	Variazioni economiche positive + (V.E.P.)
Costi pluriennali	Storno per cessione/eliminazione

I conti economici accesi ai costi pluriennali rappresentano conti bifase. I conti economici di capitale si riferiscono al capitale netto (capitale proprio), cioè alla ricchezza netta disponibile per l'impresa in un dato momento.

Normalmente, nelle imprese individuali si utilizza un unico conto di capitale denominato *Capitale netto* o *Patrimonio netto*, mentre nelle imprese costituite in forma societaria (in particolar modo nelle società di capitali), il capitale netto è rappresentato in diversi conti che esprimono le cosiddette *parti ideali del patrimonio netto*.

Così si distingue il *Capitale sociale*, apportato dai soci attraverso i conferimenti, dalle *Riserve* che esprimono quote di utili non distribuite e reinvestite all'interno dell'impresa (*riserve di utili*) o ulteriori apporti non qualificati come capitale sociale (*riserve di capitale*).

Costituiscono parti ideali del capitale netto anche i risultati economici (utili e perdite) conseguiti dall'impresa nello svolgimento della propria gestione. Si è visto, infatti, che il reddito viene definito come la variazione che il capitale netto subisce per effetto della gestione.

Ricapitolando, il capitale netto può essere suddiviso come segue:

Parti ideali positive:
- Capitale sociale
- Riserve
- Utili di esercizi precedenti (utili non distribuiti e non accantonati a riserva)
- Utile di esercizio

Parti ideali negative:
- Perdite di esercizi precedenti (perdite non ancora coperte)
- Perdita di esercizio

I conti economici di capitale accolgono in Dare le variazioni che esprimono diminuzioni di capitale netto (ad esempio riduzioni di capitale sociale e di riserve, perdite di esercizio, ecc.) ed in Avere le variazioni che rappresentano aumenti di capitale netto (ad esempio aumenti di capitale sociale, costituzione e incremento di riserve, utili di esercizio, ecc.).

Il loro funzionamento può essere sintetizzato nel modo seguente:

Capitale netto

Dare	Avere
Variazioni economiche negative – (V.E.N.)	Variazioni economiche positive + (V.E.P.)
Diminuzioni di capitale netto	Aumenti di capitale netto

I conti economici di capitale rappresentano conti bifase.

2.5. La logica di funzionamento della contabilità generale durante l'esercizio

La contabilità generale fa parte del più ampio sistema informativo aziendale e si propone di rilevare, attraverso l'applicazione del metodo della partita doppia, i diversi fatti amministrativi che si verificano durante l'esercizio. L'obiettivo finale è quello di determinare il reddito di esercizio ed il collegato capitale di funzionamento. Come si è visto, tale obiettivo presuppone l'individuazione dei componenti positivi e negativi di reddito di competenza dell'esercizio. L'aspetto della competenza economica viene considerato, come si vedrà successivamente, soltanto alla fine del periodo amministrativo.

Infatti, durante l'esercizio le operazioni aziendali vengono rilevate in contabilità generale, senza considerare la competenza economica dei componenti di reddito, in base alla seguente logica[21]:

- si registrano soltanto le *operazioni di esterna gestione*, quelle, cioè, che mettono in relazione l'impresa con terze economie;
- normalmente tali operazioni danno luogo al sorgere di *variazioni finanziarie* (aspetto originario);
- le operazioni sono accompagnate da idonea documentazione (*documenti originari*), ad esempio fatture, cambiali, assegni, cedolini paga, ecc., che rappresentano la base giustificativa per rilevare i diversi fatti amministrativi;
- simultaneamente si analizzano le *causali delle variazioni finanziarie* per individuare le eventuali collegate variazioni economiche (aspetto derivato). Questa logica di funzionamento, fondata sulla rilevazione su base documentale delle operazioni che danno luogo al sorgere di variazioni finanziarie, consente di avere durante l'esercizio un costante controllo della dinamica monetario-finanziaria.

Si analizzano di seguito alcune operazioni aziendali applicando la logica appena descritta.

1) Acquistate merci per € 2.000,00 con pagamento in contanti.

Si evidenzia un'uscita di cassa (aspetto finanziario – originario) che misura il costo di esercizio per l'acquisto di merci (aspetto economico – derivato). Quindi:

Aspetto finanziario
V.F.P. uscita di cassa (2.000,00)

Aspetto economico
V.E.N. costo per acquisto merci (2.000,00)

2) Acquistato un impianto per € 10.000,00 con pagamento a 60 gg.

Si evidenzia il sorgere di un debito di regolamento verso il fornitore (aspetto finanziario – originario), sostituto temporaneo dell'uscita monetaria nello scambio, che misura il costo pluriennale per l'acquisto di un impianto (aspetto economico – derivato).

---

[21] Sulla scelta dei fenomeni da rilevare in contabilità si veda P. ONIDA, *La logica e il sistema delle rilevazioni quantitative d'azienda*, seconda edizione accresciuta, Giuffrè, 1970, pp. 85-92.

Pertanto si avrà:

Aspetto finanziario
V.F.P. debito di regolamento (10.000,00)

Aspetto economico
V.E.N. costo pluriennale per acquisto impianto (10.000,00)

3) Venduti prodotti finiti per € 3.000,00 con regolamento a 30 gg.

Si riscontra il sorgere di un credito di regolamento verso il cliente (aspetto finanziario – originario), sostituto temporaneo dell'entrata monetaria nello scambio, che misura il ricavo per la vendita di prodotti finiti (aspetto economico – derivato).

Pertanto si avrà:

Aspetto finanziario
V.F.A. credito di regolamento (3.000,00)

Aspetto economico
V.E.P. (ricavo per vendita di prodotti finiti (3.000,00)

In tutte le operazioni sopra esaminate si è potuta riscontrare la presenza dei due aspetti di rilevazione: l'aspetto finanziario e l'aspetto economico. Peraltro, non sempre le operazioni rilevate in contabilità si caratterizzano per la contestuale presenza dell'aspetto finanziario e di quello economico.

Si considerino, ad esempio, le seguenti operazioni.

4) Pagato un debito di regolamento di € 10.000,00.

Si ha il sorgere di un'uscita monetaria (aspetto finanziario) con la quale si provvede all'estinzione di un debito di regolamento che temporaneamente ha sostituito l'uscita di cassa (aspetto finanziario).

Quindi:

Aspetto finanziario
V.F.P. uscita di cassa (10.000,00)
V.F.A. estinzione del debito di regolamento (10.000,00)

5) Ottenuto un finanziamento bancario per € 100.000,00.

L'ottenimento del finanziamento determina un'entrata monetaria (aspetto finanziario) che è correlata al sorgere di un debito di finanziamento verso la banca alla quale occorrerà rimborsare il prestito (aspetto finanziario).

Si avrà:

Aspetto finanziario
V.F.A. entrata monetaria (100.000,00)
V.F.P. sorgere del debito di finanziamento (100.000,00)

Come si può notare, negli ultimi due esempi proposti viene interessato soltanto l'aspetto finanziario: si parla, in questi casi, di *permutazioni finanziarie*.

Infine, un'ultima categoria di operazioni di esercizio, peraltro non molto frequenti durante l'esercizio, è rappresentata da quei fatti amministrativi che evidenziano soltanto l'aspetto economico.

Si consideri il seguente esempio.

6) Costituita un'impresa con apporto di un terreno valutato € 50.000,00.

L'impresa di nuova costituzione viene dotata di un capitale netto iniziale (aspetto economico) costituito non da denaro contante, ma da un bene rappresentato da un fattore produttivo ad utilità pluriennale (aspetto economico) che deve essere opportunamente valutato (costo pluriennale).

Pertanto si avrà:

Aspetto economico
V.E.P. capitale netto (50.000,00)
V.E.N. (costo pluriennale per conferimento terreno (50.000,00)

In questi casi si parla di *permutazioni economiche*.

2.6. Gli strumenti della rilevazione contabile: il libro giornale ed il libro mastro

Le rilevazioni contabili sono effettuate utilizzando opportuni strumenti. In particolare, la contabilità generale si avvale per le registrazioni in partita doppia del *libro giornale* e del *libro mastro*.

Il libro giornale riporta giorno per giorno, e quindi in ordine cronologico, le operazioni aziendali. Le rilevazioni eseguite sul libro giornale vengono poi riportate sul libro mastro in modo sistematico, cioè in base a criteri di omogeneità[22].

---

[22] Nel libro giornale «le scritture in P.D. si compongono con distinti articoli che si seguono in ordine cronologico e indicano gli addebitamenti e gli accreditamenti da portare nei conti del mastro,

In pratica, il libro mastro raccoglie tutti i conti attivati durante l'esercizio per dare attuazione alle rilevazioni contabili [23]. Il libro mastro rappresenta una rilevazione di tipo sistematico, nel senso che le registrazioni effettuate tengono conto dell'oggetto cui si riferiscono. Così, ad esempio, il conto *Merci c/acquisti* accoglierà i valori di tutti gli acquisti di merci effettuati nel corso dell'esercizio, il conto *Stipendi e salari* evidenzierà gli emolumenti corrisposti al personale dipendente, ecc.

Le registrazioni sul libro giornale si denominano *articoli* (in partita doppia).

Esistono diverse forme di libro giornale, che si caratterizzano per la diversa modalità di rappresentazione delle rilevazioni contabili [24].

La forma del *libro giornale all'italiana* tipica della contabilità tenuta a mano si presenta come segue:

		n. art.	data			
		Conti da addebitare	a	Conti da accreditare		
1	2		3		4	5

(1) n. (codice) conto da addebitare
(2) n. (codice) conto da accreditare
(3) articolo in P.D. e relativa descrizione
(4) importi parziali
(5) importi totali

Le prime due colonne del libro giornale accolgono i codici attribuiti ai conti da addebitare (1ª colonna) e a quelli da accreditare (2ª colonna), in base al piano dei conti predisposto dall'impresa.

La terza colonna indica in alto a sinistra il numero progressivo della rilevazione contabile in partita doppia e al centro la data dell'operazione, per poi accogliere l'articolo, cioè la scrittura contabile vera e propria. Nella parte di sinistra della colonna verranno elencate le denominazioni dei conti da addebitare, mentre nella parte destra le denominazioni dei conti da accreditare che vengono preceduti dalla lettera "a".

Infine, le ultime due colonne sono deputate ad accogliere gli importi delle operazioni. In particolare, la quarta colonna accoglie gli importi parziali e verrà utilizzata in presenza di più conti da addebitare e/o da accreditare, mentre la quinta colonna riporta gli importi totali delle operazioni.

---

in relazione alle operazioni registrate» (P. Onida, *La logica e il sistema delle rilevazioni quantitative d'azienda*, seconda edizione accresciuta, Milano, Giuffrè, 1970, p. 65).

[23] «L'insieme dei conti formanti un dato sistema di scritture suole chiamarsi "Mastro"» (*Ibidem*, p. 64).

[24] Cfr. A. Amaduzzi, *L'azienda nel suo sistema e nei suoi principi*, Torino, Utet, 1992, pp. 566-567; G. Melis, *Elementi di economia aziendale*, terza edizione, Milano, Giuffrè, 2015, pp. 208-218.

Gli articoli in P.D. possono essere[25]:

- semplici;
- composti;
- complessi.

Gli articoli sono denominati *semplici* quando la rilevazione prevede un solo conto da addebitare e un solo conto da accreditare.

Sul libro giornale si avrà:

		n. art.	data			
		Conto X	a	Conto Y		100,00
		Descrizione				

La rilevazione viene poi riportata in ordine sistematico sul libro mastro:

Conto X

Dare	Avere
100,00	

Conto Y

Dare	Avere
	100,00

Gli articoli sono *composti* quando la rilevazione prevede un solo conto da addebitare e più (diversi) conti da accreditare; oppure più (diversi) conti da addebitare e un solo conto da accreditare.

Nel primo caso sul libro giornale si avrà:

		n. art.	data			
		Conto X	a	Diversi		250,00
		Descrizione				
			a	Conto Y	200,00	
			a	Conto Z	50,00	

Nell'articolo il termine *Diversi*, indicato in Avere, segnala che devono essere accreditati più conti la cui denominazione viene riportata successivamente.

Gli importi verranno riportati sul libro mastro come segue:

[25] Cfr. G. Ferrero, F. Dezzani, *Contabilità e bilancio d'esercizio*, Milano, Giuffrè, 1983, p. 32.

Conto X

Dare	Avere
250,00	

Conto Y

Dare	Avere
	200,00

Conto Z

Dare	Avere
	50,00

Quando si hanno più conti da addebitare ed un solo conto da accreditare la rilevazione sul libro giornale sarà del tipo:

n. art.	data					
Diversi	a	Conto X				600,00
Descrizione						
Conto Y					500,00	
Conto Z					100,00	

Nell'articolo il termine *Diversi*, indicato in Dare, segnala che devono essere addebitati più conti la cui denominazione viene riportata successivamente.

Sul libro mastro si avrà:

Conto Y

Dare	Avere
500,00	

Conto Z

Dare	Avere
100,00	

Conto X

Dare	Avere
	600,00

Infine, gli articoli si definiscono *complessi* quando la rilevazione prevede più conti da addebitare e più conti da accreditare.

In questi casi la rilevazione sul libro giornale sarà del tipo:

n. art.	data			
Diversi	a	Diversi		800,00
Descrizione				
Conto X			200,00	
Conto W			600,00	
	a	Conto Y	500,00	
	a	Conto Z	300,00	

Nell'articolo il termine *Diversi*, indicato sia in Dare sia in Avere, segnala che devono essere addebitati e accreditati più conti; verrà poi riportata l'indicazione dei conti da addebitare seguita da quella dei conti da accreditare.

La rilevazione sarà poi riportata sul libro mastro come segue:

Conto X

Dare	Avere
200,00	

Conto W

Dare	Avere
600,00	

Conto Y

Dare	Avere
	500,00

Conto Z

Dare	Avere
	300,00

Secondo l'impostazione tipica della contabilità tenuta mediante appositi *software* applicativi, la forma del libro giornale può assumere la seguente rappresentazione:

		n. art. ______ data ______		
		Conti da addebitare		
		Conti da accreditare		
1	2	3	4	5

(1) n. (codice) conto da addebitare
(2) n. (codice) conto da accreditare
(3) articolo in P.D. e relativa descrizione
(4) importi da addebitare (sezione Dare)
(5) importi da accreditare (sezione Avere)

Le prime due colonne del libro giornale accolgono i codici attribuiti ai conti da addebitare (1ª colonna) e a quelli da accreditare (2ª colonna), in base al piano dei conti predisposto dall'impresa.

La terza colonna indica in alto a sinistra il numero progressivo della rilevazione contabile in partita doppia e al centro la data dell'operazione, per poi accogliere l'articolo, cioè la scrittura contabile vera e propria. In questa impostazione, si elencano dapprima i conti da addebitare e successivamente quelli da accreditare.

Infine, le ultime due colonne sono deputate ad accogliere gli importi delle operazioni. In particolare, la quarta colonna accoglie gli importi da addebitare (Dare), mentre la quinta colonna riporta gli importi dei conti da accreditare (Avere).

Gli articoli *semplici* assumono questa veste:

		n. art. ______ data ______		
		Conto X	100,00	
		Conto Y		100,00
		Descrizione		

Le rilevazioni sul libro mastro non presentano alcuna differenza rispetto a quelle già viste per la forma del libro giornale all'italiana:

Conto X

Dare	Avere
100,00	

Conto Y

Dare	Avere
	100,00

Per gli articoli *composti* si avrà:

n. art.	data			
Conto X			250,00	
Conto Y				200,00
Conto Z				50,00
Descrizione				

Gli importi verranno riportati sul libro mastro come segue:

Conto X

Dare	Avere
250,00	

Conto Y

Dare	Avere
	200,00

Conto Z

Dare	Avere
	50,00

Nel caso vi siano più conti da addebitare ed un solo conto da accreditare la rilevazione sul libro giornale sarà del tipo:

n. art.	data			
Conto Y	a		500,00	
Conto Z			100,00	
Conto X				600,00
Descrizione				

Sul libro mastro si avrà:

Conto Y

Dare	Avere
500,00	

Conto Z

Dare	Avere
100,00	

Conto X

Dare	Avere
	600,00

Gli articoli *complessi* verranno rilevati secondo il seguente schema:

		n. art. ______ data ______		
		Conto X	600,00	
		Conto W	200,00	
		Conto Y		500,00
		Conto Z		300,00
		Descrizione		

La rilevazione sarà poi riportata sul libro mastro come segue:

Conto X

Dare	Avere
600,00	

Conto W

Dare	Avere
200,00	

Conto Y

Dare	Avere
	500,00

Conto Z

Dare	Avere
	300,00

Per rendere più chiaro il funzionamento del libro giornale secondo le due impostazioni ed il riporto delle rilevazioni sul libro mastro, si presenta di seguito la registrazione contabile di un fatto amministrativo dopo averlo opportunamente analizzato.

Il 01/11 viene costituita un'impresa individuale con apporto di € 2.000,00 in contanti.

L'analisi dell'operazione individua un'entrata di cassa (aspetto finanziario) che misura l'entità del capitale netto iniziale (aspetto economico).

Pertanto si avrà:

Aspetto finanziario
V.F.A. DARE del conto *Cassa* (2.000,00)

Aspetto economico
V.E.P. AVERE del conto *Capitale netto* (2.000,00)

Ipotizzando che il conto *Cassa* sia contrassegnato dal codice 1.1.1 e il conto *Capitale netto* dal codice 3.1.1, la rilevazione sul libro giornale all'italiana sarà:

		1 ______ 01/11 ______		
1.1.1	3.1.1	Cassa a Capitale netto		2.000,00
		Costituita ditta individuale		

La stessa rilevazione con l'impostazione alternativa presentata in precedenza è:

		1 ______ 01/11 ______		
1.1.1	3.1.1	Cassa	2.000,00	
		Capitale netto		2.000,00
		Costituita ditta individuale		

In entrambi i casi la rilevazione viene poi riportata sul libro mastro, nel modo seguente:

1.1.1 Cassa

Dare	Avere
2.000,00	

3.1.1 Capitale netto

Dare	Avere
	2.000,00

Nella parte restante di questo lavoro, le varie esemplificazioni verranno presentate secondo l'impostazione della tenuta del libro giornale mediante software applicativi.

Capitolo terzo
L'IMPOSTA SUL VALORE AGGIUNTO

3.1. L'Imposta sul Valore Aggiunto (IVA): natura e generalità

L'IVA è la principale imposta indiretta vigente in Italia. La normativa di riferimento è contenuta nel DPR 633/1972 [1]. A differenza delle imposte dirette che colpiscono in maniera immediata il possesso di reddito e di patrimoni, si tratta di un'imposta indiretta in quanto colpisce la capacità reddituale che il contribuente manifesta mediante i consumi. Si applica infatti alle cessioni di beni ed alle prestazioni di servizi effettuate nel territorio dello Stato nell'esercizio di imprese, arti e professioni, e alle importazioni da chiunque effettuate.

Tra gli aspetti peculiari dell'IVA si possono includere:

- la generalità;
- la neutralità;
- la facilità di determinazione;
- l'applicazione plurifase;
- la non cumulabilità dell'imposta;
- la riscossione frazionata.

Si tratta di un'imposta *generale* in quanto si applica a tutte le cessioni di beni e servizi effettuate nel territorio dello Stato nell'esercizio di un'attività economica svolta professionalmente. Non è pertanto limitata a particolari fattispecie.

È un'imposta *neutrale* per gli operatori commerciali. Infatti, l'IVA incassata sulle vendite non rappresenta un ricavo, ma un debito verso l'erario, così come

---

[1] L'imposta sul valore aggiunto è stata creata in sede europea ed è stata introdotta negli Stati membri dell'Unione attraverso due direttive, la numero 227/67/CE e la numero 228/67/CEE. Ulteriori riferimenti normativi a livello europeo sono la Direttiva comunitaria n. 77/388/CE del 17 maggio 1977 (c.d. VI direttiva) e la Direttiva n. 2006/112/CE, pubblicata l'11 dicembre 2006 nella Gazzetta Ufficiale dell'Unione europea (in vigore dal primo gennaio 2007). Si tratta a tutti gli effetti di una imposta *comunitaria*, in grado di influire sensibilmente sulla creazione del mercato interno e sulle politiche economiche dell'Unione Europea. Attualmente infatti, l'IVA costituisce una rilevante fonte di entrate per i bilanci nazionali, e in molti Stati membri ne rappresenta la principale. Cfr. F. Montanari, *Le operazioni esenti nel sistema dell'IVA*, Torino, Giappichelli, 2013, p. 12; N. Portale, *1000+ Casi IVA nella UE*, Milano, Giuffrè, 2013, p. 1.

l'IVA pagata sugli acquisti, non rappresenta, di norma, un costo, ma semplicemente un credito verso l'erario. Per questa ragione, spesso, nella prassi si afferma che l'IVA rappresenta una *partita di giro*.

L'IVA è un'imposta *facilmente determinabile*, in quanto in ciascuna fase del processo distributivo è possibile distinguere l'imposta dal valore del bene o del servizio scambiato.

È inoltre un'imposta *plurifase non cumulativa* in quanto colpisce tutte le fasi del processo produttivo e distributivo, ma grava ogni volta solo sull'incremento di valore che si è realizzato in quella particolare fase della produzione/distribuzione (il valore aggiunto appunto).

La *riscossione frazionata* è conseguenza dell'applicazione del meccanismo di detrazione di imposta da imposta. Si tratta di un particolare meccanismo di riscossione che pur prevedendo l'applicazione dell'imposta direttamente sul prezzo pieno esposto in fattura, consente di colpire solo il *valore aggiunto fiscale*.

3.2. Valore aggiunto fiscale e meccanismi operativi dell'IVA

L'IVA, essendo un'imposta sui consumi, grava sul consumatore finale (contribuente di fatto). La normativa prevede tuttavia che a versare l'imposta provvedano gli operatori commerciali che realizzano il valore aggiunto fiscale (contribuenti di diritto [2]).

Algebricamente, il valore aggiunto fiscale rappresenta la differenza tra il valore dei beni e dei servizi prodotti da un'impresa e il valore dei beni e dei servizi acquistati dalla stessa nell'esercizio della propria attività economica. Da un punto di vista utilitaristico, il valore aggiunto misura l'incremento di utilità da parte di un bene a seguito di un processo di trasformazione di tipo fisico-tecnica, oppure economica, ossia nel tempo e/o nello spazio [3].

I meccanismi operativi su cui si basa l'esazione dell'imposta possono essere individuati:

- nell'obbligo per il venditore di conteggiare l'IVA in fattura, maggiorando il valore dei beni ceduti o dei servizi prestati con l'applicazione della relativa aliquota d'imposta (diritto di rivalsa);
- nel meccanismo di detrazione dell'imposta stessa.

---

[2] Sono contribuenti di diritto, o anche detti soggetti passivi di diritto, tutti coloro che, per legge, sono chiamati ad assolvere gli obblighi relativi all'applicazione dell'imposta (fatturazione, registrazione, versamenti periodici, dichiarazioni ecc.) ed ai quali viene riconosciuto il diritto di detrarre l'IVA assolta sugli acquisti.

[3] Si veda G. Melis, *Elementi di Economia Aziendale*, terza edizione, Milano, Giuffrè, 2015, p. 12.

Ogni volta che un operatore economico acquista beni o servizi per realizzare e vendere le proprie produzioni, pagando gli acquisti maggiorati dell'IVA, di fatto anticipa al fornitore l'imposta dovuta dal consumatore finale. Lo stesso operatore potrà recuperare tale somma vendendo le proprie produzioni di beni o servizi, grazie all'incasso delle vendite maggiorate dell'IVA dai propri clienti. Se questi ultimi sono a loro volta degli operatori economici (soggetti passivi d'imposta), potranno a loro volta esercitare il diritto di rivalsa sul successivo scambio. Altrimenti, se il cliente è un consumatore finale, il diritto di rivalsa cessa. Non potendosi più rivalere su nessuno per recuperare l'imposta, il consumatore finale verrà gravato di un costo aggiuntivo (l'imposta) rispetto all'effettivo valore economico del bene o del servizio acquistato.

Come anticipato. il versamento dell'IVA da parte dei soggetti passivi avviene mediante il meccanismo di *detrazione di imposta da imposta*. Mediante tale meccanismo l'imposta viene versata all'erario in modo frazionato lungo tutto il processo produttivo/distributivo, proporzionalmente al valore aggiunto creato in ciascuna fase dello stesso.

L'IVA da versare all'erario viene determinata come differenza tra l'*IVA a debito* (o *a valle*), vale a dire l'IVA addebitata dall'imprenditore ai suoi clienti e l'*IVA a credito* (o *a monte*), ossia l'IVA che lo stesso ha corrisposto ai fornitori per gli acquisti di beni o servizi. In questo modo, ogni soggetto passivo versa all'Erario esclusivamente l'IVA maturata sul valore aggiunto fiscale da lui realizzato. Il soggetto passivo è da considerarsi pertanto un intermediario tra il consumatore finale e l'erario, occupandosi di esigere l'imposta dal consumatore e versarla all'erario. L'esempio che segue illustra le fasi di formazione del valore aggiunto fiscale e le modalità di applicazione del meccanismo di detrazione di imposta da imposta.

Ipotesi di base:

- l'azienda A vende all'azienda B parte della sua produzione ad un corrispettivo di € 1.000,00;
- l'azienda A non ha costi per acquisto di fattori produttivi (per semplificazione);
- l'azienda B vende la sua produzione ad un consumatore finale ad € 1.500,00;
- l'aliquota IVA è al 10%.

La tabella che segue illustra il valore aggiunto creato durante lo scambio tra A, B e il consumatore finale. Il privato, che acquista il bene per il suo consumo personale, pagando il prezzo, riconosce al mercato il valore aggregato durante le differenti fasi della produzione[4]. Il costo sostenuto dal consumatore finale rappresenta, in altri termini, la sommatoria dei valori aggiunti realizzati dalle singole aziende durante il processo di produzione e distribuzione del bene.

---

[4] Sul valore aggiunto si veda ampiamente G. Catturi, *La valorialità aziendale*, Padova, Cedam, 2007.

	Azienda A	Azienda B	Consumatore finale
Ricavo di vendita	1.000,00	1.500,00	-
Costo d'acquisto	-	1.000,00	1.500,00
Valore aggiunto	*1.000,00*	*500,00*	

La fatturazione degli scambi tra i tre operatori determina in capo ai due soggetti passivi A e B l'emergere di IVA a debito e di IVA a credito.

	Azienda A	Azienda B	Consumatore finale
Ricavo di vendita	1.000,00	1.500,00	
Iva al 10%	100,00	150,00	
Totale fatturato	*1.100,00*	*1.650,00*	
Costo d'acquisto		1.000,00	1.500,00
Iva al 10%		100,00	150,00
Totale fatturato		*1.100,00*	*1.650, 00*

Al momento della liquidazione dell'imposta, il meccanismo di detrazione di imposta da imposta determina le seguenti posizioni IVA.

	Azienda A	Azienda B
Iva a debito	100,00	150,00
Iva a credito	-	100,00
Iva da versare	*100,00*	*50,00*

Si noti il legame esistente tra imposta versata da ciascun soggetto passivo e il relativo valore aggiunto fiscale. Ogni contribuente, a seguito dell'applicazione del meccanismo di detrazione di imposta da imposta, versa all'erario l'IVA che grava sul valore aggiunto creato. Tale meccanismo, in sintesi, consente all'erario di incassare l'imposta sul valore aggiunto complessivamente creato (150 = 1.500 × 10%) che grava interamente sul consumatore finale, grazie alla riscossione frazionata mediante gli operatori intervenuti nel processo di produzione economica (100 versati dall'Azienda A + 50 versati dall'azienda B).

	Azienda A	Azienda B
Valore aggiunto creato	1.000,00	500,00
Imposta versata (10%)	100,00	50,00

3.3. I requisiti di applicazione dell'IVA

Il DPR 633/1972 all'articolo 1 recita «l'imposta sul valore aggiunto si applica sulle cessioni di beni e le prestazioni di servizi effettuate nel territorio dello Stato nell'esercizio di imprese o nell'esercizio di arti e professioni e sulle importazioni da chiunque effettuate».

Da questa definizione si ricavano i presupposti fondamentali, e necessari, per l'applicazione dell'imposta:

- *presupposto oggettivo*: cessioni di beni o di prestazioni di servizi;
- *presupposto soggettivo*: soggetti che operano nell'esercizio dell'attività di impresa o di arti e professioni;
- *presupposto territoriale*: operazioni effettuate nel territorio dello Stato.

In particolare è stabilito che una operazione rientra nel campo di applicazione IVA se vengono soddisfatti simultaneamente i tre presupposti.

3.3.1. *Presupposto oggettivo*

Le operazioni economiche rilevanti ai fini IVA sono individuate agli articoli 2 e 3 del DPR 633/1972. In via generale, in Italia, sono assoggettate all'imposta tutte le cessioni di beni e le prestazioni di servizi. Per cessione di beni si intende il trasferimento della proprietà o altro diritto reale di godimento su beni di ogni genere, realizzato a titolo oneroso, nel territorio dello Stato[5].

Sebbene quella appena descritta sia la regola base, esistono alcune eccezioni. Il decreto infatti individua una serie di operazioni[6] che, pur privi di uno dei due elementi (cessione della proprietà e pagamento del prezzo), vengono comunque assoggettate all'imposta[7].

In questo ambito, una fattispecie frequente è rappresentata dalle cessioni gratuite di beni, rispetto alle quali deve essere comunque emessa fattura e applicato il tributo. La ratio è quella di voler evitare che beni acquistati nell'ambito dell'attività

---

[5] Il presupposto di applicazione dell'IVA è quindi l'esistenza di un rapporto di tipo sinallagmatico tra cedente e cessionario: il trasferimento del bene da un lato e l'obbligo di corrisponderne il corrispettivo dall'altro.

[6] Si tratta delle operazioni assimilate alle cessioni di beni, in particolare: le vendite con riserva di proprietà; le locazioni con obbligo di trasferimento della proprietà vincolante per entrambe le parti; il passaggio di beni fra committente e commissionario; l'autoconsumo; l'assegnazione di beni ai soci; le cessioni gratuite di beni la cui produzione e distribuzione rientra nell'attività d'impresa. Per una rassegna delle caratteristiche delle operazioni assimilate alle cessioni di beni si veda ampiamente G. Pantoni, C. Sabbatini, N. Dell'Isola, M. Meroni, *Adempimenti 2013 – Fatturazione IVA*, Sistema Frizzera, Milano, Il Sole 24 Ore, 2013, pp. 13 e 14.

[7] Il DPR 633/1972 all'articolo 2 individua anche operazioni che, nonostante siano disciplinabili ai fini civilistici come cessioni di beni, non rientrano nel campo di applicazione IVA e pertanto sono totalmente irrilevanti sul piano degli obblighi documentali e dichiarativi. Cfr. S. Giordano, *Contabilità semplificata*, Rimini, Maggioli editore, 2008, p. 177.

d'impresa, e che hanno consentito la detrazione dell'IVA a credito, possano arrivare al consumatore finale detassati [8]. Chiaramente l'obbligo di applicare l'imposta a queste cessioni viene meno se, a monte, non è stata operata alcuna detrazione.

Risultano fuori campo IVA, invece, le cessioni di beni la cui produzione o distribuzione non rientra nel settore di attività proprio della impresa [9]. Ciò a condizione che il costo unitario del bene ceduto non sia superiore a € 50,00 [10]. Si pensi ad esempio alle agende che le imprese danno in omaggio ai propri clienti in occasione dell'inizio del nuovo anno, o ad altre tipologie di gadget ceduti gratuitamente a scopo promozionale (penne, portachiavi, taccuini, ecc.). In questo caso, tuttavia, l'IVA assolta a monte sull'acquisto è totalmente detraibile. Per contro se il bene omaggiato è di importo superiore a € 50,00, alla cessione non è applicata l'IVA, ma l'imposta assolta sul relativo acquisto è totalmente indetraibile.

Riassumendo quindi si hanno:

- beni prodotti o distribuiti nell'esercizio dell'attività di impresa per i quali si applica l'IVA a debito, ma è possibile portare in detrazione l'IVA a credito;
- beni non prodotti o distribuiti nell'esercizio dell'attività di impresa per i quali:
- se di importo $<$ € 50,00, non si applica l'IVA a debito ma è possibile portare in detrazione l'IVA a credito;
- se di importo $>$ € 50,00, non si applica l'IVA a debito ma non è possibile portare in detrazione l'IVA a credito.

Rientrano nel campo di applicazione IVA anche le prestazioni di servizi (art. 3 DPR 633/1972). Come per le cessioni di beni, anche in questo caso, per essere rilevanti ai fini IVA, le prestazioni devono essere rese verso corrispettivo.

Derogando al principio dell'onerosità, coerentemente a quanto già visto per le cessioni di beni, il legislatore considera imponibili le prestazioni di servizi rese gratuitamente, o per finalità estranee all'esercizio dell'impresa, incluso l'autoconsumo da parte dell'imprenditore (questo a patto che il valore della prestazione sia superiore a € 50,00 e che sia stata operata la detrazione per l'IVA assolta sui relativi acquisti) [11].

---

[8] Per quanto riguarda l'autoconsumo, è doverosa una precisazione, si tende infatti a distinguere tra autoconsumo esterno ed interno. L'IVA si applica solo sul valore dei beni destinati all'autoconsumo esterno, ossia destinati a soddisfare esigenze estranee all'attività professionale del soggetto passivo. Si pensi ad un imprenditore nel settore alimentare che destina parte della sua produzione al consumo della famiglia. Per contro, non sono rilevanti ai fini IVA i beni oggetto di autoconsumo interno, connesso all'impiego dei beni per finalità produttive dell'attività imputabile al soggetto passivo. Ad esempio l'impresa che produce computer e riserva un certo numero di questi ad essere utilizzati nei suoi uffici.

[9] Ci si riferisce alla produzione o acquisto di beni destinati a spese di rappresentanza, così come definite ai fini delle imposte dirette.

[10] Prima del Decreto Semplificazioni (D.Lgs. n. 175/2014), il costo unitario dei beni omaggiati che consentivano di detrarre l'IVA non poteva essere superiore a € 25,82.

[11] Non risultano invece rilevanti ai fini IVA, le prestazioni di servizi senza corrispettivo rese al

Non risultano invece rilevanti ai fini IVA, le prestazioni di servizi senza corrispettivo rese al personale dipendente (ad esempio per il servizio di mensa, di trasporto, di formazione ecc.), per le prestazioni pubblicitarie gratuite a favore dell'attività istituzionale di enti pubblici e associazioni non profit che perseguono finalità educative culturali, assistenziali, sportive, religiose e similari.

3.3.2. *Presupposto soggettivo*

Sono soggetti passivi di diritto tutti gli esercenti imprese, arti o professioni. Tutti coloro che esercitano pertanto, in maniera stabile, un'attività economica.

Per quanto riguarda l'*imprenditore individuale*, può essere considerato tale solo quando effettua operazioni nell'esercizio dell'attività aziendale. È evidente quindi che, se effettua la cessione di un bene o la prestazione di servizio ad un suo cliente, avrà l'obbligo di emettere fattura e applicare l'imposta. Per contro, l'obbligo non sussiste se, da privato cittadino vende un bene di sua proprietà, ad esempio un motociclo, di cui vuole disfarsi. Quindi, l'imprenditore individuale che volesse acquistare beni e servizi, dovrà distinguere se l'operazione è effettuata nell'ambito dell'attività d'impresa o a titolo privato. Nel primo caso, come sarà chiarito meglio nei paragrafi successivi, la fattura relativa all'acquisto riporterà anche la partita IVA dell'imprenditore acquirente e l'imposta assolta sarà detraibile, nel secondo verrà indicato in fattura il suo codice fiscale e l'IVA pagata costituirà per lui un costo.

Tutte le tipologie societarie ammesse dal nostro legislatore, di persone, di capitali, le società cooperative e le società di fatto sono per presunzione assoluta di legge soggetti passivi d'imposta per qualsiasi cessione di beni o prestazioni di servizi rese nei confronti di terzi, compresi i propri soci.

Gli enti commerciali, benché diversi dalle società, avendo ad oggetto esclusivo o principale l'esercizio di attività commerciali o agricole, sono del tutto assimilati ai fini IVA a queste ultime. Gli enti non commerciali, invece, sono considerati soggetti passivi solo quando effettuano in via non occasionale operazioni commerciali o agricole.

Nella categoria artisti e professionisti, rientrano tutte le attività di lavoro autonomo e non solo le attività artistiche e professionali in senso stretto, ossia quelle il cui esercizio richiede l'iscrizione ad albi o elenchi (Dottori Commercialisti, Ingegneri, Geometri, Avvocati, Notai, ecc.). Si tratta pertanto di tutte quelle attività svolte abitualmente che non rientrano nell'esercizio di impresa e non assoggettate a vincolo di subordinazione (pubblicitari, grafici, archeologi, idraulici, elettricisti, ecc.).

---

personale dipendente (ad esempio per il servizio di mensa, di trasporto, di formazione ecc.), per le prestazioni pubblicitarie gratuite a favore dell'attività istituzionale di enti pubblici e associazioni non profit che perseguono finalità educative culturali, assistenziali, sportive, religiose e similari.

3.3.3. *Presupposto territoriale*

In via generale, sono soggette ad IVA esclusivamente le prestazioni di servizi e le cessioni di beni effettuate in Italia; la *territorialità* rappresenta un presupposto, al pari di quello oggettivo e soggettivo, indispensabile per stabilire se una operazione è assoggettata ad IVA in Italia.

Sotto l'aspetto territoriale le operazioni si distinguono in:

– interne, quindi effettuate in Italia;

– internazionali. Tra queste si distinguono le importazioni, le esportazioni e le operazioni intracomunitarie[12].

3.4. Classificazione delle operazioni

Le operazioni rilevanti ai fini IVA possono essere classificate in:

- operazioni imponibili;
- operazioni non imponibili;
- operazioni esenti;
- operazioni escluse.

Le operazioni che presentano contemporaneamente i tre presupposti di applicazione del tributo sono considerate *imponibili* e pertanto assoggettate all'imposta. Per queste operazioni vi è l'obbligo da parte del cedente di emissione della fattura e annotazione nel registro delle fatture emesse, mentre l'acquirente ha l'obbligo di annotazione nel registro degli acquisti. Le operazioni imponibili concorrono a determinare il volume d'affari del contribuente [13], generano in capo al venditore IVA a debito mentre in capo all'acquirente IVA a credito.

Sono operazioni *non imponibili* (art. 8, 8 *bis* e 9 del DPR 633/1972) le cessioni all'esportazione e i servizi internazionali poiché l'imposizione avviene, nel paese di destinazione. La *ratio* è quindi quella di evitare una doppia imposizione della transazione. Sebbene siano soggette agli obblighi di fatturazione e registrazione e, come le imponibili, concorrano alla formazione del volume d'affari, non sono assoggettate al tributo. Tali operazioni consentono comunque di recuperare l'IVA assolta a monte sugli acquisti.

Le operazioni *esenti* sono tassativamente indicate dal legislatore (art. 10 del DPR 633/1972). Sono tali, ad esempio, le prestazioni medico-sanitarie, le operazioni di assicurazione, le prestazioni educative e didattiche, le prestazioni di tra-

---

[12] Gli specifici regimi dell'IVA relativi alle importazioni, esportazioni e operazioni intracomunitarie saranno trattai nei paragrafi 7.2, 7.3, 7.4, 7.5 di questo lavoro.

[13] Per volume d'affari del contribuente si intende l'ammontare complessivo delle cessioni di beni e delle prestazioni di servizi dallo stesso effettuate, registrate o soggette a registrazione con riferimento ad un anno solare a norma degli art. 23 e 24 del DPR 633/1972. Non comprende le cessioni di beni ammortizzabili.

sporto urbano, ecc. Si tratta di operazioni che non sono soggette al pagamento dell'imposta, ma che comunque concorrono a formare il volume d'affari e pertanto sono soggette a fatturazione e registrazione sui relativi registri IVA. Le operazioni esenti non consentono di recuperare l'IVA pagata a monte su acquisti e spese. Le esenzioni IVA ai sensi dell'articolo 10 sono riconducibili a due ordini di ragioni:

- sociali, si pensi al caso delle prestazioni sanitarie o alle attività di carattere culturale;
- di equilibrio della tassazione, come nel caso delle operazioni di finanziamento che già sono soggette ad altre forme di imposizione fiscale.

Per operazioni *escluse* si intendono quelle che difettano di uno o più presupposti di applicazione. Ad esse sono assimilate per previsione legislativa (art. 15) le spese anticipate in nome e per conto del cliente, le somme dovute a titolo di rivalsa dell'IVA, l'addebito di imballi a rendere, gli interessi di mora e il valore normale dei beni ceduti a titolo di sconto o abbuono. Sono operazioni non soggette al pagamento dell'imposta, non devono essere fatturate né annotate nei libri IVA, sono estranee alla determinazione del volume d'affari e non consentono di recuperare l'IVA assolta a monte sui relativi acquisti.

3.4.1. *Operazioni esenti e pro-rata di detraibilità*

Le operazioni esenti IVA ai sensi dell'art. 10 non consentono di detrarre l'imposta assolta sui relativi acquisti. La ratio dietro tale limitazione è quella di evitare all'erario perdita di gettito laddove un soggetto passivo compia operazioni esenti e quindi non incassi IVA dai clienti. Venendo meno il meccanismo della rivalsa, per questi soggetti l'IVA sugli acquisti diventa indetraibile e, quindi, sul piano contabile rappresenta un costo che influisce sul reddito dell'esercizio. In questo senso pertanto il soggetto passivo d'imposta si sostituisce al consumatore finale e diventa il soggetto su cui incide l'imposta.

Per i soggetti passivi che realizzano operazioni esenti, tipicamente operatori sanitari (medici, fisioterapisti ecc.) possono presentarsi due differenti situazioni:

- il contribuente compie solo operazioni esenti: l'IVA pagata sugli acquisiti non può essere mai detratta per prescrizione legislativa (art. 19, comma 2 DPR 663/72);
- il contribuente compie sia operazioni esenti sia imponibili: in questo caso scatterà la regola del pro-rata di detraibilità.

Algebricamente il pro-rata è dato dal rapporto tra [14]:

[14] Non concorrono alla determinazione del rapporto (né al numeratore né al denominatore): le cessioni di beni ammortizzabili (materiali ed immateriali); i passaggi di beni all'interno della stessa impresa tra attività separate (art. 36, ultimo comma); le cessioni di denaro o di crediti in denaro; le

- la somma delle operazioni imponibili e non imponibili, ossia le operazioni effettuate nell'anno che danno diritto alla detrazione;
- operazioni di cui al punto precedente aumentate delle operazioni esenti dell'anno.

Se un soggetto passivo presenta IVA a credito per € 2.000,00 e un pro rata di detraibilità pari al 40%, il diritto alla detrazione IVA è riconosciuto per € 800,00 (il 40% di 2.000,00). Il meccanismo del pro rata si applica a tutti quei soggetti che, sistematicamente [15], pongono in essere sia operazioni esenti che imponibili.

Il pro-rata è sempre utilizzato in forma intera, pertanto, il quoziente ottenuto deve essere arrotondato all'unità superiore o inferiore, a seconda che la parte decimale superi o meno i cinque decimi [16]. Un quoziente di 11,7 darà luogo ad un pro-rata del 12%, mentre un quoziente di 25,2 ad un pro-rata del 25%. La percentuale di detraibilità è determinata, in via definitiva, alla fine del periodo d'imposta (anno solare). Solo allora infatti risulterà noto l'effettivo volume delle operazioni imponibili, non imponibili, esenti, ecc. Durante l'anno deve quindi essere applicata, in via provvisoria e salvo conguaglio, l'aliquota calcolata per l'anno precedente. Nel caso di inizio dell'attività il contribuente utilizzerà un pro-rata stimato, che applicherà a ciascuna operazione di liquidazione periodica dell'imposta.

Analizziamo ora una esemplificazione di calcoli legati al pro-rata di detraibilità provvisorio e definitivo.

La Blu Corallo S.p.A. è un'impresa che si occupa di assistenza socio sanitaria che realizza sistematicamente sia operazioni che danno diritto alla detrazione sia operazioni esenti. Durante l'anno n per le liquidazioni IVA periodiche l'azienda ha usato un pro-rata provvisorio pari al 16%.
Alla chiusura del periodo di imposta risultano le seguenti informazioni:

- totale operazioni imponibili: € 35.000,00;
- totale operazioni non imponibili: € 10.000,00;
- totale operazioni esenti: € 230.000,00;
- IVA sugli acquisti: € 16.000,00.

---

cessioni e conferimenti di aziende; le cessioni di campioni gratuiti; i passaggi di beni in presenza di fusioni, scissioni, trasformazioni; le cessioni (esenti) che hanno per oggetto beni acquistati o importati senza poter detrarre la relativa imposta (art. 10, n. 27-quinquies); le operazioni esenti indicate nei numeri da 1) a 9) dell'art. 10, quando non formano oggetto dell'attività propria del soggetto o sono accessorie ad operazioni imponibili.

[15] Il requisito della sistematicità è un requisito rilevante ai fini dell'applicazione del meccanismo del pro-rata. Lo stesso, infatti, non trova applicazione nel caso in cui il contribuente eserciti:

- attività imponibili o assimilate e sporadiche o occasionali operazioni esenti: in questo caso avrà diritto a portare in detrazione tutta l'IVA a credito;
- attività esenti e sporadiche o occasionali operazioni imponibili o assimilate: l'IVA sugli acquisti sarà totalmente indetraibile.

[16] Fino a 0,5 si arrotonda per difetto da 0,6 in su si arrotonda, invece, per eccesso. L'Agenzia delle Entrate, nelle Istruzioni per la compilazione della dichiarazione annuale, richiede di fare riferimento alle prime tre cifre decimali, conto anche dei millesimi, riportando i seguenti esempi: 0,502 = 1; 7,500 = 7.

Da un'analisi più attenta delle operazioni compiute dalla Blu Corallo emerge che tra le operazioni imponibili sono comprese cessioni di beni ammortizzabili per € 7.000,00, mentre tra le operazioni esenti figurano interessi su un finanziamento per € 5.000,00 (operazione esente ex art. 10, n. 1);

Per la determinazione del *pro-rata* definitivo si deve tener conto che le cessioni di beni ammortizzabili così come gli interessi su finanziamento non vanno considerati nel rapporto. Il *pro-rata* definitivo della Blu Corallo verrà pertanto così calcolato:

$$\frac{(35.000,00 + 10.000,00 - 7.000,00)}{(35.000,00 + 10.000,00 - 7.000,00 + 230.000,00 - 5.000,00)}$$

(35.000 + 10.000 – 7.000) 35.000 + 10.000 – 7.000 + 230.000 – 5.000

Pro-rata =14,449, (arrotondato) = 14%

Applicando il pro-rata di detrazione all'ammontare complessivo dell'IVA sugli acquisti si ottiene l'imposta detraibile definitiva:

16.000,00 ×14% = € 2.240,00.

Considerato che durante l'anno l'impresa ha applicato una percentuale di detrazione più alta, pari al 16%, la differenza tra quanto portato provvisoriamente in detrazione e quanto effettivamente detraibile, dovrà essere versata all'erario sotto forma di conguaglio in sede di dichiarazione IVA annuale. Per effetto della maggiore detrazione eseguita rispetto a quella ricalcolata sulla base dei dati definitivi, il contribuente infatti ha versato nel corso delle liquidazioni periodiche un'imposta inferiore a quella effettivamente dovuta.

IVA dedotta provvisoriamente:	16.000,00×16% =	€ 2.560,00
IVA detraibile (calcolo definitivo):	16.000,00×14% =	€ 2.240,00
IVA indebitamente detratta e quindi da versare all'erario =		€ 320,00

Nel caso in cui l'IVA detratta provvisoriamente nel corso dell'anno risultasse inferiore a quella detraibile a seguito di calcolo del pro-rata definitivo, l'eventuale IVA detraibile residua costituirà un credito per il successivo periodo di imposta.

3.5. Fatturazione, momento impositivo, esigibilità dell'imposta e diritto alla detrazione

Il primo adempimento ai fini IVA è l'emissione della fattura. L'obbligo grava sul soggetto passivo che effettua la cessione dei beni o la prestazione di servizi e consente che l'imposta sia neutrale rispetto ai contribuenti di diritto. La fattura infatti è il titolo che dà diritto al cedente, o prestatore, di esercitare la rivalsa e all'acquirente, o committente, di detrarre l'IVA addebitata sugli acquisti [17]. Affinché il meccanismo di detrazione di imposta da imposta funzioni è necessario che i soggetti passivi siano identificati con un numero di partita IVA, che dovrà essere obbligatoriamente riportata sulle fatture emesse/ricevute [18].

La partita IVA è un identificativo fiscale composto, in Italia, da undici caratteri numerici (es. H3G partita IVA13378520152). I primi sette rappresentano la matricola attribuita all'operatore commerciale (es. 1337852), i successivi tre identificano la provincia dell'ufficio di prima iscrizione (es. 015 Milano), infine l'ultimo numero è un codice di controllo che serve per verificare la correttezza delle prime 10 cifre (es. 2).

Gli elementi obbligatori della fattura sono (art. 21):

- la ditta, denominazione o ragione sociale, e domicilio dell'acquirente e del venditore, nonché il numero di partita IVA del venditore;
- la natura, quantità e qualità dei beni o servizi ceduti/prestati;
- l'indicazione dei corrispettivi;
- il valore normale dei beni ceduti a titolo di sconto, premio, abbuono;
- l'aliquota [19] e l'ammontare dell'imposta arrotondata al centesimo di euro;
- il numero di partita IVA del cessionario del bene o del committente del servizio, quando diventi debitore dell'imposta in luogo del cedente, con l'indicazione della relativa norma di riferimento (o quella comunitaria o quella nazionale) c.d. *reverse charge*; questo aspetto specifico sarà illustrato in un paragrafo successivo [20];
- l'annotazione che la fattura è stata compilata da parte del cliente o, per conto del cedente o prestatore, da parte di un terzo, ogni volta che si verifichi tale circostanza.

Se vengono ceduti beni o servizi che presentano aliquote differenti o che sono esenti, esclusi, ecc., è necessario indicare separatamente gli imponibili, le relative imposte o cause di esenzione e esclusione.

---

[17] Risoluzione Ministeriale 190/E del 17 giugno 2002.

[18] L'Agenzia delle Entrate con la circolare n. 12/E/2013 ha sottolineato l'obbligo di riportare, in ciascuna fattura, la partita IVA o il codice fiscale dell'acquirente. In particolare, se il soggetto agisce in regime di impresa è necessario indicare la partita IVA, invece, se agisce come privato deve essere riportato il codice fiscale. In caso di acquisto per usi promiscui deve essere data prevalenza alla partita IVA, con conseguente omissione del codice fiscale. Se, infatti, l'acquirente compie un acquisto di tal tipo utilizzando il codice fiscale, dichiara implicitamente di acquistare fuori dal regime di impresa, con la conseguenza che sarà impossibile detrarre l'IVA (per difetto di inerenza).

[19] Attualmente in Italia esistono tre aliquote IVA al 22%, 10% e 4%.

[20] Inoltre, per le cessioni tra Paesi membri dell'Unione Europea di mezzi di trasporto nuovi (di cui all'articolo 38, comma 4, del DL n. 331 del 1993) occorre indicare nella fattura la data della prima immatricolazione o iscrizione in pubblici registri ed il numero dei chilometri percorsi, delle ore navigate o delle ore volate.

Successivamente all'emissione della fattura, potrebbero verificarsi fatti che rendono necessarie rettifiche all'ammontare dell'imponibile e/o dell'IVA già registrata. Si pensi al caso dei resi per difformità dei beni acquistati o ad errori materiali nella compilazione delle fatture stesse. Nel caso di variazioni in aumento, è obbligatorio procedere alla redazione di una vera e propria fattura integrativa; al contrario per le variazioni in diminuzione l'emissione di un documento con o senza regolarizzazione IVA è facoltativa. Normalmente le note di variazioni sono registrate nello stesso registro in cui figura la fattura originaria, ma con segno opposto.

La fattura va emessa in duplice esemplare (una per il cedente e una per il cessionario), nel momento in cui viene effettuata l'operazione, comunemente definito momento impositivo (fatturazione immediata). Nel caso in cui si tratti di cessioni di beni assistiti da documento di trasporto, è consentito emettere la relativa fattura entro il 15 del mese successivo a quello di consegna o spedizione, anche cumulativamente per tutte le cessioni effettuate nei confronti di uno stesso soggetto nel mese solare precedente (fatturazione differita). In caso ci si avvalga della fatturazione differita, nella stessa devono risultare gli estremi dei documenti di trasporto (DDT) che hanno accompagnato i beni consegnati al cliente[21].

L'art. 6 individua per le principali operazioni soggette ad IVA il momento impositivo in questo modo:

- cessioni di mobili: la stipulazione del contratto;
- cessione di beni mobili: la consegna o la spedizione;
- contratti di somministrazione: il pagamento del corrispettivo;
- prestazione dei servizi: pagamento del corrispettivo.

Al realizzarsi del momento impositivo nascono per le controparti dell'operazione gli obblighi e i diritti legati al meccanismo di esazione del tributo. In particolare, il momento impositivo comporta per il cedente, o prestatore, l'obbligo di emissione della fattura, l'individuazione dell'aliquota da applicare, l'obbligo di registrazione del documento nel registro delle fatture emesse, l'obbligo di versare all'erario l'imposta addebitata all'acquirente (IVA a debito)[22]. Quest'ultimo aspetto, tecnicamente indica che l'imposta diventa esigibile. Per contro, in capo al cessionario o committente il momento impositivo decreta la nascita del diritto ad esercitare la detrazione dell'imposta da lui assolta sugli acquisti, se inerenti all'esercizio della sua impresa, arte o professione.

[21] A decorrere dal 1 gennaio 2013, è possibile emettere fattura differita anche per le prestazioni di servizi. Analogamente alle cessioni di beni, la fatturazione differita dei servizi è ammessa purché siano adeguatamente documentati (ad esempio con un documento attestante l'avvenuto incasso del corrispettivo, con il contratto, la lettera d'incarico, ecc.) e che la fattura rechi il dettaglio delle operazioni.

[22] Nel caso in cui, prima del verificarsi degli eventi che individuano il momento impositivo venisse emessa fattura o pagato anche solo parzialmente il corrispettivo, l'esigibilità dell'imposta viene anticipata alla data di fatturazione o pagamento. È il caso degli anticipi ricevuti dai clienti che devono essere fatturati ed assoggettati ad IVA nel momento in cui vengono incassati.

Di norma, vi è dunque coincidenza temporale tra momento di effettuazione dell'operazione, esigibilità dell'imposta (sorgere del debito nei confronti dell'erario) e diritto alla detrazione [23].

3.5.1. *La compilazione della fattura e la determinazione dell'IVA*

La fattura, si veda il facsimile illustrato nella Figura 1, va compilata nelle sue due parti: *descrittiva*, destinata ad accogliere il numero, la data, i dati relativi a chi la emette, i dati relativi all'acquirente, le condizioni relative alla consegna, all'imballaggio, al pagamento; *tabellare*, che accoglie la descrizione della merce e presenta i calcoli relativi all'importo della stessa e all'IVA (quantità, prezzo unitario, importo, eventuali sconti, spese accessorie relative al trasporto, all'imballaggio, al montaggio, ecc., aliquota IVA, totale a debito del compratore).

Gervasoni S.r.l. Via Leopardi, 1 44121 Ferrara P.IVA 32568987891	Fattura n. 650 del 18/09/n Spett.le **Marchesi S.n.c.** Via Friuli, 37 09173 Cagliari P.IVA 10928765342

Imballo	**Data ordine**	**Trasporto**	**Pagamento**	**Doc. di trasporto**

DESCRITTIVA

Quantità	**Descrizione merce**	**Aliquota**	**% sconto**	**Prezzo unitario**	**Importi**

TABELLARE

Fermi restando i contenuti appena descritti, le fatture possono essere emesse in forma cartacea (a mano, a macchina o tramite un elaboratore) oppure in forma elettronica [24]. Devono essere conservate per 10 anni. I commercianti al dettaglio,

[23] Esistono tuttavia dei casi in cui il momento impositivo e il momento di esigibilità dell'imposta non coincidono. Si tratta principalmente del caso delle operazioni effettuate nei confronti di enti pubblici e delle operazioni compiute in regime IVA per cassa.

[24] L'art. 21, D.P.R. n. 633/1972, ammette la possibilità di emettere la fattura elettronica in alter-

gli albergatori, i ristoranti, i bar, le pizzerie ecc., nonché coloro che trasportano persone, sono esonerati dall'emissione della fattura, a meno che questa non venga richiesta dal cliente.

Questi soggetti sono comunque obbligati a rilasciare altri documenti fiscali di vendita, le ricevute e lo scontrino fiscale. La base imponibile IVA è così determinata:

Valore della cessione/prestazione effettuata	-
(eventuali) sconti incondizionati	+
(eventuali) spese accessorie, trasporto, collaudo, ecc.	+
(eventuali) imballaggi, addebitati in fattura se ceduti	=
Imponibile IVA	

Sono esclusi dalla base imponibile gli interessi di mora e le spese documentate, rispetto alle quali esiste una regolare fattura. Gli sconti incondizionati sono evidenziati nella parte tabellare della fattura, vengono applicati in misura fissa e devono essere sottratti all'importo delle merci prima del calcolo dell'imponibile IVA (è il caso dello sconto mercantile). Gli sconti condizionati, invece, non possono detrarsi in fattura e di essi si terrà conto quando e se l'evento da cui dipendono si manifesterà.

Le spese accessorie sono sostenute dal venditore per conto del committente. Se si riferiscono al trasporto fatto con i mezzi del venditore, alle spese di carico sugli stessi mezzi, alle spese di installazione e collaudo di macchine e attrezzature curate di norma da personale interno, si tratta di spese non documentate. Queste spese vengono addebitate forfettariamente al cliente, stimando l'importo della prestazione, e rientrano nella base imponibile. Anche le spese documentate vengono anticipate dal venditore per conto del cliente, ma a differenza delle precedenti sono contenute in un documento giustificativo, la fattura, anch'essa intestata al cliente, emessa dal soggetto che ha effettuato la relativa prestazione (es. il corriere). Poiché su queste spese l'IVA è già stata applicata, tali importi vengono esclusi dalla base imponibile.

Di seguito si presenta un esempio di compilazione di fattura di vendita.

La Gervasoni S.r.l di Ferrara ha venduto al Distributore Marchesi S.n.c. di Cagliari le seguenti merci:

- n. 210 prodotti Shure SM8 a € 17,00 ciascuno + IVA 22%;
- n. 80 prodotti KBG 76/E a € 24,00 ciascuno + IVA 10%.

Condizioni di vendita:

- consegna Franco Magazzino Venditore (FMV);

---

nativa al supporto cartaceo. In questo caso è richiesto l'utilizzo di strumenti informatici che garantiscano l'integrità e l'autenticità del documento (ad esempio, apposizione di firma elettronica).

- spese di trasporto su mezzo del venditore € 75,00;
- sconto incondizionato del 10% sul prezzo del prodotto Shure SM8.

La merce è stata ordinata il 2/08/n e consegnata il 18/09/n. Il pagamento è atteso il 15/10/n a mezzo bonifico bancario.

La fattura potrà assumere la seguente forma:

Gervasoni S.r.l. Via Leopardi, 1 44121 Ferrara P.IVA 32568987891	Fattura n. 650 del 18/09/n
	Spett.le **Marchesi S.n.c.** Via Friuli, 37 09173 Cagliari P.IVA 10928765342

Imballo	**Data ordine**	**Trasporto**	**Pagamento**	**Doc. di trasporto**
Gratis	2/09/n	F.M.V. ns mezzo	Entro il 15/10/n	N. 400 18/09/n

Quantità	**Descrizione merce**	**Aliquota**	**% sconto**	**Prezzo unitario**	**Importi**
210	Shure SM8	22%	10%	17	3.570,00
80	KBG 76/E	10%	-	24	1.920,00
					5.490,00
		- Sconto incondizionato 10%			-357,00
		+ Spese di trasporto			75,00
		Base imponibile			5.208,00

Imponibile al 22%	**IVA 22%**	**Imponibile al 10%**	**IVA 10%**	**TOTALE FATTURA**
3.261,77[25]	717,59	1.946,23	194,62	6.120,21

[25] Poiché si è in presenza di spese di trasporto non documentante e di due aliquote di imposta, per determinare l'imponibile è necessario calcolare l'incidenza delle spese di trasporto sulle due cessioni. Si procede pertanto con un riparto semplice: 75,00/(3.570,00+1.920,00) = 0,01366 (valore

Per quanto riguarda gli imballaggi, la merce ceduta può essere imballata in vari modi. Se si tratta di bottiglie o altri contenitori con i quali vengono confezionati i prodotti, l'imballaggio è già compreso nel prezzo di vendita, pertanto non esiste la necessità di considerarlo separatamente in fattura. Nel caso vengano utilizzati contenitori che diventano di proprietà del cliente, il valore dell'imballaggio viene fatturato e assoggettato all'imposta, a meno che non si tratti di una spesa documentata. Infine, se si tratta di un imballaggio a rendere, che va restituito al venditore una volta consumata o scaricata la merce, mancando il passaggio di proprietà il suo valore non va fatturato. La fattura in questo caso può però contenere la cauzione, che funge da garanzia per il venditore in caso di mancata restituzione dell'imballaggio stesso. Devono per contro essere fatturati, ma sono esenti da IVA, gli interessi dovuti al venditore per dilazione di pagamento concesse all'acquirente.

3.6. Gli adempimenti IVA

Il primo adempimento IVA per il contribuente che intraprende l'esercizio di un'impresa consiste nella presentazione in via telematica della *Comunicazione Unica* al Registro delle imprese: una singola pratica digitale che contiene tutti i dati necessari per i diversi enti della pubblica amministrazione. Infatti il Registro delle imprese provvede tempestivamente a comunicare le informazioni a tutti gli enti interessati (l'Agenzia delle entrate, INAIL, INPS, camere di commercio). Ai fini fiscali, l'Agenzia delle Entrate, ricevuta la Comunicazione, attribuire al contribuente il numero di partita IVA che va indicato in tutti i documenti di vendita (documenti di trasporto o consegna, fatture, scontrini, ricevute fiscali, ecc.) e in tutti gli altri documenti destinati all'Agenzia delle entrate.

Successivamente, è obbligatorio presentare una *dichiarazione di variazione dell'attività* ogni qual volta si vari la denominazione, il tipo di attività, o il luogo in cui si esercita.

Infine, va presentata la *dichiarazione di cessazione dell'attività* entro 30 giorni a partire dall'ultimazione delle operazioni di liquidazione dell'azienda.

Oltre a questi adempimenti di tipo straordinario, vi sono degli adempimenti di carattere ricorrente: l'emissione dei documenti di trasporto (D.D.T.) o consegna, fatture, e altri documenti di vendita quali ricevute e scontrini fiscali.

Rientra tra gli adempimenti ricorrenti, anche la compilazione dei registri obbligatori ai fini IVA (artt. 23, 24 e 25). In particolare si tratta della tenuta del registro delle fatture emesse, del registro delle fatture d'acquisto, e del registro dei

---

delle spese di trasporto per € 1,00 di fatturato). Moltiplicando questo valore per i rispettivi fatturati dei prodotti ceduti si ottengono le spese di trasporto attribuite al prodotto Shure Sm8 (€ 48,77) e KBG76/E (€ 26,23). L'imponibile dei due prodotti è quindi così definito:

- prodotto Shure Sm8: 3.570,00 (fatturato) – 357,00 (sconto) + 48,77 (spese di trasporto) = € 3.261, 77;
- prodotto KBG 76/E:1.920,00 (fatturato) + 26,23 (spese di trasporto) = € 1.946, 23.

corrispettivi [26] (quest'ultimo per i commercianti al minuto e i soggetti assimilati che non emettono fattura).

Per quanto riguarda i termini di registrazione nei registri obbligatori IVA, gli articoli 23, 24 e 25 del DPR 633 sanciscono che:

le fatture emesse devono essere annotate nel registro delle fatture emesse entro 15 giorni dall'emissione, nell'ordine della loro numerazione e con l'indicazione, per ciascuna di esse, del destinatario, dell'importo dell'operazione (distintamente per aliquota), dell'aliquota e dell'imposta addebitata;

le fatture differite, diversamente, vanno registrate entro lo stesso termine previsto per l'emissione, quindi entro il giorno 15 del mese successivo a quello in cui l'operazione si considera effettuata. L'imposta relativa a tali fatture, comunque, va inserita nella liquidazione periodica di competenza, cioè del periodo (mese/trimestre) in cui è avvenuta la consegna o spedizione dei beni;

le fatture e le bollette doganali relative agli acquisti di beni e servizi devono essere innanzitutto numerate man mano che pervengono e poi devono essere annotate nel registro degli acquisti, secondo la numerazione attribuita, indicando la data di emissione, il soggetto emittente, l'importo dell'operazione, l'aliquota e l'imposta. L'annotazione nel registro deve essere eseguita, anteriormente alla liquidazione periodica, ovvero alla dichiarazione annuale, nella quale viene esercitato il diritto alla detrazione della relativa imposta. La registrazione delle fatture d'acquisto può essere effettata al massimo entro il termine di presentazione della dichiarazione relativa al secondo anno successivo a quello in cui la fattura è stata ricevuta; i corrispettivi riscossi vanno certificati mediante emissione di scontrino o ricevuta fiscale. La registrazione dei corrispettivi deve essere eseguita, con riferimento al giorno in cui le operazioni sono effettuate, entro il giorno non festivo successivo, ai sensi dell'art. 24, comma 1, DPR 633/1972 [27]. I corrispettivi devono essere suddivisi per aliquota, nell'importo complessivo giornaliero vanno compresi ed evidenziati gli importi riscossi con emissione di fattura.

Gli adempimenti ciclici (o periodici) sono costituiti dalle liquidazioni dell'imposta con i relativi versamenti e dalla presentazione della dichiarazione IVA annuale.

---

[26] Con il termine *corrispettivo* il legislatore fiscale indica i ricavi conseguiti dai commercianti al dettaglio, per i quali non sussiste l'obbligo di emissione di fattura a meno che non venga espressamente richiesta dal cliente (art. 22 DPR 633/1972). La Legge n. 18 del 26 gennaio 1983 che ha istituito lo scontrino fiscale ha previsto che debba contenere: la ditta, denominazione o ragione sociale dell'emittente; il numero di partita IVA; i dati contabili; la data, ora di emissione e numero progressivo; il logotipo fiscale, numero di matricola del misuratore fiscale. Lo scontrino deve essere consegnato unitamente ai beni ceduti. I corrispettivi comprendono sia il ricavo che l'imposta. Il registro dei corrispettivi, pertanto, diversamente dal registro delle fatture emesse non evidenzia distintamente l'IVA.

[27] Alternativamente, la registrazione, suddivisa per giorni, va eseguita, ai sensi del DPR 695/96 e art. 15 del DPR 435/01, entro il giorno 15 del mese successivo a quello di riferimento per tutti i corrispettivi riscossi in ciascun mese solare precedente. Vi sono, peraltro, dettaglianti esonerati dall'obbligo dell'emissione dello scontrino o della ricevuta, i quali sono obbligati soltanto ad annotare entro il giorno non festivo successivo, i corrispettivi, comprensivi di IVA, complessivamente riscossi nel giorno.

3.7. Le liquidazioni e i versamenti periodici

Per liquidazione dell'imposta sul valore aggiunto si intende l'accertamento della posizione debitoria e creditoria nei confronti dell'erario con riferimento alle operazioni compiute in un dato periodo. Periodicamente, il contribuente determina la differenza tra il totale IVA a credito e il totale IVA a debito. Se dalla differenza emerge una posizione debitoria, il contribuente dovrà provvedere al versamento dell'imposta. Le posizioni che dovessero risultare creditorie, potranno essere portate in detrazione per il periodo successivo, o se ricorressero i presupposti, il contribuente potrà chiederne il rimborso o utilizzare il credito in compensazione con altre imposte e contributi.

La periodicità con cui il legislatore fiscale impone la rilevazione della posizione IVA può essere mensile o, presentandosene le condizioni, trimestrale.

Il regime mensile è il regime ordinario previsto dal legislatore per la maggior parte dei contribuenti. Entro il 16 di ciascun mese, il contribuente deve versare all'erario l'eventuale saldo a debito che dovesse determinarsi sottraendo dall'IVA fatturata sulle vendite, l'IVA assolta sugli acquisti, durante il mese precedente. La scelta del regime di liquidazione deve essere formalizzata nella dichiarazione annuale dell'anno in cui è stata operata la stessa.

Ad alcune categorie di contribuenti, in possesso di specifici requisiti, il legislatore consente di rilevare la propria posizione IVA con periodicità trimestrale, entro il 16 del secondo mese successivo al trimestre di riferimento secondo questa tempistica: 16 maggio, 16 agosto, 16 novembre. Il versamento relativo all'ultimo trimestre va effettuato in sede di conguaglio annuale entro il 16 marzo dell'anno successivo. Trattandosi di un regime opzionale, diverso da quello ordinario mensile, l'eventuale versamento dovuto dovrà essere maggiorato dell'1% a titolo di interessi, i quali non sono deducibili ai fini delle imposte sui redditi[28].

La possibilità di liquidare l'imposta trimestralmente anziché mensilmente è opzionabile per i contribuenti cosiddetti minori, ossia che, con riferimento all'anno solare precedente non abbiano realizzato un volume di affari superiore ai seguenti limiti:

Per quanto riguarda gli imballaggi, la merce ceduta può essere imballata in vari modi. Se si tratta di bottiglie o altri contenitori con i quali vengono confezionati i prodotti, l'imballaggio è già compreso nel prezzo di vendita, pertanto non esiste la necessità di considerarlo separatamente in fattura. Nel caso vengano utilizzati con-

---

[28] Il legislatore ha previsto inoltre una particolare categoria di contribuenti trimestrali, definiti trimestrali speciali, che sono ammessi ad effettuare la liquidazione IVA trimestralmente a prescindere dal volume di affari e senza alcun aggravio a titolo di interesse. Si tratta in particolare di distributori di carburanti, autotrasportatori di merci conto terzi, esercenti attività di servizi al pubblico, esercenti arti e professioni sanitarie. Per questi soggetti, i versamenti vanno effettuati con le stesse scadenze previste per i trimestrali ordinari (16 maggio, 16 agosto e 16 novembre) escluso il versamento del quarto trimestre che va effettuato entro il 16 febbraio dell'anno successivo, anziché entro il 16 marzo, al netto dell'acconto eventualmente versato entro il 27 dicembre.

tenitori che diventano di proprietà del cliente, il valore dell'imballaggio viene fatturato e assoggettato all'imposta, a meno che non si tratti di una spesa documentata. Infine, se si tratta di un imballaggio a rendere, che va restituito al venditore una volta consumata o scaricata la merce, mancando il passaggio di proprietà il suo valore non va fatturato. La fattura in questo caso può però contenere la cauzione, che funge da garanzia per il venditore in caso di mancata restituzione dell'imballaggio stesso. Devono per contro essere fatturati, ma sono esenti da IVA, gli interessi dovuti al venditore per dilazione di pagamento concesse all'acquirente.

- € 400.000,00, per i lavoratori autonomi e per le imprese che hanno come oggetto della propria attività la prestazione di servizi;
- € 700.000,00, per le imprese che esercitano altre attività.

L'opzione, che deve essere esercitata in sede di inizio attività e comunicata nella prima dichiarazione annuale IVA da presentarsi successivamente alla scelta operata, ha effetto dall'anno in cui è esercitata e fino a revoca, salvo il superamento del limite sopra indicato.

Per quanto riguarda la procedura di liquidazione dell'imposta, concorrono a determinare la posizione IVA del periodo anche le seguenti somme:

- le note di variazione IVA;
- le eccedenze detraibili di periodi precedenti, ossia l'IVA a credito di periodi precedenti riportata a nuovo;
- l'IVA a debito del periodo precedente non versata perché di importo inferiore a quello minimo previsto dal legislatore, ossia € 25,82;
- le somme derivanti da eventuali regolarizzazioni effettuate nel periodo a seguito di violazioni commesse in periodi precedenti dello stesso anno solare (sanzioni per mancato o ritardato versamento);
- l'ammontare dell'eccedenza detraibile d'imposta dell'anno precedente, c.d. credito compensabile, che il contribuente decide di computare in detrazione in sede di liquidazione periodica.

Di seguito riportiamo due ipotesi di determinazione della posizione IVA.

Ipotesi 1:

IVA a debito mese di giugno	5.000,00
Nota di credito a clienti per resi	(-) 1.000,00
Totale IVA a debito di giugno	4.000,00
IVA a credito mese di giugno	2.000,00
Nota di credito da fornitore per sconto condizionato	(-) 500,00
Riporto IVA a credito del periodo precedente	200,00
Totale IVA a credito mese di giugno	1.700,00
Posizione IVA a debito mese di giugno (da versare)	*2.300,00*

Ipotesi 2:

IVA a debito mese di giugno	5.000,00
Nota di credito a clienti per resi	(-) 1.000,00
Totale IVA a debito del periodo precedente	15,00
Totale IVA a debito di giugno	4.015,00
IVA a credito mese di giugno	6.000,00
Nota di credito da fornitore per sconto condizionato	(-) 1.200,00
Totale IVA a credito di giugno	4.800,00
Posizione IVA a credito mese di giugno (da riportare)	*785,00*

3.7.1. *L'acconto IVA*

A prescindere dal regime di liquidazione IVA, entro il 27 dicembre di ciascun anno, tutti i contribuenti, salvo quelli esonerati, devono provvedere al calcolo e relativo versamento dell'acconto dell'imposta dovuta per il mese di dicembre (se regime mensile) o per l'ultimo trimestre dell'anno solare (se regime trimestrale)[29].

Il calcolo dell'acconto può essere fatto secondo tre modalità alternative a seconda che vengano utilizzati dati: storici, previsionali o effettivi.

Nella prima ipotesi l'acconto è costituito da un importo pari all'88% del versamento dovuto per il mese di dicembre o per il quarto trimestre dell'anno precedete quale risultava dalla relativa liquidazione, ossia al lordo dell'eventuale acconto. Si ipotizzi di aver chiuso il mese di dicembre dell'anno n con un debito IVA di € 1.000,00. Nel mese dicembre dell'anno n+1si provvederà a versare un acconto IVA pari a € 880,00. In sede di liquidazione definitiva del mese di dicembre dell'anno n+1 emerge un debito complessivo pari a € 2.000,00. Il 16 gennaio dell'anno n+2 pertanto, il contribuente dovrà versare all'erario € 1.220,00 (la differenza tra l'imposta dovuta e l'acconto versato). A sua volta l'imposta dovuta per dicembre dell'anno n+1 costituirà la base per il calcolo dell'acconto dell'anno n+2. Se viceversa, dovesse risultare che l'acconto versato è superiore all'imposta dovuta, il contribuente non dovrà fare alcun versamento e risulterà a credito dell'erario.

Nel caso si usino dati previsionali, l'acconto viene calcolato sulla base di una stima delle operazioni che si ritiene verranno effettuate fino al 31 dicembre. Per rendere omogenei il dato storico con quello previsionale, occorre considerare il dato previsionale al netto dell'eventuale eccedenza detraibile riportata dal mese o dal trimestre precedente.

Il calcolo con il metodo analitico o a dati effettivi si basa sulle operazioni effettuate fino al 20 dicembre[30].

---

[29] Sono esonerati i soggetti che: abbiano cessato l'attività entro il 30 di novembre dell'anno in corso se mensili, o entro il 30 di settembre se trimestrali; abbiano iniziato l'attività nell'anno in corso; abbiano evidenziato nella dichiarazione annuale del periodo precedente un credito o un debito IVA inferiore a € 117,38; prevedono di chiudere, in sede di dichiarazione annuale, l'anno in corso con un credito o un debito inferiore a € 117,38.

[30] In particolare, l'acconto è pari al 100% dell'importo risultante da un'apposita liquidazione che tiene conto dell'IVA relativa alle seguenti operazioni:

3.7.2. *Modalità di versamento*

I soggetti passivi d'imposta hanno l'obbligo di presentare l'apposito modello di delega unica di pagamento F24, procedere al versamento dell'imposta in via telematica entro la data di scadenza della stessa. Il modello F24 è stato introdotto con la disciplina dei versamenti unificati al fine di permettere il pagamento simultaneo dell'IVA, delle imposte dirette e di numerose altre imposte e contributi. Il modello F24, oltre a raccogliere in un'unica delega i dati relativi ai versamenti di imposte e contributi differenti, consente la compensazione tra crediti e debiti relativi (c.d. *compensazione orizzontale*), nel rispetto dei limiti imposti dalla normativa. Il modello va presentato anche se, a seguito delle compensazioni, non emerge la necessità di effettuare alcun versamento. Questo al fine di consentire ai vari enti di acquisire i dati dell'avvenuta compensazione.

Il modello F24, è suddiviso in più sezioni ognuna delle quali accoglie i dati dei versamenti destinati ad uno specifico ente (Erario, Inps, Regioni ed Enti locali, ecc.). All'interno di ciascuna sezione, la presenza di molteplici righe permettono di indicare i codici identificativi del tributo da versare, il numero delle rate (se è consentita la rateizzazione), il periodo di riferimento e l'importo del tributo da versare o del credito da portare in compensazione. Gli importi devono essere indicati al centesimo di euro, arrotondato per difetto se la frazione è inferiore a 500 millesimi e per eccesso se uguale o superiore. Vanno indicati i decimali anche se uguali a zero [31].

– operazioni annotate nel registro delle fatture emesse (o dei corrispettivi) dal primo dicembre al 20 dicembre (se si tratta di contribuenti mensili) o dal primo ottobre al 20 dicembre (se si tratta di contribuenti trimestrali);

– operazioni effettuate, ma non ancora registrate o fatturate, dal primo novembre al 20 dicembre (se si tratta di contribuenti mensili) o fino al 20 dicembre (se si tratta di contribuenti trimestrali);

– operazioni annotate nel registro delle fatture degli acquisti dal 1° dicembre al 20 dicembre (se si tratta di contribuenti mensili) o dal primo ottobre al 20 dicembre (se si tratta di contribuenti trimestrali).

I contribuenti mensili che affidano a terzi la tenuta della contabilità possono determinare l'acconto in misura pari al 66% (2/3) dell'IVA dovuta per la liquidazione del mese di dicembre.

[31] Per quanto riguarda l'importo da versare si possono verificare differenti situazioni: 1) il contribuente potrebbe non dover versare altre imposte per il periodo considerato, né disporre di importi a credito da utilizzare in compensazione. Inserirà pertanto nel modello, al rigo finale l'importo di IVA da versare di competenza e provvederà ad effettuare il relativo pagamento; 2) il contribuente deve effettuare altri versamenti per imposte dovute, o nella sezione Erario o in altre sezioni. Una volta compilate le rispettive sezioni, definirà il *Saldo finale* sommando i saldi parziali e provvederà a versare l'importo complessivo dovuto; 3) il contribuente presenta debiti per imposte verso l'Erario, ma dispone anche di importi (imposte a credito) da utilizzare in compensazione. Nel caso in cui le somme a credito compensino totalmente le imposte a debito, l'F24 avrà saldo zero e alla presentazione del modello non seguirà alcun pagamento. Diversamente se gli importi a credito compensano solo parzialmente le somme dovute all'Erario emergerà un saldo finale a debito con conseguente necessità di operare il versamento. In tal senso si rimanda ampiamente al D.Lgs. 241/1997, e successive modifiche.

3.7.3. *La dichiarazione IVA annuale*

La dichiarazione IVA annuale presenta il riepilogo delle operazioni attive e passive compiute dal contribuente nell'anno precedente. Consente pertanto di liquidare in via definitiva il debito ovvero il credito sorto. Di norma, per i contribuenti mensili la dichiarazione annuale rappresenta solo un riepilogo delle operazioni IVA, ammesso che abbiano versato l'imposta in maniera corretta e tempestiva nelle 12 liquidazioni periodiche previste durante l'anno. È comunque possibile che, in caso di errori nelle liquidazioni periodiche, di modifiche della normativa, o di applicazione del pro-rata di detraibilità definitivo, dalla dichiarazione annuale emerga un'ulteriore imposta da versare o per contro un credito.

La dichiarazione annuale IVA deve essere presentata telematicamente, ai sensi dell'art.8 del DPR 322/88 dal 1° febbraio al 30 settembre dell'anno successivo a quello cui si riferisce. La dichiarazione deve essere sottoscritta dal contribuente, da chi ne ha la rappresentanza legale o, in caso di contribuente diverso da persona fisica, da chi ne ha l'amministrazione anche di fatto. L'eventuale imposta che dovesse derivare dalla dichiarazione va versata, se di importo superiore a € 10,33, entro il giorno 16 marzo.

La dichiarazione annuale, a pena di nullità, deve essere redatta su stampati conformi al modello approvato con decreto del Ministero dell'Economia e delle Finanze e deve contenere:

a) operazioni imponibili, distinte per aliquota e relativa imposta;
b) operazioni non imponibili ed esenti;
c) acquisti ed importazioni, distinti per aliquota, e relativa imposta detraibile;
d) differenza tra l'IVA a debito e l'IVA detraibile;
e) versamenti eseguiti nel corso dell'anno;
f) eventuale credito dell'anno precedente computato in detrazione;
g) calcolo dell'imposta eventualmente ancora dovuta o del credito.

Sono obbligati a presentare la dichiarazione annuale IVA i titolari di partita IVA, anche se nell'anno solare precedente non hanno effettuato operazioni imponibili; per contro, sono esclusi dalla presentazione coloro che hanno effettuato esclusivamente operazioni esenti da imposta.

I contribuenti con periodo d'imposta coincidente con l'anno solare, obbligati alla presentazione delle dichiarazioni dei Redditi e IVA, devono presentare la dichiarazione annuale unificata (così detto modello UNICO) entro il 30 settembre dell'anno successivo a quello di riferimento [32].

Restano, invece, tenuti alla dichiarazione IVA autonoma:

---

[32] Per questi soggetti il pagamento dell'eventuale imposta emergente dalla liquidazione annuale IVA va versta entro il termine di pagamento previsto in caso di dichiarazione unificata con una maggiorazione dello 0,40% per ogni mese o frazione di mese successivo alla predetta data del 16 marzo.

- i soggetti con periodo d'imposta non coincidente con l'anno solare;
- le società controllate e le controllanti che si avvalgono della procedura di liquidazione IVA "di gruppo";
- i curatori fallimentari ed i commissari liquidatori per le dichiarazioni dei soggetti sottoposti a procedure concorsuali;
- i rappresentanti fiscali, per le dichiarazioni dei soggetti non residenti in Italia e senza stabile organizzazione nel nostro paese.

3.8. Meccanismi particolari di applicazione e riscossione dell'IVA

Nel corso degli ultimi anni la normativa IVA ha subito nuove e importanti modifiche, sia per recepire le nuove tendenze a livello comunitario sia per contrastare i crescenti tentativi di evasione fiscale da parte dei privati. Ciò ha portato all'adozione di nuovi meccanismi di applicazione e riscossione dell'imposta. In particolare:

- il meccanismo del *Reverse Charge*;
- lo Split Payment;
- il regime IVA per cassa.

3.8.1. *Il Reverse Charge*

Il meccanismo del *reverse charge* IVA (art. 17, comma 5 e 6 DPR 633/1972), prevede che l'obbligo di versamento dell'IVA all'erario venga traslato dal venditore all'acquirente. Il reverse charge IVA è considerato un meccanismo contabile e fiscale il cui fine ultimo è eliminare, o comunque limitare, i fenomeni di evasione e elusione fiscale del tributo. Operativamente in regime di *reverse charge*:

- il venditore emette fattura senza applicare l'imposta (come invece dovrebbe fare);
- l'acquirente integra la fattura ricevuta con l'aliquota di riferimento per il tipo di operazione fatturata e procede con la duplice annotazione nel registro acquisti (fatture di acquisto) e nel registro vendite (fatture emesse).

La Gardina S.p.A l'8/09/n vende materiale edile per € 1.000,00 più IVA al 22% alla Ordinali S.r.l.

Avvalendosi del meccanismo del reverse charge la Gardina S.p.A emette una fattura per € 1.000,00 con codice di esenzione IVA articolo 17, DPR 633/1972. Il venditore emetterà pertanto una fattura senza addebitare l'IVA, e contabilmente si limiterà a registrare esclusivamente il credito nei confronti del cliente Ordinali S.r.l. Quest'ultimo, una volta ricevuta la fattura di € 1.000,00, la registrerà nel registro degli acquisti, integrandola con l'IVA al 22%. Procederà inoltre ad emettere un'autofattura art. 17 comma 6 DPR 633/1972 per pari importo applicando l'IVA al 22% che registrerà nel registro delle fatture emesse. Ciò avverrà anche contabilmente. L'acquirente evidenzierà l'IVA sia in dare che in avere, neutralizzando così l'operazione.

3.8.2. *Lo Split Payment*

Le cessioni di beni e le prestazioni di servizi agli enti pubblici godono di un particolare trattamento ai fini IVA. Fino al 1 gennaio 2015, ferma restando l'individuazione del momento impositivo secondo i criteri generali sopra riportati, l'esigibilità dell'imposta poteva essere differita al momento di incasso del corrispettivo. Contestualmente, anche il diritto di detrazione in capo al cessionario/committente era rimandato al pagamento del corrispettivo. Veniva tuttavia concessa al fornitore la facoltà di rinunciare al differimento dell'esigibilità. L'esercizio di questa opzione, annotando sulla fattura che l'operazione veniva intesa ad esigibilità immediata, avrebbe consentito al cessionario/committente di operare subito la detrazione[33].

In assenza di tale specifica l'operazione veniva intesa a esigibilità differita o anche detta in sospensione di imposta. Questa procedura è ancora valida limitatamente agli enti pubblici non rientranti nel cosiddetto regime dello *Split Payment*, introdotto a partire dal 1 gennaio 2015, con la legge n. 190/2014, Finanziaria 2015. In particolare il nuovo art. 17 *ter*, DPR n. 633/1972, ha previsto un nuovo modello di versamento dell'IVA a debito su fatture emesse nei confronti degli enti pubblici menzionati dalla norma[34]. Il nuovo metodo prevede che sia direttamente il committente, l'Ente Pubblico, a versare l'IVA (a debito) gravante sulle fatture ricevute. Sostanzialmente l'Ente Pubblico versa al fornitore esclusivamente il corrispettivo pattuito per la prestazione, al netto dell'IVA indicata in fattura. L'imposta viene quindi sottratta alla disponibilità del fornitore e accreditata in un apposito conto per essere acquisita direttamente dall'Erario. Come conseguenza del mancato incasso dell'IVA da parte del cedente o prestatore, l'applicazione dello *split payment* comporta una diminuzione dell'IVA a debito da considerare in sede di liquidazione periodica e, conseguentemente l'aumento dei saldi a credito verso l'Erario.

Operativamente, gli adempimenti connessi alle nuove disposizioni sono così riassumibili:

- Fornitore di beni/servizi: emette fattura all'Ente pubblico con addebito dell'IVA, annotando sulla fattura stessa che l'IVA è versata dall'Ente pubblico ai sensi dell'art. 17 *ter*, DPR n. 633/1972;
- Cliente (Ente pubblico): versa al fornitore il corrispettivo indicato in fattura al netto dell'IVA, che viene direttamente versata all'Erario.

---

[33] Circolare Ministeriale n. 328/E del 24 dicembre 1997.

[34] Il regime dello *split payment* si applica alle fatture emesse nei confronti di: Stato, Organi dello Stato anche se aventi personalità giuridica, Enti pubblici territoriali e rispettivi consorzi, CCIAA, Istituti universitari, ASL e enti ospedalieri, Enti pubblici di ricovero e cura con prevalente carattere scientifico di assistenza e beneficenza e di previdenza.

L'Egeria Snc ha emesso in data 10/02/n una fattura al comune di Cagliari applicando il metodo dello *Split payment*, art. 17 *ter*, DPR n. 633/1972.

Totale lordo	**% Sconto**	**Totale netto**	**Spese trasporto**	**Spese di imballo**
1.000,00	0,00	1.000,00	0,00	0,00

Imponibile	**% IVA**	**IVA**	**Totale Documento**
1.000,00	22%	220,00	€ 1.220,00
Operazione con "scissione di pagamenti"			**Acconto** € 0,00
			Iva a Vs. carico Ex Art. 17 *ter* DPR 633/1972 € 220,00
Totale Imponibile € 1.000,00	Totale imposte € 220,00		Totale a pagare € 1.220,00
Scadenza fattura 18/02/n			

Nel rispetto delle prescrizioni legislative, la parte tabellare della fattura assumerà il seguente aspetto:

Il 18/02/n il comune, verserà alla Egeria Snc soltanto l'ammontare dell'imponibile (€ 1.000,00), e tratterrà l'IVA di € 220,00 che verserà direttamente all'erario.

Dal canto suo, all'atto della liquidazione periodica IVA, l'Egeria provvederà a stornare dal totale IVA a debito l'IVA non incassata, il cui versamento all'erario, si è detto, è a carico del Comune di Cagliari.

3.8.3. *Il regime IVA per cassa*

Dal primo dicembre 2012 è in vigore un particolare regime IVA, denominato per cassa, che consente di differire l'esigibilità e la detrazione del tributo. Attualmente a tale regime possono aderire i soggetti passivi con volume d'affari non superiore a 2 milioni di euro, i quali devono obbligatoriamente dichiarare di optare per il regime IVA per cassa al momento della dichiarazione annuale[35]. Per i soggetti aderenti, l'IVA sulle vendite diventa esigibile al momento del pagamento dei corrispettivi mentre il diritto di detraibilità dell'imposta relativa agli acquisti sorge solo nel momento in cui i relativi debiti verranno onorati. In altri termini, il nuovo regime consente, da un lato, di versare l'IVA sulle vendite o sulle prestazioni di servizi solo quando il cliente paga effettivamente la fattura emessa, dall'altro permette di portare in detrazione l'IVA sugli acquisti solo al momento in cui verranno pagati effettivamente i fornitori. La liquidazione dell'IVA, ad ogni modo, deve avvenire entro un anno dalla vendita o dalla prestazione del servizio, fatta eccezione per i casi di fallimento o di coinvolgimento del concessionario o del committente di una procedura concorsuale. L'adozione del sistema per cassa da parte del cedente/prestatore non ha effetti sul cessionario/committente, il quale può esercitare il diritto alla detrazione dal momento in cui l'operazione deve ritenersi effettuata ai sensi dello stesso articolo 6 del DPR n. 633/1972. Non possono aderire al regime opzionale IVA per cassa i soggetti IVA che già si avvalgono di regimi speciali di applicazione dell'imposta. Sono escluse tutte le operazioni effettuate nei confronti di cessionari o committenti che assolvono l'IVA applicando il cosiddetto sistema del reverse charge e nei confronti dei consumatori finali.

---

[35] Art. 32 *bis* del DL 83/2012.

Capitolo quarto

LE RILEVAZIONI CONTABILI DELLE PRINCIPALI OPERAZIONI DI ESERCIZIO

4.1. Gli acquisti di merci e materie

Per lo svolgimento della loro attività, le imprese acquistano da fornitori beni per alimentare i loro cicli produttivi.

In particolare, le imprese con attività mercantile acquisteranno merci da rivendere sul mercato, cioè beni che verranno ceduti ai clienti senza che vi sia un processo di trasformazione in senso fisico [1].

Le imprese con attività industriale, invece, acquistano materie prime per consentire, insieme all'utilizzo di altri fattori produttivi, la realizzazione di prodotti finiti da collocare sul mercato.

Quando si riceve una fattura da un fornitore, tale documento costituisce la base di partenza per effettuare la rilevazione contabile (documento originario). Nella fattura, se si tratta di un'operazione imponibile, sarà indicato il valore del bene o del servizio acquistato, che per l'impresa rappresenta un costo (variazione economica di reddito ai costi di esercizio) e l'IVA da corrispondere al fornitore, che rappresenta un credito nei confronti dell'erario (variazione finanziaria attiva). Il totale della fattura (valore del bene + IVA) rappresenta il debito nei confronti del fornitore (variazione finanziaria passiva).

A seconda del tipo di bene oggetto della transazione, il costo di acquisto verrà rilevato in appositi conti di reddito il cui titolo indichi la causale dell'operazione (*Merci c/acquisti*, *Materie c/acquisti*).

Si consideri il seguente esempio.

---

[1] Si ricorda che le imprese mercantili attuano una produzione economica nel tempo e nello spazio. Infatti, pur non attuando una trasformazione in senso fisico-tecnico, tali imprese rendono disponibili beni in momenti successivi alla loro realizzazione (produzione economica nel tempo) e in luoghi diversi da quelli di produzione (produzione economica nello spazio).

Sul punto si veda: L. Marchi, (a cura di), *Introduzione all'economia aziendale. Il sistema delle operazioni e le condizioni di equilibrio aziendale*, Quarta edizione, Torino, Giappichelli, 2001, p. 45.

Il 15/07 si riceve una fattura per acquisto di materie prime per € 600,00 + IVA 22%. Il pagamento avviene in contanti.

Si tratta di una fattura relativa all'acquisto di fattori produttivi a fecondità semplice il cui utilizzo si esaurisce in un solo atto produttivo.

La fattura ricevuta dal fornitore può essere schematicamente rappresentata come segue:

Materie (base imponibile)	€	600,00
IVA 22%	€	132,00
TOTALE FATTURA	€	732,00

Sotto l'aspetto finanziario, si evidenzia un debito nei confronti del fornitore (variazione finanziaria passiva) e un credito verso l'erario per l'IVA assolta sull'acquisto (variazione finanziaria attiva). Sotto l'aspetto economico, si rileva un costo per l'acquisto di materie (variazione economica di reddito negativa).

L'analisi del fatto amministrativo può essere rappresentata nel modo seguente:

Aspetto finanziario
V.F.P. AVERE del conto *Fornitori* (732,00)
V.F.A. DARE del conto *IVA a credito* (132,00)

Aspetto economico
V.E.N. DARE del conto *Materie c/acquisti* (600,00)

15/07		
Materie c/acquisti	600,00	
IVA a credito	132,00	
Fornitori		732,00
Ricevuta fattura n. ... per acquisto materie		

È da notare che, anche se il pagamento della fattura è previsto in contanti, si provvede a registrare un debito nei confronti del fornitore. Infatti, per esigenze amministrative, è opportuno lasciare traccia del rapporto con il fornitore, provvedendo a contabilizzare il debito in un conto acceso allo stesso fornitore. In pratica, occorre separare la fase della liquidazione, cioè dell'accertamento del debito nei confronti del fornitore, da quella del pagamento, anche se lo stesso avviene contestualmente al ricevimento della fattura.

Il pagamento della fattura costituisce una permutazione finanziaria, come di seguito evidenziato:

Aspetto finanziario
V.F.P. AVERE del conto *Cassa* (732,00)
V.F.A. DARE del conto *Fornitori* (732,00)

La scrittura in P.D. sarà:

15/07		
Fornitori	732,00	
Cassa		732,00
Pagata fattura n. ...		

Se il fornitore provvede anche alla fornitura di altri beni o servizi accessori, ad esempio fornisce imballaggi o esegue il trasporto, si potranno evidenziare in fattura tali oneri accessori di acquisto (ulteriori costi per l'impresa acquirente). In tali circostanze è rilevante distinguere il caso in cui tali servizi sono realizzati direttamente dal fornitore oppure realizzati da terzi in nome e per conto del fornitore. Nel primo caso, infatti, tali oneri non risultano documentati da specifica fattura (*spese non documentate*), e andranno inseriti nella fattura del fornitore e dovranno essere sommati al valore dei beni ceduti per determinare la base imponibile IVA.

Si consideri il seguente esempio.

Il 05/03 si riceve una fattura per acquisto di merci per € 30.000,00 + IVA 22%, più oneri accessori (spese di trasporto) non documentati per € 2.000,00. Il pagamento avviene in giornata tramite c/c bancario.

La base imponibile dell'operazione è data dal costo delle merci al quale vanno sommati gli oneri accessori. Infatti, secondo la legge IVA, gli oneri accessori che non sono documentati (privi cioè di un'autonoma fattura) seguono lo stesso trattamento tributario della prestazione principale alla quale si riferiscono.

La fattura si presenterà nel seguente modo:

Merci	€	30.000,00
Spese di trasporto	€	2.000,00
Imponibile	€	32.000,00
IVA 22%	€	7.040,00
TOTALE FATTURA	€	39.040,00

L'analisi dell'operazione è la seguente:

Aspetto finanziario
V.F.P. AVERE del conto *Fornitori* (39.040,00)
V.F.A. DARE del conto *IVA a credito* (7.040,00)

Aspetto economico
V.E.N. DARE del conto *Merci c/acquisti* (30.000,00)
V.E.N. DARE del conto *Spese di trasporto* (2.000,00)

La registrazione in contabilità sarà:

05/03		
Merci c/acquisti	30.000,00	
Spese di trasporto	2.000,00	
IVA a credito	7.040,00	
Fornitori		39.040,00
Ricevuta fattura n. ... per acquisto merci		

L'analisi dell'operazione relativa al pagamento sarà:

Aspetto finanziario
V.F.P. AVERE del conto *Banca c/c* (39.040,00)
V.F.A. DARE del conto *Fornitori* (39.040,00)

La rilevazione in P.D. sarà:

05/03		
Fornitori	39.040,00	
Banca c/c		39.040,00
Pagata fattura n. ...		

4.2. Gli acquisti di servizi

Considerazioni simili a quelle viste nel paragrafo precedente valgono per gli acquisti relativi a servizi utilizzati dall'impresa.

Si tratta di rilevare, su base documentale, il debito nei confronti del fornitore del servizio, l'IVA a credito (se il servizio risulta imponibile) e, infine, il costo relativo alla prestazione ottenuta.

Si consideri la seguente esemplificazione.

Il 13/02 si paga tramite c/c bancario una polizza assicurativa annuale pari a € 2.000,00.

Si tratta di un'operazione esente IVA, per cui nella documentazione rilasciata dalla compagnia di assicurazioni ci sarà soltanto l'indicazione del costo della polizza.

L'analisi del fatto amministrativo sarà:

Aspetto finanziario
V.F.P. AVERE del conto *Fornitori* (2.000,00)

Aspetto economico
V.E.N. DARE del conto *Premi assicurativi* (2.000,00)

In P.D. si avrà:

13/02		
Premi assicurativi	2.000,00	
Fornitori		2.000,00
Liquidata polizza assicurativa		

Per il pagamento si ha:

Aspetto finanziario
V.F.P. AVERE del conto *Banca c/c* (2.000,00)
V.F.A. DARE del conto *Fornitori* (2.000,00)

13/02		
Fornitori	2.000,00	
Banca c/c		2.000,00
Pagata polizza assicurativa		

Il 07/03 si riceve una bolletta per consumo di energia elettrica per € 800,00 + IVA 22%.

Aspetto finanziario
V.F.P. AVERE del conto *Fornitori* (976,00)
V.F.A. DARE del conto *IVA a credito* (176,00)

Aspetto economico
V.E.N. DARE del conto *Energia elettrica* (800,00)

La rilevazione sarà:

07/03		
Energia elettrica	800,00	
IVA a credito	176,00	
Fornitori		976,00
Ricevuta bolletta energia elettrica		

4.3. Gli acquisti di beni strumentali

Anche per l'acquisto di beni strumentali materiali (fabbricati, impianti, attrezzature, ecc.) o immateriali (brevetti, concessioni, licenze, ecc.), lo schema di rilevazione contabile risulta analogo a quello già visto nei paragrafi precedenti.

Per quanto riguarda la natura contabile dei valori coinvolti nelle operazioni di acquisto di beni strumentali, bisogna ricordare che gli stessi rappresentano costi pluriennali (valori economici di reddito ai costi pluriennali) che dovranno partecipare alla formazione del reddito generalmente per quote di ammortamento, lungo il periodo di utilizzo. La denominazione dei conti accesi ai costi pluriennali dovrà riflettere la natura e la tipologia del fattore produttivo oggetto di acquisizione (*Fabbricati*, *Impianti*, *Macchine elettroniche d'ufficio*, ecc.).

Si consideri quanto segue.

Il 02/04 si acquistano attrezzature per € 15.000,00 + IVA 22%.

Questa operazione rappresenta l'acquisizione di un bene strumentale materiale che verrà immesso nei cicli produttivi aziendali ed utilizzato per un certo numero di esercizi (costo pluriennale).

L'analisi del fatto amministrativo e le relative scritture contabili saranno:

Aspetto finanziario
V.F.P. AVERE del conto *Fornitori* (18.300,00)
V.F.A. DARE del conto *IVA a credito* (3.300,00)

Aspetto economico
V.E.N. DARE del conto *Attrezzature* (15.000,00)

02/04		
Attrezzature	15.000,00	
IVA a credito	3.300,00	
Fornitori		18.300,00
Ricevuta fatt. n. ... per acquisto attrezzature		

4.4. Le vendite di merci, prodotti finiti e servizi

Le operazioni di vendita consentono all'impresa di collocare sul mercato le merci precedentemente acquistate dai fornitori (nel caso delle imprese mercantili) o le produzioni allestite, rappresentate dai prodotti finiti (nel caso delle imprese industriali) o servizi (nel caso delle imprese di servizi).

Quando si procede ad effettuare una vendita di beni o servizi, l'impresa deve emettere la fattura che costituisce il documento originario da considerare per la rilevazione contabile in P.D.

Se la cessione rappresenta un'operazione imponibile ai fini IVA, in fattura sarà indicato il valore del bene venduto o del servizio prestato, che per l'impresa rappresenta un ricavo (variazione economica di reddito ai ricavi di esercizio) e l'IVA da incassare dal cliente, che rappresenta un debito nei confronti dell'erario (variazione finanziaria passiva). Il totale della fattura (valore del bene o del servizio + IVA) rappresenta il credito nei confronti del cliente (variazione finanziaria attiva). A seconda del tipo di operazione, il ricavo di vendita verrà rilevato in appositi conti di reddito il cui titolo indichi la causale della cessione (*Merci c/vendite, Prodotti c/vendite, Ricavi per servizi*). Si consideri il seguente esempio.

Il 19/01 si emette fattura per la vendita di prodotti finiti per € 400,00 + IVA 22%. L'incasso avviene in contanti.

La fattura emessa e consegnata al cliente può essere schematicamente rappresentata come segue:

Prodotti (base imponibile)	€	400,00
IVA 22%	€	88,00
TOTALE FATTURA	€	488,00

Sotto l'aspetto finanziario, si evidenzia un credito nei confronti del cliente (variazione finanziaria attiva) e un debito verso l'erario per l'IVA da incassare sulla vendita (variazione finanziaria passiva).

Sotto l'aspetto economico, si rileva un ricavo per la vendita di prodotti finiti (variazione economica di reddito positiva).

L'analisi del fatto amministrativo può essere rappresentata nel modo seguente:

Aspetto finanziario
V.F.A. DARE del conto *Clienti* (488,00)
V.F.P. AVERE del conto *IVA a debito* (88,00)

Aspetto economico
V.E.P. AVERE del conto *Prodotti c/vendite* (400,00)

La rilevazione contabile sarà:

19/01		
Clienti	488,00	
Prodotti c/vendite		400,00
IVA a debito		88,00
Emessa fattura n. ... per vendita prodotti		

Si fa presente, come già evidenziato trattando le operazioni di acquisto, che, anche se l'incasso della fattura è previsto in contanti, si provvede a registrare un credito nei confronti del cliente. Ciò consente di mantenere evidenza del rapporto con il cliente, provvedendo a contabilizzare il credito in un conto acceso allo stesso cliente. In pratica, occorre separare la fase della liquidazione, cioè dell'accertamento del credito nei confronti del cliente, da quella dell'incasso, anche se lo stesso avviene contestualmente all'emissione della fattura.

L'incasso della fattura dà luogo ad una permutazione finanziaria, come di seguito evidenziato:

Aspetto finanziario
V.F.A. DARE del conto *Cassa* (488,00)
V.F.P. AVERE del conto *Clienti* (488,00)

La scrittura in P.D. sarà:

19/01		
Cassa	488,00	
Clienti		488,00
Riscossa fattura n. ...		

Rilevazioni analoghe si hanno anche nel caso di ricavi per prestazioni di servizi, come si evince dalla seguente esemplificazione.

Il 25/11 un'impresa alberghiera emette fattura per € 3.000,00 + IVA 22% per l'affitto di una sala convegni.

L'analisi del fatto amministrativo sarà:

Aspetto finanziario
V.F.A. DARE del conto *Clienti* (3.660,00)
V.F.P. AVERE del conto *IVA a debito* (660,00)

Aspetto economico
V.E.P. AVERE del conto *Ricavi sala convegni* (3.000,00)

La scrittura in P.D. sarà:

25/11		
Clienti	3.660,00	
Ricavi sala convegni		3.000,00
IVA a debito		660,00
Emessa fattura n. ... per affitto sala convegni		

4.5. Le principali modalità di regolamento delle vendite

L'incasso di un credito verso un cliente relativo alla vendita di beni o alla prestazione di servizi può avvenire attraverso diverse modalità. Si supponga di dover incassare un credito verso un cliente di € 910,00. Tale credito è rilevato nella sezione Dare del conto *Clienti*, che si presenterà nel seguente modo:

Clienti

Dare	Avere
910,00	

Al momento dell'incasso, il conto *Clienti* verrà chiuso in Avere, mentre la contropartita in Dare sarà rappresentata da un conto acceso alla specifica forma di regolamento. Di seguito si prenderanno in considerazione le principali modalità di regolamento delle vendite.

Il 26/06 si incassa un credito verso un cliente di € 910,00.

a) L'incasso avviene in contanti.

Si avrà una permutazione finanziaria che rileverà in Dare del conto *Cassa* l'importo incassato e in Avere del conto *Clienti* l'estinzione del credito.
La rilevazione contabile sarà:

26/06		
Cassa	910,00	
Clienti		910,00
Riscossa fattura n. ...		

b) L'incasso avviene tramite giroconto o bonifico bancario.

In questi casi a fronte della riduzione del credito per l'incasso, si rileverà un corrispondente aumento della disponibilità sul conto corrente bancario.
La scrittura in P.D. sarà:

26/06		
Banca c/c	910,00	
Clienti		910,00
Riscossa fattura n. ...		

c) L'incasso avviene tramite giroconto postale.

La rilevazione è del tutto simile alla precedente, ma in luogo del conto *Banca c/c* si rileverà in Dare il conto *c/c postale*.

La scrittura contabile sarà:

26/06		
c/c postale	910,00	
Clienti		910,00
Riscossa fattura n. ...		

d) Il regolamento avviene attraverso l'emissione di una cambiale attiva.

In questo caso, il credito verso il cliente sarà sostituito da un credito rappresentato da una cambiale attiva. Nonostante non vi sia un effettivo incasso, è importante mettere in evidenza che il credito verso il cliente ha assunto la natura di credito cambiario, cioè un credito che, in caso di insolvenza, consente di ottenere più agevolmente l'incasso attraverso il protesto dell'effetto e l'esercizio dell'azione esecutiva.

La rilevazione contabile sarà:

26/06		
Cambiali attive	910,00	
Clienti		910,00
Ricevuta cambiale a fronte fattura n. ...		

e) Il regolamento avviene tramite il ricevimento di un assegno (bancario o circolare).

L'assegno ricevuto viene momentaneamente conservato in cassa, per poi essere incassato o accreditato sul conto corrente dell'impresa. Peraltro, poiché l'assegno non è ancora denaro contante, occorre rilevare l'importo ricevuto utilizzando un conto specifico denominato *Cassa assegni*[2].

La rilevazione sarà:

26/06		
Cassa assegni	910,00	
Clienti		910,00
Riscossa fattura n. ...		

[2] Tale rilevazione appare opportuna anche perché le disposizioni del codice civile sul bilancio di esercizio richiedono la separata indicazione del denaro contante e degli assegni in cassa.

f) Il regolamento avviene in contanti con la concessione di un abbuono di € 10,00.

In questo caso non si verifica una semplice permutazione finanziaria, ma la differenza tra il credito da stornare e l'importo incassato rappresenta una rettifica diminutiva del ricavo di vendita (componente negativo di reddito), da rilevare nel conto *Abbuoni passivi.*

L'analisi del fatto amministrativo sarà:

Aspetto finanziario
V.F.A. DARE del conto *Cassa* (900,00)
V.F.P. AVERE del conto *Clienti* (910,00)

Aspetto economico
V.E.N. DARE del conto *Abbuoni passivi* (10,00)

La rilevazione contabile sarà:

26/06		
Cassa	900,00	
Abbuoni passivi	10,00	
Clienti		910,00
Riscossa fattura n. .. .con concessione di abbuono		

4.6. Le principali modalità di regolamento degli acquisti

Si supponga di dover pagare un debito verso un fornitore di € 805,00.

Tale debito trova rappresentazione nella sezione Avere del conto *Fornitori*, che si presenterà nel seguente modo:

Fornitori

Dare	Avere
	805,00

Al momento del pagamento, il conto *Fornitori* verrà chiuso in Dare, mentre la contropartita in Avere sarà rappresentata da un conto acceso alla specifica forma di regolamento del debito.

Di seguito si prenderanno in considerazione le principali modalità di regolamento degli acquisti.

Il 13/03 si paga un debito verso un fornitore di € 805,00.

a) Il pagamento avviene in contanti.

Si avrà una permutazione finanziaria che rileverà in Avere del conto *Cassa* l'importo pagato e in Dare del conto *Fornitori* l'estinzione del debito.

La rilevazione contabile sarà:

13/03		
Fornitori	805,00	
Cassa		805,00
Pagata fattura n. ...		

b) Il pagamento avviene tramite giroconto o bonifico bancario.

In questi casi, a fronte dell'estinzione del debito, si rileverà una corrispondente diminuzione della disponibilità sul conto corrente bancario.

La scrittura in P.D. sarà:

13/03		
Fornitori	805,00	
Banca c/c		805,00
Pagata fattura n. ...		

c) Il pagamento avviene tramite giroconto postale.

In questo caso, in luogo di una riduzione della consistenza del conto corrente bancario, si rileverà una diminuzione delle disponibilità sul conto corrente postale.

La scrittura contabile sarà:

13/03		
Fornitori	805,00	
c/c postale		805,00
Pagata fattura n. ...		

d) Il regolamento avviene attraverso l'emissione di una cambiale passiva.

In questo caso, il debito verso il fornitore sarà sostituito da un debito verso lo stesso fornitore rappresentato da una cambiale passiva. Nonostante non vi sia un effettivo pagamento, è importante mettere in evidenza che il debito verso il fornitore ha assunto la natura di debito cambiario, cioè un debito che, in caso di insolvenza, comporta il protesto e l'eventuale pignoramento dei beni per soddisfare le ragioni del creditore. La rilevazione contabile sarà:

13/03		
Fornitori	805,00	
Cambiali passive		805,00
Emessa cambiale a fronte fattura n. ...		

e) Il regolamento avviene tramite l'emissione di un assegno bancario.

L'emissione di un assegno bancario costituisce una modalità di utilizzo delle somme disponibili sul c/c bancario. Pertanto, occorrerà rilevare una diminuzione della consistenza del conto corrente bancario con la seguente rilevazione contabile:

13/03		
Fornitori	805,00	
Banca c/c		805,00
Pagata fattura n. ...		

f) Regolamento con girata di assegno precedentemente ricevuto[3].

In questo caso, si dovrà rilevare l'uscita dalla cassa dell'assegno girato al fornitore, provvedendo ad accreditare il conto *Cassa assegni.*

La rilevazione contabile sarà:

13/03		
Fornitori	805,00	
Cassa assegni		805,00
Pagata fattura n. ...		

g) Regolamento con girata di cambiali attive precedentemente ricevute.

In tale ipotesi, occorre stornare l'importo delle cambiali girate al fornitore, provvedendo ad accreditare il conto *Cambiali attive.*

La rilevazione contabile sarà:

13/03		
Fornitori	805,00	
Cambiali attive		805,00
Girata cambiale a fronte fattura n. ...		

---

[3] Si riporta tale modalità di regolamento per completezza, anche se di fatto non più utilizzata nelle transazioni commerciali. Infatti, attualmente, per contrastare il riciclaggio del denaro, il correntista riceve dalla banca soltanto libretti di assegni non trasferibili. Solo su richiesta, e rispettando una serie di adempimenti, compreso il pagamento di un'imposta di bollo di € 1,50 per ciascun assegno, è possibile ottenere libretti con moduli di assegno trasferibili.

h) Il regolamento avviene in contanti con l'ottenimento di un abbuono di € 5,00.

In questo caso non si verifica una semplice permutazione finanziaria, ma la differenza tra il debito da stornare e l'importo pagato rappresenta una rettifica diminutiva del costo di acquisto (componente positivo di reddito), da rilevare nel conto *Abbuoni attivi.*

L'analisi del fatto amministrativo sarà:

Aspetto finanziario
V.F.P. AVERE del conto *Cassa* (800,00)
V.F.A. DARE del conto *Fornitori* (805,00)

Aspetto economico
V.E.P. AVERE del conto *Abbuoni attivi* (5,00)

La rilevazione contabile sarà:

13/03		
Fornitori	805,00	
Cassa		800,00
Abbuoni attivi		5,00
Pagata fattura n. ... con ottenimento di un abbuono		

4.7. I resi

Se a seguito di un'operazione di compravendita si riscontrano difetti qualitativi o difformità rispetto ai beni ordinati, l'acquirente può procedere alla restituzione (parziale o totale) dei beni al cedente. Quest'ultimo dovrà rettificare la precedente operazione, provvedendo, di norma, all'emissione di un documento denominato *nota di credito.*

Di seguito si prenderanno in considerazione le rilevazioni contabili relative alla restituzione di beni a fornitori (resi su acquisti) e quelle relative alla restituzione di beni da parte dei clienti (resi su vendite).

4.7.1. *I resi su acquisti*

La rilevazione contabile dei resi su acquisti verrà illustrata attraverso il seguente esempio.

Il 17/04 si riceve fattura per € 25.000,00 + IVA 22% per l'acquisto di materie prime. Regolamento a 30 giorni.

Il successivo 21/04 si provvede alla restituzione al fornitore di materie, su cui si sono riscontrati difetti qualitativi, per € 3.000,00. Lo stesso giorno si riceve dal fornitore la nota di credito relativa al reso su acquisti.

Al momento del ricevimento della fattura di acquisto si rileverà:

17/04		
Materie c/acquisti	25.000,00	
IVA a credito	5.500,00	
Fornitori		30.500,00
Ricevuta fatt. n. ... per acquisto materie		

Al ricevimento della nota di credito per la restituzione delle materie difettose, occorre provvedere alla rettifica degli importi rilevati con la fattura del 17/04.

La nota di credito ricevuta presenterà le seguenti indicazioni:

Reso materie	€	3.000,00
IVA 22%	€	660,00
TOTALE NOTA DI CREDITO	€	3.660,00

Il totale della nota di credito rappresenta una rettifica del debito nei confronti del fornitore, che viene ridotto per effetto della restituzione di una parte delle materie. L'importo delle materie restituite esprime una rettifica al costo di acquisto rilevato con il ricevimento della fattura del 17/04.

Dal punto di vista contabile, si potrebbe provvedere ad una rettifica diretta riducendo il saldo del conto *Materie c/acquisti.* In tal modo, però, si perderebbe l'informazione relativa sia agli acquisti effettuati nel corso dell'anno sia alle restituzioni di beni ai fornitori.

Pertanto, si preferisce eseguire una rettifica indiretta ai costi di acquisto utilizzando uno specifico conto economico di reddito da accreditare, denominato *Resi su acquisti.* In tal modo, il saldo (Dare) del conto *Materie c/acquisti* evidenzierà il totale dei beni acquistati durante l'esercizio, mentre il saldo (Avere) del conto *Resi su acquisti* esprimerà il valore dei beni restituiti ai fornitori nello stesso periodo di tempo.

Infine, l'IVA indicata sulla nota di credito rappresenta una rettifica in diminuzione dell'IVA a credito evidenziata nella fattura di acquisto.

La nota di credito ricevuta deve essere rilevata nel registro degli acquisti con i relativi importi preceduti dal segno meno, poiché tali importi rappresentano rettifiche diminutive di imponibile su acquisti e di IVA a credito. È possibile, in alternativa, la rilevazione nel registro delle fatture emesse, nel qual caso in P.D. bisognerebbe accreditare il conto *IVA a debito.*

Il primo procedimento si ritiene più rispondente alla sostanza dell'operazione e più adeguato per il rispetto di successivi adempimenti richiesti dalla legge IVA [4].

---

[4] In sede di dichiarazione annuale IVA, infatti, gli imponibili degli acquisti e delle vendite, nonché le relative imposte, vanno riportati al netto di eventuali rettifiche.

L'analisi del fatto amministrativo sarà la seguente:

Aspetto finanziario
V.F.A. DARE del conto *Fornitori* (3.660,00)
V.F.P. AVERE del conto *IVA a credito* (660,00)

Aspetto economico
V.E.P. AVERE del conto *Resi su acquisti* (3.000,00)

La rilevazione contabile sarà:

21/04		
Fornitori	3.660,00	
Resi su acquisti		3.000,00
IVA a credito		660,00
Ricevuta nota di credito n. ... per reso su acquisti		

4.7.2. *I resi su vendite*

Le rilevazioni relative ai resi su vendite saranno esaminate considerando il seguente esempio.

Il 22/10 si emette fattura per € 40.000,00 + IVA 22% per la vendita di merci. Regolamento a 60 giorni.
Il successivo 25/10 il cliente restituisce merce non conforme all'ordine per € 5.000,00. Si provvede ad emettere nota di credito relativa al reso su vendite.

Al momento della fatturazione dell'operazione si rileverà:

22/10		
Clienti	48.800,00	
Merci c/vendite		40.000,00
IVA a debito		8.800,00
Emessa fattura n. ... per vendita merci		

Al momento della restituzione viene emessa la nota di credito per rettificare parzialmente gli importi dell'operazione di vendita rilevata il 22/10.
La nota di credito emessa presenterà le seguenti indicazioni:

Reso merci	€	5.000,00
IVA 22%	€	1.100,00
TOTALE NOTA DI CREDITO	€	6.100,00

Il totale della nota di credito rappresenta una rettifica del credito nei confronti del cliente, che si riduce per effetto della restituzione di una parte delle merci. L'importo della merce restituita dal cliente esprime una rettifica del ricavo di vendita rilevato con l'emissione della fattura del 22/10.

Dal punto di vista contabile, si potrebbe provvedere ad una rettifica diretta riducendo il saldo del conto *Merci c/vendite*. In tal modo, però, si perderebbe l'informazione relativa alle vendite effettuate nel corso dell'anno e quella relativa alle restituzioni di beni da parte dei clienti.

Pertanto, si preferisce eseguire una rettifica indiretta ai ricavi di vendita utilizzando uno specifico conto economico di reddito da addebitare, denominato *Resi su vendite*. Quindi, il saldo (Avere) del conto *Merci c/vendite* evidenzierà il totale delle merci vendute durante l'esercizio, mentre il saldo (Dare) del conto *Resi su vendite* esprimerà il valore dei beni restituiti dai clienti nello stesso periodo. Infine, l'IVA indicata sulla nota di credito rappresenta una rettifica dell'IVA a debito evidenziata nella fattura di vendita.

La nota di credito deve essere rilevata nel registro delle fatture emesse con i relativi importi preceduti dal segno meno, poiché tali importi rappresentano rettifiche diminutive di imponibile su vendite e di IVA a debito. Con un'altra procedura ammessa dalla legge è possibile rilevare il documento nel registro degli acquisti, nel qual caso in P.D. si addebiterebbe il conto *IVA a credito*.

Si ritiene preferibile il primo procedimento per i motivi già indicati per i resi su acquisti.

Di seguito si presenta l'analisi del fatto amministrativo.

Aspetto finanziario
V.F.P. AVERE del conto *Clienti* (6.100,00)
V.F.A. DARE del conto *IVA a debito* (1.100,00)

Aspetto economico
V.E.N. DARE del conto *Resi su vendite* (5.000,00)

La rilevazione contabile sarà:

25/10		
Resi su vendite	5.000,00	
IVA a debito	1.100,00	
Clienti		6.100,00
Emessa nota di credito n. ... per reso su vendite		

4.8. Gli anticipi

A volte, a seguito di un ordine di acquisto, il fornitore richiede al cliente il pagamento anticipato di una parte della fornitura che dovrà essere effettuata successivamente. Tali pagamenti consentono al fornitore di ricevere liquidità prima di eseguire la fornitura e possono rappresentare, al tempo stesso, una sorta di garanzia sul buon esito dell'operazione commerciale.

In base alla normativa dell'Imposta sul Valore Aggiunto, gli anticipi devono essere fatturati, secondo le regole proprie dell'operazione cui si riferiscono, e saranno recuperati (stornati) in sede di fatturazione definitiva dell'operazione stessa.

Di seguito verranno esaminate le rilevazioni contabili degli anticipi pagati ai fornitori e di quelli incassati dai clienti.

4.8.1. *Gli anticipi a fornitori*

Per esaminare le scritture contabili relative agli anticipi pagati ai fornitori si consideri il seguente esempio.

Il 15/06 si paga tramite c/c bancario un anticipo per una fornitura di materie prime e si riceve la relativa fattura. L'importo dell'anticipo è pari a € 5.000,00 + IVA 22%.

Il successivo 01/07 si riceve fattura relativa all'acquisto di materie prime per € 20.000,00 + IVA 22%. Per questa fornitura si era pagato il 15/06 l'anticipo di € 5.000,00; il regolamento avviene lo stesso giorno tramite c/c bancario.

Il fornitore che riceve l'anticipo è tenuto ad emettere la fattura per l'importo incassato, poiché secondo le norme sull'IVA per tale ammontare l'operazione si considera effettuata al momento dell'incasso [5].

La fattura relativa all'anticipo si presenterà come segue:

Anticipo su fornitura materie	€	5.000,00
IVA 22%	€	1.100,00
TOTALE FATTURA	€	6.100,00

Il totale fattura sarà rilevato in Avere del conto *Fornitori*, in quanto esprime l'importo da pagare al fornitore. Il valore dell'anticipo non rappresenta un costo, ma un credito nei confronti del fornitore per una somma versata prima di aver ottenuto la fornitura delle materie prime, e sarà rilevato in Dare del conto *Anticipi a fornitori*. L'IVA sulla fattura ricevuta, infine, rappresenta un credito nei confronti dell'erario.

---

[5] Infatti, come chiarito nel capitolo 3, la legge IVA prevede che il momento impositivo di un'operazione di cessione venga anticipato all'incasso del corrispettivo se questo precede la spedizione o la consegna del bene. In via generale tale momento, a seconda delle clausole contrattuali, fa sorgere l'obbligo di emissione della fattura.

L'analisi del fatto amministrativo può essere così sintetizzata:

Aspetto finanziario
V.F.P. AVERE del conto *Fornitori* (6.100,00)
V.F.A. DARE del conto *Anticipi a fornitori* (5.000,00)
V.F.A. DARE del conto *IVA a credito* (1.100,00)

La rilevazione contabile sarà:

15/06		
Anticipi a fornitori	5.000,00	
IVA a credito	1.100,00	
Fornitori		6.100,00
Ricevuta fattura n. ... per anticipo su fornitura materie		

Seguirà, poi, la rilevazione del pagamento con la scrittura:

15/06		
Fornitori	6.100,00	
Banca c/c		6.100,00
Pagamento anticipo su fornitura materie		

Si fa presente che dal punto di vista logico e temporale, la rilevazione del pagamento dovrebbe precedere quella relativa alla fattura ricevuta. Infatti, il presupposto per l'emissione della fattura è rappresentato proprio dal ricevimento di una somma di denaro da parte del fornitore. Peraltro, quando pagamento e ricevimento della fattura sono contestuali, come nell'esempio proposto, non si riscontrano particolari problemi nell'ordine delle rilevazioni contabili.

Se, invece, la fattura dovesse essere ricevuta in data diversa dal pagamento[6] sarebbe necessario rilevare prima l'esborso al fornitore e solo successivamente la relativa fattura.

Successivamente, si riceve la fattura definitiva della fornitura, in cui vi sarà il recupero dell'anticipo già fatturato. Infatti, poiché una parte dell'operazione è già stata fatturata, con il calcolo della relativa IVA, occorre stornare l'importo dalla base imponibile della fattura definitiva per evitare la duplicazione dell'imposta.

La fattura relativa alla fornitura delle materie prime si presenterà come segue:

Materie prime	€	20.000,00
(-) Anticipo	€	(-) 5.000,00
Imponibile	€	15.000,00
IVA 22%	€	3.300,00
TOTALE FATTURA	€	18.300,00

[6] Ad esempio quando il fornitore riceve notizia di un bonifico bancario qualche giorno dopo la sua effettuazione da parte del cliente.

Il totale fattura rappresenta il debito nei confronti del fornitore per la cessione dei beni, il valore delle materie prime esprime il costo di acquisto delle stesse, il recupero dell'anticipo rappresenta lo storno del credito verso il fornitore per l'importo anticipato in precedenza, mentre l'IVA costituisce un credito verso l'erario.

L'analisi dell'operazione risulta così schematizzata:

Aspetto finanziario
V.F.P. AVERE del conto *Fornitori* (18.300,00)
V.F.P. AVERE del conto *Anticipi a fornitori* (5.000,00)
V.F.A. DARE del conto *IVA a credito* (3.300,00)

Aspetto economico
V.E.N. DARE del conto *Materie c/acquisti* (20.000,00)

La rilevazione contabile sarà:

01/07		
Materie c/acquisti	20.000,00	
IVA a credito	3.300,00	
Anticipi a fornitori		5.000,00
Fornitori		18.300,00
Ricevuta fattura n. ... per acquisto materie		

Per il pagamento della fattura si avrà:

01/07		
Fornitori	18.300,00	
Banca c/c		18.300,00
Pagata fatt. n. ...		

4.8.2. *Gli anticipi da clienti*

Le rilevazioni contabili relative agli anticipi incassati dai clienti verranno esaminate attraverso la seguente esemplificazione.

Il 14/10 si incassa tramite c/c bancario un anticipo per una fornitura di prodotti finiti, da consegnare successivamente al cliente, e si emette la relativa fattura. L'importo dell'anticipo è pari a € 25.000,00 + IVA 22%.

Il successivo 31/10 si emette fattura relativa alla vendita di prodotti finiti per € 90.000,00 + IVA 22%. Per questa fornitura si era incassato il 14/10 l'anticipo di € 25.000,00; il regolamento avviene lo stesso giorno tramite c/c bancario.

Come già visto precedentemente, l'impresa, al momento dell'incasso dell'anticipo pagato dal cliente, è tenuta ad emettere la fattura per l'importo percepito.

La fattura relativa all'anticipo si presenterà come segue:

Anticipo su fornitura prodotti finiti	€	25.000,00
IVA 22%	€	5.500,00
TOTALE FATTURA	€	30.500,00

Il totale fattura sarà rilevato in Dare del conto *Clienti*, in quanto espressione dell'importo da incassare dal cliente. Il valore dell'anticipo non rappresenta un ricavo, ma un debito nei confronti del cliente per una somma incassata prima di aver provveduto ad effettuare la fornitura dei prodotti finiti, e sarà rilevato in Avere del conto *Anticipi da clienti.*

L'IVA sulla fattura emessa, infine, rappresenta un debito nei confronti dell'erario.

L'analisi del fatto amministrativo sarà pertanto:

Aspetto finanziario
V.F.A. DARE del conto *Clienti* (30.500,00)
V.F.P. AVERE del conto *Anticipi da clienti* (25.000,00)
V.F.P. AVERE del conto *IVA a debito* (5.500,00)

La rilevazione contabile sarà:

14/10		
Clienti	30.500,00	
Anticipi da clienti		25.000,00
IVA a debito		5.500,00
Emessa fattura n. ... per anticipo su vendita prodotti		

Per l'incasso della fattura la rilevazione in P.D. sarà:

14/10		
Banca c/c	30.500,00	
Clienti		30.500,00
Incassata fatt. n. ...		

Per quanto riguarda l'ordine delle due scritture contabili valgono le stesse considerazioni svolte con riferimento agli anticipi a fornitori. Al momento dell'emissione della fattura definitiva, vi sarà il recupero dell'anticipo già fatturato in precedenza, per evitare la duplicazione dell'IVA. La fattura relativa alla cessione dei prodotti finiti si presenterà come segue:

Prodotti finiti	€	90.000,00
(-) Anticipo	€	(-) 25.000,00
Imponibile	€	65.000,00
IVA 22%	€	14.300,00
TOTALE FATTURA	€	79.300,00

Il totale fattura rappresenta il credito nei confronti del cliente per la cessione dei beni, il valore dei prodotti finiti esprime il ricavo di vendita degli stessi, il recupero dell'anticipo rappresenta lo storno del debito verso il cliente per l'importo anticipato in precedenza, mentre l'IVA costituisce un debito verso l'erario. L'analisi del fatto amministrativo sarà:

Aspetto finanziario
V.F.A. DARE del conto *Clienti* (79.300,00)
V.F.A. DARE del conto *Anticipi da clienti* (25.000,00)
V.F.P. AVERE del conto *IVA a debito* (14.300,00)

Aspetto economico
V.E.P. AVERE del conto *Prodotti c/vendite* (90.000,00)

La scrittura in P.D. sarà:

31/10		
Anticipi da clienti	25.000,00	
Clienti	79.300,00	
Prodotti c/vendite		90.000,00
IVA a debito		14.300,00
Emessa fattura n. ... per vendita prodotti finiti		

Per l'incasso della fattura si rileverà:

31/10		
Banca c/c	79.300,00	
Clienti		79.300,00
Incassata fatt. n. ...		

4.9. La rilevazione dei costi relativi al personale dipendente

Il costo relativo al personale dipendente riguarda prevalentemente tre componenti: i salari e gli stipendi lordi, i contributi previdenziali a carico dell'impresa e il trattamento di fine rapporto.

Le prime due componenti vengono liquidate generalmente ogni mese, mentre il trattamento di fine rapporto matura per ogni anno (o frazione di anno) di anzianità del lavoratore e viene corrisposto alla cessazione del rapporto di lavoro. La quota TFR maturata nell'anno viene contabilizzata alla fine del periodo amministrativo in sede di operazioni di assestamento, come si vedrà successivamente.

In questa sede si prenderanno in considerazione le altre componenti del costo del lavoro.

I salari e gli stipendi lordi rappresentano una variazione economica negativa da rilevare nel conto *Stipendi e salari* (conto economico di reddito ai costi di esercizio). Contestualmente, l'impresa rileva un debito nei confronti del personale dipendente per le somme ad esso spettanti, rappresentate, oltre che dagli stipendi lordi, anche dagli eventuali assegni familiari. Tali assegni, che spettano ai dipendenti con carichi di famiglia, vengono anticipati dal datore di lavoro per conto dell'INPS e pertanto rappresentano un credito verso tale ente, da rilevare in Dare del conto finanziario denominato *Enti previdenziali.* I contributi previdenziali a carico dell'impresa rappresentano un componente negativo di reddito da rilevare nel conto *Contributi previdenziali* (conto economico di reddito ai costi di esercizio).

La contropartita dei contributi è rappresentata da un debito verso gli enti previdenziali e sarà rilevata in Avere del conto *Enti previdenziali.* L'importo da versare agli enti previdenziali comprende anche i contributi a carico dei lavoratori per il miglioramento pensioni, pari allo 0,50% degli stipendi lordi (imponibile previdenziale), che vengono anticipati ogni mese dal datore di lavoro per conto dei dipendenti. Pertanto, tali contributi rappresentano un credito nei confronti dei lavoratori dipendenti, da contabilizzare in Dare del conto finanziario *Dipendenti c/recupero contributi*, che verrà recuperato, come si vedrà in seguito, in sede di accantonamento della quota TFR maturata nell'anno.

All'atto del pagamento degli emolumenti, l'azienda, che svolge il ruolo di sostituto d'imposta e previdenziale, esegue sugli stipendi lordi spettanti al personale dipendente le trattenute di legge a titolo fiscale e per i contributi a carico dei lavoratori. Infatti, l'IRPEF calcolata sugli stipendi lordi non viene versata all'erario dai singoli dipendenti, ma è trattenuta dal datore di lavoro e successivamente versata, entro il giorno 16 del mese successivo.

Analogamente, i contributi previdenziali a carico dei dipendenti non vengono versati all'INPS dai singoli lavoratori, ma sono trattenuti dall'azienda e successivamente da questa versati, entro il giorno 16 del mese successivo, all'ente previdenziale. Le ritenute fiscali e previdenziali effettuate dall'impresa saranno rilevate in Avere dei conti finanziari *Erario c/ritenute IRPEF* (debito nei confronti dell'erario per l'IRPEF da versare) e *Enti previdenziali* (debito nei confronti degli enti previdenziali per contributi da versare).

Si consideri, ora, la seguente esemplificazione.

Il 27/09 si liquidano e si pagano, tramite c/c bancario, gli stipendi relativi al mese di settembre, così composti:

Stipendi e salari	€	41.400,00
Assegni familiari	€	1.600,00
	€	43.000,00
(–) Ritenute INPS dipendenti	€	(-) 3.700,00
(–) Ritenute IRPEF dipendenti	€	(-) 9.300,00
Netto	€	30.000,00

I contributi a carico dell'azienda ammontano a € 15.000,00, mentre i contributi per il miglioramento delle pensioni a carico dei lavoratori, anticipati dall'azienda, ammontano allo 0,50% degli stipendi lordi.

È opportuno separare la fase della liquidazione, che evidenzia il debito nei confronti del personale dipendente, dalla fase del pagamento in cui devono essere rilevate anche le ritenute fiscali e previdenziali.

L'analisi della fase relativa alla liquidazione degli emolumenti spettanti ai dipendenti sarà:

Aspetto finanziario
V.F.P. AVERE del conto *Dipendenti c/retribuzione* (43.000,00)
V.F.A. DARE del conto *Enti previdenziali* (1.600,00)

Aspetto economico
V.E.N. DARE del conto *Stipendi e salari* (41.400,00)

La rilevazione contabile sarà:

27/09		
Stipendi e salari	41.400,00	
Enti previdenziali	1.600,00	
Dipendenti c/retribuzione		43.000,00
Liquidazione retribuzioni mese di settembre		

L'analisi della fase del pagamento sarà:

Aspetto finanziario
V.F.A. DARE del conto *Dipendenti c/retribuzioni* (43.000,00)
V.F.P. AVERE del conto *Enti previdenziali* (3.700,00)
V.F.P. AVERE del conto *Erario c/ritenute IRPEF* (9.300,00)
V.F.P. AVERE del conto *Banca c/c* (30.000,00)

La scrittura in P.D. sarà:

27/09		
Dipendenti c/retribuzione	43.000,00	
Enti previdenziali		3.700,00
Erario c/ritenute IRPEF		9.300,00
Banca c/c		30.000,00
Pagamento stipendi mese di settembre		

Per quanto riguarda la liquidazione dei contributi, occorre calcolare il contributo dello 0,50% sugli stipendi lordi, anticipato dall'impresa per conto dei lavoratori dipendenti.

Tali contributi risultano così determinati:

41.400,00 × 0,50% = 207,00

L'analisi dell'operazione relativa alla liquidazione dei contributi previdenziali sarà:

Aspetto finanziario
V.F.P. AVERE del conto *Enti previdenziali* (15.207,00)
V.F.A. DARE del conto *Dipendenti c/recupero contributi* (207,00)

Aspetto economico
V.E.N. DARE del conto *Contributi previdenziali* (15.000,00)

La rilevazione contabile sarà:

27/09		
Contributi previdenziali	15.000,00	
Dipendenti c/recupero contributi	207,00	
Enti previdenziali		15.207,00
Liquidazione contributi previdenziali		

Riepilogando, i rapporti tra datore di lavoro ed ente previdenziale danno luogo ad un credito per le somme anticipate dal primo per conto del secondo (assegni familiari) e ad un debito per le trattenute previdenziali eseguite ai lavoratori dipendenti, per i contributi previdenziali a carico dell'impresa e per i contributi miglioramento pensioni anticipati per conto del personale.

Il conto *Enti previdenziali* si presenta come segue:

Enti previdenziali

Dare	Avere
1.600,00	3.700,00
	15.207,00

Il saldo (Avere) del conto *Enti previdenziali*, pari a € 17.307,00, esprime un debito nei confronti dell'INPS, che dovrà essere pagato entro il giorno 16 del mese successivo. Entro lo stesso termine si dovrà procedere al versamento delle ritenute IRPEF effettuate sugli stipendi lordi.

La rilevazione contabile del pagamento delle ritenute fiscali e previdenziali sarà effettuata con la seguente scrittura in P.D.:

16/10		
Enti previdenziali	17.307,00	
Erario c/ritenute IRPEF	9.300,00	
Banca c/c		26.607,00
Versate ritenute fiscali e previdenziali		

4.10. La rilevazione dei costi relativi ai lavoratori autonomi

Oltre al personale dipendente, l'impresa può avvalersi anche dell'opera di lavoratori autonomi, che erogano alla stessa prestazioni professionali di vario genere (ad esempio consulenze contabili e fiscali, consulenze legali, ecc.). Il lavoratore autonomo dovrà emettere fattura per le prestazioni erogate a favore dell'impresa, in cui sarà indicato il compenso e la relativa Imposta sul Valore Aggiunto.

Per l'impresa il compenso professionale corrisposto al lavoratore autonomo rappresenta un componente negativo di reddito, mentre l'IVA sulla fattura ricevuta esprime un credito nei confronti dell'erario. All'atto del pagamento, l'impresa, nella sua qualità di sostituto d'imposta, eseguirà la ritenuta fiscale a titolo di IRPEF, che poi dovrà essere versata entro il giorno 16 del mese successivo.

Si consideri la seguente esemplificazione.

Il 10/02 si riceve e si paga tramite assegno bancario una fattura del commercialista per prestazioni rese nel corso dell'esercizio, effettuando la ritenuta d'acconto del 20%. L'importo della fattura è di € 4.000,00 (compenso lordo) + il contributo alla Cassa Nazionale di Previdenza e Assistenza dei Dottori Commercialisti (CNPADC) pari al 4% + l'IVA 22%.

La fattura emessa dal professionista si presenta sinteticamente come segue:

Compenso lordo	€	4.000,00
4% contributo alla CNPADC (su compenso lordo)	€	160,00
Imponibile	€	4.160,00
IVA 22%	€	915,20
TOTALE	€	5.075,20
(-) Ritenuta del 20% (sul compenso lordo, € 4.000,00)	€	(-) 800,00
TOTALE DA PAGARE	€	4.275,20

Il compenso spettante al professionista rappresenta un costo da contabilizzare in un conto economico di reddito che può essere denominato *Consulenze professionali.*

Il contributo del 4% alla Cassa Nazionale di Previdenza e Assistenza dei Dottori Commercialisti (CNPADC), calcolato sul compenso lordo, viene pagato dall'azienda al professionista e costituisce un costo accessorio della prestazione da contabilizzare nello stesso conto relativo al compenso.

La base imponibile per il calcolo dell'IVA è costituita dalla somma del compenso e del contributo del 4%.

La prima parte della fattura riguarda la liquidazione delle competenze spettanti al professionista.

L'analisi della fase della liquidazione relativa alla prestazione professionale e la relativa rilevazione contabile sono le seguenti:

Aspetto finanziario
V.F.P. AVERE del conto *Fornitori* (5.075,20)
V.F.A. DARE del conto *IVA a credito* (915,20)

Aspetto economico
V.E.N. DARE del conto *Consulenze professionali* (4.160,00)

10/02		
Consulenze professionali	4.160,00	
IVA a credito	915,20	
Fornitori		5.075,20
Ricevuta fattura n. ... per consulenze professionali		

Aspetto finanziario
V.F.A. DARE del conto *Fornitori* (5.075,20)
V.F.P. AVERE del conto *Erario c/ritenute IRPEF* (800,00)
V.F.P. AVERE del conto *Banca c/c* (4.275,20)

La rilevazione in P.D. sarà:

10/02		
Fornitori	5.075,20	
Erario c/ritenute IRPEF		800,00
Banca c/c		4.275,20
Pagata fatt. n. ...		

La ritenuta IRPEF effettuata dall'impresa, che rappresenta un debito verso l'erario, dovrà essere versata entro il 16/03. La relativa scrittura contabile sarà:

	16/03		
Erario c/ritenute IRPEF		800,00	
Banca c/c			800,00
Versate ritenute fiscali			

4.11. La liquidazione dell'IVA

Come si è avuto modo di approfondire nel capitolo 3, l'impresa rileva l'IVA a credito sulle fatture di acquisto ricevute dai fornitori e l'IVA a debito sulle fatture emesse nei confronti dei clienti. Periodicamente, occorre verificare la posizione IVA dell'impresa per vedere se la stessa risulta debitrice o creditrice nei confronti dell'erario.

La liquidazione IVA, cioè l'accertamento della posizione dell'impresa nei confronti dell'erario, viene eseguita considerando tutte le operazioni attive e passive effettuate nel corso di un determinato periodo di tempo. Tale periodo coincide, come regola generale, con il mese solare, ma le imprese di minori dimensioni possono optare per la liquidazione IVA trimestrale[7]. In particolare, la liquidazione dell'IVA deve essere effettuata entro il giorno 16 del mese successivo a quello di riferimento. Così, ad esempio, la liquidazione IVA del mese di gennaio deve essere effettuata entro il 16 febbraio, quella di febbraio entro il 16 marzo, e così di seguito per il resto dell'anno.

Per determinare la posizione IVA dell'impresa, occorre considerare il saldo dei conti IVA a credito e IVA a debito relativi al mese di riferimento. Se l'IVA a debito supera quella a credito, l'impresa dovrà versare la differenza entro lo stesso termine previsto per la liquidazione (giorno 16 del mese successivo a quello di riferimento); se l'importo a credito supera quello a debito, l'impresa rileva una posizione creditoria nei confronti dell'erario da recuperare successivamente.

Dal punto di vista contabile, la liquidazione IVA viene eseguita trasferendo i saldi dei conti *IVA a debito* e *IVA a credito* nel conto riepilogativo *Erario c/IVA*, il cui saldo, Dare o Avere a seconda dei casi, mette in evidenza la posizione creditoria o debitoria dell'impresa nei confronti dell'erario.

Si consideri, ora, il seguente esempio.

Il 16/04 si provvede ad eseguire la liquidazione IVA relativa al mese di marzo. I saldi dei conti IVA a debito e IVA a credito sono, rispettivamente, di € 9.600,00 e € 7.200,00.

L'analisi e la rilevazione dello storno dell'IVA a credito sono i seguenti:

---

[7] Si ricorda, che in questo caso, l'importo da versare all'erario deve essere maggiorato, a titolo di interesse, dell'1%.

Aspetto finanziario
V.F.A. DARE del conto *Erario c/IVA* (7.200,00)
V.F.P. AVERE del conto *IVA a credito* (7.200,00)

16/04		
Erario c/IVA	7.200,00	
IVA a credito		7.200,00
Liquidazione IVA mese di marzo		

Per l'IVA a debito l'analisi sarà:

Aspetto finanziario
V.F.A. DARE del conto *IVA a debito* (9.600,00)
V.F.P. AVERE del conto *Erario c/IVA* (9.600,00)

In P.D. si avrà:

16/04		
IVA a debito	9.600,00	
Erario c/IVA		9.600,00
Liquidazione IVA mese di marzo		

Dopo tali rilevazioni i conti interessati presenteranno la seguente situazione:

IVA a credito

Dare	Avere
7.200,00	7.200,00

IVA a debito

Dare	Avere
9.600,00	9.600,00

Erario c/IVA

Dare	Avere
7.200,00	9.600,00

Si può notare come i conti *IVA a credito* e *IVA a debito* risultino chiusi, in quanto il loro saldo è stato trasferito nel conto riepilogativo *Erario c/IVA*. Il saldo (Avere) di quest'ultimo conto mette in evidenza la posizione debitoria dell'impresa nei confronti dell'erario, che deve essere regolata lo stesso 16/04.

L'analisi dell'operazione relativa al pagamento dell'IVA sarà:

Aspetto finanziario
V.F.P. AVERE del conto *Banca c/c* (2.400,00)
V.F.A. DARE del conto *Erario c/IVA* (2.400,00)

La rilevazione contabile sarà:

16/04		
Erario c/IVA	2.400,00	
Banca c/c		2.400,00
Pagata IVA mese di marzo		

4.12. Le sopravvenienze e le insussistenze

Le *sopravvenienze* e le *insussistenze* rappresentano, generalmente, componenti di reddito collegati al verificarsi di eventi occasionali, dovuti a cause di forza maggiore, non dipendenti direttamente da azioni deliberate da parte dei soggetti che operano nell'impresa [8].

Quando a seguito di questi eventi si verificano incrementi di elementi patrimoniali, si hanno sopravvenienze, mentre in presenza di riduzioni di elementi patrimoniali si hanno insussistenze.

4.12.1. *Le sopravvenienze*

Le sopravvenienze possono essere attive (componenti positivi di reddito) o passive (componenti negativi di reddito).

Si hanno sopravvenienze attive quando, a seguito di eventi occasionali o fortuiti, si riscontra il sopraggiungere (incremento) di un elemento patrimoniale attivo, mentre si hanno sopravvenienze passive quando sopraggiunge (si incrementa) un elemento patrimoniale passivo. Si consideri il seguente esempio.

Il 23/07 si incassano tramite c/c bancario € 3.000,00 relativi ad un credito stralciato (eliminato) in precedenti esercizi per inesigibilità.

---

[8] Tali componenti, se considerati di natura straordinaria, venivano indicati in un'area specifica dello schema di Conto Economico previsto dall'art. 2425 del codice civile. Il D.Lgs. 139/2015 ha eliminato l'area straordinaria del Conto Economico, per cui i componenti di reddito relativi ad operazioni straordinarie non vengono più evidenziati separatamente. Tuttavia, nella Nota Integrativa (documento di bilancio di carattere descrittivo) è prevista l'indicazione relativa all'importo e alla natura dei singoli elementi di ricavo o di costo di natura o incidenza eccezionali. Sulla nozione di componenti straordinari di reddito e sulle loro differenti tipologie si veda: A. Vivarelli, *I componenti straordinari del reddito d'impresa*, Cagliari, Società Editoriale Italiana, 1969.

Si tratta di un'operazione che dà luogo ad un aumento delle disponibilità monetarie sul c/c bancario, elemento patrimoniale attivo, a seguito di un incasso (parziale o totale) di un credito non più presente in contabilità in quanto stralciato (eliminato) in passati esercizi perché ritenuto inesigibile [9].

Sul piano contabile occorre rilevare in Dare del conto *Banca c/c* l'entrata relativa all'incasso del credito, ed in Avere un componente positivo di reddito nel conto *Sopravvenienze attive*. Tale sopravvenienza si contrappone idealmente alla perdita rilevata in passato per lo stralcio del credito ritenuto inesigibile.

L'analisi del fatto amministrativo sarà la seguente:

Aspetto finanziario
V.F.A. DARE del conto *Banca c/c* (3.000,00)

Aspetto economico
V.E.P. AVERE del conto *Sopravvenienze attive* (3.000,00)

La rilevazione contabile sarà:

23/07		
Banca c/c	3.000,00	
Sopravvenienze attive		3.000,00
Incassato credito stralciato in precedenti esercizi		

Si prenda ora in esame la seguente esemplificazione.

Il 17/06 si rileva l'accertamento da parte degli uffici fiscali di maggiori imposte relative ad esercizi precedenti per € 5.000,00.

In questa operazione, si evidenzia un aumento di una passività relativa ad un debito verso l'erario per imposte di esercizi precedenti. Si tratta di imposte non contabilizzate e non versate in anni precedenti in seguito, ad esempio, ad errori

---

[9] Al momento dello stralcio, come si vedrà meglio successivamente, occorre chiudere in Avere il conto *Clienti* e rilevare in Dare, in luogo della mancata entrata di cassa, un componente negativo di reddito nel conto *Perdite su crediti*.

La scrittura dello stralcio del credito sarà:

../..		
Perdite su crediti	3.000,00	
Clienti		3.000,00
Stralciato credito per inesigibilità		

commessi in sede di compilazione della dichiarazione dei redditi, o imposte derivanti da accertamenti fiscali.

Occorre, pertanto, rilevare la sopravvenuta passività in Avere, mentre la contropartita in Dare sarà rappresentata da un componente negativo di reddito. Tale componente, dal punto di vista concettuale, rappresenta una sopravvenienza passiva, ma può essere più opportuna la sua contabilizzazione in un conto specifico denominato *Imposte di esercizi precedenti.* L'indicazione separata degli importi relativi a esercizi precedenti può essere opportuna per esigenze gestionali interne e per un'idonea collocazione nel Conto Economico [10].

L'analisi dell'operazione sarà:

Aspetto finanziario
V.F.P. AVERE del conto *Debiti tributari* (5.000,00)

Aspetto economico
V.E.N. DARE del conto *Imposte di esercizi precedenti* (5.000,00)

La scrittura in P.D. sarà:

17/06		
Imposte di esercizi precedenti	5.000,00	
Debiti tributari		5.000,00
Accertate maggiori imposte di esercizi precedenti		

4.12.2. *Le insussistenze*

Come si è visto, le insussistenze sono collegate con un decremento di elementi patrimoniali, in seguito ad eventi non riconducibili direttamente alla volontà dei soggetti aziendali. Se il decremento riguarda un elemento patrimoniale attivo, si avrà un'insussistenza passiva, componente negativo di reddito; se, invece, la riduzione interessa un elemento patrimoniale passivo, si avrà un'insussistenza attiva, componente positivo di reddito. Si consideri il seguente esempio.

Il 27/10 si riscontra un ammanco di cassa di € 2.000,00.

Si tratta di un'operazione che dà luogo ad una riduzione del denaro in cassa, elemento patrimoniale attivo, a seguito di un evento (ad esempio un furto) non

---

[10] Infatti, i principi contabili nazionali prevedono che le imposte relative ad esercizi precedenti siano indicate nella stessa posta contabile che accoglie le imposte di competenza dell'esercizio (voce 20 del Conto Economico civilistico). Si veda: Organismo Italiano di Contabilità, *Principi contabili, OIC 12, Composizione e schemi del bilancio d'esercizio*, 2016, par. 10b.

imputabile direttamente all'operato dei soggetti che svolgono la loro attività nell'impresa.

Per quanto riguarda la rilevazione contabile, occorre ridurre la consistenza del denaro disponibile, provvedendo ad accreditare il conto *Cassa*. La contropartita, in Dare, sarà rappresentata dal conto *Insussistenze passive*, conto economico di reddito ai costi di esercizio.

L'analisi dell'operazione è la seguente:

Aspetto finanziario
V.F.P. AVERE del conto *Cassa* (2.000,00)

Aspetto economico
V.E.N. DARE del conto *Insussistenze passive* (2.000,00)

La rilevazione contabile sarà:

27/10		
Insussistenze passive	2.000,00	
Cassa		2.000,00
Riscontrato ammanco di cassa		

Si consideri, ora, la seguente esemplificazione.

Il 15/02 si elimina un debito verso fornitori di € 1.000,00, che risulta prescritto.

Si è in presenza del venir meno di un elemento patrimoniale passivo, che procura un vantaggio all'impresa (la mancata uscita per il pagamento del debito).

Occorre, pertanto, eliminare il debito, attraverso l'addebitamento del conto *Fornitori*, e rilevare come contropartita in Avere un componente positivo di reddito nel conto *Insussistenze attive*. L'analisi dell'operazione sarà:

Aspetto finanziario
V.F.A. DARE del conto *Fornitori* (1.000,00)

Aspetto economico
V.E.P. AVERE del conto *Insussistenze attive* (1.000,00)

La rilevazione contabile sarà:

15/02		
Fornitori	1.000,00	
Insussistenze attive		1.000,00
Eliminato debito prescritto		

4.13. Il controllo nelle rilevazioni contabili: il bilancio di verifica e la situazione contabile

Come si è visto, le rilevazioni contabili vengono effettuate utilizzando il metodo della partita doppia che prevede l'osservazione dei fatti amministrativi sotto un duplice aspetto. Inoltre, tale metodo presuppone la costante uguaglianza tra il totale degli addebitamenti e il totale degli accreditamenti effettuati nell'insieme dei conti della contabilità generale.

Il *bilancio di verifica* rappresenta il prospetto, redatto periodicamente, che riporta tutti i conti movimentati nel sistema contabile e i relativi addebitamenti e accreditamenti [11]. Ciò consente di verificare il rispetto formale dell'uguaglianza tra il totale degli addebitamenti e degli accreditamenti registrati nei conti.

Il bilancio di verifica può essere redatto per soli totali o per totali e saldi (eccedenze). Nel primo caso, nel prospetto si riportano soltanto i totali dei movimenti Dare e Avere dei conti, mentre nel secondo caso, oltre al totale dei movimenti, si riportano anche i saldi dei singoli conti.

È chiaro che se le rilevazioni contabili sono state effettuate rispettando la costante uguaglianza degli addebitamenti e degli accreditamenti, nel bilancio di verifica si dovranno riscontrare le seguenti uguaglianze relative all'insieme di tutti i conti del sistema contabile:

totale movimenti Dare = totale movimenti Avere

somma saldi Dare = somma saldi Avere

Si presenta di seguito un semplice esempio di bilancio di verifica redatto per totali e saldi:

CONTI	TOTALI		SALDI	
	DARE	AVERE	DARE	AVERE
Cassa	11.200,00	8.200,00	3.000,00	
Clienti	19.200,00	1.200,00	18.000,00	
Fornitori	14.400,00	14.400,00		
Cambiali passive		7.200,00		7.200,00
IVA a credito	2.400,00	2.400,00		
IVA a debito	3.200,00	3.200,00		

[11] Sul bilancio di verifica e sulla situazione dei conti si vedano, tra gli altri: D. Amodeo, *Ragioneria generale delle imprese*, quarta edizione riveduta, Napoli, Giannini, 2002, pp. 360-376; G. Ferrero, F. Dezzani, *Contabilità e bilancio d'esercizio*, Milano, Giuffrè, 1983, pp. 300-303; P. Onida, *La logica e il sistema delle rilevazioni quantitative d'azienda*, seconda edizione accresciuta, Milano, Giuffrè, 1970, pp. 131-135.

Erario c/IVA	2.400,00	3.200,00		800,00
Terreni	20.000,00		20.000,00	
Capitale netto		30.000,00		30.000,00
Merci c/acquisti	12.000,00		12.000,00	
Fitti passivi	1.000,00		1.000,00	
Merci c/vendite		16.000,00		16.000,00
Totale	85.800,00	85.800,00	54.000,00	54.000,00

Se si considera, ad esempio, il conto *Cassa*, il bilancio di verifica dà evidenza del totale degli importi registrati in Dare (€ 11.200,00), di quelli registrati in Avere (€ 8.200,00) e del saldo (Dare), dato dalla differenza degli importi precedenti (€ 3.000,00 = € 11.200,00 – € 8.200,00).

Occorre precisare che la verifica delle uguaglianze sopra riportate garantisce il rispetto formale della costante quadratura tra addebitamenti e accreditamenti, ma non può garantire la correttezza sostanziale delle rilevazioni contabili.

Così, ad esempio, se in una scrittura contabile si invertono erroneamente i conti da addebitare e quelli da accreditare, si avrà il rispetto formale delle uguaglianze tra importi Dare e importi Avere, pur in presenza di una rilevazione errata.

Quando si procede alla compilazione di un prospetto che mette in evidenza soltanto i saldi dei conti movimentati nel sistema di contabilità generale, si parla, più propriamente, di *situazione contabile*.

Capitolo quinto

LA LOGICA E LA RILEVAZIONE DELLE OPERAZIONI DI ASSESTAMENTO E LA CHIUSURA DEI CONTI

5.1. La logica delle rettifiche di assestamento per la determinazione del reddito di esercizio e del collegato capitale di funzionamento

Come si è visto, durante l'esercizio le rilevazioni contabili vengono effettuate normalmente in presenza di una variazione finanziaria e di un idoneo documento originario che serve da supporto giustificativo dell'operazione. Tale logica di rilevazione non si preoccupa di stabilire la competenza economica dei componenti positivi e negativi di reddito [1].

L'individuazione di tale competenza viene effettuata alla fine del periodo amministrativo con l'obiettivo di determinare il reddito di esercizio ed il collegato capitale di funzionamento [2].

Il principio della competenza economica si sostanzia nella *correlazione* che deve sussistere tra i ricavi ed i costi all'interno di ciascun periodo amministrativo. In particolare, un ricavo è di competenza economica dell'esercizio al verificarsi delle seguenti due condizioni [3]:

- il processo produttivo del bene o del servizio è stato completato;
- lo scambio è già avvenuto.

In via generale, si può affermare che lo scambio si considera avvenuto, quando si è verificato il passaggio sostanziale e non formale del titolo di proprietà. Per la

---

[1] Cfr. G. Ferrero, F. Dezzani, *Contabilità e bilancio d'esercizio*, Milano, Giuffrè, 1983, pp. 309 e 310.

[2] «In chiusura d'esercizio la finalità della contabilità si sposta alla determinazione analitica del risultato economico di periodo e del connesso patrimonio aziendale, mediante la correlazione tra ricavi e costi che si reputano di competenza economica del periodo» L. Marchi (a cura di), *Introduzione alla contabilità d'impresa*, Quarta edizione aggiornata, Torino, Giappichelli, 1999, p. 523.

[3] Cfr. Organismo Italiano di Contabilità, *Principi contabili, OIC 11, Bilancio d'esercizio – finalità e postulati*, Milano, Giuffrè, 2005, p. 15.

verifica del passaggio sostanziale il riferimento fondamentale è rappresentato dal trasferimento dei rischi e dei benefici [4]. Salvo diverse clausole contrattuali:

- per i beni mobili il trasferimento dei rischi e benefici si verifica alla spedizione o alla consegna degli stessi, a seconda delle clausole previste dal contratto;
- per i beni per i quali è richiesto l'atto pubblico (ad es. gli immobili e alcuni beni mobili) il trasferimento si verifica alla stipulazione del rogito notarile;
- in caso di vendita a rate con riserva della proprietà, il trasferimento dei rischi avviene alla consegna, ed è in tale momento che va rilevato il relativo ricavo e correlato credito, indipendentemente dal fatto che la proprietà si trasferisce successivamente con il pagamento dell'ultima rata;
- per i servizi quando gli stessi sono resi, cioè la prestazione è stata effettuata.

I costi di competenza economica sono quelli correlabili ai ricavi di esercizio e quelli per i quali tale correlazione non potrà mai avvenire [5]. Più in particolare, un costo si considera di competenza economica dell'esercizio se [6]:

1) il fattore produttivo cui il costo si riferisce è stato utilizzato per ottenere produzioni che sono state vendute generando ricavi (il costo trova nell'esercizio il correlativo ricavo);

2) il fattore cui il costo si riferisce non potrà dare in futuro alcuna utilità (il costo non troverà mai il correlativo ricavo).

Un esempio relativo al punto sub 1) può essere quello dell'acquisto di 10 unità di merce al prezzo unitario di 20, per un costo complessivo pari a 200. Se si ipotizza che durante l'esercizio siano state vendute 6 unità di merce, soltanto il costo relativo a queste unità, pari a 120, ha trovato il correlativo ricavo ed è quindi di competenza dell'esercizio.

Un esempio relativo al punto 2) può essere quello riferito al costo sostenuto per acquistare delle merci andate successivamente distrutte. È evidente che le merci non potranno essere vendute e pertanto il costo deve considerarsi di competenza dell'esercizio, in quanto non potrà mai avere il correlativo ricavo.

Poiché, come si è visto, durante l'esercizio i fatti amministrativi vengono rilevati senza alcuna considerazione della competenza economica, a fine periodo, per

---

[4] Si veda: Organismo Italiano di Contabilità, *Principi contabili, OIC 15, Crediti*, 2016, par. 29.

[5] Cfr. Organismo Italiano di Contabilità, *Principi contabili, OIC 11, Bilancio d'esercizio – finalità e postulati*, Milano, Giuffrè, 2005, pp. 26 e 27.

[6] A tale proposito scrive Mella: «un costo ha competenza economica nel periodo T se si accerta o si suppone che:

a) il fattore cui quel costo è associato sia stato impiegato per ottenere ricavi nel "periodo T", oppure se:

b) il fattore cui quel costo è associato, pur non essendo stato impiegato per ottenere ricavi nel "periodo T", non è, comunque, più utilizzabile in periodi successivi a T per ottenere altri ricavi» (P. Mella, *Economia aziendale*, Torino, Utet, 1992, p. 285).

determinare i componenti che devono partecipare alla formazione del reddito di esercizio, occorrerà:

- imputare (attribuire) all'esercizio costi e ricavi di competenza del periodo, che avranno manifestazione finanziaria effettiva in futuro (*rettifiche di imputazione*);
- stornare (sottrarre) costi e ricavi che hanno avuto manifestazione finanziaria nell'esercizio, ma che sono di competenza di esercizi futuri (*rettifiche di storno*).

Si può affermare che in sede di chiusura si ha un cambiamento nell'aspetto originario di osservazione dei fatti amministrativi da rilevare in partita doppia.
Infatti, durante l'esercizio l'aspetto originario di osservazione è rappresentato dall'aspetto finanziario. Ciò è coerente con l'obiettivo di tenere sotto controllo la dinamica monetario-finanziaria.
In sede di chiusura l'aspetto originario di osservazione è rappresentato dall'aspetto economico, in quanto l'obiettivo diventa quello di individuare la competenza economica dei costi e dei ricavi per determinare il reddito di esercizio ed il collegato capitale di funzionamento[7].
Come si vedrà nei successivi paragrafi, le rettifiche di imputazione e di storno rappresentano gli strumenti che consentono di determinare simultaneamente il reddito di esercizio ed il capitale di funzionamento.

5.2. Le rettifiche di imputazione: aspetti generali

Le rettifiche di imputazione hanno lo scopo di attribuire all'esercizio in chiusura costi e ricavi di competenza del periodo, ma che avranno manifestazione finanziaria effettiva in futuro. Durante l'esercizio, infatti, tali costi e ricavi non sono stati rilevati nella contabilità generale in mancanza dei presupposti che determinano la registrazione contabile, e cioè la manifestazione di una variazione finanziaria e l'esistenza di un documento originario.
Pertanto, per attribuire all'esercizio questi costi e ricavi a manifestazione finanziaria futura occorrerà effettuare opportune rilevazioni nei conti economici di reddito interessati che avranno come contropartita delle *variazioni finanziarie presunte*, così denominate in quanto la variazione finanziaria effettiva ed il documento originario risultano posticipati rispetto alla data di chiusura dell'esercizio (normalmente 31/12).
I costi imputati esprimono componenti negativi di reddito e troveranno collocazione nella sezione Dare del Conto Economico, concorrendo negativamente alla formazione del risultato economico di esercizio, mentre i valori finanziari presunti passivi correlati a tali costi saranno indicati tra le passività dello Stato Patrimoniale, in quanto elementi passivi del capitale di funzionamento (debiti presunti).

---

[7] Cfr. G. Ferrero, F. Dezzani, *Contabilità e bilancio d'esercizio*, Milano, Giuffrè, 1983, pp. 313 e 314.

Lo schema della rilevazione contabile relativa all'imputazione di un costo è il seguente [8]:

DARE
costo imputato
↓
componente negativo di reddito (Conto Economico)

AVERE
valore finanziario presunto passivo
↓
passività del capitale di funzionamento (Stato Patrimoniale)

Si consideri ora il seguente esempio.

Il 31/01 si dovrà pagare un fitto trimestrale posticipato di € 3.000,00 relativo al periodo 01/11/n – 31/01/n+1.

Nei mesi di novembre e dicembre, in contabilità generale, non si è effettuata alcuna rilevazione relativa all'operazione in questione, in quanto non si è ancora verificata la manifestazione finanziaria (che si avrà il 31/01/n+1) e non vi è alcun documento originario (la fattura o la ricevuta verrà consegnata a gennaio al momento del pagamento). Peraltro, si deve notare come una parte del costo per l'affitto del locale, pari a € 2.000,00, sia relativa ai mesi di novembre e dicembre e quindi sia di competenza dell'anno n. Al 31/12, in sede di operazioni di assestamento, occorrerà imputare, attraverso l'addebitamento di un conto economico di reddito, il costo di competenza dell'esercizio per € 2.000,00, che parteciperà alla formazione del reddito di esercizio.

La contropartita sarà rappresentata dall'accreditamento di un conto acceso ad un valore finanziario presunto passivo, che troverà collocazione tra le passività del capitale di funzionamento.

I ricavi imputati rappresentano componenti positivi di reddito e troveranno collocazione nella sezione Avere del Conto Economico, concorrendo positivamente alla formazione del risultato di esercizio, mentre i valori finanziari presunti attivi correlati a tali ricavi saranno indicati nello Stato Patrimoniale, in quanto elementi attivi del capitale di funzionamento (crediti presunti).

Lo schema della rilevazione contabile relativa all'imputazione di un ricavo può essere sintetizzato nel seguente modo [9]:

---

[8] Cfr. G. Melis, *Elementi di economia aziendale*, terza edizione, Milano, Giuffrè, 2015, p. 310.

[9] *Ibidem.*

DARE
valore finanziario presunto attivo
↓
attività del capitale di funzionamento (Stato Patrimoniale)

AVERE
ricavo imputato
↓
componente positivo di reddito (Conto Economico)

Si consideri il seguente esempio.

Nel mese di gennaio si emetterà la fattura per € 5.000,00 relativa alla vendita di merci consegnate al cliente a dicembre con documento di trasporto (DDT).

Nel mese di dicembre, in contabilità generale, non si è effettuata alcuna rilevazione relativa all'operazione di vendita, in quanto non si è ancora verificata la manifestazione finanziaria (che si avrà nel mese di gennaio) e non vi è alcun documento originario (la fattura verrà emessa nel mese di gennaio)[10]. Occorre rilevare che il ricavo di vendita di € 5.000,00 è di competenza dell'anno in chiusura (il processo produttivo è stato completato e lo scambio è avvenuto attraverso la consegna delle merci). Pertanto, al 31/12, in sede di operazioni di assestamento, occorrerà imputare, attraverso l'accreditamento di un conto economico di reddito, il ricavo di competenza dell'esercizio per € 5.000,00, che parteciperà alla formazione del reddito di esercizio.

La contropartita sarà rappresentata dall'addebitamento di un conto acceso ad un valore finanziario presunto attivo, che troverà collocazione tra le attività del capitale di funzionamento.

Dagli schemi e dagli esempi riportati emerge chiaramente che attraverso le rettifiche di imputazione si influisce simultaneamente sulla determinazione del reddito di esercizio (attraverso l'imputazione dei costi e dei ricavi) e del collegato capitale di funzionamento (attraverso i valori finanziari presunti attivi e passivi).

---

[10] Come si è chiarito nel capitolo 3, infatti, la legge IVA consente, per le cessioni di beni accompagnati da idoneo documento di trasporto (DDT), di emettere la relativa fattura entro il giorno 15 del mese successivo a quello della consegna. Pertanto, per le cessioni di beni accompagnati da DDT avvenute nel mese di dicembre, la fattura potrà essere emessa nel successivo esercizio (entro il 15 gennaio).

5.3. Le rettifiche di imputazione: la liquidazione delle competenze sul c/c bancario

La liquidazione delle competenze sul c/c bancario è un'operazione di assestamento con la quale si aggiorna il saldo del conto corrente al 31/12, per tener conto degli interessi maturati a tale data e delle spese addebitate dalla banca per la gestione del conto.

Gli interessi attivi sono accreditati al netto della ritenuta IRES a titolo d'acconto, che per l'impresa costituisce un credito (un minor debito futuro per IRES) nei confronti dell'erario. L'importo delle ritenute subite sarà recuperato dall'impresa in sede di determinazione del debito tributario per l'IRES da versare. Eventuali interessi passivi su saldi a debito del correntista vengono addebitati sul conto.

Si presenta la seguente esemplificazione.

Dall'estratto conto bancario al 31/12/n risultano interessi attivi lordi per € 2.000,00 (ritenuta IRES 26%), interessi passivi per € 500,00 ed oneri bancari per spese di tenuta conto per € 80,00.

Occorre imputare gli interessi attivi maturati che costituiscono un componente positivo di reddito di competenza dell'esercizio (variazione economica di reddito positiva). L'importo degli interessi viene accreditato dalla banca sul c/c del cliente, al netto della ritenuta IRES che rappresenta una variazione finanziaria attiva (credito verso l'erario).

Il calcolo della ritenuta sarà il seguente:

ritenuta IRES: 2.000,00 × 26% = 520,00

Gli interessi passivi e gli oneri bancari per spese di tenuta conto rappresentano componenti negativi di reddito di competenza dell'esercizio che la banca provvede ad addebitare sul c/c dell'impresa.

Le scritture in P.D. saranno:

31/12		
Banca c/c	1.480,00	
Erario c/ritenute IRES	520,00	
Interessi attivi c/c		2.000,00
Rilevate competenze al 31/12 sul c/c bancario		
31/12		
Interessi passivi c/c	500,00	
Oneri bancari	80,00	
Banca c/c		580,00
Rilevate competenze al 31/12 sul c/c bancario		

In alternativa si può comporre un'unica rilevazione in P.D.:

31/12		
Interessi passivi c/c	500,00	
Oneri bancari	80,00	
Erario c/ritenute IRES	520,00	
Banca c/c	900,00	
Interessi attivi c/c		2.000,00
Rilevate competenze al 31/12 sul c/c bancario		

5.4. Le rettifiche di imputazione: le fatture da emettere e da ricevere

La rilevazione delle fatture da emettere e da ricevere ha lo scopo di contabilizzare componenti di reddito di competenza dell'esercizio, ma per i quali la relativa fattura sarà emessa dal venditore nell'esercizio successivo. Infatti, la normativa sull'IVA consente per le vendite di beni accompagnate da idoneo *documento di trasporto* (DDT), di emettere la relativa fattura entro il giorno 15 del mese successivo (*fatturazione differita*). Pertanto, per le cessioni di beni effettuate nel mese di dicembre, per le quali è stato compilato il regolare documento di trasporto, la relativa fattura potrà essere emessa entro il giorno 15 del successivo mese di gennaio.

Ciò implica che la registrazione contabile della vendita (per il venditore) o dell'acquisto (per l'acquirente) non è stata effettuata durante l'esercizio, in quanto manca il documento originario dal quale trae origine la rilevazione: la fattura ai fini IVA.

L'effettiva manifestazione finanziaria dell'operazione si avrà quindi soltanto nell'esercizio successivo con l'emissione della fattura; a fine anno occorre però tenere conto delle vendite e degli acquisti effettuati nel mese di dicembre in quanto di competenza economica dell'esercizio.

Di seguito verranno esaminate le rilevazioni contabili relative alle fatture da emettere e da ricevere.

5.4.1. *Le fatture da emettere*

Con la rilevazione delle fatture da emettere si imputano all'esercizio in chiusura componenti positivi di reddito di competenza dello stesso, relativi a vendite già concluse, ma per le quali la relativa fattura sarà emessa nell'esercizio successivo. Si tratta di cessioni di beni consegnati ai clienti con idoneo documento di trasporto (DDT).

Il componente positivo di reddito legato all'operazione verrà rilevato in Avere di un conto acceso ai ricavi di esercizio, mentre la contropartita in Dare sarà rappresentata da una variazione finanziaria presunta attiva.

L'IVA sulla vendita deve essere rilevata immediatamente, nonostante la fattura non sia stata ancora emessa, in quanto in base alle disposizioni IVA, l'imposta diviene esigibile (cioè sorge il debito nei confronti dell'erario) al momento della consegna dei beni e non al momento della successiva fatturazione.

Si consideri il seguente esempio.

Si rilevano vendite per € 15.000,00 (IVA 22%), relative a prodotti finiti consegnati con documento di trasporto, ma non ancora fatturati.

Si evidenzia un credito non ancora formalizzato dall'emissione della fattura per un importo di € 18.300,00, pari al ricavo (€ 15.000,00) e all'IVA a debito (€ 3.300,00). Per evidenziare la differenza tra tale credito non formalizzato da fattura e i crediti per i quali la fatturazione è gia avvenuta, si utilizza il conto *Fatture da emettere*, che accoglierà nella sezione Dare una variazione finanziaria presunta attiva[11].

La scrittura in P.D. relativa all'operazione sarà:

31/12		
Fatture da emettere	18.300,00	
Prodotti c/vendite		15.000,00
IVA a debito		3.300,00
Rilevate vendite di prodotti consegnati con DDT		

5.4.2. *Le fatture da ricevere*

Considerazioni analoghe a quelle svolte per le fatture da emettere valgono, con le dovute modifiche, per gli acquisti effettuati nell'esercizio per i quali non è ancora pervenuta alla chiusura del periodo amministrativo la relativa fattura, in quanto i beni sono stati consegnati con DDT.

In questo caso, occorrerà rilevare un costo di competenza economica dell'esercizio la cui contropartita sarà data da una variazione finanziaria presunta passiva.

È da notare che l'IVA sull'acquisto, a differenza di quanto evidenziato per le fatture da emettere, non viene rilevata, in quanto, mancando la fattura, il diritto alla detrazione viene rinviato, prudenzialmente, al successivo esercizio in cui si entrerà in possesso del documento attestante l'imposta.

Si consideri il seguente esempio.

Si rilevano acquisti per € 10.000,00, relativi a merci consegnate dal fornitore con documento di trasporto, ma non ancora fatturati.

---

[11] Si parla di variazione finanziaria presunta, in quanto il credito non è stato ancora formalizzato: pertanto, l'effettiva manifestazione finanziaria avverrà nell'esercizio successivo.

Si evidenzia un debito non ancora formalizzato dalla fattura del fornitore per un importo di € 10.000,00, che ha come contropartita il costo di pari ammontare relativo all'acquisto effettuato. Per evidenziare la differenza tra tale debito non formalizzato da fattura e i debiti per i quali il fornitore ha già provveduto alla fatturazione, si utilizza il conto *Fatture da ricevere*, che accoglierà nella sezione Avere una variazione finanziaria presunta passiva.

La scrittura in P.D. relativa all'operazione sarà:

31/12		
Merci c/acquisti	10.000,00	
Fatture da ricevere		10.000,00
Rilevati acquisti di merci consegnate con DDT		

5.5. Le rettifiche di imputazione: i ratei

I ratei rappresentano operazioni di imputazione di costi e ricavi.

In particolare, si riferiscono a componenti di reddito proporzionali al tempo maturati economicamente nell'esercizio, ma che avranno manifestazione finanziaria effettiva in futuro.

5.5.1. *I ratei attivi*

I ratei attivi esprimono "crediti pecuniari in corso di formazione"[12] (valori finanziari presunti) che misurano quote di ricavi che sono proporzionali al tempo e comuni a due o più esercizi. Pertanto i ratei attivi hanno lo scopo di imputare ricavi di competenza economica dell'esercizio, in quanto maturati economicamente in funzione del tempo, ma che avranno effettiva manifestazione finanziaria futura (posticipata). Si consideri il seguente esempio.

In data 01/11/n viene concesso in locazione un magazzino, convenendo l'incasso di un fitto trimestrale posticipato di € 3.000,00 (da incassare il 31/01/n+1).

Il 01/11/n non verrà effettuata alcuna rilevazione contabile in quanto la manifestazione finanziaria effettiva dell'operazione avverrà il successivo 31/01/n+1 (manifestazione finanziaria posticipata) e in quella stessa data sarà emesso il documento originario. Peraltro, occorre considerare che una parte del fitto attivo (quella relativa ai mesi di novembre e dicembre) è maturata economicamente in ragione del tempo nell'esercizio n. Per il rispetto del principio di competenza economica, occorre imputare, in sede di rettifiche di assestamento, il ricavo matu-

[12] Tale espressione è usata dall'Amodeo. Si veda: D. Amodeo, *Ragioneria generale delle imprese*, quarta edizione riveduta, Napoli, Giannini, 2002, p. 209.

rato (componente positivo di reddito) e rilevare in contropartita il credito pecuniario in corso di formazione rappresentato dal rateo attivo.

La quota da imputare all'esercizio n sarà determinata, in modo proporzionale al tempo, in base al seguente calcolo:

$$3.000,00 : 3 = X : 2$$

cioè, se il fitto di € 3.000,00 corrisponde a tre mesi, quale sarà l'importo (X) corrispondente ai due mesi maturati nell'esercizio?

Risolvendo la proporzione si ottiene:

$$X = (3.000,00 \times 2)/3 = 2.000,00$$

La rilevazione contabile in P.D. sarà:

31/12		
Ratei attivi	2.000,00	
Fitti attivi		2.000,00
Rilevato rateo su fitto attivo		

5.5.2. *I ratei passivi*

I ratei passivi esprimono "debiti pecuniari in corso di formazione"[13] (valori finanziari presunti) che misurano quote di costi che sono proporzionali al tempo e comuni a due o più esercizi. I ratei passivi hanno lo scopo di imputare costi di competenza economica dell'esercizio, in quanto maturati economicamente in funzione del tempo, ma che avranno effettiva manifestazione finanziaria futura (posticipata).

Si consideri il seguente esempio.

In data 22/11/n, alla scadenza di un debito verso fornitori di € 60.000,00 si è ottenuta un'ulteriore dilazione del pagamento sino al 21/01/n+1, concordando la liquidazione posticipata degli interessi al tasso annuo del 7,30%.

Al momento dell'ottenimento della nuova dilazione di pagamento non è stato rilevato alcun interesse, in quanto la liquidazione e il pagamento degli oneri finanziari verranno rilevati posticipatamente alla scadenza prevista il 21/01/n+1.

Gli interessi sul debito da pagare alla scadenza sono pari a:

$$\text{Interessi: } \frac{60.000,00 \times 7,30 \times 60}{36.500} = 720,00$$

[13] *Ibidem.*

Si deve considerare che una parte degli interessi (quella che va dal 22/11/n al 31/12/n, per complessivi 39 giorni) è maturata economicamente in ragione del tempo nell'esercizio n. Per il rispetto del principio di competenza economica, occorre imputare, in sede di rettifiche di assestamento, il costo maturato (componente negativo di reddito) e rilevare in contropartita il debito pecuniario in corso di formazione rappresentato dal rateo passivo.

La quota da imputare all'esercizio n sarà determinata, in modo proporzionale al tempo, in base al seguente calcolo:

$$720{,}00 : 60 = X : 39$$

cioè, se gli interessi di € 720,00 corrispondono ad un periodo di 60 giorni, quale sarà l'importo (X) corrispondente ad un periodo di 39 giorni maturati nell'esercizio?

Risolvendo la proporzione si ottiene:

$$X = (720{,}00 \times 39)/60 = 468{,}00$$

In alternativa, si potrebbero calcolare direttamente gli interessi maturati nell'anno n nel modo seguente:

$$\text{Interessi: } \frac{60.000{,}00 \times 7{,}30 \times 39}{36.500} = 468{,}00$$

La rilevazione contabile in P.D. sarà:

31/12		
Interessi passivi vs. fornitori	468,00	
Ratei passivi		468,00
Rilevato rateo su interessi passivi		

5.6. Le rettifiche di imputazione: l'accantonamento al Fondo TFR

Il trattamento di fine rapporto (TFR) costituisce una componente del costo del personale, che matura durante il rapporto di lavoro e che viene corrisposta ai lavoratori dipendenti al momento della cessazione dello stesso rapporto. Per questo motivo si dice anche che il TFR rappresenta una retribuzione differita.

Con il calcolo e la rilevazione della quota di TFR, si tiene conto, per competenza economica, della parte di trattamento di fine rapporto maturata nell'anno.

La quota di competenza dell'esercizio (componente negativo di reddito per l'impresa) ha come contropartita il *Fondo TFR*, che costituisce un debito nei confronti del personale dipendente. Peraltro, dal debito relativo al TFR maturato nell'esercizio, l'impresa sottrae gli importi relativi ai contributi miglioramento pensioni. Tali contributi sono pari allo 0,50% dell'imponibile previdenziale (che per semplificazione negli esempi di seguito si considera coincidente con le retribuzioni lorde) e sono stati anticipati dalla stessa impresa durante l'anno per conto dei lavoratori dipendenti (rilevati in Dare del conto *Dipendenti c/recupero contributi*).

In tal modo, l'azienda recupera il credito vantato nei confronti dei dipendenti per l'anticipo di tali contributi, compensandolo con il debito maturato nell'esercizio a titolo di trattamento di fine rapporto.

Si consideri il seguente esempio relativo alla rilevazione del TFR.

L'accantonamento TFR di competenza dell'esercizio è pari a € 21.080,00, i contributi miglioramento pensioni anticipati dall'impresa durante l'anno sono pari a € 1.350,00.

La scrittura in P.D. sarà:

31/12		
Accantonamento TFR	21.080,00	
Dipendenti c/recupero contributi		1.350,00
Fondo TFR		19.730,00
Rilevato TFR di competenza dell'esercizio		

5.7. Le rettifiche di imputazione: i fondi per rischi ed oneri

Oltre ai debiti, che rappresentano passività certe nell'esistenza, nell'ammontare e nella data di manifestazione, l'impresa può rilevare alcune passività che presentano elementi di incertezza. Tali passività, che rappresentano valori finanziari presunti passivi, hanno lo scopo di imputare componenti negativi di reddito maturati economicamente nell'esercizio, in relazione a spese e oneri che avranno manifestazione finanziaria effettiva in futuro (*fondi oneri* o *spese future*) o relativi a rischi sorti nell'esercizio che potrebbero dar luogo, in futuro, al manifestarsi di perdite e costi legati al verificarsi di eventi specifici sfavorevoli all'impresa (*fondi rischi*).

5.7.1. *I fondi oneri futuri*

I fondi oneri (o spese future) vengono costituiti per far fronte a oneri di natura determinata che sono maturati economicamente nell'esercizio, ma che avranno effettiva manifestazione finanziaria in futuro. Si tratta di passività certe nell'esistenza, ma indeterminate (incerte) nell'ammontare e/o nella data di sopravvenienza.

Non è possibile istituire dei fondi oneri per fronteggiare costi e spese di natura generica. La differenza tra i fondi oneri e i debiti è data dal fatto che per i primi esiste un certo livello di incertezza per quanto riguarda l'ammontare della passività e/o la data di effettiva manifestazione.

Esempi di fondi oneri sono:

- *fondi per quiescenza ed obblighi simili*, rilevati per tenere conto di passività nei confronti dei lavoratori diverse dal TFR (ad esempio indennità di cessazione del rapporto di agenti e rappresentanti di commercio), il cui ammontare è incerto in quanto determinato in base a previsioni o ad ipotesi e calcoli attuariali;
- *fondi per garanzia prodotti*, istituiti, in base ad ipotesi e previsioni, per far fronte agli interventi richiesti dai clienti su prodotti difettosi durante il periodo di garanzia;
- *fondi per manutenzioni cicliche*, rilevati per far fronte ad interventi futuri per manutenzioni periodiche programmate su beni strumentali (ad esempio navi o aeromobili);
- *fondi per buoni sconto e concorsi a premio*, istituiti per far fronte agli impegni verso la clientela che maturerà i requisiti richiesti per avere diritto allo sconto o al premio.

La rilevazione contabile avviene a fine anno imputando, generalmente in base a previsioni ed ipotesi, il costo maturato nell'esercizio rappresentato da un accantonamento (variazione economica di reddito negativa), mentre la contropartita in Avere sarà rappresentata da un fondo oneri (variazione finanziaria presunta passiva) il cui titolo richiami la natura della passività.

Si consideri il seguente esempio.

Si effettuano degli accantonamenti al fondo di quiescenza a favore dei dipendenti per € 54.000,00 e al fondo manutenzioni cicliche per € 15.000,00.

Si tratta di rilevare in Dare i componenti negativi di reddito maturati nell'esercizio, determinati in via presuntiva, nei conti economici di reddito denominati *Accantonamento di quiescenza* e *Accantonamento manutenzioni cicliche*. La contropartita in Avere sarà rappresentata, rispettivamente, dai conti finanziari *Fondo trattamento di quiescenza* e *Fondo manutenzioni cicliche*. Le rilevazioni contabili saranno:

31/12		
Accantonamento di quiescenza	54.000,00	
Fondo trattamento di quiescenza		54.000,00
Rilevato accantonamento al fondo quiescenza		
31/12		
Accantonamento manutenzioni cicliche	15.000,00	
Fondo manutenzioni cicliche		15.000,00
Rilevato accantonamento al fondo manutenzioni cicliche		

5.7.2. *I fondi rischi*

I fondi rischi vengono costituiti per far fronte a rischi di natura determinata che sorgono nell'esercizio e che potrebbero dar luogo in futuro al verificarsi di eventi sfavorevoli all'impresa. Si tratta di passività incerte nell'esistenza e indeterminate (incerte) nell'ammontare e/o nella data di sopravvenienza. Poiché la stessa esistenza della passività non è certa, ma è legata al verificarsi di un evento sfavorevole in futuro, tali fondi vengono anche denominati *passività potenziali*. È da chiarire che i fondi rischi possono essere istituiti solo per coprire situazioni di rischio legate ad eventi ben determinati, che, sebbene di esistenza incerta, sono probabili nella loro manifestazione. Non è pertanto possibile eseguire stanziamenti per situazioni di rischio del tutto eventuali (possibili, ma non probabili) e generiche [14].

La differenza tra fondi oneri e fondi rischi risiede nel maggior livello di incertezza insito in questi ultimi. Infatti, mentre i fondi oneri sono di esistenza certa, seppur incerti nell'ammontare e/o nella data di manifestazione, i fondi rischi rappresentano passività di esistenza solo probabile. Esempi di fondi rischi sono:

- *fondo imposte in contenzioso*, costituito, a fronte di accertamenti fiscali, quando risulta probabile il pagamento di maggiori imposte liquidate dagli uffici tributari;
- *fondo controversie legali in corso*, istituito per tenere conto di oneri che l'impresa sarà chiamata a pagare in caso di soccombenza nella causa in corso;
- *fondo rischi di collaudo*, costituito per fronteggiare il rischio di dover intervenire, sostenendo dei costi, a seguito di collaudi con esito negativo su particolari beni consegnati ai clienti. Si consideri la seguente esemplificazione.

---

[14] Il rischio economico generale, cioè il rischio di non riuscire a remunerare in maniera congrua il capitale proprio o, addirittura, di incorrere in perdite che riducono tale capitale, non può, pertanto, essere fronteggiato da fondi rischi, ma deve essere fronteggiato attraverso la costituzione di congrue riserve alimentate da accantonamenti di utili netti.

Il rischio economico generale deriva dall'insieme (sistema) di rischi particolari cui l'impresa è soggetta nello svolgimento della propria attività (ad esempio rischio di mercato, rischio di inesigibilità dei crediti, rischio di cambio, ecc.). A tale proposito scrive Melis: «Il rischio generale d'impresa riassume, nell'ambito dell'unitario sistema di rischi collegato con il dinamico svilupparsi dell'attività di gestione, l'effetto dell'insieme di situazioni di rischiosità specifica che si presentano in relazione al vario esito delle diverse operazioni in essere, in seguito a comportamenti aziendali ed a circostanze ambientali» (G. Melis, *Elementi di economia aziendale*, terza edizione, Milano, Giuffrè, 2015, pp. 156 e 157).

Sul tema dei rischi aziendali e delle modalità per fronteggiarli si vedano: U. Bertini, *Introduzione allo studio dei rischi nell'economia aziendale*, Pisa, Cursi, 1969; A. Borghesi, *La gestione dei rischi di azienda: economia e organizzazione, teoria e pratica*, Padova, Cedam, 1985; F. Dezzani, *Rischi e politiche d'impresa*, Milano, Giuffrè, 1971; F. Di Lazzaro, *Il rischio aziendale. I modi per il suo fronteggiamento*, Milano, Giuffrè, 1990; G. Ferrero, *L'autoassicurazione nell'economia e nelle rilevazioni d'impresa*, Milano, Giuffrè, 1955; G. Ferrero, *Istituzioni di economia d'azienda*, Milano, Giuffrè, 1968, pp. 245-250; S. Sassi, *Il sistema dei rischi d'impresa*, Milano, Vallardi, 1940; S. Sassi, *Le tecniche del fronteggiamento dei rischi nelle aziende industriali*, Napoli, Arti Grafiche La Nuovissima, 1951.

Si effettuano degli accantonamenti al fondo controversie legali in corso per € 14.000,00 e al fondo rischi di collaudo per € 8.000,00.

Occorre rilevare in Dare i componenti negativi di reddito legati alle posizioni di rischio specifico, determinati in via presuntiva, nei conti economici di reddito denominati *Accantonamento per controversie legali* e *Accantonamento per rischi di collaudo*. La contropartita in Avere sarà rappresentata, rispettivamente, dai conti finanziari *Fondo controversie legali in corso* e *Fondo rischi di collaudo*. Le rilevazioni contabili saranno:

31/12		
Accantonamento per controversie legali	14.000,00	
Fondo controversie legali in corso		14.000,00
Rilevato accantonamento al fondo controversie legali		

31/12		
Accantonamento per rischi di collaudo	8.000,00	
Fondo rischi di collaudo		8.000,00
Rilevato accantonamento al fondo rischi di collaudo		

5.8. Le rettifiche di imputazione: la svalutazione dei crediti

I crediti rappresentano il diritto di esigere una certa somma di denaro ad una data scadenza. Il valore nominale dei crediti quantifica l'entità del diritto, ma non rappresenta necessariamente il valore da attribuire agli stessi crediti a fine esercizio.

Infatti, l'aspetto che ha maggiore rilevanza per l'impresa è la somma che potrà essere realmente incassata al momento della scadenza di un credito. Pertanto, in sede di operazioni di assestamento, dovrà essere effettuata un'accurata valutazione sulle prospettive di incasso dei crediti esistenti a fine esercizio. Tale operazione si fonda principalmente sull'analisi delle condizioni economico-finanziarie dei debitori, per valutarne il grado di solvibilità. Sulla base delle valutazioni in oggetto, e dell'analisi della situazione economica generale e di settore, si arriva a determinare una stima dell'importo dei crediti che si ritiene realisticamente incassabile.

Così, ad esempio, se il valore nominale dei crediti è pari a 1.000, ma si ritiene, dopo un'accurata analisi, di poter incassare soltanto 900, si dovrà ridurre il valore dei crediti di 100 attraverso l'imputazione di una svalutazione, che rappresenta una perdita presunta futura (componente negativo di reddito). La contropartita di tale svalutazione è rappresentata da un *Fondo svalutazione crediti* che ha lo scopo di rettificare in modo indiretto il valore nominale dei crediti. Il *Fondo svalutazione crediti* accoglie una variazione finanziaria presunta passiva che costituisce una posta correttiva dell'importo dei crediti. In pratica, anziché rettificare direttamente i crediti, iscrivendo la riduzione del loro valore in Avere, si preferisce mantenere inalterato il valore nominale e provvedere ad una rettifica indiretta attraverso la costituzione di un *Fondo svalutazione crediti*.

Si consideri il seguente esempio.

Si provvede a svalutare i crediti commerciali esistenti al 31/12 (Clienti per € 232.000,00 e Cambiali attive per € 12.000,00) del 2%.

I crediti commerciali rappresentano i crediti tipici delle imprese, in quanto sorgono per effetto delle vendite di beni e servizi con incasso differito. Nell'esempio considerato, il valore nominale dei crediti commerciali deve essere svalutato (ridotto) del 2% attraverso la costituzione di un *Fondo svalutazione crediti*.

I calcoli relativi all'operazione sono di seguito riportati:

saldo crediti vs. clienti:	232.000,00
saldo cambiali attive:	12.000,00
totale crediti commerciali:	244.000,00

svalutazione crediti: 244.000,00 × 2% = 4.880,00

La scrittura contabile sarà:

31/12		
Svalutazione crediti	4.880,00	
Fondo svalutazione crediti		4.880,00
Svalutati crediti commerciali		

Pertanto, il valore di presunto realizzo dei crediti, cioè l'importo che ragionevolmente si ritiene di poter incassare alla scadenza, sarà dato dalla somma dei crediti diminuita dell'importo rilevato in Avere del *Fondo svalutazione crediti*.

Quindi:

totale crediti commerciali:	244.000,00
(-) fondo svalutazione crediti:	(-) 4.880,00
valore di presunto realizzo	239.120,00

5.9. Le rettifiche di imputazione: le imposte sul reddito di competenza dell'esercizio

In base alle disposizioni civilistiche e fiscali, le imprese devono calcolare e contabilizzare le imposte sul reddito di competenza dell'esercizio. Per le società di capitali tali imposte sono rappresentate dall'IRAP (Imposta Regionale sulle Attività Produttive) e dall'IRES (Imposta sui Redditi delle Società).

Pertanto, occorre imputare all'esercizio un componente negativo di reddito relativo alle imposte (IRAP e IRES) determinate in accordo con le disposizioni vigenti.

Durante l'esercizio, le imprese sono tenute a versare degli acconti d'imposta, commisurati agli importi dovuti per l'anno precedente, che costituiscono un credito (minor debito futuro) nei confronti dell'erario.

Tali acconti, unitamente alle ritenute, verranno stornati al momento della contabilizzazione delle imposte in modo da evidenziare, in appositi conti, il debito residuo da versare all'erario a titolo di IRAP e di IRES, ovvero il credito vantato dall'impresa nell'ipotesi che le somme versate in precedenza siano superiori alle imposte dovute.

Il pagamento di tale debito verrà effettuato nell'esercizio successivo entro i termini stabiliti dalla normativa fiscale.

Si consideri il seguente esempio.

Le imposte di competenza dell'esercizio vengono determinate in € 23.000,00 (IRAP) e € 52.000,00 (IRES). Durante l'anno si sono versati acconti IRAP per € 15.000,00, acconti IRES per € 39.000,00 e si sono rilevate ritenute IRES per € 1.000,00.

Al momento del pagamento degli acconti durante l'esercizio si è rilevata un'uscita monetaria (diminuzione del c/c bancario) ed un corrispondente credito verso l'erario nei conti *Erario c/acconto IRAP* ed *Erario c/acconto IRES*.

Pertanto, la rilevazione contabile eseguita al momento del pagamento degli acconti è stata:

../..		
Erario c/acconto IRAP	15.000,00	
Erario c/acconto IRES	39.000,00	
Banca c/c		54.000,00
Pagati acconti IRAP e IRES		

Le scritture in P.D. relative alla liquidazione delle imposte di competenza in sede di assestamento saranno:

31/12		
IRAP d'esercizio	23.000,00	
Erario c/acconto IRAP		15.000,00
Erario c/IRAP		8.000,00
Rilevata IRAP d'esercizio		
31/12		
IRES d'esercizio	52.000,00	
Erario c/acconto IRES		39.000,00
Erario c/ritenute IRES		1.000,00
Erario c/IRES		12.000,00
Rilevata IRES d'esercizio		

È evidente che se gli acconti pagati durante l'anno risultano superiori alle imposte da versare, si rileverà un credito verso l'erario che potrà essere recuperato compensando lo stesso con successivi debiti fiscali.

Se si ipotizza, a titolo d'esempio, che l'IRAP di competenza sia pari, come nel caso precedente, a € 23.000,00 e che gli acconti versati durante l'anno ammontino a € 30.000,00, si evidenzierà in Dare del conto *Erario c/IRAP* il credito nei confronti dell'erario per l'eccedenza da recuperare (€ 30.000,00 – € 23.000,00 = € 7.000,00).

La rilevazione contabile sarà:

31/12		
IRAP d'esercizio	23.000,00	
Erario c/IRAP	7.000,00	
Erario c/acconto IRAP		30.000,00
Rilevata IRAP d'esercizio		

5.10. Le rettifiche di storno: aspetti generali

Le rettifiche di storno hanno la finalità di stornare (sottrarre) dall'esercizio in chiusura, e rinviare ad esercizi successivi, costi e ricavi che hanno avuto manifestazione finanziaria durante il periodo amministrativo, ma che non sono di competenza economica dello stesso. Durante l'esercizio, infatti, tali costi e ricavi sono stati rilevati nella contabilità generale in quanto si sono verificati i presupposti che determinano la registrazione contabile, e cioè la manifestazione di una variazione finanziaria e l'esistenza di un documento originario.

Pertanto, per stornare questi costi e ricavi che hanno già avuto la loro manifestazione finanziaria, occorrerà rettificare opportunamente i conti economici di reddito interessati che avranno come contropartita delle variazioni economiche rappresentate dai costi e ricavi che vengono rinviati ai futuri esercizi. Tali variazioni economiche esprimono *costi* e *ricavi sospesi*, cioè costi e ricavi rilevati in contabilità in quanto hanno già avuto manifestazione finanziaria, ma che vengono sospesi dalla formazione del reddito di esercizio in quanto di competenza di successivi esercizi.

Lo storno di un costo (minor costo) riduce l'incidenza dei componenti negativi del Conto Economico e pertanto partecipa positivamente alla formazione del risultato di esercizio, mentre i valori economici correlati a tale storno (costi sospesi) troveranno indicazione tra le attività dello Stato Patrimoniale, in quanto elementi attivi del capitale di funzionamento (esprimono il valore di condizioni produttive disponibili per le produzioni future).

Lo schema della rilevazione contabile relativa allo storno di un costo è il seguente [15]:

---

[15] Cfr. G. Melis, *Elementi di economia aziendale*, terza edizione, Milano, Giuffrè, 2015, p. 326.

DARE
costo sospeso
↓
attività del capitale di funzionamento (Stato Patrimoniale)

AVERE
storno (riduzione) del costo
↓
componente positivo di reddito (Conto Economico)

Si consideri il seguente esempio.

Durante il primo esercizio dell'impresa (anno n) si sono acquistate merci per € 100.000,00, regolarmente rilevate in contabilità generale. Al 31/12/n risultano presenti in magazzino rimanenze finali di merci per € 30.000,00.

Durante l'esercizio l'impresa ha rilevato regolarmente gli acquisti di merci documentati da idonea fattura; peraltro, solo una parte delle merci è stata venduta dando luogo al conseguimento di ricavi di vendita.

In particolare, il costo della merce venduta (€ 70.000,00) ha trovato nell'esercizio il correlativo ricavo ed è pertanto di competenza del periodo, mentre il valore dei beni in rimanenza (€ 30.000,00) costituisce un costo sospeso, cioè un costo sostenuto ma che non partecipa alla formazione del reddito di esercizio, in quanto di competenza di esercizi futuri (nei quali si conseguiranno i correlativi ricavi).

In sede di operazioni di assestamento, in data 31/12, occorrerà stornare costi per € 30.000,00, in modo tale da far partecipare alla formazione del reddito solo il costo di competenza (€ 70.000,00). Il costo sospeso (valore delle rimanenze di merci) troverà collocazione tra le attività di Stato Patrimoniale, rappresentando un elemento attivo del capitale di funzionamento (fattori produttivi da utilizzare in futuro).

Lo storno di un ricavo (minor ricavo) riduce l'incidenza dei componenti positivi del Conto Economico e pertanto partecipa negativamente alla formazione del risultato di esercizio, mentre i valori economici correlati a tale storno (ricavi sospesi) troveranno collocazione tra le passività dello Stato Patrimoniale, in quanto elementi passivi del capitale di funzionamento (esprimono il valore di prestazioni da erogare in futuro per le quali si è già ottenuto il corrispettivo).

Lo schema della rilevazione contabile relativa allo storno di un ricavo è il seguente[16]:

[16] *Ibidem*.

DARE
storno (riduzione) del ricavo
↓
componente negativo di reddito (Conto Economico)

AVERE
ricavo sospeso
↓
passività del capitale di funzionamento (Stato Patrimoniale)

Si consideri il seguente esempio.

Il 01/11/n si è incassato un fitto attivo trimestrale di € 6.000,00, regolarmente rilevato in contabilità generale, relativo al periodo 01/11/n – 31/01/n+1.

Il 01/11 l'impresa ha contabilizzato l'incasso del fitto, documentato da idonea fattura, rilevando un ricavo pari a € 6.000,00; peraltro, solo una parte del ricavo incassato (quella relativa ai mesi di novembre e dicembre) risulta di competenza dell'anno n.

La quota relativa al mese di gennaio (€ 2.000,00) costituisce un ricavo sospeso, cioè un ricavo rilevato ma che non deve partecipare alla formazione del reddito di esercizio, in quanto di competenza di esercizi futuri.

Al termine dell'esercizio, in sede di operazioni di assestamento, occorrerà stornare ricavi per fitti attivi per € 2.000,00, in modo tale da far partecipare alla formazione del reddito solo il ricavo di competenza (€ 4.000,00). Il ricavo sospeso (valore del ricavo non di competenza) troverà collocazione tra le passività di Stato Patrimoniale, rappresentando un elemento passivo del capitale di funzionamento (prestazione da rendere in futuro per la quale si è già ottenuto il corrispettivo: nell'esempio proposto, l'obbligazione nei confronti del locatario).

Dalle considerazioni e dagli esempi riportati emerge chiaramente che, come nel caso delle rettifiche di imputazione, anche attraverso le rettifiche di storno si influisce simultaneamente sulla determinazione del reddito di esercizio (attraverso lo storno di costi e di ricavi) e del collegato capitale di funzionamento (attraverso i valori economici che esprimono costi e ricavi sospesi, rispettivamente, attività e passività del capitale).

Si deve notare come nel caso delle rettifiche di storno sia coinvolto soltanto l'aspetto economico (riduzione, o storno, di costi e ricavi da un lato e costi e ricavi sospesi dall'altro); le rilevazioni contabili relative alle operazioni di storno, pertanto, danno luogo a permutazioni economiche.

5.11. Le rettifiche di storno: le rimanenze di magazzino

La rilevazione delle rimanenze finali di magazzino rappresenta una rettifica di storno che consente di sottrarre dall'esercizio, e di rinviare al successivo periodo amministrativo, il costo dei beni che non sono stati venduti (merci, prodotti in corso di lavorazione e prodotti finiti) o utilizzati (materie prime, sussidiarie ed accessorie) nel corso dell'anno. Tale costo, infatti, sarà di competenza dell'esercizio in cui avverrà la vendita o l'utilizzo dei beni e pertanto si avrà il conseguimento del ricavo correlato al detto costo.

Per questo motivo, il costo delle rimanenze finali deve essere temporaneamente sospeso dalla formazione del reddito di esercizio, in attesa che in futuro si realizzi la correlazione con i ricavi di vendita.

In pratica, occorre sottrarre il costo delle rimanenze e trasferirlo contabilmente al successivo esercizio. In questo modo, le rimanenze finali di un esercizio costituiranno le rimanenze (esistenze) iniziali del successivo.

Le rimanenze finali di magazzino rappresentano il valore di fattori produttivi disponibili per il futuro e quindi esprimono un'attività del capitale di funzionamento, che sarà rilevata in Dare di un conto *Magazzino* (*Magazzino materie*, *Magazzino merci*, *Magazzino prodotti*, ecc.), conto economico di reddito ai costi sospesi. La contropartita in Avere è rappresentata da una rettifica ai costi (di acquisto o di produzione, a seconda dei casi) sostenuti per acquistare o produrre i beni durante l'esercizio. Tale rettifica non viene effettuata correggendo direttamente il saldo dei conti interessati (ad esempio *Merci c/acquisti*), ma utilizzando un conto economico di reddito specifico denominato *Variazione rimanenze* (*Variazione rimanenze merci*, *Variazione rimanenze materie*, *Variazione rimanenze prodotti*, ecc.).

Il conto *Variazione rimanenze* è un conto bifase che accoglie nella sezione Dare il valore delle rimanenze (esistenze) iniziali, cioè costi provenienti dal precedente esercizio, ed in Avere il valore delle rimanenze finali, vale a dire costi stornati dall'esercizio in chiusura e rinviati al successivo periodo amministrativo. In pratica, la sezione Dare del conto *Variazione rimanenze* ha un impatto negativo sul reddito (costi provenienti dal precedente esercizio = maggiori costi per l'esercizio attuale), mentre la sezione Avere incide positivamente sul risultato economico (costi sottratti e rinviati al successivo esercizio = minori costi per l'esercizio attuale).

Pertanto, il saldo del conto *Variazione rimanenze* figurerà nel Conto Economico tra i componenti positivi di reddito, se le rimanenze finali iscritte in Avere risultano superiori alle rimanenze (esistenze) iniziali rilevate in Dare, cioè se si verifica un incremento delle rimanenze nel corso dell'esercizio (variazione positiva); viceversa, il saldo del conto figurerà tra i componenti negativi di reddito se le rimanenze finali iscritte in Avere risultano inferiori alle rimanenze (esistenze) iniziali rilevate in Dare, cioè se si verifica un decremento delle rimanenze nel corso dell'esercizio (variazione negativa).

Il funzionamento del conto *Variazione rimanenze* può essere così sintetizzato:

Variazione rimanenze

Dare	Avere
Rimanenze (esistenze) iniziali (maggiori costi per l'esercizio)	Rimanenze finali (minori costi per l'esercizio)

Così, se il conto *Variazione rimanenze* si presentasse nel seguente modo:

Variazione rimanenze

Dare	Avere
100	120

il saldo (Avere) di 20 segnalerebbe un incremento delle rimanenze e figurerà tra i componenti positivi di reddito (prevalenza dei costi stornati e rinviati al futuro esercizio rispetto ai costi provenienti dall'esercizio precedente).

Se, invece, il conto *Variazione rimanenze* presentasse i seguenti importi:

Variazione rimanenze

Dare	Avere
100	90

il saldo (Dare) di 10 segnalerebbe un decremento delle rimanenze e figurerà tra i componenti negativi di reddito (prevalenza dei costi provenienti dall'esercizio precedente rispetto ai costi stornati e rinviati al futuro esercizio).

Si consideri il seguente esempio.

Durante l'anno n, primo esercizio di funzionamento dell'impresa, si sono acquistate merci per complessivi € 1.500.000,00. A fine esercizio le rimanenze finali di merci sono valorizzate € 180.000,00.

Il saldo del conto *Merci c/acquisti* evidenzia il costo sostenuto durante l'esercizio per acquistare merci destinate alla vendita, ma non esprime un componente negativo di reddito interamente di competenza dell'anno n. Infatti, una parte delle merci risulta in rimanenza a fine esercizio ed esprime un costo da sospendere temporaneamente dalla formazione del reddito, in quanto non ha trovato nell'esercizio il correlativo ricavo (le merci in rimanenza non sono state ancora vendute).

La rilevazione delle rimanenze finali delle merci sarà effettuata mediante la seguente scrittura contabile:

31/12		
Magazzino merci	180.000,00	
Variazione rimanenze merci		180.000,00
Rilevate rimanenze finali di merci		

Poiché si tratta del primo esercizio di funzionamento dell'impresa, non vi sono rimanenze (esistenze) iniziali di merci.

Il conto *Variazione rimanenze merci* si presenterà, pertanto, come segue:

Variazione rimanenze merci

Dare	Avere
	180.000,00

In tal modo, nel Conto Economico, il saldo (Dare) del conto *Merci c/acquisti* sarà indirettamente rettificato dal saldo (Avere) del conto *Variazione rimanenze merci*: la differenza tra i due valori rappresenterà il costo della merce venduta nell'esercizio (costo di competenza dell'esercizio).

Infatti:

merci acquistate nell'esercizio:	1.500.000,00
(-) rimanenze finali di merci:	(-)180.000,00
costo delle merci vendute	1.320.000,00

Il saldo del conto *Magazzino merci* figurerà tra gli elementi attivi del capitale di funzionamento, in quanto espressione di fattori produttivi disponibili per le produzioni future.

5.12. Le rettifiche di storno: i risconti

I risconti rappresentano rettifiche di storno di costi e ricavi.

Più specificatamente, si riferiscono a componenti di reddito proporzionali al tempo che hanno avuto manifestazione finanziaria nell'esercizio (manifestazione finanziaria anticipata), ma che in parte matureranno in futuro. In pratica, i risconti rappresentano costi e ricavi già rilevati, ma da stornare e da rinviare al futuro in quanto di competenza dell'esercizio successivo (o di esercizi successivi).

5.12.1. *I risconti attivi*

I risconti attivi rappresentano quote di costi proporzionali al tempo, comuni a due o più esercizi, che hanno già avuto manifestazione finanziaria nell'esercizio, ma che matureranno economicamente in futuro (sono in parte di competenza economica di successivi esercizi). Pertanto, i risconti attivi hanno lo scopo di stornare, in funzione del tempo, quote di costi rilevati nell'esercizio (manifestazione finanziaria anticipata) e rinviarle ad esercizi successivi in quanto di loro competenza. La logica dell'operazione è del tutto simile a quella vista in precedenza per le rimanenze di magazzino. Si tratta di sospendere temporaneamente dei costi dalla formazione del reddito di esercizio per far partecipare gli stessi alla determinazione del risultato economico di esercizi successivi. In quanto riferiti a costi relativi alla prestazione di servizi in senso lato, i risconti attivi, che esprimono valori economici [17], vengono anche definiti "rimanenze attive di servizi" [18] o "crediti di servizi" [19], cioè quote di servizi già pagati (o liquidati) da utilizzare in futuro, come si vedrà meglio nel seguente esempio.

In data 25/03/n è stato pagato, tramite c/c bancario, un premio assicurativo annuale di € 3.285,00.

Il 25/03/n si è proceduto a contabilizzare la liquidazione e il pagamento del premio assicurativo, in quanto si è verificata la manifestazione finanziaria e si è in presenza del documento originario emesso dalla compagnia di assicurazione. Le rilevazioni contabili sono state le seguenti:

25/03		
Premi assicurativi	3.285,00	
Fornitori		3.285,00
Liquidato premio assicurativo annuale		
25/03		
Fornitori	3.285,00	
Banca c/c		3.285,00
Pagato premio assicurativo annuale		

Poiché il premio assicurativo è annuale, e la polizza scadrà il successivo 25/03/n+1, una parte del costo rilevato anticipatamente nell'anno n è di competenza dell'esercizio n+1. Tale costo deve essere sospeso dalla formazione del reddito dell'esercizio n, riducendo il saldo del conto *Premi assicurativi* e rilevando in contropartita un risconto attivo. La quota da stornare sarà determinata in modo proporzionale al tempo nel modo seguente:

---

[17] Più in particolare, i risconti attivi rappresentano valori economici di reddito relativi a costi sospesi.

[18] «I risconti attivi e passivi sono dunque casi particolari di rimanenze attive e passive di esercizio [...]» (A. Amaduzzi, *L'azienda nel suo sistema e nei suoi principi*, Torino, Utet, 1992, p. 584).

[19] D. Amodeo, *Ragioneria generale delle imprese*, quarta edizione riveduta, Giannini, 2002, p. 215.

premio di assicurazione annuale: 3.285,00
gg. totali: 365
gg. di competenza dell'anno n+1 (dal 01/01/n+1 al 25/03/n+1): 84

$$3.285,00 : 365 = X : 84$$

cioè, se il premio assicurativo di € 3.285,00 si riferisce ad un periodo di 365 giorni, quale sarà l'importo (X) corrispondente agli 84 giorni che matureranno nell'esercizio n+1? Risolvendo la proporzione si ottiene:

$$X = (3.285,00 \times 84) / 365 = 756,00$$

La rilevazione contabile in P.D. sarà:

31/12		
Risconti attivi	756,00	
Premi assicurativi		756,00
Rilevato risconto su premi assicurativi		

Il risconto attivo, conto economico di reddito ai costi sospesi, figurerà tra le attività dello Stato Patrimoniale, in quanto rappresenta un fattore produttivo disponibile per il futuro. In effetti, il risconto attivo può essere considerato come una parte di servizio già pagato ma ancora da utilizzare (la copertura assicurativa per il periodo 01/01/n+1 – 25/03/n+1): si può parlare di rimanenza attiva di servizi.

Si potrebbe parlare, come si è visto in precedenza, anche di crediti di servizi, per evidenziare che l'impresa ha il diritto di ottenere il servizio residuo (credito non pecuniario) da parte della compagnia di assicurazione.

5.12.2. *I risconti passivi*

I risconti passivi rappresentano quote di ricavi proporzionali al tempo, comuni a due o più esercizi, che hanno già avuto manifestazione finanziaria nell'esercizio, ma che matureranno economicamente in futuro (sono in parte di competenza economica di successivi esercizi). Pertanto, i risconti passivi hanno lo scopo di stornare, in funzione del tempo, quote di ricavi rilevati nell'esercizio (manifestazione finanziaria anticipata) e rinviarle ad esercizi successivi in quanto di loro competenza. Si tratta di sospendere temporaneamente dei ricavi dalla formazione del reddito di esercizio per far partecipare gli stessi alla determinazione del risultato economico di esercizi successivi. In quanto riferiti a ricavi relativi alla prestazione di servizi in senso lato, i risconti passivi, che esprimono valori economici [20], ven-

---

[20] Più in particolare, i risconti passivi rappresentano valori economici di reddito relativi a ricavi sospesi.

gono anche definiti "rimanenze passive di servizi"[21] o "debiti di servizi"[22], cioè quote di servizi già incassati (o liquidati) da prestare in futuro a terzi, come si vedrà meglio nel seguente esempio.

In data 01/12/n si è liquidato e incassato, tramite c/c bancario, un fitto attivo anticipato di € 6.000,00, relativo al periodo 01/12/n – 28/02/n+1.

Il 01/12/n si è proceduto a rilevare la liquidazione e l'incasso del fitto attivo, in quanto si è verificata la manifestazione finanziaria e si è in presenza del documento originario emesso dall'impresa.

Le rilevazioni contabili sono state:

01/12		
Clienti	6.000,00	
Fitti attivi		6.000,00
Liquidato fitto attivo trimestrale		
01/12		
Banca c/c	6.000,00	
Clienti		6.000,00
Incassato fitto attivo trimestrale		

Poiché il fitto attivo è trimestrale, e il trimestre si trova a cavallo tra gli esercizi n e n+1, una parte del ricavo rilevato anticipatamente il 01/12/n è di competenza dell'anno n+1.

Tale ricavo deve essere sospeso dalla formazione del reddito dell'esercizio n, riducendo il saldo del conto *Fitti attivi* e rilevando in contropartita un risconto passivo.

La quota da stornare sarà determinata, in modo proporzionale al tempo, in base al seguente calcolo:

fitto attivo trimestrale: 6.000,00
mesi totali: 3
mesi di competenza dell'anno n+1 (dal 01/01/n+1 al 28/02/n+1): 2

$$6.000,00 : 3 = X : 2$$

cioè, se il fitto attivo di € 6.000,00 si riferisce ad un periodo di 3 mesi, quale sarà l'importo (X) corrispondente ai 2 mesi che matureranno nell'esercizio n+1? Risolvendo la proporzione si ottiene:

$$X = (6.000,00 \times 2)/3 = 4.000,00$$

---

[21] Cfr. A. Amaduzzi, *L'azienda nel suo sistema e nei suoi principi*, Torino, Utet, 1992, p. 584.

[22] D. Amodeo, *Ragioneria generale delle imprese*, quarta edizione riveduta, Napoli, Giannini, 2002, p. 215.

La rilevazione contabile in P.D. sarà:

31/12		
Fitti attivi	4.000,00	
Risconti passivi		4.000,00
Rilevato risconto su fitti attivi		

Il risconto passivo, conto economico di reddito ai ricavi sospesi, figurerà tra le passività dello Stato Patrimoniale in quanto rappresenta un impegno economico verso terzi. In effetti, il risconto passivo può essere considerato come una parte di servizio già incassato dall'impresa ma ancora da prestare a terzi (concedere la disponibilità dell'immobile ai terzi per il periodo 01/01/n+1 – 28/02/n+1): si può parlare di rimanenza passiva di servizi.

Si potrebbe parlare, come si è visto in precedenza, anche di debiti di servizi, per evidenziare che l'impresa ha l'obbligo di fornire una prestazione a terzi (debito non pecuniario).

5.13. Le rettifiche di storno: l'ammortamento delle immobilizzazioni

Come già evidenziato in precedenza, l'impresa, per svolgere la propria attività, utilizza anche fattori produttivi a fecondità ripetuta, cioè in grado di essere utilizzati in più atti produttivi, di solito in un arco di tempo pluriennale. Tali fattori rappresentano attività dello Stato Patrimoniale ed esprimono costi pluriennali anticipati, in quanto parteciperanno ai processi produttivi aziendali svolti nell'esercizio ed in quelli successivi. In pratica, l'utilizzo delle immobilizzazioni, insieme ad altri fattori produttivi, consente di realizzare le produzioni aziendali e, attraverso la vendita delle stesse, di conseguire ricavi.

Pertanto, per il principio della competenza economica, il costo dei fattori produttivi ad utilità pluriennale deve essere correlato con i ricavi relativi al periodo di utilizzo dell'immobilizzazione. Così, ad esempio, se si acquista un impianto che sarà utilizzato per un periodo di cinque anni, il costo sostenuto dovrà essere opportunamente ripartito lungo questo periodo di tempo. Infatti, l'impianto contribuirà al conseguimento dei ricavi per i cinque anni in cui avverrà il suo utilizzo.

L'ammortamento costituisce il processo contabile attraverso il quale un costo pluriennale viene ripartito lungo il periodo del suo utilizzo.

Per determinare la quota di ammortamento, cioè la quota del costo pluriennale da attribuire a ciascun esercizio, occorre considerare tre elementi:

- il valore da ammortizzare;
- la *vita utile* del bene;
- il criterio di ripartizione (criterio di ammortamento).

Il valore da ammortizzare coincide generalmente con il costo sostenuto (*costo storico*) per l'acquisto o la produzione dell'immobilizzazione.

La vita utile del bene rappresenta il periodo di tempo in cui lo stesso può essere utilizzato. Si distingue tra *vita fisica* e *vita economica*.

La vita fisica è collegata al logorio relativo all'utilizzo del bene (*senescenza*), ed esprime il periodo di tempo in cui il cespite è in grado di funzionare.

La vita economica, invece, riguarda il periodo di tempo in cui un determinato bene può essere utilizzato in condizioni di efficienza economica e tende ad essere più breve rispetto alla vita fisica per effetto del superamento tecnologico (*obsolescenza*). Si pensi, a titolo d'esempio, ad un computer che può avere una vita fisica anche piuttosto elevata, ma che dopo pochi anni risulta superato dall'evoluzione della tecnologia.

Infine, il criterio di ammortamento esprime la modalità con cui il valore da ammortizzare viene ripartito tra i diversi periodi compresi nella vita utile del bene. Esistono vari criteri di ripartizione, ma il più semplice ed utilizzato è il criterio a quote costanti. Secondo tale criterio, la quota di ammortamento relativa a ciascun esercizio viene determinata dividendo il valore da ammortizzare per il numero degli anni che rappresentano la vita utile del cespite.

La quota di ammortamento rappresenta un componente negativo di reddito di competenza dell'esercizio, e sarà contabilizzata in Dare di un conto *Ammortamento* (*Ammortamento impianti*, *Ammortamento attrezzature*, *Ammortamento brevetti*, ecc.). La contropartita in Avere può essere rappresentata direttamente dal conto acceso al costo pluriennale, il cui importo viene ridotto (*ammortamento diretto* o *in conto*), oppure da un *Fondo ammortamento* che rettifica in modo indiretto il valore del cespite (*ammortamento indiretto* o *fuori conto*). Il *Fondo ammortamento*, rappresentando una rettifica di un costo pluriennale, assume la natura di conto economico di reddito di rettifica ai costi pluriennali [23].

Per motivi pratici, legati anche alle informazioni richieste dal codice civile per la redazione del bilancio di esercizio, risulta preferibile l'adozione della procedura dell'ammortamento indiretto, utilizzando la posta rettificativa rappresentata dal *Fondo ammortamento*. Tale fondo accoglierà progressivamente gli ammortamenti rilevati nei diversi periodi, fino a raggiungere l'importo del costo storico del bene.

Così, ad esempio, se un costo pluriennale di 60 deve essere ammortizzato in quote costanti in tre esercizi, alla fine del primo anno il fondo ammortamento sarà pari a 20, alla fine del secondo anno a 40 e alla fine del terzo a 60. Quando il fondo di ammortamento raggiunge l'importo del costo storico, il processo di ammortamento ha termine [24].

La differenza tra il costo storico di un cespite ed il relativo fondo di ammorta-

[23] In effetti, il *Fondo ammortamento* sostituisce la sezione Avere del conto acceso al costo pluriennale.

[24] Si segnala che il *Fondo ammortamento*, rappresentando una rettifica del costo storico del bene ad utilità pluriennale, dovuta al processo di ripartizione del suo valore, non può mai essere superiore allo stesso costo storico.

mento esprime il *valore netto contabile* (valore residuo) del bene, cioè il valore che deve essere ancora ammortizzato e che parteciperà, attraverso l'imputazione di quote di ammortamento, alla formazione del risultato economico di successivi esercizi.

Il processo di ammortamento, oltre a rappresentare la modalità di ripartizione di un costo pluriennale lungo gli esercizi che rappresentano la sua vita utile, consente anche di recuperare gradualmente, in modo indiretto, il valore degli investimenti rappresentati dalle immobilizzazioni. Queste ultime, infatti, non sono destinate alla vendita, ma all'utilizzo per contribuire alla realizzazione della produzione. Pertanto, se i ricavi di vendita delle produzioni ottenuti nel periodo di utilizzo delle immobilizzazioni coprono tutti i costi, ivi incluse le quote di ammortamento, si avrà la reintegrazione economica degli investimenti rappresentati dai costi pluriennali. Per illustrare le rilevazioni contabili relative all'ammortamento, si consideri il seguente esempio.

Un'impresa al termine del 1° anno presenta i seguenti costi pluriennali:

fabbricati:	€ 250.000,00
impianti:	€ 650.000,00
macchine elettroniche ufficio:	€ 24.000,00

Gli ammortamenti vengono determinati con le seguenti aliquote:

fabbricati:	3%
impianti:	15%
macchine elettroniche d'ufficio:	20%

Gli importi degli ammortamenti saranno determinati secondo i seguenti calcoli:

amm.to fabbricati	250.000,00	x	3% =	7.500,00
amm.to impianti	650.000,00	x	15% =	97.500,00
amm.to macchine elettroniche uff.	24.000,00	x	20% =	4.800,00

La rilevazione contabile in P.D. sarà:

31/12		
Amm.to fabbricati	7.500,00	
Amm.to impianti	97.500,00	
Amm.to macchine elettroniche d'ufficio	4.800,00	
Fondo amm.to fabbricati		7.500,00
Fondo amm.to impianti		97.500,00
Fondo amm.to macchine el. d'ufficio		4.800,00
Ammortamenti dell'esercizio		

Gli ammortamenti rappresentano conti economici di reddito ai costi di esercizio e figureranno tra i componenti negativi di reddito del Conto Economico, mentre i fondi ammortamento costituiscono poste rettificative ai costi pluriennali da indicare nello Stato Patrimoniale.

Nella sostanza, la rilevazione degli ammortamenti rappresenta un'operazione di storno mediante la quale si rinvia ai successivi esercizi il valore residuo dei costi aventi utilità pluriennale.

Come visto in precedenza, lo storno avviene in modo indiretto contabilizzando quote di ammortamento annuali, che rappresentano la ripartizione di un costo avente utilità pluriennale, con contropartita un *Fondo ammortamento*. Tale fondo di ammortamento va a rettificare, riducendolo, il valore del bene iscritto nell'attivo dello Stato Patrimoniale.

A dispetto delle apparenze, non si tratta di un'operazione di imputazione, in quanto non si ha la contabilizzazione di un costo (ammortamento) a manifestazione finanziaria futura.

Si tratta, invece, di un'operazione di storno in quanto il processo di ammortamento consente il rinvio ai successivi esercizi del valore residuo di un fattore ad utilità pluriennale, il cui costo ha già avuto manifestazione finanziaria effettiva al momento dell'acquisizione del cespite.

5.14. Le rettifiche di storno: le costruzioni in economia

L'impresa, oltre che attraverso l'acquisto sul mercato, può acquisire la disponibilità di fattori produttivi ad utilità pluriennale attraverso la produzione interna, utilizzando materie, beni strumentali e personale proprio (*costruzioni in economia*). Il valore del bene realizzato internamente sarà dato dalla somma dei costi dei fattori produttivi impiegati per la sua realizzazione. Tali costi devono essere stornati in quanto, dando vita ad un bene ad utilità pluriennale, dovranno essere opportunamente capitalizzati. Capitalizzare un costo significa che lo stesso non partecipa alla formazione del reddito di esercizio, ma rappresenta un elemento attivo del capitale di funzionamento.

Sotto il profilo contabile, occorre rilevare in Dare di un conto acceso ai costi pluriennali, il valore dell'immobilizzazione realizzata internamente, che costituisce un'attività da indicare nello Stato Patrimoniale, mentre in Avere occorre rilevare lo storno (la rettifica) dei costi sostenuti per la costruzione in economia.

Tale storno non avviene direttamente rettificando il saldo dei conti di reddito interessati (*Materie c/acquisti*, S*tipendi e salari*, *Contributi previdenziali*, ecc.), cioè quelli che si riferiscono ai fattori produttivi utilizzati per la costruzione in economia, ma rilevando in Avere un conto di reddito denominato *Incrementi di immobilizzazioni per lavori interni*. Tale conto figurerà tra i componenti positivi di reddito del Conto Economico e provvederà a rettificare in modo indiretto il saldo dei conti di reddito accesi ai costi relativi ai fattori produttivi impiegati per la produzione del bene ad utilità pluriennale. Si consideri la seguente esemplificazione.

Nel corso dell'esercizio n la società ha realizzato internamente una costruzione leggera, sostenendo i seguenti costi: mano d'opera diretta (salari, oneri sociali, TFR) € 16.000,00; materie prime € 22.000,00; quota spese generali industriali (mano d'opera indiretta, ammortamenti dei cespiti utilizzati per la costruzione, ecc.) € 2.000,00.

Il valore dell'immobilizzazione realizzata internamente è pari alla somma dei costi relativi ai fattori produttivi impiegati per la produzione, e cioè:

mano d'opera diretta:	16.000,00
materie prime:	22.000,00
quota spese generali:	2.000,00
valore (costo di produzione) costruzione leggera:	40.000,00

La rilevazione contabile sarà:

31/12		
Costruzioni leggere	40.000,00	
Incrementi di immobilizzazioni per lavori interni		40.000,00
Rilevata costruzione in economia		

Occorre considerare che la costruzione del bene è stata ultimata nel corso dell'esercizio e pertanto il cespite è idoneo ad essere utilizzato. Per tale motivo si dovrà iniziare il processo di ammortamento, tenendo conto della quota di competenza dell'esercizio. La rilevazione della quota di ammortamento avverrà secondo le modalità evidenziate nel precedente paragrafo.

Se, invece, il bene non fosse stato ancora ultimato alla chiusura dell'esercizio, si sarebbe proceduto allo storno dei costi sostenuti per la costruzione, accreditando il conto *Incrementi di immobilizzazioni per lavori interni* e addebitando in contropartita il conto *Costruzioni leggere in corso*, attività dello Stato Patrimoniale.

In tal caso, poiché il bene non è tecnicamente idoneo all'utilizzo, non deve essere iniziato il processo di ammortamento. Supponendo che la costruzione sia stata iniziata nell'esercizio, sostenendo i costi precedentemente indicati, ma a fine anno non sia stata ancora ultimata, la rilevazione contabile sarebbe:

31/12		
Costruzioni leggere in corso	40.000,00	
Incrementi di immobilizzazioni per lavori interni		40.000,00
Rilevata costruzione in economia in corso		

5.15. La chiusura dei conti

Dopo aver effettuato le rilevazioni di assestamento, è opportuno redigere, per finalità di controllo, una situazione contabile. Tale prospetto mette in evidenza i saldi di tutti i conti di contabilità generale che risultano aperti.

Tutti i conti dovranno essere chiusi, girando i loro saldi, a seconda dei casi, al Conto Economico o allo Stato Patrimoniale.

In particolare, i saldi dei conti accesi ai costi e ai ricavi di esercizio saranno epilogati (chiusi) nel Conto Economico per determinare il reddito di esercizio, mentre i restanti saldi, cioè quelli relativi ai conti finanziari, ai conti accesi ai costi pluriennali, ai conti accesi ai costi e ai ricavi sospesi e ai conti di capitale, saranno epilogati nello Stato Patrimoniale per mostrare la composizione qualitativa e quantitativa del capitale di funzionamento.

Di seguito si presenteranno le rilevazioni contabili relative alla chiusura dei conti al Conto Economico e allo Stato Patrimoniale, considerando la situazione dei conti di seguito riportata, redatta dopo aver effettuato le rettifiche di assestamento:

CONTO	DARE	AVERE
Arredi e attrezzature	30.000,00	
Macchine elettroniche d'ufficio	15.000,00	
Magazzino merci	114.000,00	
Clienti	112.000,00	
Fatture da emettere	15.000,00	
Cambiali attive	41.000,00	
Banca c/c	74.000,00	
Cassa	3.000,00	
Risconti attivi	1.000,00	
Capitale sociale		200.000,00
Riserva legale		8.000,00
F.do amm.to arredi e attrezzature		16.000,00
F.do amm.to macch. elettr. d'ufficio		1.500,00
Fondo TFR		14.405,00
Fornitori		80.000,00
Fatture da ricevere		6.000,00
Erario c/IRAP		1.000,00
Erario c/IRES		3.595,00
Debiti diversi		20.000,00
Merci c/acquisti	439.000,00	
Variazione rimanenze merci	12.000,00	
Spese per prestazioni di servizi	110.000,00	

CONTO	DARE	AVERE
Premi assicurativi	3.500,00	
Fitti passivi	15.000,00	
Stipendi e salari	28.000,00	
Contributi previdenziali	10.000,00	
Acc.to TFR	2.000,00	
Amm.to arredi e attrezzature	5.000,00	
Amm.to macch. elettr. d'ufficio	1.500,00	
Oneri diversi di gestione	50.000,00	
IRAP d'esercizio	5.000,00	
IRES d'esercizio	24.000,00	
Merci c/vendite		740.000,00
Altri ricavi e proventi		15.000,00
Interessi attivi c/c		1.500,00
Sopravvenienze attive		3.000,00
TOTALI	1.110.000,00	1.110.000,00

5.15.1. *L'epilogo dei componenti di reddito al Conto Economico e la determinazione del risultato economico di esercizio*

I conti di reddito accesi ai costi di esercizio, che esprimono componenti negativi di reddito, dovranno essere chiusi attraverso il loro accreditamento, provvedendo a girare (trasferire) i loro saldi nella sezione Dare del Conto Economico.

La scrittura contabile sarà:

31/12		
Conto Economico	705.000,00	
Merci c/acquisti		439.000,00
Variazione rimanenze merci		12.000,00
Spese per prestazioni di servizi		110.000,00
Premi assicurativi		3.500,00
Fitti passivi		15.000,00
Stipendi e salari		28.000,00
Contributi previdenziali		10.000,00
Acc.to TFR		2.000,00
Amm.to arredi e attrezzature		5.000,00
Amm.to macch. elettr. d'ufficio		1.500,00
Oneri diversi di gestione		50.000,00
IRAP d'esercizio		5.000,00
IRES d'esercizio		24.000,00
Epilogo dei componenti negativi del reddito		

Analogamente, i conti di reddito accesi ai ricavi di esercizio, che rappresentano componenti positivi di reddito, dovranno essere chiusi attraverso il loro addebitamento, provvedendo a girare (trasferire) i loro saldi nella sezione Avere del Conto Economico.

La rilevazione contabile sarà:

31/12		
Merci c/vendite	740.000,00	
Altri ricavi e proventi	15.000,00	
Interessi attivi c/c	1.500,00	
Sopravvenienze attive	3.000,00	
Conto Economico		759.500,00
Epilogo dei componenti positivi del reddito		

Dopo tali rilevazioni contabili, i totali degli importi iscritti in Dare ed in Avere del Conto Economico si presenteranno come segue:

Conto Economico

Dare			Avere
Tot. comp. negativi	705.000,00	Tot. comp. positivi	759.500,00

Poiché il totale dei componenti positivi di reddito iscritto in Avere risulta superiore al totale dei componenti negativi di reddito iscritto in Dare, si evidenzia un risultato economico positivo, utile d'esercizio, pari a € 54.500,00 (€ 759.500,00 – € 705.000,00).

Tale risultato verrà rilevato a pareggio in Dare del Conto Economico, mentre la contropartita in Avere sarà rappresentata da una variazione economica di capitale positiva, da rilevare nel conto *Utile d'esercizio*[25]. La rilevazione contabile sarà:

31/12		
Conto Economico	54.500,00	
Utile d'esercizio		54.500,00
Rilevato il risultato d'esercizio		

Si fa presente che se il totale dei componenti negativi di reddito iscritto in Dare supera il totale dei componenti positivi iscritto in Avere, si evidenzierà, per la differenza, un risultato economico negativo, perdita di esercizio.

[25] Si ricorda, infatti, che l'utile d'esercizio rappresenta la variazione positiva (incremento) che il capitale netto subisce per effetto della gestione svolta nel periodo amministrativo.

Tale risultato verrà rilevato a pareggio in Avere del Conto Economico, mentre la contropartita in Dare sarà rappresentata da una variazione economica di capitale negativa, da rilevare nel conto *Perdita d'esercizio*[26].

La rilevazione in questo caso, ipotizzando ad esempio una perdita di € 20.000,00, sarà:

31/12		
Perdita d'esercizio	20.000,00	
Conto Economico		20.000,00
Rilevato il risultato d'esercizio		

5.15.2. *La chiusura generale dei conti: l'epilogo a Stato Patrimoniale*

Una volta determinato il reddito di esercizio, attraverso l'epilogo a Conto Economico dei conti accesi ai costi e ai ricavi di esercizio, rimangono aperti i conti accesi alle attività, alle passività e ai valori di capitale netto. Tali conti dovranno essere epilogati allo Stato Patrimoniale, attraverso la chiusura generale dei conti.

In particolare, i conti accesi alle attività[27], e ad eventuali parti ideali negative del patrimonio netto[28], dovranno essere chiusi attraverso il loro accreditamento, provvedendo a girare (trasferire) i loro saldi nella sezione Dare dello Stato Patrimoniale.

La rilevazione sarà:

31/12		
Stato Patrimoniale finale	405.000,00	
Arredi e attrezzature		30.000,00
Macchine elettroniche d'ufficio		15.000,00
Magazzino merci		114.000,00
Clienti		112.000,00
Fatture da emettere		15.000,00
Cambiali attive		41.000,00
Banca c/c		74.000,00
Cassa		3.000,00
Risconti attivi		1.000,00
Chiusura dei conti accesi alle attività		

[26] Si ricorda, infatti, che la perdita d'esercizio rappresenta la variazione negativa (decremento) che il capitale netto subisce per effetto della gestione svolta nel periodo amministrativo.

[27] Si tratta dei conti accesi ai valori finanziari attivi, dei conti accesi ai costi pluriennali e di quelli relativi ai costi sospesi.

[28] Si tratta essenzialmente dei conti con saldo Dare relativi alle perdite di esercizi precedenti e alla perdita d'esercizio.

I conti accesi alle passività[29] e ai valori positivi di patrimonio netto[30], invece, dovranno essere chiusi attraverso il loro addebitamento, provvedendo a girare (trasferire) i loro saldi nella sezione Avere dello Stato Patrimoniale.

La scrittura contabile in P.D. sarà:

31/12		
Capitale sociale	200.000,00	
Riserva legale	8.000,00	
Utile d'esercizio	54.500,00	
F.do amm.to arredi e attrezzature	16.000,00	
F.do amm.to macch. elettr. d'ufficio	1.500,00	
Fondo TFR	14.405,00	
Fornitori	80.000,00	
Fatture da ricevere	6.000,00	
Erario c/IRAP	1.000,00	
Erario c/IRES	3.595,00	
Debiti diversi	20.000,00	
Stato Patrimoniale finale		405.000,00
Chiusura dei conti accesi alle passività e al netto		

A scopo riepilogativo, la tabella successiva illustra sinteticamente la destinazione dei diversi conti del sistema di contabilità generale.

Schema riepilogativo classificazione e destinazione

CLASSIFICAZIONE		DESTINAZIONE
Conti finanziari:		
	certi	Stato Patrimoniale
accesi ai valori numerari:	assimilati	Stato Patrimoniale
	presunti	Stato Patrimoniale
accesi ai crediti e ai debiti di finanziamento		Stato Patrimoniale
Conti economici:		
	accesi ai costi e ai ricavi di esercizio	Conto Economico
di reddito:	accesi alle immobilizzazioni	Stato Patrimoniale
	accesi ai costi e ricavi sospesi	Stato Patrimoniale
di capitale		Stato Patrimoniale

[29] Si tratta dei conti accesi ai valori finanziari passivi e dei conti accesi ai ricavi sospesi.

[30] Si tratta dei conti accesi alle varie parti ideali positive di patrimonio netto, ivi incluso il conto *Utile d'esercizio*.

Capitolo sesto

LA RIAPERTURA DEI CONTI

6.1. La riapertura generale dei conti

Come si è visto, il capitale aziendale è costituito dai fattori produttivi di pertinenza dell'impresa disponibili per le produzioni future (attività), dai debiti e altri valori passivi che gravano sull'azienda (passività) e dalla ricchezza netta rappresentata dal patrimonio netto (differenza tra il valore delle attività e quello delle passività). Poiché la gestione è unitaria nel tempo e nello spazio, e viene suddivisa in periodi amministrativi solo per esigenze di ordine pratico, è evidente che il capitale aziendale riportato nello Stato Patrimoniale alla fine di un esercizio rappresenta anche il capitale iniziale del successivo.

Infatti, all'inizio del nuovo esercizio l'impresa potrà disporre del denaro esistente in cassa, di crediti da incassare, di impianti da utilizzare, ecc. (valori relativi alle attività), avrà debiti da pagare ed altri valori passivi cui far fronte (valori relativi alle passività), nonché potrà disporre di una certa dotazione di patrimonio netto.

Pertanto, ad inizio esercizio, occorrerà effettuare la riapertura dei conti, cioè attribuire il saldo iniziale a tutti i conti che rappresentano attività, passività e valori riferiti al capitale netto. I valori delle attività saranno riaperti in Dare, mentre in Avere si potrà utilizzare come contropartita un conto denominato *Stato Patrimoniale iniziale*. La scrittura contabile sarà:

01/01		
Arredi e attrezzature	30.000,00	
Macchine elettroniche d'ufficio	15.000,00	
Magazzino merci	114.000,00	
Clienti	112.000,00	
Fatture da emettere	15.000,00	
Cambiali attive	41.000,00	
Banca c/c	74.000,00	
Cassa	3.000,00	
Risconti attivi	1.000,00	
Stato Patrimoniale iniziale		405.000,00
Riapertura dei conti accesi alle attività		

Le passività ed i valori relativi al capitale netto saranno riaperti in Avere, utilizzando come contropartita il conto *Stato Patrimoniale iniziale.*

La scrittura contabile sarà:

01/01		
Stato Patrimoniale iniziale	405.000,00	
Capitale sociale		200.000,00
Riserva legale		8.000,00
Utile d'esercizio		54.500,00
F.do amm.to arredi e attrezzature		16.000,00
F.do amm.to macch. elettr. d'ufficio		1.500,00
Fondo TFR		14.405,00
Fornitori		80.000,00
Fatture da ricevere		6.000,00
Erario c/IRAP		1.000,00
Erario c/IRES		3.595,00
Debiti diversi		20.000,00
Riapertura dei conti accesi alle passività e al netto		

È il caso di evidenziare che l'operazione di riapertura riguarda soltanto i valori relativi allo Stato Patrimoniale, in quanto riferiti alle operazioni in corso che avranno compimento in futuro.

I valori relativi al Conto Economico riguardano, invece, i componenti positivi e negativi di reddito di competenza dell'esercizio ormai trascorso e si riferiscono esclusivamente ad esso. In particolare, i componenti negativi di reddito rappresentano il costo dei fattori produttivi utilizzati (consumati) nell'esercizio precedente, mentre i componenti positivi di reddito esprimono i ricavi ottenuti dalla vendita di beni o servizi a terze economie.

In pratica, i valori dei componenti negativi e positivi di reddito di competenza dell'esercizio riguardano operazioni ormai concluse e che pertanto si riferiscono esclusivamente al periodo amministrativo trascorso.

Una volta riaperti i conti, la contabilità generale è nuovamente operativa per accogliere le rilevazioni dei fatti di gestione del nuovo anno, per le quali verrà, in generale, seguita la logica illustrata nel capitolo terzo. Nel nuovo anno però, oltre alle operazioni realizzate *ex novo*, andranno gestite contabilmente le operazioni in corso al termine dell'esercizio appena concluso, che hanno dato luogo alle scritture di assestamento.

Nei paragrafi successivi, pertanto, si analizzeranno le rilevazioni contabili dei fatti amministrativi che implicano l'utilizzo dei conti finanziari presunti e di quelli accesi ai costi e ricavi sospesi attivati durante le operazioni di assestamento. Quando necessario, per comprendere meglio i collegamenti esistenti tra i diversi esercizi, si riprenderanno le esemplificazioni presentate nell'analisi delle rettifiche di assestamento, per poi vedere come l'operazione trova svolgimento, dopo la riapertura dei conti, nel nuovo esercizio.

6.2. Lo storno delle rimanenze iniziali di magazzino

Come si è visto in precedenza, le rimanenze finali di un esercizio costituiscono le rimanenze (esistenze) iniziali del successivo: si tratta, infatti, di costi sospesi, stornati da un periodo amministrativo, e rinviati per competenza economica al futuro. In pratica, lo storno delle rimanenze iniziali di magazzino ha la funzione di rilevare costi di competenza economica del periodo, ma la cui manifestazione finanziaria è avvenuta in esercizi precedenti.

Per comprendere meglio il collegamento esistente tra le rimanenze finali di un esercizio e quelle iniziali del successivo, si riprende l'esemplificazione vista in sede di operazioni di assestamento.

Durante l'anno n, primo esercizio di funzionamento dell'impresa, sono state acquistate merci per complessivi € 1.500.000,00. A fine esercizio le rimanenze finali di merci sono state valorizzate € 180.000,00.

In sede di operazioni di assestamento la rilevazione contabile è stata la seguente:

31/12		
Magazzino merci	180.000,00	
Variazione rimanenze merci		180.000,00
Rilevate rimanenze finali di merci		

Dopo aver effettuato la riapertura dei conti, il conto *Magazzino merci* presenterà un saldo Dare di € 180.000,00 che evidenzia il valore delle merci, provenienti dall'esercizio precedente, a disposizione dell'esercizio n+1. Tale conto sarà chiuso in Avere ed avrà come contropartita in Dare il conto economico di reddito *Variazione rimanenze merci.*

Il conto *Magazzino merci* è servito, pertanto, per stornare il costo delle merci in rimanenza alla fine dell'esercizio n ed attribuirlo come costo (rimanenza iniziale) all'esercizio n+1.

Al 01/01/n+1 la rilevazione contabile sarà:

01/01		
Variazione rimanenze merci	180.000,00	
Magazzino merci		180.000,00
Rilevate rimanenze iniziali di merci		

Avendo fin qui esposto il funzionamento del conto *Variazione rimanenze*, sia al termine dell'esercizio sia all'apertura del nuovo anno, è ora possibile completare il quadro sugli aspetti contabili ad esso relativi attraverso le seguenti osservazioni.

Se al 31/12/n+1 le rimanenze finali di merci fossero pari a € 200.000,00, occorrerebbe effettuare la seguente rilevazione contabile:

31/12		
Magazzino merci	200.000,00	
Variazione rimanenze merci		200.000,00
Rilevate rimanenze finali di merci		

A fine esercizio n+1 il conto *Variazione rimanenze merci* accoglierebbe i seguenti importi:

Variazione rimanenze merci

Dare	Avere
180.000,00	200.000,00

Al 31/12 dell'anno n+1, il saldo (Avere) del conto *Variazione rimanenze merci* segnala un incremento nel valore delle rimanenze tra l'inizio e la fine dell'anno e sarà epilogato tra i componenti positivi di reddito del Conto Economico.

Se, invece, al 31/12/n+1 le rimanenze finali di merci fossero valutate € 150.000,00, la rilevazione contabile evidenzierebbe i seguenti importi:

31/12		
Magazzino merci	150.000,00	
Variazione rimanenze merci		150.000,00
Rilevate rimanenze finali di merci		

In questo caso, il conto *Variazione rimanenze merci* si presenterebbe come segue:

Variazione rimanenze merci

Dare	Avere
180.000,00	150.000,00

Il saldo (Dare) del conto *Variazione rimanenze merci* indica un decremento nel valore delle rimanenze tra l'inizio e la fine dell'anno e sarà girato tra i componenti negativi di reddito del Conto Economico.

6.3. Lo storno dei risconti attivi e passivi

Si è visto che i risconti rappresentano costi e ricavi sospesi temporaneamente dalla formazione del reddito di esercizio, che devono essere rinviati a periodi successivi in quanto di loro competenza economica. Pertanto, dopo aver effettuato la riapertura generale dei conti, i risconti (attivi e passivi) dovranno essere stornati in contropartita dei costi e dei ricavi ai quali si riferiscono. In questo modo il nuovo esercizio prende in carico i valori di costo e di ricavo provenienti dall'esercizio precedente.

6.3.1. *Lo storno dei risconti attivi*

Lo storno dei risconti attivi ad inizio esercizio, così come avviene per le rimanenze (esistenze) iniziali, consente di rilevare costi di competenza economica del periodo, ma la cui manifestazione finanziaria è avvenuta in esercizi precedenti.

Per analizzare la rilevazione contabile dello storno dei risconti attivi e cogliere il collegamento tra i diversi esercizi, si riprende l'esempio evidenziato nel capitolo precedente.

In data 25/03/n è stato pagato, tramite c/c bancario, un premio assicurativo annuale di € 3.285,00.

Le scritture contabili effettuate il 25/03/n sono state:

25/03		
Premi assicurativi	3.285,00	
Fornitori		3.285,00
Liquidato premio assicurativo annuale		
25/03		
Fornitori	3.285,00	
Banca c/c		3.285,00
Pagato premio assicurativo annuale		

A fine periodo, poiché il premio assicurativo si riferisce in parte all'esercizio successivo, è stato necessario stornare la quota da rinviare al futuro, determinata con il seguente calcolo:

premio di assicurazione annuale: 3.285,00
gg. totali: 365
gg. di competenza dell'anno n+1 (dal 01/01/n+1 al 25/03/n+1): 84

$$3.285,00 : 365 = X : 84$$

$$X = (3.285,00 \times 84)/365 = 756,00$$

In sede di rettifiche di assestamento la rilevazione contabile in P.D. è stata:

31/12		
Risconti attivi	756,00	
Premi assicurativi		756,00
Rilevato risconto su premi assicurativi		

Nell'esercizio n+1, dopo la riapertura dei conti, i risconti attivi risulteranno aperti in Dare. Pertanto, occorrerà chiudere il conto *Risconti attivi* in Avere e rilevare come contropartita in Dare il conto *Premi assicurativi.*

In tal modo, il risconto attivo ha consentito il trasferimento contabile di una quota di un costo che ha avuto manifestazione finanziaria nell'anno n, ma di competenza economica dell'anno n+1.

La rilevazione contabile il 01/01/n+1 sarà la seguente:

01/01		
Premi assicurativi	756,00	
Risconti attivi		756,00
Storno risconti attivi iniziali		

6.3.2. *Lo storno dei risconti passivi*

Lo storno dei risconti passivi ad inizio esercizio consente di rilevare ricavi di competenza economica del periodo, ma la cui manifestazione finanziaria è avvenuta in esercizi precedenti.

Per evidenziare tali effetti, si riprende l'esempio visto per le operazioni di assestamento.

In data 01/12/n si è liquidato e incassato, tramite c/c bancario, un fitto attivo anticipato di € 6.000,00, relativo al periodo 01/12/n – 28/02/n+1.

Le rilevazioni contabili effettuate il 01/12/n sono state le seguenti:

01/12		
Clienti	6.000,00	
Fitti attivi		6.000,00
Liquidato fitto attivo trimestrale		
01/12		
Banca c/c	6.000,00	
Clienti		
Incassato fitto attivo trimestrale		6.000,00

A fine anno, poiché il fitto attivo si riferisce in parte all'esercizio successivo, è stato necessario stornare la quota da rinviare al futuro, così determinata:

fitto attivo trimestrale: 6.000,00
mesi totali: 3
mesi di competenza dell'anno n+1 (dal 01/01/n+1 al 28/02/n+1): 2

$$6.000,00 : 3 = X : 2$$

$$X = (6.000,00 \times 2)/3 = 4.000,00$$

La rilevazione contabile al 31/12/n è stata la seguente.

31/12		
Fitti attivi	4.000,00	
Risconti passivi		4.000,00
Rilevato risconto su fitti attivi		

Nell'esercizio n+1, dopo la riapertura dei conti, i risconti passivi risulteranno aperti in Avere. Pertanto, occorrerà chiudere il conto *Risconti passivi* in Dare e rilevare come contropartita in Avere il conto *Fitti attivi*.

In tal modo, il risconto passivo ha consentito il trasferimento contabile di una quota di un ricavo che ha avuto manifestazione finanziaria nell'anno n, ma di competenza economica dell'anno n+1.

La rilevazione contabile il 01/01/n+1 sarà la seguente:

01/01		
Risconti passivi	4.000,00	
Fitti attivi		4.000,00
Storno risconti passivi iniziali		

6.4. La chiusura dei ratei attivi e passivi

I ratei rappresentano valori finanziari presunti che hanno la finalità di imputare costi e ricavi di competenza economica dell'esercizio in chiusura, ma che avranno manifestazione finanziaria effettiva in futuro. Esprimono, come si è visto, crediti (ratei attivi) e debiti (ratei passivi) pecuniari in corso di formazione. Nell'esercizio successivo, occorrerà provvedere alla chiusura di tali conti al verificarsi della manifestazione finanziaria effettiva.

6.4.1. *La chiusura dei ratei attivi*

Per trattare le rilevazioni relative alla chiusura dei ratei attivi si riprende l'esempio considerato in sede di rettifiche di fine esercizio.

In data 01/11/n è stato concesso in locazione un magazzino convenendo l'incasso di un fitto trimestrale posticipato di € 3.000,00 (da incassare il 31/01/n+1).

Al termine dell'esercizio si è dovuta imputare la quota del fitto attivo di competenza economica dell'anno n, determinata in modo proporzionale al tempo, in base al seguente calcolo:

$$3.000,00 : 3 = X : 2$$

$$X = (3.00,00 \times 2)/3 = 2.000,00$$

La rilevazione contabile in P.D. al 31/12/n è stata:

31/12		
Ratei attivi	2.000,00	
Fitti attivi		2.000,00
Rilevato rateo su fitto attivo		

Nell'esercizio n+1, dopo la riapertura dei conti, i ratei attivi risulteranno aperti in Dare, rappresentando dei crediti in corso di formazione.

Il 31/01/n+1 si verificherà l'effettiva manifestazione finanziaria del fitto. In base al documento originario, occorrerà eseguire l'opportuna rilevazione contabile. La scrittura in P.D. sarà:

31/01		
Clienti	3.000,00	
Fitti attivi		3.000,00
Liquidato fitto attivo trimestrale		
31/01		
Banca c/c	3.000,00	
Clienti		3.000,00
Incassato fitto attivo trimestrale		

Appare evidente che questa scrittura contabile comporta una duplicazione nella rilevazione di una parte del fitto attivo. Infatti, una quota del ricavo, pari a € 2.000,00, è già stata imputata per competenza economica al precedente esercizio attraverso la rilevazione di un rateo attivo. In particolare, il fitto trimestrale di € 3.000,00 risulta di competenza economica dell'anno n per € 2.000,00 e di competenza economica dell'anno n+1 per € 1.000,00.

Poiché al momento della manifestazione finanziaria effettiva nell'esercizio n+1 si è rilevato un ricavo per fitti attivi di € 3.000,00, occorre ridurre il saldo del conto *Fitti attivi* di € 2.000,00, provvedendo ad un addebitamento nello stesso conto. La contropartita in Avere sarà rappresentata dalla chiusura del conto *Ratei attivi*, che risultava aperto in Dare.

In tal modo, il rateo attivo ha consentito l'imputazione nell'anno n di una quota di un ricavo a manifestazione finanziaria effettiva futura e la sua neutralizzazione contabile nell'esercizio n+1, per evitare la duplicazione di un componente positivo di reddito. La rilevazione contabile il 31/01/n+1 sarà la seguente[1]:

31/01		
Fitti attivi	2.000,00	
Ratei attivi		2.000,00
Chiusura ratei attivi iniziali		

In alternativa, si può eseguire un'unica rilevazione il 31/01/n+1 in cui si provvede a chiudere in Avere il credito in corso di formazione rappresentato dal rateo attivo e a rilevare, per la differenza, il fitto attivo di competenza dell'anno n+1. In questo caso la rilevazione sarebbe:

31/01		
Clienti	3.000,00	
Ratei attivi		2.000,00
Fitti attivi		1.000,00
Liquidato fitto attivo trimestrale		
31/01		
Banca c/c	3.000,00	
Clienti		3.000,00
Incassato fitto attivo trimestrale		

6.4.2. *La chiusura dei ratei passivi*

Le rilevazioni relative alla chiusura dei ratei passivi verranno esplicitate riprendendo l'esempio riportato nel precedente capitolo.

In data 22/11/n, alla scadenza di un debito verso fornitori di € 60.000,00 si è ottenuta un'ulteriore dilazione del pagamento sino al 21/01/n+1, concordando la liquidazione posticipata degli interessi al tasso annuo del 7,30%.

[1] Tale rilevazione può essere eseguita anche il 01/01, dopo aver provveduto alla riapertura dei conti. In tal modo, l'importo di € 2.000,00, rilevato in Dare del conto *Fitti attivi*, andrà a rettificare il valore del ricavo che verrà iscritto in Avere dello stesso conto il successivo 31/01 (€ 3.000,00). Così facendo, il saldo del conto *Fitti attivi*, pari a € 1.000,00, esprimerà il ricavo di competenza economica dell'anno n+1.

Al momento dell'ottenimento della nuova dilazione di pagamento non è stato rilevato alcun interesse, in quanto la liquidazione e il pagamento degli oneri finanziari verranno rilevati posticipatamente alla scadenza prevista il 21/01/n+1.

Gli interessi sul debito da pagare alla scadenza sono pari a:

$$\text{Interessi: } \frac{60.000{,}00 \times 7{,}30 \times 60}{36.500} = 720{,}00$$

gg. di competenza dell'esercizio n (22/11 – 31/12): 39

$$720{,}00 : 60 = X : 39$$

$$X = (720{,}00 \times 39)/60 = 468{,}00$$

Oppure, direttamente:

$$\text{Interessi: } \frac{60.000{,}00 \times 7{,}30 \times 39}{36.500} = 468{,}00$$

La rilevazione contabile, in sede di rettifiche di assestamento al 31/12/n, è stata:

31/12		
Interessi passivi vs. fornitori	468,00	
Ratei passivi		468,00
Rilevato rateo su interessi passivi		

Nell'esercizio n+1, dopo la riapertura dei conti, i ratei passivi risulteranno aperti in Avere, rappresentando dei debiti in corso di formazione.

Il 21/01/n+1 si verificherà l'effettiva manifestazione finanziaria degli interessi passivi che verranno corrisposti al momento dell'estinzione del debito dietro presentazione di regolare fattura da parte del fornitore.

Le rilevazioni contabili della liquidazione degli interessi e del pagamento del debito originario (€ 60.000,00) maggiorato degli interessi (€ 720,00) saranno, rispettivamente:

21/01		
Interessi passivi vs. fornitori	720,00	
Fornitori		720,00
Ricevuta fatt. n. … per interessi di dilazione		
21/01		
Fornitori	60.720,00	
Banca c/c		60.720,00
Regolate fatt. n. … e fatt. n. …		

La rilevazione della liquidazione della fattura degli interessi di dilazione comporta una duplicazione nella rilevazione di una parte degli stessi interessi. Infatti, una quota di costo per oneri finanziari, pari a € 468,00, è già stata imputata per competenza economica al precedente esercizio attraverso la rilevazione di un rateo passivo. In particolare, gli interessi passivi di € 720,00 risultano di competenza economica dell'anno n per € 468,00 e di competenza economica dell'anno n+1 per € 252,00.

Poiché al momento della manifestazione finanziaria effettiva nell'esercizio n+1 si è rilevato un costo per interessi passivi di € 720,00, occorre ridurre il saldo del conto *Interessi passivi vs. fornitori* di € 468,00, provvedendo ad un accreditamento nello stesso conto. La contropartita in Dare sarà rappresentata dalla chiusura del conto *Ratei passivi,* che risultava aperto in Avere.

In tal modo, il rateo passivo ha consentito l'imputazione nell'anno n di una quota di un costo a manifestazione finanziaria effettiva futura e la sua neutralizzazione contabile nell'esercizio n+1 per evitare la duplicazione di un componente negativo di reddito.

La rilevazione contabile il 21/01/n+1 sarà la seguente[2]:

21/01		
Ratei passivi	468,00	
Interessi passivi vs. fornitori		468,00
Chiusura ratei passivi iniziali		

In alternativa, si può eseguire un'unica rilevazione il 21/01/n+1 per la liquidazione degli interessi in cui si provvede a chiudere in Dare il debito in corso di formazione rappresentato dal rateo passivo e a rilevare, per la differenza, gli interessi passivi di competenza dell'anno n+1.

In questo caso la rilevazione sarebbe:

21/01		
Ratei passivi	468,00	
Interessi passivi vs. fornitori	252,00	
Fornitori		720,00
Ricevuta fatt. n. ... per interessi di dilazione		

La scrittura del pagamento rimane immutata rispetto all'impostazione precedente.

---

[2] Tale rilevazione può essere eseguita anche il 01/01, dopo aver provveduto alla riapertura dei conti. In tal modo, l'importo di € 468,00, rilevato in Avere del conto *Interessi passivi vs. fornitori,* andrà a rettificare il valore del costo che verrà iscritto in Dare dello stesso conto il successivo 21/01 (€ 720,00). Così facendo, il saldo del conto *Interessi passivi vs. fornitori*, pari a € 252,00, esprimerà il costo di competenza economica dell'anno n+1.

6.5. La chiusura delle fatture da emettere e da ricevere

Logica del tutto simile a quella dei ratei si trova nelle rilevazioni relative alla chiusura delle fatture da emettere e da ricevere rilevate nel precedente esercizio. Le fatture da emettere e da ricevere rappresentano valori finanziari presunti che hanno la finalità di imputare costi e ricavi di competenza economica dell'esercizio in chiusura, ma che avranno manifestazione finanziaria effettiva in futuro. Pertanto, nell'esercizio successivo, occorrerà provvedere alla chiusura di tali conti al verificarsi della manifestazione finanziaria effettiva.

6.5.1. *La chiusura delle fatture da emettere*

Per chiarire la modalità di chiusura del conto *Fatture da emettere* si riprende l'esempio proposto nel capitolo precedente.

Al 31/12/n sono state rilevate vendite per € 15.000,00 (IVA 22%), relative a prodotti finiti consegnati con documento di trasporto, ma non ancora fatturati (la fattura verrà emessa il successivo 15/01/n+1).

La scrittura in P.D. al 31/12/n è stata:

31/12		
Fatture da emettere	18.300,00	
Prodotti c/vendite		15.000,00
IVA a debito		3.300,00
Rilevate vendite di prodotti consegnati con DDT		

Dopo la riapertura dei conti, il conto *Fatture da emettere* risulterà aperto in Dare, esprimendo un credito presunto, cioè non ancora formalizzato dal documento originario (fattura). Il 15/01/n+1 si verificherà l'effettiva manifestazione finanziaria del ricavo attraverso l'emissione della fattura attestante la vendita.

La scrittura in P.D. sarà:

15/01		
Clienti	18.300,00	
Prodotti c/vendite		15.000,00
IVA a debito		3.300,00
Emessa fatt. n. ...		

Risulta chiaro che questa scrittura contabile comporta una duplicazione nella rilevazione di un ricavo e della relativa IVA a debito, importi già contabilizzati nell'esercizio n in sede di operazioni di assestamento.

Occorre, pertanto, stornare, attraverso una rilevazione in Dare, gli importi rilevati in Avere dei conti *Prodotti c/vendite* e *IVA a debito*. La contropartita in Avere sarà rappresentata dal conto *Fatture da emettere* che in questo modo verrà chiuso.

Operando in tale maniera, le fatture da emettere hanno svolto la funzione di imputare all'anno n un ricavo a manifestazione finanziaria effettiva futura e di consentire la sua neutralizzazione contabile nell'esercizio n+1, per evitare la duplicazione di un componente positivo di reddito. La rilevazione contabile il 15/01/n+1 sarà la seguente[3]:

15/01		
Prodotti c/vendite	15.000,00	
IVA a debito	3.300,00	
Fatture da emettere		18.300,00
Chiusura fatture da emettere iniziali		

In alternativa, si può eseguire un'unica rilevazione il 15/01/n+1, al momento dell'emissione della fattura, in cui si provvede a chiudere in Avere il credito presunto rappresentato dalle fatture da emettere e a rilevare, in contropartita, il credito verso il cliente attestato dal documento originario.

In questo caso la rilevazione sarebbe:

15/01		
Clienti	18.300,00	
Fatture da emettere		18.300,00
Emessa fattura n. ...		

6.5.2. *La chiusura delle fatture da ricevere*

Per esaminare le rilevazioni contabili relative alla chiusura delle fatture da ricevere, si riprende l'esemplificazione vista per le operazioni di assestamento.

Al 31/12/n sono stati rilevati acquisti per € 10.000,00 (IVA 22%), relativi a merci consegnate dal fornitore con documento di trasporto, ma non ancora fatturati (la fattura verrà ricevuta il successivo 12/01/n+1).

La scrittura in P.D. al 31/12/n è stata:

---

[3] Tale rilevazione può essere eseguita anche il 01/01, dopo aver provveduto alla riapertura dei conti. In tal modo, gli importi di € 15.000,00 e di € 3.300,00, rilevati in Dare, rispettivamente, dei conti *Prodotti c/vendite* e *IVA a debito*, andranno a rettificare i valori che saranno rilevati in Avere degli stessi conti al momento dell'emissione della fattura.

31/12		
Merci c/acquisti	10.000,00	
Fatture da ricevere		10.000,00
Rilevati acquisti di merci consegnati con DDT		

Il 01/01/n+1, dopo aver effettuato la riapertura dei conti, il conto *Fatture da ricevere* risulterà aperto in Avere, esprimendo un debito presunto, cioè non ancora formalizzato dal documento originario (fattura).

Il 12/01/n+1 si verificherà l'effettiva manifestazione finanziaria del costo con il ricevimento della fattura attestante l'acquisto.

La scrittura in P.D. sarà:

12/01		
Merci c/acquisti	10.000,00	
IVA a credito	2.200,00	
Fornitori		12.200,00
Ricevuta fatt. n. ...		

Questa scrittura contabile comporta una duplicazione nella rilevazione di un costo, già imputato, per competenza economica, all'esercizio n in sede di operazioni di assestamento.

Occorre, pertanto, stornare, attraverso una rilevazione in Avere, il costo rilevato in Dare del conto *Merci c/acquisti*. La contropartita in Dare sarà rappresentata dal conto *Fatture da ricevere* che in tal modo verrà chiuso.

Attraverso queste rilevazioni, le fatture da ricevere consentono di imputare all'anno n un costo a manifestazione finanziaria effettiva futura e di provvedere alla sua neutralizzazione contabile nell'esercizio n+1, per evitare la duplicazione di un componente negativo di reddito.

La rilevazione contabile il 12/01/n+1 sarà la seguente[4]:

12/01		
Fatture da ricevere	10.000,00	
Merci c/acquisti		10.000,00
Chiusura fatture da ricevere iniziali		

In via alternativa, si può procedere con un'unica scrittura contabile da redigere il 12/01/n+1, al momento del ricevimento della fattura. In questo caso, si provvede a chiudere in Dare il debito presunto rappresentato dalle fatture da ricevere, in

[4] Tale rilevazione può essere eseguita anche il 01/01, dopo aver provveduto alla riapertura dei conti. In tal modo, l'importo di € 10.000,00, rilevato in Avere del conto *Merci c/acquisti*, andrà a rettificare il valore che sarà rilevato in Dare dello stesso conto al momento del ricevimento della fattura.

sostituzione del conto economico di reddito *Merci c/acquisti*, già imputato per competenza economica all'esercizio n.

La rilevazione sarebbe:

12/01		
Fatture da ricevere	10.000,00	
IVA a credito	2.200,00	
Fornitori		12.200,00
Ricevuta fatt. n. ...		

6.6. L'utilizzo del fondo svalutazione crediti

Si è visto in precedenza che la costituzione del fondo svalutazione crediti ha lo scopo di imputare all'esercizio in chiusura le perdite presunte (svalutazioni) relative al mancato incasso, parziale o totale, dei crediti ritenuti inesigibili. Il saldo del conto *Fondo svalutazione crediti* rettifica indirettamente il valore nominale dei crediti, in modo da indicare in bilancio il valore che presumibilmente verrà incassato (valore di presumibile realizzazione).

Il *Fondo svalutazione crediti* costituito in precedenza verrà utilizzato per neutralizzare le perdite su crediti quando le stesse si manifesteranno.

Si consideri il seguente esempio.

Il 26/04 si stralcia per inesigibilità un credito verso clienti di € 4.000,00; è presente un Fondo svalutazione crediti di € 6.000,00.

Lo stralcio del credito comporta la chiusura in Avere del conto acceso al cliente, mentre la contropartita in Dare sarà rappresentata dal conto *Perdite su crediti*, conto economico di reddito ai costi di esercizio. La rilevazione contabile sarà:

26/04		
Perdite su crediti	4.000,00	
Clienti		4.000,00
Stralciato credito per inesigibilità		

Peraltro, poiché esiste un *Fondo svalutazione crediti* di importo sufficiente per neutralizzare la perdita, si provvederà ad utilizzare lo stesso fondo in Dare e a stornare la perdita in Avere. La rilevazione sarà:

26/04		
Fondo svalutazione crediti	4.000,00	
Perdite su crediti		4.000,00
Utilizzo fondo svalutazione crediti		

In alternativa, si può utilizzare direttamente il *Fondo svalutazione crediti* in Dare e stornare in Avere il credito ritenuto inesigibile. In questo caso la scrittura contabile sarà la seguente:

26/04		
Fondo svalutazione crediti	4.000,00	
Clienti		4.000,00
Utilizzo fondo svalutazione crediti		

Dopo l'utilizzo parziale, il *Fondo svalutazione crediti* avrà un saldo residuo di € 2.000,00:

Fondo svalutazione crediti

Dare	Avere
4.000,00	6.000,00

Se, invece, il *Fondo svalutazione crediti* esistente fosse pari a € 3.000,00, cioè avesse un importo insufficiente a coprire l'intera perdita, si provvederà al suo completo utilizzo e la differenza graverà sul risultato economico dell'esercizio come componente negativo di reddito. Infatti si avrebbe:

26/04		
Perdite su crediti	4.000,00	
Clienti		4.000,00
Stralciato credito per inesigibilità		

26/04		
Fondo svalutazione crediti	3.000,00	
Perdite su crediti		3.000,00
Utilizzo fondo svalutazione crediti		

Dopo tali rilevazioni, i conti *Fondo svalutazione crediti* e *Perdite su crediti* si presenteranno come segue:

Fondo svalutazione crediti

Dare	Avere
3.000,00	3.000,00

Perdite su crediti

Dare	Avere
4.000,00	3.000,00

Il *Fondo svalutazione crediti* risulterà chiuso, mentre il conto *Perdite su crediti* presenterà un saldo di € 1.000,00 che rappresenta la perdita non coperta dal fondo che grava sul reddito di esercizio come componente negativo di reddito.

Alternativamente, con un'unica scrittura contabile, si potrà rilevare lo stralcio del credito nel seguente modo:

26/04		
Fondo svalutazione crediti	3.000,00	
Perdite su crediti	1.000,00	
Clienti		4.000,00
Stralciato credito ritenuto inesigibile		

È evidente che in assenza del *Fondo svalutazione crediti*, l'intera perdita graverà sul risultato economico dell'esercizio.

In questo caso la rilevazione contabile sarebbe:

26/04		
Perdite su crediti	4.000,00	
Clienti		4.000,00
Stralciato credito per inesigibilità		

6.7. L'utilizzo del Fondo TFR

All'atto della cessazione del rapporto di lavoro di un dipendente, occorre corrispondere allo stesso l'indennità di trattamento fine rapporto (TFR) maturata fino a quel momento. Se la cessazione del rapporto di lavoro avviene nel corso dell'esercizio, occorre calcolare l'indennità TFR maturata dal 1° gennaio fino alla data della risoluzione del rapporto. Tale indennità costituisce un componente negativo di reddito di competenza dell'esercizio.

Si ricorda, infatti, che il *Fondo TFR*, che rappresenta il debito maturato nei confronti dei dipendenti, viene aggiornato con cadenza annuale alla chiusura dell'esercizio con le modalità viste in precedenza. In caso di cessazione del rapporto di lavoro nel corso dell'esercizio, occorre dunque tenere conto della quota maturata nell'anno non compresa nel *Fondo TFR*.

Sotto il profilo contabile, si tratta di evidenziare il debito nei confronti del lavoratore, stornando il *Fondo TFR* relativo e contabilizzando, come componente negativo di reddito, l'indennità TFR maturata nel corso dell'anno fino alla data di cessazione del rapporto.

Il debito nei confronti del lavoratore che ha cessato il rapporto, rilevato in Avere del conto *Dipendenti c/liquidazione*, deve essere considerato al netto del credito per contributi per il miglioramento pensioni anticipati dall'azienda per conto dello stesso lavoratore, compresi nel conto *Dipendenti c/recupero contribu-*

ti. All'atto del pagamento, l'azienda, quale sostituto d'imposta, deve effettuare la ritenuta fiscale sulle somme corrisposte al lavoratore, evidenziando un debito nei confronti dell'erario per l'IRPEF da versare.

Si consideri la seguente esemplificazione.

Il 02/08/n avviene la cessazione del rapporto di lavoro di un dipendente il cui relativo Fondo TFR ammonta a € 7.000,00 e l'indennità maturata nell'anno n a € 1.100,00; i contributi per il miglioramento delle pensioni anticipati dall'azienda nell'esercizio n per conto del dipendente sono pari a € 70,00. Si procede alla liquidazione e al pagamento, tramite c/c bancario, della somma spettante al dipendente, effettuando la ritenuta fiscale IRPEF di € 1.900,00.

La scrittura in P.D. relativa alla liquidazione del TFR sarà:

02/08		
Fondo TFR	7.000,00	
Indennità TFR	1.100,00	
Dipendenti c/recupero contributi		70,00
Dipendenti c/liquidazione		8.030,00
Liquidazione del TFR spettante al dipendente		

Per il pagamento si rileverà:

02/08		
Dipendenti c/liquidazione	8.030,00	
Erario c/ritenute IRPEF		1.900,00
Banca c/c		6.130,00
Pagamento del TFR al dipendente		

6.8. L'utilizzo dei fondi rischi ed oneri

I fondi per rischi ed oneri sono utilizzati per coprire le perdite e i costi relativi alle situazioni per le quali erano stati costituiti.

In pratica, i fondi saranno utilizzati per neutralizzare l'impatto economico negativo dovuto al manifestarsi effettivo dell'onere precedentemente stimato (utilizzo dei fondi oneri) o al verificarsi dell'evento sfavorevole in precedenza considerato probabile (utilizzo dei fondi rischi).

L'utilizzo di un fondo per rischi ed oneri può dare luogo a tre diverse situazioni.

La prima, peraltro non molto frequente, riguarda il caso in cui il fondo costituito in precedenza sia di importo uguale a quello dell'onere da fronteggiare. In questo caso si provvederà ad utilizzare interamente il fondo per neutralizzare l'impatto economico negativo della perdita o dell'onere che si è manifestato.

Un'altra situazione riguarda il caso in cui il fondo non sia sufficiente per coprire la perdita o la spesa che si è manifestata. In tale ipotesi, il fondo viene utilizzato per il suo intero ammontare e la parte del costo non coperta dal fondo darà luogo ad una sopravvenienza passiva (si manifesta una maggiore passività rispetto alle previsioni iniziali).

Infine, la terza situazione riguarda il caso in cui il fondo risulti di importo superiore a quello della perdita o dell'onere da coprire. In tal caso il fondo verrà utilizzato per un importo pari a quello del costo da coprire e l'eccedenza darà luogo ad un'insussistenza attiva (viene meno una parte della passività precedentemente rilevata).

Le tre situazioni verranno esaminate attraverso la seguente esemplificazione.

Il 15/02, a seguito di sentenza definitiva relativa ad una causa con un fornitore, l'impresa è condannata a pagare € 12.000,00 a titolo di risarcimento.

Il successivo 27/02 si esegue il pagamento tramite c/c bancario.

Si provveda a rilevare l'operazione in P.D. considerando le seguenti tre ipotesi:

a) esiste un *Fondo rischi controversie legali* di € 12.000,00;
b) esiste un *Fondo rischi controversie legali* di € 8.000,00;
c) esiste un *Fondo rischi controversie legali* di € 14.000,00.

Ipotesi a) *Fondo controversie legali* di € 12.000,00

Il 15/02 occorre rilevare in Avere il debito per il risarcimento da pagare al fornitore, in quanto la passività potenziale è diventata, per effetto della sentenza definitiva, una passività certa. La contropartita in Dare non sarà rappresentata da un costo, ma dall'utilizzo del *Fondo controversie legali* costituito in precedenza.

La rilevazione contabile sarà:

15/02		
Fondo controversie legali	12.000,00	
Debiti per risarcimenti		12.000,00
Rilevato debito per risarcimento		

Al momento del pagamento si rileverà:

27/02		
Debiti per risarcimenti	12.000,00	
Banca c/c		12.000,00
Pagato risarcimento		

Ipotesi b) *Fondo controversie legali* di € 8.000,00

In questo caso, il *Fondo controversie legali* verrà utilizzato per l'intero importo, e la parte del risarcimento non coperta dal fondo sarà rilevata come componente negativo di reddito nel conto *Sopravvenienze passive*.

La rilevazione contabile sarà:

15/02		
Fondo controversie legali	8.000,00	
Sopravvenienze passive	4.000,00	
Debiti per risarcimenti		12.000,00
Rilevato debito per risarcimento		

La rilevazione del pagamento sarà analoga a quella del caso precedente.

Ipotesi c) *Fondo controversie legali* di € 14.000,00

In tale ipotesi, il saldo del conto *Fondo controversie legali* risulta superiore rispetto alla perdita per il risarcimento da coprire; il fondo verrà utilizzato per la copertura della perdita, mentre l'eccedenza varrà rilevata come componente positivo di reddito nel conto *Insussistenze attive.*

La scrittura in P.D. sarà la seguente:

15/02		
Fondo controversie legali	14.000,00	
Debiti per risarcimento		12.000,00
Insussistenze attive		2.000,00
Rilevato debito per risarcimento		

Seguirà la rilevazione del pagamento come nei casi precedenti.

6.9. La dismissione dei beni ammortizzabili e l'utilizzo del Fondo ammortamento

La cessione di un bene a fecondità ripetuta è effettuata quando lo stesso non viene più utilizzato nei cicli produttivi aziendali. Ciò può essere dovuto, ad esempio, alla necessità di sostituire dei beni con altri più efficienti o anche all'esigenza di ridimensionare l'attività aziendale.

In ogni caso, attraverso la cessione del cespite a terze economie, lo stesso trova, almeno parzialmente, realizzo diretto.

Dal punto di vista contabile è necessario, innanzi tutto, stornare il *Fondo ammortamento* con contropartita il cespite al quale si riferisce, in modo da evidenziare il valore netto contabile del bene. Si ricorda, infatti, che il *Fondo ammortamento* costituisce una posta rettificativa del conto acceso al costo pluriennale. Successivamente, si deve rilevare l'emissione della fattura relativa alla cessione del cespite, evidenziando in Dare un credito per l'importo da riscuotere (prezzo di vendita + IVA), mentre in Avere si rileverà il debito verso l'erario per l'IVA e nel conto acceso al cespite la variazione economica positiva relativa al valore di cessione.

Infine, se il prezzo di vendita non coincide con il valore netto contabile, occorre contabilizzare il risultato positivo o negativo emergente dall'operazione.

In particolare, se l'importo ricavato dalla vendita risulta superiore al valore netto contabile, si rileverà un componente positivo di reddito, detto plusvalenza. Se, viceversa, il prezzo di cessione risulta inferiore al valore netto contabile, dovrà essere contabilizzato un componente negativo di reddito, denominato minusvalenza. Per chiarire le modalità di rilevazione della cessione di un cespite ammortizzabile si propone la seguente esemplificazione.

Il 05/11 si cede per € 18.000,00 + IVA 22% un impianto avente un costo storico di € 70.000,00 e il cui fondo ammortamento ammonta a € 56.000,00.

Poiché il prezzo di vendita (€ 18.000,00) supera il valore netto contabile (€ 70.000,00 – € 56.000,00 = € 14.000,00), la differenza costituisce una plusvalenza.

prezzo di vendita:	18.000,00
(-) valore netto contabile (70.000,00 – 56.000,00):	(-) 14.000,00
plusvalenza:	4.000,00

La scrittura contabile relativa allo storno del fondo ammortamento sarà:

05/11		
F.do amm.to impianti	56.000,00	
Impianti		56.000,00
Stornato fondo ammortamento impianto ceduto		

Per l'emissione della fattura si avrà:

05/11		
Clienti	21.960,00	
Impianti		18.000,00
IVA a debito		3.960,00
Emessa fattura n.... per cessione impianto		

Eseguite queste rilevazioni contabili, il *Fondo ammortamento impianti* risulterà chiuso, mentre il conto *Impianti* si presenterà nel seguente modo:

Impianti

Dare	Avere
70.000,00	56.000,00
	18.000,00

Il saldo (Avere) del conto *Impianti* (€ 4.000,00) evidenzia il maggior valore recuperato del cespite (indirettamente con gli ammortamenti e direttamente con la cessione) rispetto al suo costo storico originario e corrisponde pertanto ad una plusvalenza.

Si dovrà, pertanto, chiudere il conto *Impianti* in Dare e rilevare, come contropartita in Avere, il componente positivo di reddito nel conto *Plusvalenze*.

La scrittura in P.D. sarà:

05/11		
Impianti	4.000,00	
Plusvalenze		4.000,00
Rilevata plusvalenza da alienazione impianti		

Si consideri ora il caso in cui il prezzo di cessione del cespite risulti inferiore al suo valore netto contabile.

Il 05/11 si cede per € 9.000,00 + IVA 22% un impianto avente uni costo storico di € 70.000,00 e il cui fondo ammortamento ammonta a € 56.000,00.

I conteggi relativi all'operazione evidenziano una minusvalenza.
Infatti:

prezzo di vendita:	9.000,00
(-) valore netto contabile (70.000,00 – 56.000,00)	(-) 14.000,00
minusvalenza:	(-) 5.000,00

La scrittura in P.D. relativa allo storno del fondo ammortamento sarà:

05/11		
F.do amm.to impianti	56.000,00	
Impianti		56.000,00
Stornato fondo ammortamento impianto ceduto		

Per l'emissione della fattura si rileverà:

05/11		
Clienti	10.980,00	
Impianti		9.000,00
IVA a debito		1.980,00
Emessa fattura n.... per cessione impianto		

Dopo aver effettuato queste rilevazioni contabili, il *Fondo ammortamento impianti* risulterà chiuso, mentre il conto *Impianti* avrà le seguenti risultanze:

Impianti

Dare	Avere
70.000,00	56.000,00
	9.000,00

Il saldo (Dare) del conto *Impianti* (€ 5.000,00) evidenzia il minor valore recuperato del cespite (indirettamente con gli ammortamenti e direttamente con la cessione) rispetto al suo costo storico originario e corrisponde pertanto ad una minusvalenza.

Occorre chiudere il conto *Impianti* in Avere e rilevare, come contropartita in Dare, il componente negativo di reddito nel conto *Minusvalenze*.

La scrittura in P.D. sarà:

05/11		
Minusvalenze	5.000,00	
Impianti		5.000,00
Rilevata minusvalenza da alienazione impianti		

IL CASO BIO-BREW S.p.A. (PARTE PRIMA)

Questo caso applicativo ha l'obiettivo di sintetizzare le principali rilevazioni contabili sviluppate nei capitoli precedenti. Lo stesso caso verrà ripreso al termine del capitolo 12 per sintetizzare le rilevazioni contabili che saranno sviluppate nella parte successiva del lavoro.

La Bio-Brew S.p.A. è un'impresa industriale che produce una birra chiara ottenuta da materie prime biologiche. Il processo produttivo prende avvio con l'acquisizione delle materie prime (malto, acqua, luppolo e lievito), prosegue con la trasformazione e fermentazione del mosto liquido ottenuto e si conclude con l'imbottigliamento.

Al 30/11/n la situazione dei conti della Bio-Brew è la seguente:

CONTO	DARE	AVERE
Costi di impianto	37.000,00	
Software	4.500,00	
Fabbricati	270.000,00	
Impianti e macchinari	120.000,00	
Attrezzature industriali	60.000,00	
Clienti Italia	286.350,00	
Cambiali attive commerciali	115.000,00	
Dipendenti c/recupero contributi	1.225,00	
Iva a credito	12.360,00	
Erario c/acconto Irap	16.480,00	
Erario c/acconto Ires	124.302,00	
Banca x c/c	269.918,00	
Cassa contanti	2.560,00	
Capitale Sociale		350.000,00
Riserva legale		1.890,00
F.do amm.to fabbricati		20.250,00
F.do amm.to impianti e macchinari		25.200,00
F.do amm.to attrezzature industriali		6.000,00
F.do amm.to software		2.250,00
F.do amm.to costi di impianto		22.200,00
F.do svalutazione crediti		12.560,00
Fondo TFR		45.320,00

CONTO	DARE	AVERE
Mutui passivi		189.350,00
Fornitori Italia		138.136,00
Cambiali passive		112.512,00
Debiti vs. amministratori per compensi		18.000,00
Banca y c/c		121.100,00
Erario c/ritenute IRPEF		3.800,00
Iva a debito		11.800,00
Prodotti c/vendite		2.078.410,00
Proventi diversi		19.370,00
Contributo c/esercizio		32.400,00
Materie c/acquisti	876.500,00	
Variazione rimanenze materie	87.300,00	
Variazione rimanenze prodotti	252.000,00	
Spese per prestazioni di servizi	97.856,00	
Stipendi e salari	245.000,00	
Oneri sociali	86.230,00	
Oneri bancari	1.356,00	
Premi assicurativi	64.300,00	
Oneri diversi di gestione	164.555,00	
Interessi passivi su mutui	15.220,00	
Interessi passivi c/c	86,00	
Insussistenze passive	450,00	
TOTALI	3.210.548,00	3.210.548,00

Nel mese di dicembre, la Bio-Brew S.p.A. deve contabilizzare i seguenti fatti amministrativi:

1) In data 02/12 si emette la fattura n. 286 relativa alla vendita di 2.000 bottiglie di birra al prezzo unitario di € 5,60 + IVA 22%. In fattura vengono addebitate anche le spese relative al trasporto, che l'azienda provvede ad effettuare con i mezzi propri, pari a € 210,00, e gli interessi per la dilazione di pagamento calcolati al tasso del 2%. Regolamento a 120 giorni tramite bonifico bancario.

L'importo su cui calcolare gli interessi è dato dalla somma del costo dei prodotti ceduti, del trasporto e dell'IVA come di seguito riportato:

Ricavi vendita birra	€	11.200,00
Rimborso spese di trasporto	€	210,00
Imponibile	€	11.410,00
IVA 22%	€	2.510,20
Totale	€	13.920,20

L'importo così ottenuto deve essere maggiorato degli interessi che, ai sensi dell'art.10, DPR 633/1972, sono esenti da IVA.

$$\text{Interessi: } \frac{13.920{,}20 \times 2 \times 120}{36.500} = 91{,}53$$

La rilevazione in partita doppia sarà:

02/12		
Clienti Italia	14.011,73	
Prodotti c/vendite		11.200,00
Rimborso spese di trasporto		210,00
IVA a debito		2.510,20
Interessi attivi vs. clienti		91,53
Emessa fatt. n.286 per la vendita di prodotti		

2) In data 10/12 si accerta la falsità di una banconota da € 100,00.

10/12		
Insussistenze passive	100,00	
Cassa contanti		100,00
Accertata falsità di una banconota		

3) Il 10/12 si paga, tramite la Banca x, un anticipo ai dipendenti sulla mensilità di dicembre per complessivi € 7.000,00.

10/12		
Dipendenti c/anticipi	7.000,00	
Banca x c/c		7.000,00
Corrisposto anticipo ai dipendenti		

4) Il 12/12 si riceve la fattura n. 415 da un fornitore italiano a seguito dell'acquisto di luppoli per € 500,00 + IVA 10%. Poiché le materie ricevute non sono conformi all'ordine, si procede in data 13/12 alla restituzione di parte di esse per un valore di € 45,00 + IVA 10%. In giornata si riceve nota di credito n. 330 con variazione IVA. Il giorno dopo, a regolamento del saldo, si emette un assegno di € 500,00 tratto sulla Banca x.

12/12		
Materie c/acquisti	500,00	
IVA a credito	50,00	
Fornitori Italia		550,00
Ricevuta fatt. n. 415 per acquisto materie prime		
13/12		
Fornitori Italia	49,50	
Resi su acquisti		45,00
IVA a credito		4,50
Ricevuta nota di credito n. 330		

Per quanto concerne il regolamento, si noti che il debito effettivo nei confronti del fornitore ammonta a € 500,50 (€ 550,00 – € 49,50). A seguito di un accordo con il fornitore, la posizione viene chiusa attraverso l'emissione di un assegno di € 500,00, originando un abbuono attivo per la differenza.

14/12		
Fornitori Italia	500,50	
Abbuoni attivi		0,50
Banca x c/c		500,00
Regolata fatt. n. 415, al netto della nota di credito		

5) Il 15/12 si liquida l'IVA relativa al mese di novembre e si predispone il modello F24 in cui viene regolata anche la posizione IRPEF. L'importo da versare viene in parte compensato con il credito IVA e, per la restante parte, si effettua il pagamento tramite c/c Banca y.

Per la liquidazione dell'IVA relativa al mese di novembre bisogna far riferimento ai saldi dell'IVA a credito e dell'IVA a debito risultanti dalla situazione dei conti al 30/11.

15/12		
Erario c/IVA	12.360,00	
IVA a credito		12.360,00
Liquidata IVA a credito mese di novembre		
15/12		
IVA a debito	11.800,00	
Erario c/IVA		11.800,00
Liquidata IVA a debito mese di novembre		

La liquidazione dell'IVA di novembre determina una posizione creditoria nei confronti dell'erario di € 560,00 (€ 12.360,00 – € 11.800,00). La situazione dei conti riporta il debito nei confronti dell'erario per l'IRPEF di novembre pari a € 3.800,00 che, nel modello F24, può essere compensato con altri crediti di natura fiscale, tra i quali quelli relativi all'IVA. La rilevazione sarà:

15/12		
Erario c/ritenute IRPEF	3.800,00	
Erario c/IVA		560,00
Banca y c/c		3.240,00
Regolarizzata posizione IVA e IRPEF di novembre		

6) In data 18/12 si riceve la fattura n. 137 relativa al canone annuale per le manutenzioni sui macchinari (periodo 1/12/n – 1/12/n+1) per € 7.000,00 + IVA 22%. Per il regolamento si gira, in giornata, una cambiale in portafoglio di euro 7.200,00 e per la restante parte si emette un assegno bancario tratto sulla Banca x.

18/12		
Spese di manutenzione	7.000,00	
IVA a credito	1.540,00	
Fornitori Italia		8.540,00
Ricevuta fatt. n.137 per canone annuale manutenzione		
18/12		
Fornitori Italia	8.540,00	
Cambiali attive commerciali		7.200,00
Banca x c/c		1.340,00
Regolata fatt. n. 137		

7) Il 20/12 si riceve la parcella n. 91 del commercialista, in cui risultano compensi lordi per € 2.700,00, contributo del 4% alla Cassa Nazionale di Previdenza e Iva al 22%. In giornata si incassa la fattura tramite bonifico bancario (Banca x), effettuando la ritenuta d'acconto del 20%.

Compenso lordo	€	2.700,00
(+) Contributo 4% CNPADC	€	108,00
Imponibile IVA	€	2.808,00
(+) IVA 22%	€	617,76
Totale fattura	€	3.425,76
(-) ritenute IRPEF (su € 2.700)	€	(540,00)
Netto da pagare	€	2.885,76

20/12		
Consulenze professionali	2.808,00	
IVA a credito	617,76	
Fornitori Italia		3.425,76
Ricevuta parcella n. 91		
20/12		
Fornitori Italia	3.425,76	
Erario c/ritenute IRPEF		540,00
Banca x c/c		2.885,76
Pagata parcella n. 91		

8) Il 27/12: si liquidano e si pagano, tramite c/c Banca x, gli stipendi relativi al mese di dicembre così composti (si tenga conto degli anticipi corrisposti il 10/12):

Stipendi e salari	€	45.000,00
Assegni familiari	€	320,00
	€	45.320,00
(-) Ritenute INPS dipendenti	€	(4.275,00)
(-) Ritenute IRPEF dipendenti	€	(12.600,00)
Netto	€	28.445,00

I contributi a carico dell'azienda ammontano a € 15.700,00, mentre i contributi per il miglioramento delle pensioni a carico dei lavoratori anticipati dall'azienda ammontano allo 0,50% degli stipendi lordi.

Questa operazione si articola in tre momenti: quello della liquidazione degli stipendi, in cui si determina l'ammontare del debito nei confronti dei dipendenti; quello del pagamento, in cui si registra l'uscita di denaro dal c/c e si stornano gli anticipi corrisposti; quello della liquidazione degli oneri sociali, in cui si quantifica il debito nei confronti degli enti previdenziali.

27/12		
Stipendi e salari	45.000,00	
Enti previdenziali	320,00	
Dipendenti c/retribuzioni		45.320,00
Liquidati stipendi di dicembre		
27/12		
Dipendenti c/retribuzioni	45.320,00	
Enti previdenziali		4.275,00
Erario c/ritenute IRPEF		12.600,00
Dipendenti c/anticipi		7.000,00
Banca x c/c		21.445,00
Pagati stipendi di dicembre		
27/12		
Oneri sociali	15.700,00	
Dipendenti c/recupero contributi	225,00	
Enti previdenziali		15.925,00
Liquidati oneri sociali a carico dell'azienda		

9) Il 28/12 si riceve una fornitura di malto per € 18.000,00 accompagnata da DDT e soggetta a fatturazione differita.

Il fatto amministrativo non comporta, in questa sede, alcuna rilevazione. Infatti, durante l'esercizio, gli acquisti vengono contabilizzati nel momento in cui si riceve la fattura (nel caso in esame a gennaio). Tuttavia al 31/12, in sede di assestamento dei conti, il principio di competenza economica esige che il costo delle materie ricevute venga imputato all'esercizio in chiusura, rilevando in contropartita il sorgere di un debito presunto verso il fornitore. Si rinvia pertanto alle scritture di assestamento per la rilevazione delle *Fatture da ricevere*.

10) In data 31/12 si paga tramite la Banca x la rata del mutuo composta da € 15.000,00 di quota capitale e € 1.700,00 di quota interessi.

31/12		
Mutui passivi	15.000,00	
Interessi passivi su mutui	1.700,00	
Banca x c/c		16.700,00
Pagata rata mutuo		

Successivamente, la Bio-Brew S.p.A. redige le scritture di assestamento:

a) Nel corso dell'anno, il mastro birraio ha avviato la produzione di un nuovo prodotto, una birra scura, la cui ricetta è stata studiata internamente. I costi capitalizzabili sostenuti durante l'esercizio (materiale di laboratorio e quota parte degli stipendi del mastro birraio) ammontano complessivamente a € 15.000,00.

31/12		
Costi di sviluppo	15.000,00	
Incrementi di immobilizzazioni per lavori interni		15.000,00
Capitalizzate spese ad utilità pluriennale		

b) Dall'estratto conto bancario del mese di dicembre della Banca x risultano oneri bancari per € 212,00 e interessi attivi per € 23,00 (ritenuta IRES 26%).

31/12		
Oneri bancari	212,00	
Erario c/ritenute IRES	5,98	
Interessi attivi c/c		23,00
Banca x c/c		194,98
Liquidate competenze estratto conto bancario		

c) Dall'estratto conto della Banca y risultano interessi passivi per € 107,80 e oneri bancari per euro 36,00.

31/12		
Interessi passivi c/c	107,80	
Oneri bancari	36,00	
Banca y c/c		143,80
Liquidate competenze estratto conto bancario		

d) Il 01/03/n+1 si dovrà pagare il compenso annuo posticipato di € 1.500,00 alla società esterna che cura il servizio di giardinaggio delle aree verdi aziendali.

Costo servizio giardinaggio: 1.500,00
Mesi totali: 12
Mesi di competenza dell'anno n (dal 01/03/n al 31/12/n): 10

$$1.500,00 : 12 = X : 10 \rightarrow X = (1.500,00 \times 10) / 12 = 1.250,00$$

31/12		
Spese per prestazioni di servizi	1.250,00	
Ratei passivi		1.250,00
Assestata competenza spese posticipate giardinaggio		

e) Si assesti la competenza in relazione a quanto indicato ai punti 1, 6 e 9;

Nel punto 1) si sono addebitati al cliente gli interessi di dilazione. Al 31/12 occorre assestare questo componente di reddito – che ha avuto manifestazione finanziaria anticipata – mediante lo storno della quota di competenza dell'esercizio successivo.

Interessi attivi vs. clienti: 91,53
Giorni totali: 120
Giorni di competenza dell'anno n+1 (dal 01/01/n+1 al 01/04/n+1): 91

$$91{,}53 : 120 = X : 91 \rightarrow X = (91{,}53 \times 91) / 120 = 69{,}41$$

31/12		
Interessi attivi vs. clienti	69,41	
Risconti passivi		69,41
Assestata competenza interessi attivi vs. clienti		

Nel punto 6) è stato rilevato il canone annuale per la manutenzione sui macchinari per il periodo 1/12/n – 1/12/n+1. In questa sede occorre assestarne la competenza, rinviando all'esercizio n+1 la relativa quota di competenza.

Spese di manutenzione: 7.000,00
Mesi totali: 12
Mesi di competenza dell'anno n+1 (dal 01/01/n+1 al 01/12/n+1): 11

$$7.000{,}00 : 12 = X : 11 \rightarrow X = (7.000{,}00 \times 11) / 12 = 6.416{,}67$$

31/12		
Risconti attivi	6.416,67	
Spese di manutenzione		6.416,67
Assestata competenza spese manutenzione anticipate		

Infine, il punto 9) riguardava il ricevimento di materie prime con DDT. In sede di assestamento occorre imputare il costo relativo alle materie ricevute, rilevando in contropartita il sorgere di un debito presunto.

31/12		
Materie c/acquisti	18.000,00	
Fatture da ricevere		18.000,00
Rilevata materie ricevuta con DDT, in attesa di fattura		

f) Il 01/02/n+1 si incasserà il canone semestrale posticipato di € 20.600,00 relativo alla concessione in affitto di un locale adibito a magazzino.

Canone affitto laboratorio: 20.600,00
Mesi totali: 6
Mesi di competenza dell'anno n (dal 01/08/n al 31/12/n): 5

20.600,00: 6 = X: 5 → X = (20.600,00 × 5) / 6 = 17.166,67

31/12		
Ratei attivi	17.166,67	
Fitti attivi		17.166,67
Assestata competenza canone affitto laboratorio		

g) In data 01/04/n è stato pagato un premio assicurativo annuale di euro 64.300,00 (scadenza 01/04/n+1).

Premio assicurativo: 64.300,00
Mesi totali: 12
Mesi di competenza dell'anno n+1 (dal 01/01/n+1 al 01/04/n+1): 3

64.300,00: 12 = X : 3 → X = (64.300,00 × 3) / 12 = 16.075,00

31/12		
Risconti attivi	16.075,00	
Premi assicurativi		16.075,00
Assestata competenza premio assicurativo annuo		

h) L'indennità TFR di competenza dell'esercizio è pari a € 22.000,00 [1].

31/12		
Indennità TFR	22.000,00	
Dipendenti c/recupero contributi		1.450,00
Fondo TFR		20.550,00
Liquidato TFR di competenza dell'esercizio		

i) Gli ammortamenti sono calcolati secondo le seguenti aliquote: fabbricati 3%, impianti e macchinari 14%, attrezzature industriali 20%, software 50%, costi di impianto 20%, costi di sviluppo 20%

[1] In questa sede si è trascurata la contabilizzazione dell'imposta sostitutiva che grava sulla quota di rivalutazione del TFR.

Amm.to fabbricati	270.000,00	x	3% =	8.100,00
Amm.to impianti e macchinari	120.000,00	x	14% =	16.800,00
Amm.to attrezzature industriali	60.000,00	x	20% =	12.000,00
Amm.to software	4.500,00	x	50% =	2.250,00
Amm.to costi di impianto	37.000,00	x	20% =	7.400,00
Amm.to costi di sviluppo	15,000,00	x	20% =	3.000,00

31/12		
Ammortamento fabbricati	8.100,00	
Ammortamento impianti e macchinari	16.800,00	
Ammortamento attrezzature industriali	12.000,00	
Fondo ammortamento fabbricati		8.100,00
Fondo ammortamento impianti e macchinari		16.800,00
Fondo ammortamento attrezzature industriali		12.000,00
Rilevati ammortamenti immobilizzazioni materiali		
31/12		
Ammortamento software	2.250,00	
Ammortamento costi di impianto	7.400,00	
Ammortamento costi di sviluppo	3.000,00	
Fondo ammortamento software		2.250,00
Fondo ammortamento costi di impianto		7.400,00
Fondo ammortamento costi di sviluppo		3.000,00
Rilevati ammortamenti immobilizzazioni immateriali		

j) Le rimanenze finali di malto sono pari a € 90.000,00 mentre quelle di birra sono valutate € 130.000,00.

31/12		
Magazzino materie	90.000,00	
Magazzino prodotti	130.000,00	
Variazione rimanenze materie		90.000,00
Variazione rimanenze prodotti		130.000,00
Rilevate rimanenze finali di materie e prodotti		

k) Si adegua il fondo svalutazione crediti nella misura del 2% dei crediti commerciali esistenti al 31/12.

L'operazione di adeguamento è finalizzata ad ottenere un fondo svalutazione crediti pari al 2% dei crediti commerciali esistenti al 31/12. La prima fase consiste pertanto nel determinare tale valore secondo la seguente modalità:

saldo crediti vs. clienti:	300.361,73
saldo cambiali attive:	107.800,00
totale crediti commerciali:	408.161,73

valore finale del fondo (adeguato): 408.161,73 × 2% = 8.163,23

Il valore del fondo svalutazione crediti "adeguato" dovrà essere pari a € 8.163,24. Dalla situazione dei conti al 30/11 emerge che il fondo esistente (€ 12.560,00) è superiore a tale importo pertanto occorre ridurne la consistenza, rilevando una *sopravvenienza attiva* per la differenza.

fondo svalutazione esistente:	12.560,00
valore finale del fondo:	8.163,23
sopravvenienza attiva:	4.396,77

31/12		
Fondo svalutazione crediti	4.396,77	
Sopravvenienze attive		4.396,77
Adeguato fondo svalutazione crediti al 2%		

l) L'IRES di competenza è pari a € 99.837,00 e l'IRAP a € 30.421,00.

31/12		
IRES d'esercizio	99.837,00	
Erario c/IRES	24.470,98	
Erario c/acconto IRES		124.302,00
Erario c/ritenute IRES		5,98
Liquidata IRES d'esercizio		
31/12		
IRAP d'esercizio	30.421,00	
Erario c/acconto IRAP		16.480,00
Erario c/IRAP		13.941,00
Liquidata IRAP d'esercizio		

Prima di chiudere i conti si liquida l'IVA del mese di dicembre secondo le movimentazioni di cui ai punti 1, 4, 6 e 7.

31/12		
Erario c/IVA	2.203,26	
IVA a credito		2.203,26
Liquidata IVA a credito mese di dicembre		
31/12		
IVA a debito	2.510,20	
Erario c/IVA		2.510,20
Liquidata IVA a debito mese di dicembre		

La Bio-Brew S.p.A. procede quindi alla chiusura dei conti e alla determinazione del reddito d'esercizio e del capitale di funzionamento.

31/12		
Conto Economico	1.945.283,13	
Materie c/acquisti		895.000,00
Spese per prestazioni di servizi		99.106,00
Spese di manutenzione		583,33
Consulenze professionali		2.808,00
Oneri bancari		1.604,00
Premi assicurativi		48.225,00
Stipendi e salari		290.000,00
Oneri sociali		101.930,00
Indennità TFR		22.000,00
Ammortamento software		2.250,00
Ammortamento costi d'impianto		7.400,00
Ammortamento costi di sviluppo		3.000,00
Ammortamento fabbricati		8.100,00
Ammortamento impianti e macchinari		16.800,00
Ammortamento attrezzature industriali		12.000,00
Variazione rimanenze prodotti		122.000,00
Oneri diversi di gestione		164.555,00
Insussistenze passive		550,00
Interessi passivi su mutui		16.920,00
Interessi passivi c/c		193,80
IRES d'esercizio		99.837,00
IRAP d'esercizio		30.421,00
Epilogo componenti negativi di reddito		
31/12		
Prodotti c/vendite	2.089.610,00	
Resi su acquisti	45,00	
Abbuoni attivi	0,50	
Variazione rimanenze materie	2.700,00	
Incrementi di immobilizzazioni per lavori interni	15.000,00	
Proventi diversi	19.370,00	
Rimborso spese di trasporto	210,00	
Sopravvenienze attive	4.396,77	
Fitti attivi	17.166,67	
Contributo c/esercizio	32.400,00	
Interessi attivi vs. clienti	22,12	
Interessi attivi c/c	23,00	
Conto Economico		2.180.944,06
Epilogo componenti positivi di reddito		
31/12		
Conto Economico	235.660,93	
Utile dell'esercizio *n*		235.660,93
Rilevato utile d'esercizio		
31/12		
Stato Patrimoniale finale	1.421.103,31	
Costi d'impianto		37.000,00
Software		4.500,00

Costi di sviluppo		15.000,00
Fabbricati		270.000,00
Impianti e macchinari		120.000,00
Attrezzature industriali		60.000,00
Magazzino materie		90.000,00
Magazzino prodotti		130.000,00
Clienti Italia		300.361,73
Cambiali attive commerciali		107.800,00
Erario c/IRES		24.470,98
Banca x c/c		219.852,26
Cassa contanti		2.460,00
Risconti attivi		22.491,67
Ratei attivi		17.166,67
Chiusura dei conti accesi alle attività		
31/12		
Capitale sociale	350.000,00	
Riserva legale	1.890,00	
Utile dell'esercizio *n*	235.660,93	
Fondo ammortamento software	4.500,00	
Fondo ammortamento costi d'impianto	29.600,00	
Fondo ammortamento costi di sviluppo	3.000,00	
Fondo ammortamento fabbricati	28.350,00	
Fondo ammortamento impianti e macchinari	42.000,00	
Fondo ammortamento attrezzature industriali	18.000,00	
Fondo svalutazione crediti	8.163,23	
Fondo TFR	65.870,00	
Mutui passivi	174.350,00	
Fornitori Italia	138.136,00	
Fatture da ricevere	18.000,00	
Cambiali passive	112.512,00	
Debiti vs. amministratori per compensi	18.000,00	
Banca y c/c	124.483,80	
Erario c/ritenute IRPEF	13.140,00	
Enti previdenziali	19.880,00	
Erario c/IRAP	13.941,00	
Erario c/IVA	306,94	
Ratei passivi	1.250,00	
Risconti passivi	69,41	
Stato Patrimoniale finale		1.421.103,31
Chiusura dei conti accesi alle passività e al netto		

In data 01/01/n+1 la società provvede a riaprire i conti e a contabilizzare i nuovi fatti amministrativi.

01/01		
Costi d'impianto	37.000,00	
Software	4.500,00	
Costi di sviluppo	15.000,00	
Fabbricati	270.000,00	
Impianti e macchinari	120.000,00	
Attrezzature industriali	60.000,00	
Magazzino materie	90.000,00	
Magazzino prodotti	130.000,00	
Clienti Italia	300.361,73	
Cambiali attive commerciali	107.800,00	
Erario c/IRES	24.470,98	
Banca x c/c	219.852,26	
Cassa contanti	2.460,00	
Risconti attivi	22.491,67	
Ratei attivi	17.166,67	
Stato Patrimoniale iniziale		1.421.103,31
Riapertura dei conti accesi alle attività		
01/01		
Stato Patrimoniale iniziale	1.421.103,31	
Capitale sociale		350.000,00
Riserva legale		1.890,00
Utile dell'esercizio *n*		235.660,93
Fondo ammortamento software		4.500,00
Fondo ammortamento costi d'impianto		29.600,00
Fondo ammortamento costi di sviluppo		3.000,00
Fondo ammortamento fabbricati		28.350,00
Fondo ammortamento impianti e macchinari		42.000,00
Fondo svalutazione crediti		8.163,23
Fondo TFR		65.870,00
Mutui passivi		174.350,00
Fornitori Italia		138.136,00
Fatture da ricevere		18.000,00
Cambiali passive		112.512,00
Debiti vs. amministratori per compensi		18.000,00
Banca y c/c		124.483,80
Enti previdenziali		19.880,00
Erario c/IRAP		13.941,00
Erario c/IVA		306,94
Ratei passivi		1.250,00
Risconti passivi		69,41
Capitale sociale		350.000,00
Riserva legale		1.890,00
Riapertura dei conti accesi alle passività e al netto		

1) In data 01/01/n+1 si stornano le rimanenze di magazzino e si girano i risconti ai relativi conti di reddito;

01/01		
Variazione rimanenze materie	90.000,00	
Variazione rimanenze prodotti	130.000,00	
Magazzino materie		90.000,00
Magazzino prodotti		130.000,00
Rilevate rimanenze iniziali di materie e prodotti		
01/01		
Spese di manutenzione	6.416,67	
Risconti attivi		6.416,67
Stornato risconto attivo su spese manutenzione		
01/01		
Risconti passivi	69,41	
Interessi attivi vs. clienti		69,41
Stornato risconto passivo su interessi attivi vs. clienti		
01/01		
Premi assicurativi	16.075,00	
Risconti attivi		16.075,00
Stornato risconto attivo su premi assicurativi		

2) Il 07/01/n+1 si riceve la fattura n. 1 relativa al malto acquistato nel mese di dicembre e consegnato con DDT. In fattura è addebitato il costo delle materie per € 18.000,00 + IVA 22%. Per il regolamento si emette in giornata un pagherò.

07/01		
Materie c/acquisti	18.000,00	
IVA a credito	3.960,00	
Fornitori Italia		21.960,00
Ricevuta fatt. n. 1 per materie consegnate a dicembre		
07/01		
Fornitori Italia	21.960,00	
Cambiali passive		21.960,00
Regolata fatt. n. 1		
07/01		
Fatture da ricevere	18.000,00	
Materie c/acquisti		18.000,00
Chiusura fatture da ricevere rilevate a dicembre		

3) Il 01/02/n+1 si emette la fattura n. 42 relativa all'affitto del magazzino (di cui al punto *f)* delle scritture di assestamento). Nel documento sono addebitati € 20.600,00 + IVA 22% da regolare a 60 giorni tramite bonifico bancario.

01/02		
Clienti Italia	25.132,00	
Fitti attivi		20.600,00
IVA a debito		4.532,00
Emessa fatt. 42 per affitto magazzino		
01/02		
Fitti attivi	17.166,67	
Ratei attivi		17.166,67
Chiusura ratei attivi rilevati a dicembre		

4) Il 01/03/n+1 si riceve la fattura n. 38 dalla società esterna che cura il servizio di giardinaggio delle aree verdi aziendali (si veda punto *d)* scritture di assestamento). Nel documento sono addebitate spese posticipate (relative al periodo 01/03/n – 01/03/n+1) per € 1.500,00 + IVA 22%. Regolamento in giornata tramite giroconto bancario (Banca x).

01/03		
Spese per prestazioni di servizi	1.500,00	
IVA a credito	330,00	
Fornitori Italia		1.830,00
Rilevata fatt. 38 per servizio giardinaggio		
01/03		
Ratei passivi	1.250,00	
Spese per prestazioni di servizi		1.250,00
Chiusura ratei passivi rilevati a dicembre		
01/03		
Fornitori Italia	1.830,00	
Banca x c/c		1.830,00
Regolata fatt. n. 38		

Capitolo settimo

LE OPERAZIONI IN CAMBI E IL COMMERCIO ESTERO

7.1. I cambi esteri

Lo sviluppo dell'economia, la continua ricerca di nuovi mercati di sbocco, il miglioramento dei mezzi di comunicazione e di trasporto hanno determinato un notevole incremento delle transazioni internazionali. Il commercio internazionale determina uno spostamento di beni e di risorse finanziarie tra diversi paesi che utilizzano differenti unità monetarie. Più in particolare, le *importazioni* riguardano gli acquisti di beni e servizi effettuati da operatori nazionali nei mercati esteri, mentre le *esportazioni* sono relative alle vendite concluse da operatori nazionali con clienti esteri. Si pone pertanto il problema di convertire in unità monetarie nazionali i valori espressi in moneta estera.

Allo scopo, è necessario riferirsi ai *tassi di cambio*, o più semplicemente ai *cambi*, ossia ai prezzi (*corsi*) ai quali è possibile scambiare le valute dei diversi paesi. Oltre che nel significato di rapporto tra il valore di diverse valute, il termine cambio viene anche utilizzato per indicare l'operazione materiale attraverso la quale si cede una determinata quantità di valuta contro (in cambio di) una certa quantità di un'altra valuta.

Le operazioni in cambi si suddividono in:

a) operazioni di *cambio manuale*, che riguardano banconote e monete negoziate da privati che necessitano di valuta estera per diversi scopi (turismo, studio, ecc.);

b) operazioni di *cambio traiettizio*, che riguardano crediti in valuta estera (espressi anche sotto forma di titoli di credito), detti divise, negoziati per i regolamenti delle transazioni commerciali.

7.1.1. *I sistemi di quotazione dei cambi*

Il rapporto di cambio, utilizzato ogni qualvolta occorra convertire in moneta nazionale un importo espresso in moneta estera (e viceversa), stabilisce la relazione in termini di valore tra due diverse valute.

Nella realtà operativa esistono due sistemi per esprimere il rapporto di cambio:

1) cambio certo per incerto, denominato anche *volume quotation system* (sistema di quotazione volume);
2) cambio incerto per certo, denominato anche *price quotation system* (sistema di quotazione prezzo).

Con il primo sistema di quotazione si esprime la quantità variabile (incerta) di moneta estera che è possibile acquistare con una quantità fissa (certa) di moneta nazionale. In altri termini, il sistema in oggetto esprime il "volume" (espresso in valore) di moneta estera acquistabile con una somma fissa di moneta nazionale (di solito una unità).

Volendo esprimere in simboli il sistema di quotazione certo per incerto si ha:

$$\frac{q}{p} = \frac{\text{quantità variabile espressa in moneta estera}}{\text{quantità fissa espressa in moneta nazionale}}$$

Il sistema di quotazione certo per incerto, tradizionalmente adottato, tra gli altri paesi, dalla Gran Bretagna e dagli USA, è ora utilizzato anche nei Paesi UEM (quindi anche in Italia) per esprimere le quotazioni euro.

Così, ad esempio, se in un certo giorno a Milano è possibile scambiare l'euro contro 135,91 yen giapponesi, significa che con un euro (p) è possibile ottenere una quantità di valuta giapponese pari a 135,91 yen (q). Analogamente, se in un certo giorno a New York è possibile scambiare un dollaro americano contro 0,65 Sterline inglesi, significa che con un dollaro (p) è possibile ottenere 65 centesimi di sterlina (q).

Il sistema di quotazione incerto per certo esprime la quantità di moneta nazionale (variabile secondo l'andamento dei mercati e quindi incerta) necessaria ad acquistare una quantità fissa (certa) di moneta estera. In altri termini, con tale tipo di quotazione, si esprime un vero e proprio prezzo in unità monetarie nazionali di una quantità prefissata di un'altra moneta.

Volendo indicare con un'espressione generale il sistema di quotazione incerto per certo si ha:

$$\frac{p}{q} = \frac{\text{quantità variabile espressa in moneta nazionale}}{\text{quantità fissa espressa in moneta estera}}$$

Il sistema di quotazione incerto per certo è adottato in numerose nazioni tra cui quelle europee non aderenti all'Unione Monetaria Europea, con l'eccezione del Regno Unito [1] che, come già visto, utilizza tradizionalmente il sistema certo per incerto.

---

[1] Attualmente parte integrante dell'Unione Europea, ma in attesa degli sviluppi del processo di uscita derivante dall'esito del referendum.

È da notare che nelle dizioni "certo per incerto" e "incerto per certo" il primo termine si riferisce sempre alla moneta nazionale. Così nel primo sistema è certa (fissa) la quantità di moneta nazionale mediante la quale è possibile acquistare una quantità incerta (variabile) di moneta estera; nel secondo sistema è incerta (variabile) la quantità di moneta nazionale necessaria ad acquistare una quantità certa (fissa) di moneta estera.

È facile osservare, infine, come nel sistema certo per incerto i rapporti di cambio siano espressi nelle diverse valute alle quali si riferiscono, mentre con il sistema incerto per certo i rapporti di cambio sono tutti espressi in unità monetarie nazionali.

7.1.2. *La conversione in moneta nazionale degli importi espressi in valuta estera*

Per *conversione* (o *traduzione*) si intende l'operazione con cui un importo espresso in moneta estera viene riespresso, attraverso l'uso dei tassi di cambio, in moneta nazionale. È evidente che tale operazione verrà svolta in modo differente a seconda del sistema di quotazione adottato.

Nel caso di utilizzo del sistema di quotazione certo per incerto (adottato anche dall'Italia), la conversione si esegue dividendo l'importo espresso in valuta estera per il tasso di cambio relativo alla stessa valuta (che esprime la quantità di valuta estera ottenibile con un'unità di moneta nazionale). Così, ad esempio, in Italia l'importo di \$ (Dollari USA) 50.000 con un corso del cambio di Dollari USA 1,2093 contro un euro equivale ad un importo espresso in euro calcolato impostando la seguente proporzione:

$$1 : 1{,}2093 = x : 50.000$$

cioè, se con un euro è possibile ottenere 1,2093 dollari, quanti euro (X) occorrono per ottenere 50.000 dollari? Risolvendo la proporzione si ottiene:

$$x = \frac{50.000{,}00 \times 1}{1{,}2093} = € \, 41.346{,}23$$

Se invece si utilizza il sistema di quotazione incerto per certo la conversione si ottiene moltiplicando l'importo espresso nella valuta estera per il corso del cambio relativo alla stessa valuta (e che rappresenta il prezzo unitario espresso in moneta nazionale). Se, ad esempio, in Svizzera l'importo di euro 70.000 deve essere convertito in Franchi Svizzeri (Chf) ad un corso di Chf 1,0607 contro un Euro si ha:

$$1 : 1{,}0607 = 70.000 : x$$

cioè, se per ottenere un euro occorre pagare un prezzo di 1,0607 franchi svizzeri per ottenere 70.000 euro quanti franchi svizzeri (X) occorre pagare? Risolvendo la proporzione si ottiene:

$$x = \frac{1{,}0607 \times 70.000}{1} = \text{Chf } 74.249{,}00$$

Riepilogando, se si deve convertire in moneta nazionale un importo espresso in valuta estera si dovrà:

- nel sistema di quotazione certo per incerto (utilizzato anche in Italia) dividere l'importo espresso in valuta estera per il tasso di cambio relativo alla stessa valuta;
- nel sistema di quotazione incerto per certo moltiplicare l'importo espresso in valuta estera per il tasso di cambio relativo alla stessa valuta.

7.2. Il commercio estero: aspetti generali

Il sistema delle operazioni commerciali con l'estero comprende tutte le transazioni tra le imprese nazionali e le imprese straniere. Nell'ambito di tali operazioni è necessario distinguere quelle aventi per controparti imprese appartenenti all'Unione Europea (UE) da quelle svolte con imprese ubicate in altri paesi.

Le prime, infatti, danno luogo ai cosiddetti *scambi intracomunitari* che hanno una disciplina doganale e fiscale particolare; le seconde, invece, costituiscono nel loro insieme le *operazioni di import-export.*

7.2.1. *Il regime delle autorizzazioni nelle operazioni di import-export*

Lo svolgimento delle transazioni di import-export è sottoposto ad una serie di adempimenti che variano, tra l'altro, in funzione del tipo di operazioni poste in essere (tipo di merce, paese di provenienza, paese di destinazione, ecc.).

Si distinguono pertanto tre diversi regimi riguardanti le operazioni:

a) regime delle *operazioni a licenza*, per il quale è necessaria l'autorizzazione preventiva (licenza) da parte del Ministero per il commercio estero (ora accorpato al Ministero dello sviluppo economico);

b) regime delle *operazioni a dogana*, per il quale non è prevista alcuna autorizzazione preventiva;

c) regime delle *operazioni a dogana controllata*, per il quale non è richiesta autorizzazione ma è previsto un limite quantitativo (*contingente*) per l'accesso nel territorio nazionale delle singole merci. Tale limite viene fissato per ciascuna dogana con riferimento ai quantitativi dei beni provenienti dai diversi paesi esteri.

Le *dogane* sono organi periferici dell'amministrazione finanziaria che hanno lo scopo di controllare i flussi delle merci in entrata e in uscita dal territorio nazionale.

Più precisamente le principali *funzioni* delle dogane sono:

a) funzioni di *controllo merceologico*, volte a verificare il regime doganale proprio dei singoli beni;

b) funzioni di *controllo valutario*, tese a verificare il corretto adempimento delle norme relative all'entrata e all'uscita di valute;

c) funzioni di *controllo sanitario*, volte a verificare il rispetto delle norme di igiene pubblica;

d) *funzioni fiscali*, svolte attraverso l'esazione dei tributi doganali.

7.2.2. *Le clausole di regolamento tipiche del commercio estero*

I regolamenti relativi alle operazioni di importazione e di esportazione possono avvenire attraverso *rimessa diretta* di contanti o assegni (consegna alla controparte del denaro contante o degli assegni), attraverso *bonifico bancario* (trasferimento di fondi dal conto del debitore al conto del venditore) oppure mediante *tratte documentate* (tratte accompagnate dai documenti relativi alle merci).

Quest'ultima modalità di regolamento è la più diffusa nella realtà operativa e può essere eseguita secondo diverse forme tecniche.

In pratica, l'esportatore spedisce all'importatore la merce accompagnata dalla relativa fattura, dai *documenti rappresentativi* (titoli di credito il cui trasferimento fa assumere la proprietà delle merci) e da una tratta.

Quest'ultima può essere spiccata dall'esportatore direttamente sull'importatore (*tratta diretta*) oppure su una banca indicata dallo stesso importatore (*tratta indiretta o per rimborso di banca*).

Anche quando la tratta è spiccata direttamente sull'importatore le operazioni di trasmissione e controllo dei documenti vengono effettuate di solito attraverso le banche degli operatori, che in questo caso si limitano a prestare un servizio ai clienti.

Se la tratta è spiccata sulla banca dell'importatore, questa, oltre alla prestazione dei servizi suindicati, svolge anche una funzione finanziaria.

In entrambi i casi di regolamento con tratte documentate si possono avere due clausole:

1) D/A, o documenti contro accettazione;

2) D/P, o documenti contro pagamento.

Con la clausola D/A (diretta o per rimborso di banca) i documenti rappresentativi delle merci vengono consegnati all'importatore al momento dell'accettazione della tratta (da parte sua o della sua banca).

Con la clausola D/P (diretta o per rimborso di banca) i documenti rappresentativi delle merci vengono consegnati all'importatore al momento del pagamento della tratta (da parte sua o della sua banca).

Nel caso del regolamento diretto (clausole D/A e D/P dirette) possiamo schematizzare il flusso delle operazioni principali nel seguente modo:

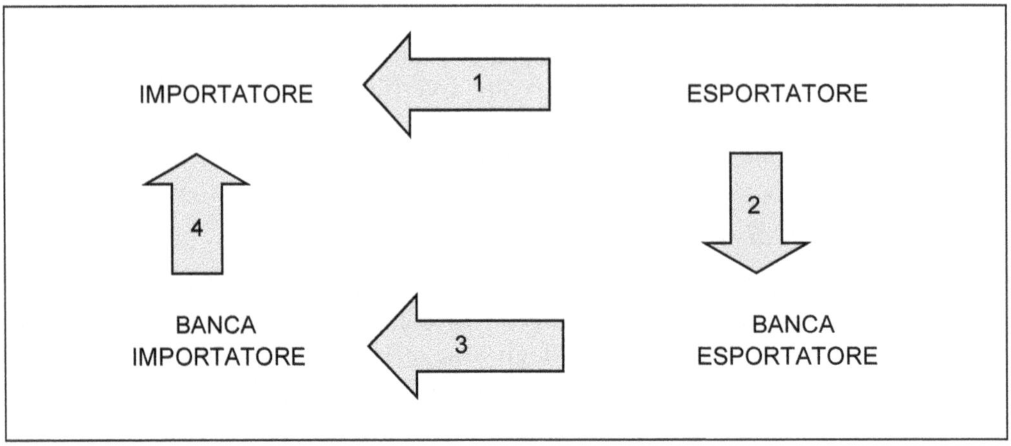

1) l'esportatore spicca tratta nei confronti dell'importatore;

2) l'esportatore invia la tratta e tutti i documenti relativi alle merci alla sua banca;

3) la banca dell'esportatore trasmette la tratta e i documenti alla banca dell'importatore;

4) la banca dell'importatore consegna a quest'ultimo i documenti relativi alle merci all'atto dell'accettazione (clausola D/A) o del pagamento (clausola D/P) della tratta.

Come già accennato in precedenza, si può notare dal flusso delle operazioni sopraindicate che con il regolamento diretto le banche fungono da "intermediari" tra gli operatori esteri.

Nel caso del regolamento per rimborso di banca (clausole D/A e D/P per rimborso di banca) il flusso delle operazioni principali può essere schematizzato nel seguente modo:

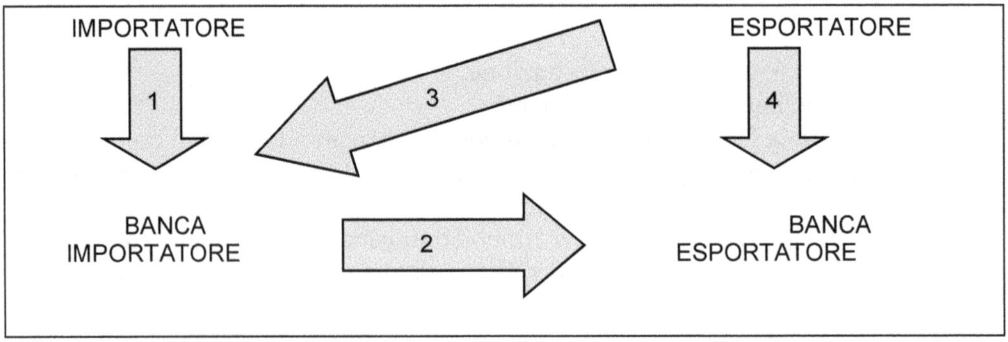

1) l'importatore chiede alla propria banca di accettare (clausola D/A) o di pagare (clausola D/P) la tratta dell'esportatore. Nel primo caso l'importatore ottiene un'*apertura di credito di accettazione*, nel secondo caso un'*apertura di credito di cassa*;

2) la banca dell'importatore chiede alla corrispondente estera, situata nel paese dell'esportatore, di accettare o di pagare la tratta che verrà presentata dallo stesso esportatore;

3) l'esportatore spicca la tratta nei confronti della banca dell'importatore;

4) l'esportatore presenta la tratta per l'accettazione o il pagamento presso la corrispondente della banca dell'importatore, consegnandole i documenti rappresentativi delle merci. Tali documenti verranno poi inviati alla banca dell'importatore che provvederà a consegnarli al cliente. Come è facile notare, nel caso del regolamento per rimborso di banca, oltre ai "servizi di intermediazione", la banca svolge anche il ruolo di finanziatore.

7.3. Le importazioni

Le operazioni di *importazione* vengono solitamente svolte avvalendosi dell'ausilio degli *spedizionieri doganali*, operatori specializzati nelle transazioni commerciali con l'estero. La merce, una volta arrivata in dogana, viene sottoposta ai controlli previsti dai diversi regimi doganali. Deve essere poi successivamente *"sdoganata"* attraverso il pagamento dei *diritti doganali*, nonché assoggettata all'*imposta sul valore aggiunto*.

La legge IVA, infatti, prevede che nei casi di importazioni (da chiunque effettuate) l'IVA deve essere assolta direttamente in dogana. A questo scopo viene compilata, da parte dello spedizioniere che cura l'operazione, la *bolletta doganale*, documento che comprende, tra le altre indicazioni, la base imponibile per il calcolo dell'IVA. La *base imponibile* è data dai seguenti elementi:

– *valore della merce* determinato in base alle norme doganali; se il valore della merce è espresso in valuta estera occorre convertirlo in moneta nazionale utilizzando il *cambio doganale* che viene determinato ogni mese ed ha validità per tutto il mese successivo;

– ammontare dei *diritti doganali*;

– ammontare delle *spese di trasporto* fino al luogo di destinazione all'interno del territorio dell'Unione Europea che figura sul documento di trasporto. Lo spedizioniere provvede dunque al pagamento dell'IVA e dei diritti doganali per conto del cliente, importi che si farà rimborsare attraverso l'emissione di una fattura verso l'importatore, comprensiva delle sue competenze.

7.3.1. *Le rilevazioni contabili delle importazioni*

Si presentano le rilevazioni in P.D. tipiche delle operazioni di importazione, sviluppando la seguente esemplificazione:

Si riceve la fattura estera da un fornitore statunitense per l'acquisto di merci pari a $ 50.000,00, cambio del giorno euro/dollaro 1,245.

L'importo della fattura risulta così determinato:

50.000 / 1,245 = € 40.160,64

La scrittura in P.D. sarà:

../..		
Merci c/acquisti	40.160,64	
Fornitori estero		40.164,00
Ricevuta fattura n. ... esportatore X		

Si riceve la fattura dello spedizioniere doganale che comprende l'IVA assolta in dogana (cambio doganale 1,252), diritti doganali per € 1.500,00 e spese di trasporto per € 2.000,00.

La base imponibile è determinata nel seguente modo:

valore della merce (50.000 / 1,252)	€	39.936,10
diritti doganali	€	1.500,00
spese di trasporto	€	2.000,00
BASE IMPONIBILE	€	43.436,10

IVA 22% su € 43.436,10 = € 9.555,94

La relativa scrittura in P.D. sarà:

../..		
Diritti doganali	1.500,00	
Spese di trasporto	2.000,00	
Iva a credito	9.555,94	
Fornitori		13.055,94
Ricevuta fatt. n. ... dallo spedizioniere Z		

Si effettua il regolamento del debito verso il fornitore estero al cambio del giorno euro/dollaro di 1,239.

L'importo da pagare al fornitore sarà pari a:

50.000 / 1,239 = € 40.355,13

a) regolamento con rimessa diretta di assegni o con bonifico bancario:

../..		
Fornitori esteri	40.160,64	
Perdite su cambi	194,49	
Banca c/c		40.355,13
Regolamento fattura del fornitore estero		

La perdita su cambi esprime un componente negativo di reddito poiché rappresenta il maggior onere che l'impresa sostiene per il mutamento del cambio del giorno del regolamento rispetto al cambio del giorno di acquisto. In caso di un mutamento del cambio favorevole al debitore, quest'ultimo pagherà una somma minore rispetto a quella contabilizzata all'atto dell'acquisto con la conseguente rilevazione di un utile su cambi [2].

Gli utili e le perdite su cambi, rilevati per effetto di variazioni nelle quotazioni delle valute estere intercorse tra la data di effettuazione dell'operazione e la data di regolamento, troveranno indicazione nella voce C.17 *bis* del Conto Economico, *Utili e perdite su cambi.*

b) regolamento con tratta diretta:

b1) accettazione della tratta:

../..		
Fornitori esteri	40.160,64	
Cambiali passive estere		40.160,64
Ns. accettazione tratta del fornitore estero		

[2] Ad esempio, se il cambio del giorno del regolamento fosse pari a 1,249 l'importo da pagare sarebbe pari a € 40.032,03 (50.000 / 1,249) con l'emersione di un utile su cambi pari a € 128,61 (40.160,64 – 40.032,03). La rilevazione contabile, in questo caso, sarà:

../..		
Fornitori esteri	40.160,64	
Utile su cambi		128,61
Banca c/c		40.032,03
Regolamento fattura del fornitore estero		

b2) pagamento della tratta:

../..		
Cambiali passive estere	40.160,64	
Perdite su cambi	194,49	
Banca c/c		40.355,13
Pagamento della tratta tramite banca		

c) regolamento con tratta per rimborso di banca:

c1) accettazione della tratta da parte della banca:

../..		
Fornitori esteri	40.160,64	
Banca c/tratte estere		40.160,64
Accettazione tratta da parte della banca		

c2) pagamento della tratta tramite la banca:

../..		
Banca c/tratte estere	40.160,64	
Perdite su cambi	194,49	
Banca c/c		40.355,13
Pagamento della tratta tramite banca		

7.4. Le esportazioni

Anche le operazioni di *esportazione* sono soggette a diverse formalità a seconda del regime doganale di appartenenza dei beni oggetto di transazione.

Per quanto riguarda il trattamento delle esportazioni ai fini dell'imposta sul valore aggiunto, il DPR. n. 633/1972 (legge IVA) stabilisce che queste costituiscono *operazioni non imponibili*. L'esportatore, quindi, non evidenzia alcuna IVA a debito sulle vendite eseguite all'estero mentre rileva l'IVA a credito sulle fatture di acquisto. Per evitare che tali operatori anticipino l'IVA sugli acquisti senza riuscire a compensarla per la mancanza dell'IVA sulle vendite estere, dovendo aspettare il rimborso dall'Erario (con possibili ripercussioni negative sotto il profilo finanziario), la legge prevede che gli esportatori abituali possono eseguire *acquisti in sospensione d'imposta* (cioè senza pagare l'IVA ai fornitori).

Per *esportatore abituale* la legge intende il soggetto che abbia registrato nell'anno solare precedente (o nei dodici mesi precedenti) un ammontare di esportazioni ed altre operazioni assimilate superiore al 10% del complessivo volume d'affari. È previsto un limite quantitativo, detto *plafond*, all'ammontare degli acquisti effettuabili in sospensione d'imposta. Tale limite può essere fissato per un importo pari a quello delle esportazioni e delle cessioni intracomunitarie registrate nel corso dell'anno precedente (*plafond fisso*), oppure, con un procedimento più laborioso, ma in certi casi più conveniente, determinando un plafond mese per mese (*plafond mobile*) calcolato come differenza tra le cessioni estere (esportazioni e cessioni intracomunitarie) e gli acquisti in sospensione d'imposta registrati nei dodici mesi precedenti. Inoltre, per poter usufruire dell'agevolazione, l'esportatore deve dare apposita comunicazione ai propri fornitori, tramite un modulo denominato *dichiarazione d'intenti*, affinché questi ultimi emettano le fatture senza applicazione dell'IVA.

Nel caso di esportazioni denominate in valute estere occorre convertire gli importi in moneta nazionale utilizzando il cambio del giorno di effettuazione dell'operazione. A volte l'esportatore richiede alla propria banca anticipi in valuta nazionale sui crediti verso clienti esteri, cosiddetti *anticipi export*, con i quali far fronte ai propri fabbisogni finanziari.

7.4.1. *Le rilevazioni contabili delle esportazioni*

Si presentano le rilevazioni in P.D. tipiche delle operazioni di esportazione, sviluppando la seguente esemplificazione.

Si emette la fattura a un cliente australiano per la vendita di merci pari a dollari australiani 100.000, cambio del giorno euro/dollaro australiano 1,511.

L'importo della fattura risulta così determinato:

100.000 / 1,511 = € 66.181,34

La scrittura in P.D. sarà:

../..		
Clienti esteri	66.181,34	
Merci c/vendite		66.181,34
Emessa fattura n. … per vendita all'estero		

Si riceve dalla banca un anticipo export pari a € 25.000,00.

../..		
Banca c/c	25.000,00	
Banca c/anticipi export		25.000,00
Ottenuto anticipo export su credito estero		

Si rileva il regolamento del credito verso il cliente estero al cambio del giorno euro/dollaro australiano di 1,503.

L'importo incassato dal cliente sarà pari a:

100.000 / 1,503 = € 66.533,60

a) il regolamento avviene con rimessa diretta di assegni:

../..		
Cassa assegni	66.533,60	
Clienti esteri		66.181,34
Utili su cambi		352,26
Regolata ns. fattura n. ...		

L'utile su cambi esprime un componente positivo di reddito poiché rappresenta il maggior provento che l'impresa consegue in relazione al mutamento del cambio del giorno del regolamento rispetto al cambio del giorno di vendita. È evidente che nel caso vi sia un mutamento del cambio sfavorevole al creditore, quest'ultimo incasserà una somma minore rispetto a quella contabilizzata all'atto della vendita con la conseguente rilevazione di una perdita su cambi [3].

b) il regolamento avviene tramite bonifico bancario:

../..		
Banca c/c	66.533,60	
Clienti esteri		66.181,34
Utili su cambi		352,26
Regolata ns. fattura n. ...		

[3] Ad esempio, se il cambio del giorno del regolamento fosse pari a 1,518 l'importo da incassare sarebbe pari a € 65.876,15 (100.000 / 1,518) con l'emersione di una perdita su cambi pari a € 305,19 (66.181,34 – 65.876,15). La rilevazione contabile, in questo caso, sarà:

../..		
Cassa assegni	65.876,15	
Perdita su cambi	305,19	
Clienti esteri		66.181,34
Regolamento ns. fattura n. ...		

c) il regolamento avviene tramite tratta (diretta o per rimborso di banca):

c1) accettazione della tratta da parte del cliente estero o della banca:

../..		
Cambiali attive estere	66.181,34	
Clienti esteri		66.181,34
Per accettazione ns. tratta		

c2) incasso della tratta:

../..		
Banca c/c	66.533,60	
Cambiali attive estere		66.181,34
Utili su cambi		352,26
Incasso tratta per regolamento ns. fattura n. ...		

d) estinzione dell'anticipo export con addebito di interessi per € 260,00:

../..		
Banca c/anticipi export	25.000,00	
Interessi passivi	260,00	
Banca c/c		25.260,00
Estinto anticipo export con addebito degli interessi		

7.5. Gli acquisti intracomunitari

A partire dal 1° gennaio 1993 gli acquisti di beni e servizi provenienti dai paesi dell'Unione Europea (UE) non vengono più considerati importazioni, ma *acquisti intracomunitari* soggetti ad una disciplina con minori vincoli e adempimenti.

Innanzitutto, gli acquisti intracomunitari non sono sottoposti ai controlli in dogana tipici delle importazioni: in pratica vige nell'ambito territoriale dell'UE un unico spazio doganale in cui persone e beni possono liberamente circolare. Per poter effettuare scambi intracomunitari, i soggetti IVA devono richiedere all'Agenzia delle Entrate l'inclusione nell'archivio VIES (VAT information exchange system). A scopo di controllo fiscale e statistico i contribuenti che effettuano acquisti intracomunitari devono compilare e consegnare periodicamente agli uffici doganali degli elenchi riepilogativi di tali operazioni (modelli Intrastat)[4].

[4] La periodicità degli elenchi relativi agli acquisti intracomunitari, che può essere mensile o trimestrale, dipende dall'ammontare complessivo degli stessi acquisti intra UE effettuati nei quattro trimestri precedenti o nel trimestre in corso.

Anche la modalità di applicazione dell'IVA agli acquisti intracomunitari avviene con un meccanismo particolare. Mentre per le importazioni l'IVA viene assolta direttamente in dogana, per gli acquisti intracomunitari questo non può avvenire poiché, come sii è visto, i beni non sono soggetti ad alcun controllo doganale.

Come nelle operazioni di importazione, però, l'IVA viene assolta nel *paese di destinazione* (paese dell'acquirente) secondo il procedimento di seguito esposto. Se l'acquisto avviene da un Paese appartenente all'Unione Europea che però non rientra nell'area euro, l'acquirente che riceve la fattura deve provvedere ad *integrare* il documento, cioè ad indicare nello stesso il controvalore in euro dei corrispettivi e l'IVA calcolata sulla base delle aliquote vigenti per i beni oggetto di transazione. Per la conversione in euro degli importi espressi in valuta estera si utilizza il cambio del giorno di effettuazione dell'operazione (se indicato in fattura) ovvero, in mancanza di tale indicazione, il cambio del giorno della data della fattura.

Nel caso di acquisto intracomunitario da un Paese appartenente all'Unione Monetaria Europea, non si dovrà effettuare alcuna conversione degli importi, poiché già espressi in euro, e la procedura di integrazione della fattura riguarderà soltanto il calcolo e l'indicazione dell'IVA.

Le fatture così integrate devono essere numerate progressivamente e registrate sia nel registro delle fatture emesse (entro il giorno 15 del mese successivo a quello di ricevimento), sia nel registro degli acquisti (anteriormente alla liquidazione periodica o alla dichiarazione annuale IVA nella quale è esercitata la detrazione). In alternativa, è possibile registrare le fatture relative agli acquisti intracomunitari in uno specifico registro destinato ad accogliere soltanto tali operazioni.

A ben vedere, il meccanismo appena esposto per la determinazione dell'IVA, non è altro che un'applicazione particolare del *Reverse Charge*, il cui funzionamento è stato esaminato nel precedente paragrafo 3.8.1.

7.5.1. *Le rilevazioni contabili degli acquisti intracomunitari*

Le rilevazioni contabili relative agli acquisti intracomunitari verranno proposte sulla base della seguente esemplificazione.

Si riceve la fattura di un fornitore inglese per l'acquisto di merci soggette ad IVA 22% per £ (lire sterline) 20.000, il cambio del giorno di effettuazione dell'operazione euro/lira sterlina è pari a 0,91.

In questo caso, poiché il Regno Unito non fa parte dell'Unione Monetaria Europea occorrerà convertire l'importo espresso in lire sterline in euro sulla base del cambio vigente il giorno dell'operazione.

Pertanto, l'integrazione avverrà indicando sulla fattura la base imponibile convertita in euro, utilizzando il relativo cambio, e l'imposta sul valore aggiunto (nell'esempio calcolata con l'aliquota del 22%):

Base imponibile: 20.000 / 0,91	€	21.978,02
IVA 22% su € 21.978,02	€	4.836,16

La scrittura in P.D. sarà:

../..		
Merci c/acquisti	21.978,02	
IVA a credito	4.836,16	
Fornitori esteri		21.978,02
IVA a debito		4.836,16
Ricevuta fattura n. ... per acquisto intracomunitario		

Seguiranno le registrazioni contabili relative al pagamento, secondo le modalità già evidenziate per le importazioni, con la rilevazione, a seconda dei casi, degli utili o delle perdite su cambi.

Se invece l'acquisto avviene da un fornitore operante in un Paese aderente sia all'Unione Europea sia all'area euro, come già indicato, la procedura si semplifica perché l'importo è già espresso in euro per cui bisogna solamente integrare la fattura con l'IVA.

Ad esempio, ipotizzando un acquisto intracomunitario di € 20.000,00 di merci da un fornitore francese (la Francia fa parte dell'Unione Monetaria Europea), nell'ipotesi che l'aliquota IVA applicabile in Italia sia quella ordinaria, la rilevazione contabile sarebbe:

../..		
Merci c/acquisti	20.000,00	
IVA a credito	4.400,00	
Fornitori esteri		20.000,00
IVA a debito		4.400,00
Ricevuta fattura n. ... per acquisto intracomunitario		

È da notare che in questo caso al momento del pagamento non si riscontrerà alcuna differenza di cambio, poiché l'euro rappresenta la moneta utilizzata da entrambi gli operatori economici.

7.6. Le cessioni intracomunitarie

Le cessioni intracomunitarie rappresentano operazioni di vendita concluse con operatori stranieri appartenenti ad un paese dell'Unione Europea e risultano, al pari delle esportazioni, non imponibili ai fini IVA.

Il loro ammontare concorre, insieme a quello delle esportazioni, a determinare il plafond degli acquisti in sospensione d'imposta da parte degli esportatori abituali.

Anche le cessioni intracomunitarie, così come gli acquisti, non sono soggette a controlli doganali ma devono essere indicate negli elenchi riepilogativi (modelli Intrastat) da consegnare periodicamente agli uffici doganali.

7.6.1. *Le rilevazioni contabili delle cessioni intracomunitarie*

Le rilevazioni contabili relative alle cessioni intracomunitarie sono del tutto simili a quelle relative alle operazioni di esportazione. Così come già indicato per gli acquisti intracomunitari, va segnalato che se la cessione viene effettuata ad un cliente che opera in un paese della UE non aderente all'Unione Monetaria Europea, si potrà rendere necessario effettuare la conversione in euro degli importi espressi in valuta estera e al momento dell'incasso si rileveranno, a seconda dei casi, gli utili o le perdite su cambi. Se, invece, entrambi gli operatori appartengono a paesi aderenti all'Unione Monetaria Europea, gli importi dell'operazione, già espressi in euro, verranno direttamente rilevati in contabilità senza alcun problema di conversione.

Si consideri la seguente esemplificazione.

Si emette fattura ad un cliente tedesco per la vendita di merci per € 30.000,00.

La rilevazione in P.D. sarà:

../..		
Clienti esteri	30.000,00	
Merci c/vendite		30.000,00
Emessa fatt. n. ... per vendita intracomunitaria		

Seguiranno le rilevazioni contabili relative all'incasso secondo le modalità già esaminate per le esportazioni.

Capitolo ottavo
LE OPERAZIONI CON GLI ISTITUTI DI CREDITO

8.1. Il rapporto di conto corrente

Le aziende si servono frequentemente dell'ausilio degli istituti di credito nello svolgimento delle proprie operazioni di gestione. Si pensi alle operazioni di pagamento di forniture, utenze, imposte, retribuzioni, alle operazioni di incasso delle vendite, di assegni, cambiali, nonché alle diverse operazioni di finanziamento a breve, medio e lungo termine con cui fronteggiano il proprio fabbisogno finanziario. In questo capitolo saranno esaminati i riflessi contabili delle principali operazioni con gli istituti di credito.

Lo svolgimento di queste operazioni presuppone l'esistenza di un conto corrente (c/c) di corrispondenza. Si tratta di un rapporto indispensabile che le imprese instaurano con una o più banche per poter accedere ai diversi servizi che esse offrono. Le diverse operazioni di pagamento, riscossione, finanziamento, ecc. si innestano infatti nel c/c di corrispondenza, in cui sono ordinatamente annotate mediante un susseguirsi di accreditamenti e addebitamenti.

L'accensione di un c/c di corrispondenza non comporta alcuna rilevazione in contabilità generale poiché non genera variazioni nell'aspetto economico e finanziario della gestione. Saranno i successivi movimenti monetari, derivanti dallo svolgimento delle diverse operazioni di gestione che modificano le disponibilità bancarie dell'impresa cliente, ad essere oggetto di rilevazione nel sistema di contabilità generale.

Periodicamente gli istituti di credito comunicano alle imprese clienti titolari di c/c di corrispondenza una sintesi dei movimenti che si sono verificati nel periodo mediante un documento denominato *estratto conto*: si tratta dell'elenco di tutte le operazioni effettuate dal correntista nel relativo periodo. Inoltre, dispongono e inviano un prospetto di calcolo e di liquidazione delle competenze (commissioni e interessi a favore della banca e interessi a favore del correntista), detto *conto scalare*, e procedono alla capitalizzazione del relativo saldo. Quest'ultimo sarà a credito dell'impresa qualora gli interessi a suo favore siano superiori agli interessi e commissioni a favore della banca, a debito nel caso contrario.

Le rilevazioni contabili nel libro giornale relative all'addebitamento e/o accreditamento delle competenze periodiche sono del tutto analoghe a quelle precedentemente esaminate nel paragrafo 5.3 di questo lavoro, al quale si rimanda.

8.2. I mutui passivi

Il contratto di mutuo rappresenta la tipica forma di finanziamento a medio e lungo termine a cui ricorrono le imprese per la realizzazione di investimenti pluriennali (es. acquisizione di fattori produttivi strumentali).

Nell'operazione di mutuo, l'istituto di credito concede al richiedente un prestito in denaro generalmente dietro rilascio di garanzie reali (es. ipoteche sugli immobili) o di garanzie personali (fideiussioni). Il richiedente è tenuto a rimborsare la somma ricevuta secondo un piano d'ammortamento finanziario pattuito contrattualmente, che prevede il pagamento periodico (es. mensilmente, semestralmente, annualmente ecc.) di una rata di rimborso composta da due quote:

- la quota capitale, che rappresenta la restituzione del capitale ottenuto in prestito;
- la quota interessi calcolata sul debito residuo, che rappresenta il costo dell'operazione.

Poiché il rimborso delle quote capitale comporta la progressiva riduzione del debito, le quote interessi calcolate sul debito residuo risulteranno decrescenti di periodo in periodo.

Si distinguono due principali forme tecniche con cui si può impostare il piano d'ammortamento finanziario di un prestito:

1) rimborso graduale con quote capitale costanti (ammortamento uniforme);
2) rimborso graduale con rate costanti (ammortamento progressivo o francese).

Nel primo caso (ammortamento uniforme) si prevede che le quote capitale siano di importo costante. Di conseguenza le quote interessi risulteranno decrescenti poiché calcolate sul debito residuo che gradualmente si riduce. Le rate complessive risulteranno anch'esse decrescenti.

Nel secondo caso (ammortamento progressivo o francese), particolarmente diffuso nella pratica finanziaria, si stabilisce che le rate siano di ammontare costante. Esse saranno quindi composte da quote interessi decrescenti al decrescere del debito residuo e quote capitale crescenti al fine di garantire l'uguaglianza delle rate.

Si distinguono inoltre due principali tipologie di mutuo in base alla struttura dell'operazione:

1) mutui a tassi fissi;
2) mutui a tassi variabili.

Nel primo caso, il calcolo delle quote interessi è basato su un tasso d'interesse fisso pattuito alla stipulazione del contratto che rimane costante per tutta la durata dell'operazione.

Nel secondo caso, il calcolo delle quote interessi è basato su un tasso d'interesse che può variare lungo la durata del prestito al variare di determinati parametri individuati alla pattuizione del contratto (tasso di riferimento della Banca Centrale Europea, Euribor, Libor, ecc.).

Entrambe le tipologie possono essere associate sia ad un piano d'ammortamento uniforme sia progressivo. Nel caso di mutuo a tasso fisso il piano di rimborso sarà conoscibile con certezza nell'ammontare e composizione delle rate già al momento della stipulazione del contratto. Inoltre, in caso il mutuo a tassi fissi preveda l'adozione dell'ammortamento progressivo, le rate risulteranno costanti poiché la quota interessi è determinabile con certezza.

Diversamente, nel caso di mutuo a tasso variabile, l'impossibilità di prevedere con certezza l'evoluzione dei tassi applicabili comporta anche l'impossibilità di quantificare a priori l'ammontare delle quote interessi e delle rate. In caso di adozione dell'ammortamento progressivo, non sarà inoltre possibile avere garantita la costanza dell'ammontare della rata.

Gli aspetti contabili relativi all'accensione e rimborso dei mutui sono illustrati mediante l'esemplificazione seguente.

Il 28/02 si ottiene e si incassa tramite c/c bancario un mutuo quinquennale di € 80.000,00 concesso dall'Unicredit, da rimborsare con rate semestrali composte da una quota capitale costante di € 8.000,00 e una quota interessi calcolata al tasso annuale del 5,5%.

Il 31/08 si rimborsa la prima rata mediante addebito sul c/c Unicredit.

Il 31/12 si procede all'assestamento degli interessi passivi in corso di maturazione.

Il caso in esame riguarda un mutuo a tasso fisso con piano d'ammor-tamento uniforme, con pagamento posticipato della rata.

Sul piano contabile, al momento dell'incasso del mutuo si rileva una permutazione finanziaria composta da una variazione finanziaria attiva da registrare in dare del conto *Unicredit c/c* per l'importo incassato e una variazione finanziaria passiva da rilevare in avere del conto *Mutui passivi* per il sorgere del debito nei confronti della banca[1].

La scrittura è la seguente:

---

[1] Si tenga presente che nel caso esemplificato sussiste una coincidenza tra la data di ottenimento del mutuo e la data da cui decorre il piano di rimborso del mutuo. Tuttavia, nella pratica finanziaria, può verificarsi il caso in cui la data di ottenimento del mutuo preceda quella del piano di rimborso e che in tale periodo maturino degli interessi calcolati sull'intero prestito iniziale ad un tasso generalmente inferiore rispetto a quello impiegato nel piano di rimborso, definiti interessi di preammortamento. Sul piano contabile il pagamento degli stessi verrà rilevato con la seguente scrittura:

Interessi passivi su mutui	......	
Banca c/c		......
Pagati interessi di preammortamento su mutuo		

28/02		
Unicredit c/c	80.000,00	
Mutui passivi		80.000,00
Ottenuto mutuo dall'Unicredit		

La prima rata del mutuo è composta dalla quota capitale costante di € 8.000,00 e dalla quota interessi così determinata:

Giorni dal 28/2 al 31/8:	
Marzo	31
Aprile	30
Maggio	31
Giugno	30
Luglio	31
Agosto	31
TOTALE	184

$$\text{Interessi} \quad \frac{€\ 80.000{,}00 \times 184 \times 5{,}5}{36.500} = €\ 2.218{,}08$$

Al momento del pagamento della prima rata, si verifica una riduzione delle disponibilità bancarie; si tratta di una variazione finanziaria passiva da rilevare in Avere del conto *Unicredit c/c* per l'importo complessivo della rata. In contropartita si rileva una variazione finanziaria attiva in Dare del conto *Mutui passivi*, per l'importo della quota capitale (che rappresenta la parziale restituzione del prestito) e una variazione economica negativa in Dare del conto *Interessi passivi su mutui* (conto economico acceso ai costi d'esercizio), per l'ammontare della quota interessi che rappresenta un costo per l'impresa.

La scrittura è la seguente:

31/08		
Mutui passivi	8.000,00	
Interessi passivi su mutui	2.218,08	
Unicredit c/c		10.218,08
Rimborso prima rata mutuo Unicredit		

Al termine dell'esercizio, in occasione della rilevazione delle scritture di assestamento, si dovrà imputare la quota di interessi maturata dalla data di scadenza dell'ultima rata (31/8) al 31/12.

I calcoli sono i seguenti:

Giorni dal 31/8 al 31/12:	
Settembre	30
Ottobre	31
Novembre	30
Dicembre	31
TOTALE	122

Il rateo interessi si calcola sul debito residuo come segue:

$$\text{Rateo} = \frac{€\ 72.000{,}00 \times 122 \times 5{,}5}{36.500} = €\ 1.323{,}62$$

Sul piano contabile si rileva una variazione economica negativa in Dare del conto *Interessi passivi su mutui* (conto economico ai costi di esercizio) e una variazione finanziaria passiva in Avere del conto *Ratei passivi* (valore finanziario presunto).

La rilevazione è la seguente:

31/12		
Interessi passivi su mutui	1.323,62	
Ratei passivi		1.323,62
Imputata quota interessi su mutuo Unicredit di competenza economica dell'esercizio		

Come già riferito, gli istituti di credito generalmente concedono il mutuo dietro il rilascio di garanzie personali o reali (fideiussioni, ipoteche, ecc.). Sul piano dell'informativa di bilancio, l'art. 2427 del codice civile, al punto 9, richiede che la Nota Integrativa fornisca l'indicazione delle garanzie prestate.

8.3. Le anticipazioni bancarie garantite

L'anticipazione bancaria passiva rappresenta un prestito in denaro a breve termine concesso dalla banca all'impresa richiedente dietro costituzione in garanzia di alcuni beni, tipicamente merci, titoli, oggetti preziosi e altri valori. L'importo dell'anticipazione non coincide con il valore corrente dei beni oggetto della garanzia, ma è rappresentato dallo stesso ridotto di una data percentuale stabilita dalla banca a titolo cautelativo, denominata scarto di garanzia.

In base alle modalità di regolamento dell'operazione, si distinguono:

1) le anticipazioni a scadenza fissa;
2) le anticipazioni in c/c.

Nel primo caso, l'importo dell'anticipazione viene versato dalla banca in un'unica soluzione e restituito dall'impresa, sempre in un'unica soluzione, alla scadenza pattuita.

Nel secondo caso, la banca mette a disposizione dell'impresa un c/c garantito su cui quest'ultima può effettuare prelevamenti a più riprese secondo le proprie esigenze finanziarie nei limiti dell'ammontare dell'anticipazione ottenuta.

Le anticipazioni a scadenza fissa si differenziano a loro volta in base al regolamento anticipato o posticipato degli interessi passivi.

Gli aspetti contabili relativi alle anticipazioni bancarie garantite sono illustrati mediante l'esemplificazione successiva.

Il 14/06 si ottiene dal Banco di Sardegna un'anticipazione a scadenza fissa (il 30/09) per € 60.000,00, dando in garanzia 15.000 azioni SARAS la cui quotazione di mercato unitaria è attualmente pari a € 4,80. La banca accredita l'importo dell'anticipazione su cui maturano interessi al tasso annuo del 5%.

Si redigono le relative scritture in partita doppia nelle due ipotesi alternative:

1) la corresponsione degli interessi avviene anticipatamente al momento della concessione dell'anticipazione;

2) la corresponsione degli interessi avviene posticipatamente alla scadenza dell'anticipazione.

Il fatto amministrativo in esame riguarda un'anticipazione passiva a scadenza fissa. A fronte dell'ottenimento dell'anticipazione vengono ceduti a garanzia delle azioni per la durata dell'operazione. Quest'ultimo aspetto non ha riflessi immediati nel sistema contabile, ma va opportunamente segnalato, se rilevante, nella Nota Integrativa.

1ª Ipotesi: interessi anticipati

Gli interessi da pagare anticipatamente sono così calcolati:

Giorni dal 14/06 al 30/09:	
Giugno	16
Luglio	31
Agosto	31
Settembre	30
TOTALE	108

$$\text{Interessi} = \frac{€\ 60.000,00 \times 108 \times 5}{36.500} = €\ 887,67$$

Sul piano contabile si verifica una variazione finanziaria passiva da rilevare in Avere del conto *Anticipazioni passive* per il sorgere del debito nei confronti della banca. In contropartita si verifica una variazione finanziaria attiva da rilevare in Dare del conto *Banco di Sardegna c/c*, per l'aumento delle disponibilità bancarie, e una variazione economica negativa da rilevare in Dare del conto *Interessi passivi su anticipazioni* (conto economico di reddito ai costi d'esercizio), che rappresenta il costo dell'operazione a carico dell'impresa.

La scrittura è la seguente:

14/06		
Banco di Sardegna c/c	59.112,33	
Interessi passivi su anticipazioni	887,67	
Anticipazioni passive		60.000,00
Accreditato importo anticipazione bancaria al netto di interessi passivi		

Alla scadenza dell'anticipazione si rileva una permutazione finanziaria con l'accreditamento del conto *Banco di Sardegna c/c* (variazione finanziaria passiva) per la riduzione delle disponibilità monetarie e con l'addebitamento del conto *Anticipazioni passive* (variazione finanziaria attiva) per l'avvenuta estinzione del debito. La scrittura è la seguente:

30/09		
Anticipazioni passive	60.000,00	
Banco di Sardegna c/c		60.000,00
Rimborsata anticipazione bancaria		

Contestualmente si verificherà l'avvenuto ritiro dei titoli prestati in garanzia.

2ª Ipotesi: interessi posticipati

In questa ipotesi, si modificano le rilevazioni relative all'ottenimento e alla restituzione dell'anticipazione poiché gli interessi passivi sono corrisposti alla scadenza dell'anticipazione. Gli stessi sono calcolati in modo analogo all'ipotesi precedente (€ 887,67).

In occasione dell'ottenimento dell'anticipazione si rileva una permutazione finanziaria con l'addebitamento del conto *Banco di Sardegna c/c* (variazione finanziaria attiva) per l'incremento delle disponibilità monetarie e con l'accreditamento del conto *Anticipazioni passive* (variazione finanziaria passiva), per il sorgere del debito nei confronti della banca.

La scrittura in P.D. è:

14/06		
Banco di Sardegna c/c	60.000,00	
Anticipazioni passive		60.000,00
Accreditato importo anticipazione bancaria		

Alla scadenza dell'anticipazione si rileva una variazione finanziaria passiva con l'accreditamento del conto *Banco di Sardegna c/c* per la riduzione delle disponibilità monetarie. In contropartita si addebita il conto *Anticipazioni passive* (variazione finanziaria attiva), per l'avvenuta estinzione del debito e il conto *Interessi passivi su anticipazioni* (variazione economica negativa) per il costo dell'operazione a carico dell'impresa.

La scrittura è la seguente:

30/09		
Anticipazioni passive	60.000,00	
Interessi passivi su anticipazioni	887,67	
Banco di Sardegna c/c		60.887,67
Rimborsata anticipazione bancaria		

8.4. L'operazione di sconto cambiario

Lo sconto cambiario rappresenta un'operazione di smobilizzo dei crediti commerciali mediante il ricorso al sistema bancario. Con tale operazione l'impresa trasforma in liquidità i propri crediti rappresentati da cambiali prima della scadenza attraverso il loro trasferimento alla banca.

A tal fine è necessario che l'impresa cliente sia titolare di un conto corrente presso la banca e abbia ottenuto un fido nella forma di sconto cambiario. L'importo massimo del credito che la banca può accordare ad un cliente è denominato cifra di *castelletto*.

La banca esamina gli effetti presentati ed ammette allo sconto quelli aventi i requisiti di bancabilità[2]; quindi, anticipa al cliente scontista l'importo delle cambiali ammesse allo sconto al netto degli interessi calcolati in via anticipata e delle commissioni. Tale importo, detto *netto ricavo*, viene accreditato sul c/c del cliente.

La cessione degli effetti avviene con la clausola *salvo buon fine*. Come conseguenza, dopo l'avvenuto accreditamento del netto ricavo dell'operazione, sorge per l'impresa il rischio di regresso per l'eventuale insolvenza da parte dell'obbligato principale. Tale rischio cesserà al momento del regolare pagamento dell'effetto o al momento della restituzione dell'effetto insoluto e protestato da parte della banca.

Infatti in condizioni normali, la banca viene rimborsata alla scadenza degli effetti con il regolare pagamento da parte dell'obbligato principale. Se quest'ultimo non paga regolarmente, la banca, dopo aver fatto redigere l'atto di protesto, si rivale sul cliente scontista addebitandogli l'importo della cambiale maggiorato delle spese sostenute per il protesto. Lo scontista può a sua volta esercitare l'azione

---

[2] Si ricorda che i principali requisiti di bancabilità di una cambiale sono:
- la scadenza non superiore a quattro mesi;
- la presenza di almeno due firme di persone reputate solvibili;
- l'origine del titolo in seguito ad un rapporto commerciale.

di regresso nei confronti dei precedenti giranti, come prescritto dalla legge cambiaria.

La legge cambiaria consente l'emissione di una *tratta di rivalsa* che può comprendere, oltre alle somme sborsate in seguito all'azione di regresso subita, anche gli interessi per il ritardato pagamento (interessi di mora).

Gli aspetti contabili relativi all'operazione di sconto cambiario, e all'eventuale mancato buon fine dei crediti, sono esaminati mediante le esemplificazioni successive.

8.4.1. *L'ammissione allo sconto*

Il 1/03 si presentano allo sconto presso la BNL tre cambiali del valore nominale, rispettivamente, di € 5.000,00, € 4.000,00 e € 6.000,00.

Il 4/03 la BNL ammette allo sconto la cambiale di € 5.000,00 scadente il 30/04 successivo, alle seguenti condizioni: tasso di sconto 7,00%; commissioni € 8,00; giorni banca 10.

Il giorno successivo la banca provvede all'accreditamento in conto del netto ricavo ed alla restituzione delle cambiali di € 4.000,00 e di € 6.000,00 non ammesse allo sconto cambiario.

Sotto il profilo contabile, al momento dell'invio delle cambiali allo sconto, si rileva una permutazione finanziaria che mette in evidenza la presentazione e il trasferimento degli effetti dal portafoglio dell'azienda a quello della banca mediante l'accreditamento del conto *Cambiali attive* e l'addebitamento del conto *Effetti allo sconto.*

La scrittura in P.D. relativa è la seguente:

01/03		
Effetti allo sconto	15.000,00	
Cambiali attive		15.000,00
Presentate cambiali allo sconto		

In data 5/03 avviene l'accreditamento del netto ricavo da parte della banca. Ai fini della determinazione del netto ricavo è necessario calcolare gli interessi sulla cambiale scontata dalla banca[3]:

[3] Si ricorda che nell'operazione di sconto cambiario, le banche eseguono i calcoli utilizzando il procedimento dell'anno civile.

Il numero dei giorni di sconto è determinato conteggiando i giorni di calendario compresi tra la data di ammissione degli effetti all'operazione (compresa) e la data di scadenza degli stessi (compresa) e aggiungendo i giorni banca richiesti.

Giorni dal 4/03 al 30/04:	
Marzo	28
Aprile	30
giorni banca	10
TOTALE	68

Interessi: $\frac{5.000,00 \times 68 \times 7}{36.500} = € 65,2054 \approx € 65,21$

Sotto l'aspetto originario si verifica una variazione finanziaria passiva con l'accreditamento del conto *BNL c/anticipi su effetti scontati* che rileva il sorgere di un debito nei confronti della banca che ha anticipato il valore della cambiale [4]. In contropartita sotto l'aspetto derivato o causale si verificano due variazioni economiche negative, rispettivamente, per il costo rappresentato dallo sconto cambiario (Dare del conto *Sconti bancari*) e per il costo delle commissioni bancarie (Dare del conto *Oneri bancari*). L'articolo si completa con una variazione finanziaria attiva da rilevare in Dare del conto *BNL c/c*, per l'importo del netto ricavo accreditato dalla banca.

La scrittura è la seguente:

05/03		
Sconti bancari	65,21	
Oneri bancari	8,00	
BNL c/c	4.926,79	
BNL c/anticipi su effetti scontati		5.000,00
Accreditamento del netto ricavo della cambiale di € 5.000,00		

Inoltre, sempre lo stesso giorno, va rilevata la restituzione delle cambiali non ammesse allo sconto attraverso una permutazione finanziaria. Quest'ultima rilevazione comporta l'addebitamento del conto Cambiali attive per indicare la ripresa in carico delle due cambiali e l'accreditamento del conto Effetti allo sconto per il suo spegnimento.

La scrittura relativa è la seguente:

---

[4] L'impostazione proposta ricalca le indicazioni del principio contabile OIC 15 (Crediti), nella sua stesura attuale. In particolare il principio contabile prevede la cancellazione dei crediti quando i diritti contrattuali sui flussi finanziari derivanti dal credito si estinguono oppure la titolarità del credito è trasferita a terzi e con essa sono trasferiti sostanzialmente tutti i rischi collegati. (Organismo Italiano di Contabilità, *Principi contabili, OIC 15, Crediti*, 2016, par. 71). Poiché nell'operazione di sconto cambiario i rischi di insolvenza rimangono in capo al beneficiario della cambiale, visto che l'anticipazione della cambiale avviene con la clausola «salvo buon fine», il credito per la cambiale non può essere rimosso dalla contabilità, ma va rilevato un debito di pari ammontare nei confronti dell'istituto di credito.

05/03		
Cambiali attive	10.000,00	
Effetti allo sconto		10.000,00
Restituite le cambiali		

8.4.2. *Il mancato buon fine delle cambiali scontate*

Il 2/05 si riceve il conto di ritorno inviato dalla BNL per l'addebito in c/c dell'importo della cambiale scontata in data 4/03 (valuta 5/03) e non pagata alla scadenza (30/04). Il valore nominale della cambiale è di € 5.000,00, le spese di protesto ammontano a € 30,00.

Il 18/05 si spicca la tratta di rivalsa verso il cliente che aveva girato l'effetto, comprensiva di interessi di mora pari a € 28,00.

L'operazione in esame riguarda l'esito della cambiale precedentemente scontata presso la BNL. Il 2/05 il conto di ritorno ricevuto dalla banca mette in evidenza il mancato pagamento della cambiale.

Sotto il profilo contabile è da rilevare innanzitutto l'addebito da parte della banca della cambiale insoluta e delle spese di protesto. Ciò comporta una variazione finanziaria passiva per l'intero importo addebitato dalla banca che va rilevata in Avere del conto *BNL c/c*. In contropartita si rileva una variazione finanziaria attiva per il valore nominale della cambiale insoluta con cui si estingue il debito esistente nei confronti della banca (Dare del conto *BNL c/anticipi su effetti scontati*) ed una variazione economica negativa in Dare del conto *Spese di protesto* (conto economico acceso ai costi d'esercizio), che rappresenta il costo per l'atto di protesto a carico dell'impresa.

La scrittura in P.D. è la seguente:

02/05		
BNL c/anticipi su effetti scontati	5.000,00	
Spese di protesto	30,00	
BNL c/c		5.030,00
Restituzione dell'effetto protestato		

Mediante un'ulteriore scrittura si procede ad indicare lo stato di insolvenza che caratterizza la cambiale e si spegne il conto *Effetti allo sconto*.

02/05		
Effetti insoluti e protestati	5.000,00	
Effetti allo sconto		5.000,00
Evidenziata insolvenza effetti scontati		

Infine si rileva la ripresa in carico del credito verso il cliente per il valore della cambiale insoluta maggiorato delle spese di protesto (variazione finanziaria attiva da rilevare in Dare del conto *Clienti*); in contropartita si rileva una variazione finanziaria passiva con l'accreditamento del conto *Effetti insoluti e protestati* e una variazione economica positiva mediante l'accreditamento del conto *Rimborso spese di protesto*:

02/05		
Clienti	5.030,00	
Effetti insoluti e protestati		5.000,00
Rimborso spese di protesto		30,00
Rilevazione del credito verso il cliente girante		

Infine, il 18/05 si rileva l'emissione della tratta di rivalsa per un importo pari al valore nominale della cambiale insoluta incrementato del rimborso delle spese di protesto e degli interessi di mora. Ciò comporta una variazione finanziaria attiva da rilevare in Dare del conto *Cambiali attive* per il valore della tratta di rivalsa; in contropartita si rileva una variazione finanziaria passiva da rilevare in Avere del conto *Clienti*, e una variazione economica positiva in Avere del conto *Interessi attivi di mora*:

18/05		
Cambiali attive	5.058,00	
Clienti		5.030,00
Interessi attivi di mora		28,00
Emissione della tratta di rivalsa		

8.5. L'incasso di effetti attivi con la clausola «salvo buon fine»

L'incasso di effetti rappresenta un'altra tipica operazione di smobilizzo di crediti commerciali attraverso il sistema bancario. Le imprese incassano in anticipo rispetto alla scadenza i propri crediti rappresentati da effetti, sia cambiari sia non cambiari, con la clausola *salvo buon fine* (S.B.F.). Anche in questo caso è necessaria la preventiva accensione di un rapporto di conto corrente presso la banca e l'ottenimento di un fido.

Le principali differenze rispetto allo sconto cambiario riguardano la minore onerosità dell'operazione ed il fatto che l'accredito immediato del valore degli effetti da parte della banca è in linea capitale, ma con valuta[5] posticipata di un certo

[5] Si ricorda che la valuta dell'accredito rappresenta il giorno da cui decorre il conteggio degli interessi per quella data operazione.

numero di giorni successivi alla scadenza degli effetti. Ciò comporta che in caso di prelevamenti tra la data di accredito dell'operazione in linea capitale e la data di valuta matureranno maggiori interessi passivi o minori interessi attivi sul conto corrente dell'impresa, in base allo specifico alternarsi dei saldi attivi e passivi. Anche in questo caso, la cessione degli effetti con la clausola *salvo buon fine* implica che la banca, in caso di inadempimento da parte del debitore principale, si rivale sull'impresa cliente. L'esemplificazione successiva illustra gli aspetti contabili dell'incasso di effetti.

Il 5/09 si presentano all'incasso cambiali del valore nominale di € 30.000,00 presso la banca Unicredit. Il 10/09 si riceve la contabile della banca relativa all'accredito «salvo buon fine» del valore nominale delle cambiali al netto di commissioni per € 125,00. Alla scadenza delle cambiali (10/11) la banca comunica il regolare incasso delle stesse.

Al momento della presentazione delle cambiali all'incasso si rileva una permutazione finanziaria che ha lo scopo di evidenziare il trasferimento delle stesse alla banca per l'incasso. La rilevazione è la seguente:

05/09		
Effetti all'incasso	30.000,00	
Cambiali attive		30.000,00
Presentate cambiali all'incasso presso l'Unicredit		

Il 10/09 si rileva il sorgere di un debito nei confronti dell'istituto di credito con l'accreditamento del conto *Unicredit c/anticipi su effetti all'incasso*. In contropartita si rileva una variazione finanziaria attiva per l'aumento delle disponibilità bancarie e una variazione economica negativa per il costo dell'operazione rappresentato dalle commissioni[6]. La rilevazione è la seguente:

10/09		
Unicredit c/c	29.875,00	
Oneri bancari	125,00	
Unicredit c/anticipi su effetti all'incasso		30.000,00
Rilevazione accredito effetti all'incasso		

[6] Anche in questa circostanza, si è proposta una rilevazione in armonia con la stesura attuale del principio contabile OIC 15 (Crediti). Infatti, il principio ammette la cancellazione dei crediti solo quando tutti i rischi e i benefici relativi sono stati trasferiti a terzi. Poiché l'anticipazione del valore del credito avviene con la clausola «salvo buon fine» ed i rischi di insolvenza rimangono in capo al creditore, il credito rilevato nel conto *Effetti all'incasso* non può essere rimosso dalla contabilità.

In occasione della comunicazione del buon fine degli effetti, si rileva una permutazione finanziaria con cui si procede allo storno degli effetti (variazione finanziaria passiva) e all'estinzione del debito nei confronti della banca (variazione finanziaria attiva).

La rilevazione è la seguente:

10/11		
Unicredit c/anticipi su effetti all'incasso	30.000,00	
Effetti all'incasso		30.000,00
Storno effetti per buon fine cambiale		

8.6. Le ricevute bancarie

Le ricevute bancarie rappresentano una modalità di regolamento degli scambi commerciali particolarmente diffusa nella prassi aziendale. Si tratta di un documento che consente di incassare un credito attraverso il sistema bancario. A differenza della cambiale, la ricevuta bancaria non costituisce un titolo di credito, né è soggetto ad imposta di bollo se regolata mediante il conto corrente bancario. L'assenza dei requisiti tipici dei titoli di credito ed in particolare l'assenza delle conseguenze legali collegate con la natura di titolo esecutivo, nonché i vantaggi economici per l'assenza dell'imposta di bollo, fanno delle ricevute bancarie uno strumento di regolamento particolarmente efficace soprattutto quando si instaurano rapporti d'affari frequenti e consolidati tra operatori commerciali.

La ricevuta bancaria è un documento emesso dal venditore contemporaneamente o successivamente ad una vendita a dilazione, in cui si attesta il pagamento di una determinata somma. Più specificamente, nel documento appaiono:

- i dati identificativi del compratore e del venditore,
- la data di emissione e di scadenza,
- gli estremi della fattura di vendita che si vuole regolare con il documento,
- l'importo,
- l'indicazione della banca del venditore e del compratore,
- la firma di quietanza del venditore.

Schematicamente l'operazione può essere rappresentata nel modo seguente:

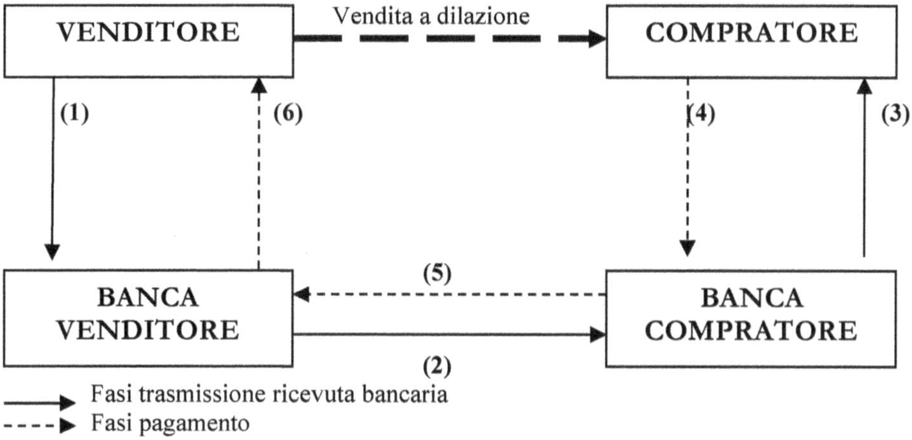

L'operazione si articola nelle seguenti fasi:

1) il venditore emette la ricevuta bancaria al momento della vendita o in un momento successivo e la trasferisce già quietanzata alla propria banca dandole incarico di riscuoterla;
2) la banca del venditore trasmette la ricevuta bancaria alla banca del debitore (detta banca d'appoggio);
3) la banca del debitore, in prossimità della scadenza del credito, invia un avviso di pagamento al compratore;
4) quest'ultimo dà l'autorizzazione alla banca per l'estinzione del debito con addebito sul proprio conto corrente;
5) la banca del debitore trasferisce la somma alla banca del creditore
6) l'operazione si completa con l'incasso della somma da parte del venditore e con il ricevimento della ricevuta bancaria da parte del compratore (inviata dalla banca d'appoggio) come prova dell'avvenuto pagamento.

Grazie all'innovazione nel campo dell'elaborazione automatica dei dati, l'emissione e la riscossione delle ricevute bancarie può avvenire senza l'emissione del documento su supporto cartaceo e successiva consegna fisica all'istituto di credito. L'intera operazione è generalmente gestita su supporto informatico (ricevuta bancaria elettronica - RI.BA.) attraverso un personal computer collegato con il centro elettronico della banca, con forte riduzione dei tempi e dei rischi legati alla circolazione del documento cartaceo.

Esistono due principali modalità di presentazione delle ricevute bancarie:

1) presentazione ricevute bancarie con accredito al dopo incasso (D.I.);
2) presentazione ricevute bancarie con accredito salvo buon fine (S.B.F.).

Nel primo caso, l'istituto di credito si limita a svolgere un servizio di riscossione delle ricevute bancarie. Infatti, il venditore incasserà la somma dovuta solo alla scadenza della dilazione pattuita nella vendita. Nel secondo caso, l'istituto di credito, oltre a svolgere il servizio di riscossione, svolge anche un servizio di finanziamento, in quanto accredita sul conto corrente del proprio cliente (il venditore) l'importo della ricevuta bancaria anticipatamente rispetto alla scadenza della stessa.

La presentazione degli effetti con accredito salvo buon fine presuppone il preventivo ottenimento di un fido per portafoglio S.B.F. da parte del cliente. La banca accredita il valore nominale delle ricevute bancarie presentate «in linea di capitale», con valuta successiva alla scadenza del credito, mentre addebita le commissioni e gli altri diritti ad essa spettanti con valuta immediata. Inoltre, la banca addebita periodicamente gli interessi passivi relativi al finanziamento, di solito con cadenza trimestrale.

In caso alla scadenza della ricevuta bancaria il debitore non esegua il pagamento, la banca si rivale sul proprio cliente addebitando le somme precedentemente anticipate. Spetterà a quest'ultimo esercitare le eventuali azioni per il recupero del credito verso il debitore insolvente. Gli aspetti contabili relativi alla presentazione e incasso delle ricevute bancarie sono illustrati mediante le due esemplificazioni seguenti.

8.6.1. *Le ricevute bancarie con accredito al «dopo incasso» (D.I.)*

Il 4/09 si emette la fattura n. 427 per la vendita di prodotti finiti per € 30.000,00 + IVA 10%, sconto incondizionato 3%. Il regolamento avviene inviando, lo stesso giorno, una ricevuta bancaria a 30 gg. presso il Banco di Sardegna con accredito al «dopo incasso».

Il 6/10 il Banco di Sardegna comunica l'avvenuto incasso della ricevuta bancaria emessa il 4/09, accreditando in conto l'importo al netto di commissioni ed oneri per € 38,00.

Si tratta di un'operazione di cessione di beni regolata mediante presentazione di ricevuta bancaria con accredito al dopo incasso. Come già visto nella parte riguardante l'IVA, la base imponibile è data, in questo caso, dall'importo del prezzo di vendita ridotto dello sconto incondizionato con emissione di apposita fattura. In sintesi, la parte tabellare della fattura si presenterà come segue:

valore prodotti finiti	€	30.000,00
(–) sconto incondizionato 3% (su € 30.000,00)	€	(900,00)
Imponibile	€	29.100,00
IVA 10%	€	2.910,00
TOTALE FATTURA	€	32.010,00

La scrittura in P.D. relativa all'emissione della fattura sarà:

04/09		
Clienti Italia	32.010,00	
Prodotti c/vendite		29.100,00
IVA a debito		2.910,00
Emessa fattura n. 427 per vendita di prodotti finiti		

Per quanto concerne le modalità di regolamento, viene concessa al cliente una dilazione di 30 giorni attraverso l'emissione di una ricevuta bancaria (RI.BA.). Tale documento viene inviato presso la banca del venditore e verrà ritirato, opportunamente quietanzato, al momento del pagamento da parte del compratore da effettuarsi presso la stessa banca.

Come già riferito, l'emissione di una ricevuta bancaria al dopo incasso (D.I.) costituisce soltanto una modalità di riscossione che non dà luogo ad alcuna operazione di finanziamento da parte della banca. Tale emissione non avrà pertanto alcun riflesso nella contabilità generale: il conto acceso al cliente non deve essere stornato in quanto il credito non è stato ancora incassato. Lo stralcio del credito avverrà solamente al momento del regolare pagamento da parte dell'acquirente.

In questo caso può essere opportuno segnalare l'emissione della ricevuta bancaria e il suo trasferimento alla banca per l'incasso, attraverso una permutazione finanziaria, trasferendo il saldo del conto *Clienti Italia* ad altro conto nominativo che ricordi la modalità di pagamento, ad esempio *Clienti c/ricevute bancarie*. La scrittura in P.D. è la seguente:

04/09		
Clienti c/RI.BA. al dopo incasso	32.010,00	
Clienti Italia		32.010,00
Regolata fatt. 427 con emissione ricevute bancarie al dopo incasso		

Si noti bene che il conto menzionato rappresenta uno svolgimento analitico del conto di mastro *Clienti Italia*. Quando la banca comunica l'avvenuto incasso occorrerà stornare il conto intestato al cliente con contropartita in Dare dei conti Banco di Sardegna c/c ed Oneri bancari. Le scritture in P.D. saranno:

06/10		
Oneri bancari	38,00	
Banco di Sardegna c/c	31.972,00	
Clienti c/RI.BA. al dopo incasso		32.010,00
Riscossa fattura 427 con accredito ricevuta bancaria		

8.6.2. *Le ricevute bancarie con accredito «salvo buon fine» (S.B.F.)*

Il 15/03 si invia all'Unicredit una ricevuta bancaria a 60 gg. di € 22.000,00.

Il 17/03 l'importo della ricevuta bancaria viene accreditato in conto con la clausola salvo buon fine (S.B.F.), al netto di commissioni per € 24,00.

Il 18/05 la banca comunica l'avvenuto incasso della ricevuta bancaria.

Innanzitutto, anche in questo caso, si rileva una permutazione finanziaria che informi sull'invio delle ricevute bancarie con accredito salvo buon fine all'istituto di credito.

A differenza delle ricevute bancarie con accredito al «dopo incasso», con l'accredito salvo buon fine la banca non si limita a svolgere un servizio d'incasso per conto del cliente, ma svolge anche una funzione di finanziamento, anticipando allo stesso l'importo indicato nel documento. Pertanto, all'anticipazione della somma non si deve procedere allo storno del credito documentato dalla ricevuta bancaria, ma occorre rilevare un debito nei confronti della banca per il finanziamento ricevuto. In particolare, si rileva una variazione finanziaria passiva in Avere del conto *Unicredit c/anticipi su RI.BA S.B.F.* per l'importo complessivo della ricevuta. In contropartita si rileva in Dare una variazione economica negativa nel conto *Oneri bancari* ed una variazione finanziaria attiva nel conto *Unicredit c/c*.

Solo dopo l'avvenuto incasso delle ricevute bancarie si procederà alla rilevazione di una permutazione finanziaria per stornare il credito verso il cliente e il debito nei confronti della banca[7]. Le rilevazioni contabili sono le seguenti:

15/03		
Clienti c/RI.BA. S.B.F.	22.000,00	
Clienti Italia		22.000,00
Invio delle ricevute bancarie all'accredito S.B.F.		
17/03		
Oneri bancari	24,00	
Unicredit c/c	21.976,00	
Unicredit c/anticipi su RI.BA. S.B.F.		22.000,00
Accredito dell'importo delle ricevute bancarie		
18/05		
Unicredit c/anticipi su RI.BA. S.B.F.	22.000,00	
Clienti c/RI.BA S.B.F		22.000,00
Si rileva l'avvenuto incasso della RI.BA. da parte della banca		

[7] In tal senso si veda: Organismo Italiano di Contabilità, *Principi contabili, OIC 15, Crediti*, 2016, par. 75.

8.7. L'anticipo su fatture

Un'altra soluzione particolarmente diffusa nella prassi delle imprese che hanno necessità di smobilizzare i propri crediti è rappresentata dal ricorso agli anticipi su fatture. Anche in questo caso, la banca interviene concedendo al cliente uno specifico fido che in questo caso prende il nome di castelletto anticipi su fatture, pretendendo che l'anticipazione avvenga mediante bonifico bancario a favore del cliente su un conto corrente acceso presso la stessa banca.

Si tratta di una soluzione particolarmente snella per il cliente, poiché può smobilizzare crediti documentati da semplici fatture, quindi anche nei casi in cui i propri debitori rifiutano il ricorso alle cambiali o alle ricevute bancarie.

L'anticipo su fattura rientra tra le operazioni di smobilizzo credito con la clausola salvo buon fine, poiché in caso di mancato pagamento da parte dell'intestatario della fattura la banca si rivale sul proprio cliente, sia che l'operazione avvenga nella forma tecnica della cessione del credito sia del mandato di incasso irrevocabile.

La banca accetta fatture con dilazioni che non superino i 120 giorni e anticipa una somma generalmente pari al 70-90% del valore nominale del credito, oppure il solo valore dell'imponibile, anche se non mancano i casi in cui, in presenza di clientela primaria, l'anticipo riguarda l'intero valore nominale della fattura.

In estrema sintesi l'operazione si sviluppa nelle seguenti fasi:

1) presentazione alla banca della copia delle fatture timbrate e firmate;

2) accredito da parte della banca della somma anticipata;

3) addebito da parte della banca della somma anticipata alla scadenza convenuta (ad esempio 120 gg.).

Gli interessi a debito del cliente sono conteggiati per il periodo di durata del finanziamento. Il tasso di interesse di queste operazioni è normalmente più oneroso rispetto all'anticipo su ricevute bancarie, ma più vantaggioso rispetto al ricorso allo scoperto di conto corrente di corrispondenza. Gli aspetti contabili sulla presentazione e incasso delle fatture sono illustrati mediante il caso seguente:

Il 16/04 si presenta alla BNL. una fattura per complessivi € 20.000,00 scadente tra 120 gg.

Il 18/04 la BNL anticipa l'80% del valore nominale sul c/c del cliente.

Il 16/08 la banca comunica il regolare incasso della fattura e accredita l'ammontare precedentemente non anticipato.

Le rilevazioni contabili sono le seguenti:

16/04		
Clienti c/anticipo fatture	20.000,00	
Clienti Italia		20.000,00
Invio delle fatture per l'anticipo		

18/04		
BNL c/c	16.000,00	
BNL c/anticipi su fatture		16.000,00
Accredito dell'80% del valore nominale della fattura		
16/08		
B.N.L. c/c	4.000,00	
B.N.L. c/anticipi su fatture	16.000,00	
Clienti c/anticipo su fatture		20.000,00
Estinzione anticipazione e incasso importo residuo		

In occasione della capitalizzazione periodica degli interessi bancari, si provvederà a rilevare gli oneri finanziari, comprensivi di quelli maturati sull'anticipazione della fattura.

8.8. Il factoring

Il factoring è un contratto con cui un'azienda cede dei crediti commerciali ad una società specializzata, chiamata factor, che svolge il servizio di riscossione e/o, a seconda delle specifiche condizioni contrattuali, il servizio di finanziamento dietro corresponsione di una commissione per il servizio reso. In caso vi sia anche il servizio di finanziamento, il factor può garantire, su richiesta, il buon fine dell'operazione anche in caso di insolvenza del debitore,

Si distinguono, quindi, due principali forme con cui può essere realizzato un contratto di factoring:

- factoring con accredito a scadenza (*maturity factoring*)
- factoring con accredito immediato o anticipato (*conventional o standard factoring*).

Nel factoring con accredito a scadenza (maturity factoring), il factor non svolge alcuna funzione di finanziamento, ma si limita a prestare soltanto il servizio di riscossione dei crediti, sollevando l'azienda cedente dagli oneri amministrativi collegati con la gestione dei crediti. L'importo degli stessi verrà accreditato sul conto corrente dell'azienda cedente a incasso avvenuto, al netto di una commissione trattenuta dal factor per il servizio reso.

Nel factoring con accredito immediato, invece, a tale funzione si aggiunge quella del finanziamento, poiché il factor anticipa il pagamento dei crediti prima della loro scadenza.

Anche questa operazione rappresenta, quindi, una modalità di smobilizzo del credito e l'ammontare anticipato dal factor è un importo di solito non superiore al 80-90% del valore nominale dei crediti. A fronte di questi servizi, il factor addebita all'azienda cedente gli interessi passivi commisurati all'anticipazione effettuata come compenso per l'attività di finanziamento e delle commissioni per lo svolgimento del servizio di gestione e riscossione dei crediti, di solito commisurate all'entità dei crediti ceduti ed all'ampiezza dei servizi prestati.

Nell'ambito del factoring con accredito immediato si distinguono due ulteriori modalità con cui può avvenire lo smobilizzo dei crediti:

- con rivalsa (o *pro-solvendo*),
- senza rivalsa (o *pro-soluto*).

Nel factoring con rivalsa (o pro-solvendo) il rischio di insolvenza dei crediti rimane in capo all'azienda che ha ceduto i crediti; pertanto, in caso di inadempimento da parte del debitore, il factor si rivale sull'azienda addebitando l'importo precedentemente anticipato.

Nel factoring senza rivalsa (o pro-soluto), il factor si accolla anche il rischio di insolvenza. In questo caso, le commissioni richieste per l'operazione saranno più elevate rispetto a quelle del factoring con rivalsa.

Gli aspetti contabili relativi alle operazioni di factoring sono illustrate mediante le esemplificazioni successive.

8.8.1. *Il factoring con accredito a scadenza (maturity factoring)*

Il 14/03 si stipula un contratto di factoring con accredito a scadenza, trasferendo al factor un credito pari a € 55.000,00 scadente il 14/05.

Lo stesso giorno, il factor addebita sul c/c Banca Nazionale del Lavoro le commissioni pari allo 0,7% del valore nominale del credito.

Il 15/05 il factor comunica l'avvenuto incasso del credito e accredita in conto corrente il relativo valore nominale.

In questa ipotesi il factor si assume l'incarico di svolgere solamente il servizio di riscossione del credito e percepisce come compenso una commissione commisurata al valore nominale del credito.

Sul piano contabile, si procede con la rilevazione di una permutazione finanziaria per evidenziare il trasferimento dei crediti al *factor*. Poi, con un'altra rilevazione si rileva in Avere una variazione finanziaria passiva che indica la riduzione delle disponibilità bancarie e in contropartita una variazione economica negativa di pari importo relativa al costo dell'operazione, ossia le commissioni.

Commissioni di factoring: € 55.000,00 x 0,7% = € 385,00

Le rilevazioni contabili sono le seguenti:

14/03		
Clienti c/factoring	55.000,00	
Clienti Italia		55.000,00
Cessione dei crediti al factor		

14/03		
Commissioni di factoring	385,00	
BNL c/c		385,00
Addebito delle commissioni di factoring		

Al momento della comunicazione del buon fine dei crediti, si rileva una permutazione finanziaria con cui si storna il credito verso i clienti e si addebita il conto *BNL c/c*. La scrittura in partita doppia è la seguente:

15/05		
BNL c/c	55.000,00	
Clienti c/factoring		55.000,00
Incassato credito ceduto al factor		

In caso di mancato incasso non sarà necessaria alcuna rilevazione se il factor, come spesso accade, ha anche il compito di tentare il recupero del credito. Tutt'al più si potrebbe evidenziare lo stato di insolvenza del credito girando il saldo del conto *Clienti c/factoring* ad un conto del tipo *Clienti insoluti c/factoring*.

In tal caso la rilevazione sarebbe la seguente:

15/05		
Clienti insoluti c/factoring	55.000,00	
Clienti c/factoring		55.000,00
Evidenziata insolvenza su credito trasferito al factor		

8.8.2. *Il factoring con accredito immediato con rivalsa (pro-solvendo)*

Il 7/07 viene stipulato un contratto di factoring con rivalsa, trasferendo al factor un credito di € 40.000,00 verso il cliente Omnia S.r.l scadente il 9/08.

Il 10/07 il factor provvede ad accreditare l'85% dell'importo del credito sul c/c Intesa, al netto degli interessi passivi calcolati al tasso del 5,5% (anno civile) e delle commissioni pari all'1% sul valore nominale.

Il successivo 10/08 il factor comunica l'avvenuto incasso del credito, provvedendo ad accreditare sul c/c Intesa il residuo 15%.

I calcoli relativi agli interessi, alle commissioni ed alla somma anticipata dal factor vengono di seguito riportati.

Finanziamento ottenuto: € 40.000,00 x 85% = € 34.000,00

Giorni di finanziamento (dal 10/07 al 9/08):

Luglio	21
Agosto	9
TOTALE	30

Interessi passivi: $\dfrac{34.000,00 \times 30 \times 5,5}{36.500} = € \ 153,698 \approx € \ 153,70$

Commissioni di factoring: € 40.000,00 x 1% = € 400,00

Somma anticipata dal factor:
(€ 34.000,00 – € 153,70 – € 400,00) = € 33.446,30

Sul piano contabile, anche in questo caso si procede innanzitutto con la rilevazione di una permutazione finanziaria che evidenzia il trasferimento del credito al factor con l'addebitamento del conto *Clienti c/factoring* e l'accreditamento del conto *Clienti Italia* per il valore nominale del credito ceduto.

Inoltre, poiché la cessione del credito è con rivalsa (pro-solvendo), il *factor* potrà esercitare l'azione di regresso nei confronti dell'impresa cedente in caso di inadempimento da parte del debitore principale. Quindi, si rende necessario mantenere in carico il credito ceduto e rilevare una variazione finanziaria passiva da in Avere del conto *Debiti vs factor* per la somma lorda anticipata dal factor. In contropartita si rileva una variazione finanziaria attiva per l'importo dell'anticipazione ottenuta in Dare del conto *Intesa c/c*, una variazione economica negativa in Dare del conto *Commissioni di factoring*, e una variazione economica negativa in Dare del conto *Interessi passivi di factoring*[8].

Le rilevazioni in P.D. sono le seguenti:

10/07		
Clienti c/factoring	40.000,00	
Clienti Italia		40.000,00
Ceduti crediti al factor con clausola pro-solvendo		
10/07		
Interessi passivi di factoring	153,70	
Commissioni di factoring	400,00	
Intesa c/c	33.446,30	
Debiti vs/factor		34.000,00
Accreditamento dell'importo anticipato dal factor		

Alla comunicazione dell'avvenuto pagamento da parte del debitore ceduto, si provvederà a rilevare una permutazione finanziaria con cui si storna il credito verso il cliente e il debito verso il factor, con accredito in c/c della differenza non anticipata. Le scritture contabili sono le seguenti:

[8] I principi contabili italiani (OIC 15, Crediti), come precedentemente riferito con riguardo agli altri casi di smobilizzo del credito con la clausola salvo buon fine, ammettono ora solo la soluzione contabile proposta nel testo, senza possibilità di rimozione del credito sin tanto che permangono rischi di insolvenza.

10/08		
Intesa c/c	6.000,00	
Debiti vs factor	34.000,00	
Clienti c/factoring		40.000,00
Accreditato in c/c credito residuo vs factor		

Invece, nel caso di insolvenza del debitore ceduto, il factor si sarebbe rivalso sul cliente riaddebitando le somme precedentemente anticipate. La rilevazione contabile sarebbe stata la seguente:

10/08		
Debiti vs factor	34.000,00	
Intesa c/c		34.000,00
Addebitato importo precedentemente anticipato		

In questo caso, può essere opportuno segnalare lo stato di insolvenza del credito girando il saldo del conto *Clienti c/factoring* ad un conto del tipo *Clienti insoluti c/factoring.*

10/08		
Clienti insoluti c/factoring	40.000,00	
Clienti c/factoring		40.000,00
Evidenziata insolvenza su credito trasferito al factor		

8.8.3. *Il factoring con accredito immediato senza rivalsa (pro-soluto)*

Il 07/03 si stipula un contratto di factoring senza rivalsa (pro-soluto), trasferendo al factor un credito pari a € 62.000,00 scadente il 19/06.

Il 10/03 il factor accredita l'80% dell'importo del credito su c/c BNL, al netto di interessi passivi al 6% (anno civile) e delle commissioni pari all'1,5% sul valore nominale del credito.

Il 21/06 il factor accredita in conto corrente il residuo 20%.

Nel factoring senza rivalsa (*pro-soluto*), come riferito precedentemente, lo schema dell'operazione si differenzia per il fatto che il *factor* si accolla anche il rischio di insolvenza.

Sul piano contabile, la differenza sostanziale rispetto al caso precedente, è che in questo caso si dovrà procedere con lo storno dei crediti al momento della loro cessione al *factor*, visto che quest'ultimo si accolla interamente i rischi di insolvenza collegati al credito. Infatti, al termine dell'operazione vi sarà comunque l'accreditamento da parte del *factor* dell'importo residuo a prescindere dall'esito positivo o negativo dell'incasso dei crediti.

Di seguito sono riportati i calcoli relativi al caso in esame:

Finanziamento ottenuto: € 62.000,00 x 80% = € 49.600,00

Giorni di finanziamento (dal 10/03 al 19/06)

Marzo	21
Aprile	30
Maggio	31
Giugno	19
TOTALE	101

Interessi passivi: $\frac{49.600,00 \times 101 \times 6}{36.500} = € 823,4958 \approx € 823,50$

Commissioni di factoring: € 62.000,00 x 1,5% = € 930,00

Somma anticipata dal factor:
(€ 49.600,00 – € 823,50 – € 930,00) = € 47.846,50

Con una prima rilevazione contabile si registra una permutazione finanziaria per evidenziare il trasferimento del credito al *factor*, in modo del tutto analogo ai casi precedenti.

Al momento dell'anticipazione della somma da parte del *factor*, si storna l'intero valore nominale del credito ceduto con l'accreditamento del conto *Clienti c/factoring*. In contropartita, si rileva una variazione finanziaria attiva nelle disponibilità monetarie per la somma anticipata in Dare del conto *B.N.L. c/c*, una variazione finanziaria attiva in Dare del conto *Crediti vs factor* per la somma che il factor deve ancora versare, e due variazioni economiche negative per il costo dell'operazione, rappresentato da interessi passivi e commissioni di factoring.

Infine, al momento dell'incasso della parte residua del credito si rileva lo storno del credito verso il factor in contropartita dell'aumento delle disponibilità bancarie. Le rilevazioni contabili sono le seguenti:

7/03		
Clienti c/factoring	62.000,00	
Clienti Italia		62.000,00
Ceduti crediti al factor con la clausola pro-soluto		
10/03		
Crediti verso factor	12.400,00	
Interessi passivi di factoring	823,50	
Commissioni di factoring	930,00	
BNL c/c	47.846,50	
Clienti c/factoring		62.000,00
Accreditamento dell'importo anticipato dal factor		

21/06		
BNL c/c	12.400,00	
Crediti verso factor		12.400,00
Accreditamento dell'importo residuo		

8.9. Il leasing

Il leasing è un contratto con cui un'azienda (concedente o locatore) cede in locazione un bene di cui è proprietaria ad un altro soggetto (utilizzatore o conduttore o locatario) dietro il pagamento di un corrispettivo periodico, detto canone di locazione.

Si tratta di uno dei vari modi con cui un'impresa può acquisire fattori produttivi strutturali materiali e immateriali, in alternativa al contratto d'acquisto, alla costruzione in economia o all'apporto mediante conferimento da parte dei soci.

Si distinguono due principali forme alternative di contratto di leasing: il leasing operativo ed il leasing finanziario.

8.9.1. *Il leasing operativo ed il leasing finanziario*

Nel leasing operativo, l'azienda concedente cede all'utilizzatore un bene in locazione, ne garantisce di solito l'assistenza e la manutenzione e mantiene i rischi che gravano sullo stesso bene. Tale tipo di rapporto è spesso di breve durata ed al termine del periodo contrattuale l'utilizzatore può estinguere il contratto, rinnovarlo o stipularne uno nuovo.

Nel leasing finanziario, invece, il concedente è una società specializzata (società di leasing) che acquista o fa costruire, dietro indicazione del conduttore, un determinato bene e lo cede a quest'ultimo in locazione. La differenza sostanziale è rappresentata dal fatto che i rischi e i benefici connessi al bene sono trasferiti in capo all'utilizzatore, nonostante la proprietà rimanga in capo al concedente.

In tale tipo di rapporto, che rappresenta una vera e propria operazione di finanziamento, si riscontrano generalmente tre soggetti distinti: l'azienda produttrice, la società di leasing (concedente) e l'utilizzatore. Alla scadenza del contratto, il bene viene restituito al concedente oppure acquistato a titolo definitivo dall'utilizzatore previo pagamento di un importo solitamente di entità modesta (prezzo di riscatto). Spesso, dopo la stipulazione del contratto, l'azienda utilizzatrice, oltre a pagare il primo dei canoni periodici (che di solito hanno cadenza mensile), paga anche un cosiddetto maxicanone, una sorta di canone anticipato che riguarda l'intera durata del contratto, la cui competenza economica dovrà essere verificata in sede di scritture di assestamento.

Sul piano contabile, il leasing operativo non presenta particolari problematiche dal momento che si rilevano i costi di locazione al ricevimento delle fatture ed i relativi pagamenti in modo analogo ai contratti di noleggio e di locazione.

Il leasing finanziario presenta, invece, degli aspetti contabili maggiormente critici a causa della non coincidenza della forma legale dell'operazione con la sostanza dei suoi aspetti economici [9].

8.9.2. *Il metodo patrimoniale*

Il metodo tradizionalmente adottato nella prassi contabile italiana, e tuttora previsto dal codice civile ai fini della redazione dello schema di Stato Patrimoniale e di Conto Economico, è il cosiddetto *metodo patrimoniale*. Tale metodo ricalca la forma legale che caratterizza il contratto di leasing; infatti, non consente l'iscrizione del bene tra gli elementi dell'attivo patrimoniale dell'impresa utilizzatrice sino a quando la proprietà del bene rimane al locatore. Secondo questa impostazione, poiché il passaggio di proprietà si verifica nell'eventualità che l'utilizzatore eserciti l'opzione del pagamento del prezzo di riscatto al termine del contratto, il bene potrà essere iscritto tra gli elementi attivi del patrimonio aziendale solo al verificarsi di tale circostanza.

Man mano che si ricevono le fatture della società di leasing relative ai canoni, si rileva in contabilità generale il costo dei canoni, l'IVA ed il debito nei confronti dei fornitori. All'atto del pagamento delle fatture, si rileva l'estinzione del debito in contropartita dell'uscita monetaria.

Al termine di ciascun esercizio, in occasione della rilevazione delle scritture di assestamento per la determinazione del reddito d'esercizio e del collegato capitale di funzionamento, si rende necessario verificare se i canoni di leasing rilevati durante il periodo amministrativo sulla base della manifestazione finanziaria siano di competenza economica dell'esercizio. Spesso, infatti, per la presenza del canone pagato in via anticipata, la dinamica finanziaria dell'operazione si discosta da quella economica.

Occorre rilevare un'operazione di storno che consente il rinvio ai futuri esercizi di una parte di costo già rilevata durante l'esercizio, ma di competenza economica di esercizi successivi: si tratta di un risconto attivo pluriennale.

Come premesso, solo in occasione del pagamento del prezzo di riscatto si rileverà il bene tra le attività patrimoniali dell'impresa utilizzatrice ad un valore pari al prezzo di riscatto pagato. Tale valore verrà poi ammortizzato lungo la vita utile residua del bene.

La forma legale dell'operazione si riflette anche nella contabilità del locatore. Qui il bene viene rilevato tra le attività patrimoniali e ammortizzato durante la sua vita utile. I canoni ricevuti sono rilevati tra i componenti positivi di reddito del

---

[9] Per approfondimenti sulla distinzione tra le due tipologie contrattuali si rimanda a: G. Barbagelata, A. Traballi, *Leasing. Le varie figure contrattuali. La corretta rilevazione in bilancio e in Nota Integrativa. Aspetti fiscali. Leasing e procedure concorsuali*, terza edizione, Milano, Esse libri-Simone, 2009, p. 14 e ss; M. Simonci, *Il contratto di leasing finanziario, Aspetti contabili aziendali e tributari*, Torino, Giappichelli, 1996.

Conto Economico. Lo storno del costo storico e del fondo ammortamento verrà rilevato quando la proprietà del bene si trasferisce all'utilizzatore con il pagamento del prezzo di riscatto.

Con l'esempio successivo, si illustrano le rilevazioni contabili e i riflessi sulla formazione del reddito e del capitale di funzionamento dell'impresa utilizzatrice secondo l'impostazione del metodo patrimoniale.

L'1/3/n viene stipulato un contratto di leasing finanziario con la società Autoleasing S.p.A. relativo ad un macchinario, pattuendo il pagamento di 4 canoni semestrali anticipati di € 10.000,00 ciascuno. Lo stesso giorno, l'azienda riceve e paga, mediante bonifico sul c/c bancario Unicredit, la fattura n. 457 emessa dall'Autoleasing relativa al canone anticipato di € 2.000,00 e al primo canone di € 10.000,00 + IVA 22%. La vita utile del macchinario è di 3 anni.

Il 1/9 si riceve e si paga la fattura n. 495 dell'Autoleasing relativa al canone del secondo semestre (€ 10.000,00 + IVA 22%) mediante addebito sul c/c Unicredit.

Durante l'anno n+1 si ricevono e si pagano alle scadenze pattuite le fatture Autoleasing n. 395 e n. 475 di € 10.000,00 + IVA 22% mediante c/c.

L'1/3/x+2 si esercita il diritto di riscatto del macchinario pagando la fattura Autoleasing n. 25 di € 1.000,00 + IVA 22% mediante c/c.

Il totale dei canoni da pagare è dato da:

Canoni periodici 4 x € 10.000,00 =	€	40.000,00
Canone anticipato	€	2.000,00
TOTALE CANONI	€	42.000,00

Sul piano contabile si rileva il ricevimento e il pagamento della fattura comprensiva del canone anticipato e del primo canone periodico.

Le scritture in P.D. sono:

01/03/n		
Canoni leasing	12.000,00	
IVA a credito	2.640,00	
Fornitori Italia		14.640,00
Ricevuta fattura 457 Autoleasing relativa al canone anticipato e al 1° canone semestrale		
01/03/n		
Fornitori Italia	14.640,00	
Unicredit c/c		14.640,00
Regolata fattura 457 Autoleasing		

Analogamente il 01/09 si rileva la fattura e il pagamento del secondo canone:

01/09/n		
Canoni leasing	10.000,00	
IVA a credito	2.200,00	
Fornitori Italia		12.200,00
Ricevuta fattura 495 Autoleasing relativa al 2° canone semestrale		
01/09/n		
Fornitori Italia	12.200,00	
Unicredit c/c		12.200,00
Regolata fattura 495 Autoleasing		

Al termine dell'esercizio, si deve verificare la competenza economica dei canoni di leasing rilevati sino a quel momento, poiché la presenza del canone anticipato pagato in via anticipata fa divergere la dinamica finanziaria rispetto alla dinamica economica dell'operazione.

Si tratta di stornare la quota dei canoni che è di competenza economica degli esercizi futuri mediante un risconto attivo. In particolare, si deve procedere alla rideterminazione del canone che compete a ciascun mese, dividendo il costo complessivo dei canoni previsti nel contratto per i mesi di durata dello stesso.

Si avrà quindi:

$$\text{Canone mensile ricalcolato} = \frac{42.000{,}00}{24} = € \ 1.750{,}00$$

Poiché il contratto è stato stipulato in data 1/3, all'esercizio compete un importo pari a quello di 10 canoni mensili ricalcolati. Occorrerà pertanto stornare, mediante il calcolo di un risconto attivo, la differenza tra i canoni contabilizzati nell'esercizio ed i canoni di competenza economica.

In sintesi si avrà:

Totale canoni contabilizzati	€	22.000,00
(–) Canoni di competenza (€ 1.750,00 x 10)	€	(17.500,00)
Risconto attivo	€	4.500,00

La rilevazione contabile sarà:

31/12/n		
Risconti attivi	4.500,00	
Canoni leasing		4.500,00
Rinviata quota del canone anticipato ai futuri esercizi		

In fase di chiusura dei conti, il saldo del conto *Canoni di leasing* viene epilogato al Conto Economico tra i componenti negativi di reddito, mentre il conto *Risconti attivi* è epilogato tra gli elementi attivi dello Stato Patrimoniale.

Nell'esercizio successivo, dopo la riapertura dei conti, il saldo del conto *Risconti attivi* viene girato in Dare del conto *Canoni di leasing*. Successivamente si eseguiranno le rilevazioni per liquidare e pagare i canoni periodici alle scadenze pattuite e stornare i conti d'ordine degli impegni in modo del tutto analogo all'esercizio precedente. Al termine dell'esercizio x+1, si assesterà la competenza economica secondo i calcoli seguenti:

Tot. canoni contabilizzati (4.500 + 10.000 + 10.000)	€	24.500,00
(–) Canoni di competenza (€ 1.750,00 x 12)	€	(21.000,00)
Risconto attivo	€	3.500,00

La rilevazione contabile sarà:

31/12/n+1		
Risconti attivi	3.500,00	
Canoni leasing		3.500,00
Rinviata quota del canone anticipato ai futuri esercizi		

All'inizio dell'esercizio n+2, dopo la riapertura dei conti, il conto *Risconti attivi* verrà girato in contropartita del conto *Canoni leasing*, il cui saldo (€ 3.500,00) evidenzierà il costo di competenza dell'esercizio per l'utilizzo del macchinario per due mesi (€ 1.750,00 × 2).

Il 1/03/n+2, con il ricevimento della fattura per l'esercizio del riscatto del bene, si verificherà formalmente anche il passaggio di proprietà del macchinario e si procederà alla sua presa in carico mediante l'addebitamento di un conto economico acceso alle immobilizzazioni. Le scritture sono le seguenti:

1/3/n+2		
Macchinari	1.000,00	
IVA a credito	220,00	
Fornitori Italia		1.220,00
Ricevuta fattura 25 Autoleasing per esercizio prezzo di riscatto		
1/1/n+2		
Fornitori Italia	1.220,00	
Unicredit c/c		1.220,00
Regolata fattura 25 Autoleasing		

Al termine dell'esercizio n+2, poiché il macchinario aveva una vita utile complessiva di 3 anni, si deve procedere ad ammortizzare il relativo costo pluriennale. La scrittura, da rilevare anche al termine dell'esercizio successivo è la seguente:

31/12/n+2		
Ammortamento macchinario	1.000,00	
Fondo ammortamento macchinario		1.000,00
Rilevato ammortamento dell'esercizio		

Lo Stato Patrimoniale ed il Conto Economico di derivazione contabile si presentano nel seguente modo:

STATO PATRIMONIALE

Attività				*Passività e Netto*			
Anno	n	n+1	n+2	Anno	n	n+1	n+2
Macchinari			1.000	F.do amm.to			1.000
Risconti attivi	4.500	3.500					

CONTO ECONOMICO

Costi				*Ricavi*			
Anno	n	n+1	n+2	Anno	n	n+1	n+2
Canoni leasing	17.500	21.000	3.500				
Amm.to			1.000				

Secondo la prassi nazionale, il metodo patrimoniale deve essere adottato per la contabilizzazione sia delle operazioni di leasing operativo sia di quelle relative al leasing finanziario. Nella prassi internazionale, invece, il metodo patrimoniale viene utilizzato soltanto per rilevare le operazioni di leasing operativo, mentre il leasing finanziario viene contabilizzato attraverso l'utilizzo del metodo finanziario che verrà trattato al paragrafo successivo.

8.9.3. *Il metodo finanziario*

Per la rilevazione delle operazioni di leasing finanziario, al metodo patrimoniale si contrappone il cosiddetto *metodo finanziario*, diffusosi nei paesi anglosassoni e attualmente previsto dai principi contabili internazionali.

Questa soluzione dà risalto alla sostanza economica dell'operazione: l'acquisizione della disponibilità di un bene pluriennale attraverso un finanziamento. La forma legale dell'operazione, secondo cui la proprietà del bene rimane in capo al locatore, viene trascurata per dare rilevanza al fatto sostanziale, ossia che i rischi e i benefici sono stati trasferiti all'utilizzatore. In base a questa impostazione, l'impresa utilizzatrice rileva il bene acquisito in leasing tra le proprie attività patrimoniali già al momento della stipulazione del contratto. Il bene viene iscritto per un ammontare corrispondente al valore attuale dei «pagamenti minimi» o al valore di mercato del bene stesso nel caso sia minore. I pagamenti minimi sono rappresentati dai canoni pattuiti contrattualmente maggiorati del prezzo di riscatto qualora sia probabile che l'opzione di riscatto sia esercitata.

In contropartita, tra le passività dello Stato Patrimoniale, si rileva, per un ammontare equivalente, il debito di finanziamento nei confronti della società di leasing.

I canoni di leasing non vanno rilevati in Conto Economico come costi per godimento di beni di terzi, ma vanno scissi nella quota capitale e nella quota interessi. Al pagamento degli stessi, la quota capitale comporterà la riduzione del debito nei confronti della società di leasing (rilevato nelle passività), mentre la quota interessi verrà rilevata tra gli oneri finanziari del Conto Economico.

Inoltre, il bene iscritto tra le attività dello Stato Patrimoniale verrà ammortizzato durante la sua vita utile e le relative quote d'ammortamento si iscriveranno nel Conto Economico.

Si riprende ora lo stesso esempio sviluppato con il metodo patrimoniale per analizzare le rilevazioni e i riflessi su reddito e capitale di funzionamento dell'impresa utilizzatrice derivanti dall'utilizzo del metodo finanziario. In aggiunta alle informazioni già riferite si tenga presente il seguente prospetto riepilogativo degli elementi del piano d'ammortamento finanziario del leasing: i pagamenti minimi rappresentati dai canoni da pagare in ciascun anno e dal prezzo di riscatto e la loro ripartizione tra quote capitale e quote interessi.

	1/3/n	*1/9/n*	*1/3/n+1*	*1/9/n+1*	*1/3/n+2*	*Totale*
Canoni	12.000	10.000	10.000	10.000		
Prezzo riscatto					1.000	
Pagamenti minimi	12.000	10.000	10.000	10.000	1.000	43.000
Quota capitale	12.000	8.915	9.227	9.550	884	40.576
Quota interessi		1.085	773	450	116	2.424

Il valore di iscrizione del bene coincide con il debito complessivo nei confronti della società di leasing ed è pari al valore attuale dei pagamenti minimi. Si tratta della differenza tra il valore complessivo dei pagamenti minimi e gli interessi da corrispondere lungo la durata del contratto; tale importo coincide naturalmente con la somma delle relative quote capitale.

Quindi, alla stipulazione del contratto si rileva il sorgere di un debito di finanziamento causato dall'acquisizione di un bene strumentale. La rilevazione è la seguente:

01/03/n		
Macchinari	40.576,00	
Debiti vs Società di Leasing		40.576,00
Stipulato contratto di leasing per macchinario		

Nella liquidazione della fattura n. 457 della società Autoleasing, relativa al canone anticipato e al primo canone del contratto, si rileva una variazione finanziaria passiva per il sorgere di un debito di regolamento nei confronti dell'Autoleasing non più in contropartita di una variazione economica negativa per il costo dei canoni, bensì di una variazione finanziaria attiva per la riduzione del debito di finanziamento verso la società di leasing pari alla quota capitale e per l'IVA. Le rilevazioni della liquidazione e del pagamento sono le seguenti:

01/03/n		
Debiti vs Società di Leasing	12.000,00	
IVA a credito	2.640,00	
Fornitori Italia		14.640,00
Ricevuta fattura 457 Autoleasing relativa al canone anticipato e al 1° canone semestrale		
01/03/n		
Fornitori Italia	14.640,00	
Unicredit c/c		14.640,00
Regolata fattura 457 Autoleasing		

Analogamente, la fattura relativa al secondo canone, non sarà rilevata come un costo d'esercizio per canoni di leasing, ma per la quota capitale come ulteriore riduzione del debito di finanziamento (variazione finanziaria attiva in Dare del conto *Debiti vs Società di Leasing*) e per la quota degli interessi come variazione economica negativa (Dare del conto *Interessi passivi di leasing*):

01/09/n		
Debiti vs Società di Leasing	8.915,00	
Interessi passivi di leasing	1.085,00	
IVA a credito	2.200,00	
Fornitori Italia		12.200,00
Ricevuta fattura 495 Autoleasing 2° canone semestrale		
01/09/n		
Fornitori Italia	12.200,00	
Unicredit c/c		12.200,00
Regolata fattura 495 Autoleasing		

Al termine dell'esercizio n, si procede all'ammortamento (13.525,33) del costo del macchinario (40.576,00) secondo la sua vita utile (3 anni) e si procede all'assestamento della competenza economica degli interessi passivi. Si deve imputare la quota di interessi che si pagherà nell'esercizio successivo (1/3/n+1) per la parte di competenza economica dell'esercizio in chiusura (dal 1/09/n al 31/12/n).

I calcoli sono i seguenti:

Giorni dal 1/09 al 1/3:	
Settembre	29
Ottobre	31
Novembre	30
Dicembre	31
Gennaio	31
Febbraio	28
Marzo	1
TOTALE	181

Giorni dal 1/09 al 31/12:	
Settembre	29
Ottobre	31
Novembre	30
Dicembre	31
TOTALE	121

$$\text{Rateo} = \frac{€\ 773 \times 121}{181} = €\ 516{,}76$$

31/12/n		
Ammortamento macchinario	13.525,33	
Fondo ammortamento macchinario		13.525,33
Rilevato ammortamento dell'esercizio		
31/12/n		
Interessi passivi di leasing	516,76	
Ratei passivi		516,76
Imputata quota interessi di leasing dell'esercizio		

Nell'esercizio n+1 le rilevazioni saranno:

01/03/n+1		
Debiti vs Società di Leasing	9.227,00	
Ratei passivi	516,76	
Interessi passivi di leasing	256,24	
IVA a credito	2.200,00	
Fornitori Italia		12.200,00
Ricevuta fattura 395 Autoleasing 3 ° canone semestrale		
01/03/n+1		
Fornitori Italia	12.200,00	
Unicredit c/c		12.200,00
Regolata fattura 395 Autoleasing		
01/09/n+1		
Debiti vs Società di Leasing	9.550,00	
Interessi passivi di leasing	450,00	
IVA a credito	2.200,00	
Fornitori Italia		12.200,00
Ricevuta fattura 475 Autoleasing 4° canone semestrale		
01/09/n+1		
Fornitori Italia	12.200,00	
Unicredit c/c		12.200,00
Regolata fattura 475 Autoleasing		

Naturalmente, anche al termine dell'esercizio n+1, si procede all'ammortamento (13.525,33) del costo storico del macchinario (40.576,00) secondo la sua vita utile (3 anni) e si procede all'assestamento della competenza economica degli interessi passivi.

L'ammontare del rateo degli interessi passivi è il seguente:

$$\text{Rateo} = \frac{€\ 116,00 \times 121}{181} = €\ 77,55$$

31/12/n+1		
Ammortamento macchinario	13.525,33	
Fondo ammortamento macchinario		13.525,33
Rilevato ammortamento dell'esercizio		
31/12/n+1		
Interessi passivi di leasing	77,55	
Ratei passivi		77,55
Imputata quota interessi di leasing di competenza dell'esercizio		

In occasione del pagamento del prezzo di riscatto in data 1/3/n+2, le rilevazioni sono le seguenti:

1/3/n+2		
Debiti vs Società di leasing	884,00	
Ratei passivi	77,55	
Interessi passivi di leasing	38,45	
IVA a credito	220,00	
Fornitori Italia		1.220,00
Ricevuta fattura 25 Autoleasing per esercizio prezzo di riscatto		
1/1/n+2		
Fornitori Italia	1.220,00	
Unicredit c/c		1.220,00
Regolata fattura 25 Autoleasing		

Infine, al termine dell'esercizio n+2 si completerà il processo d'ammortamento con lo stanziamento dell'ultima quota.

Con l'adozione del metodo finanziario, lo Stato Patrimoniale ed il Conto Economico di derivazione contabile si presentano nel seguente modo:

STATO PATRIMONIALE

Attività				*Passività e Netto*			
Anno	n	n+1	n+2		n	n+1	n+2
Macchinari	40.576	40.576	40.576	F.do amm.to	13.525	27.050	40.576
				Deb. leasing	19.661	884	
				Ratei passivi	517	78	

CONTO ECONOMICO

Costi				***Ricavi***			
Anno	n	n+1	n+2	Anno	n	n+1	n+2
Amm.to	13.525	13.525	13.525				
Inter. passivi	1.602	784	38				

Sul piano patrimoniale, risulta chiaro che solo il metodo finanziario consente di evidenziare la sostanza economica dell'operazione di leasing finanziario, ovvero l'acquisizione di un bene strumentale (presente tra le attività al valore originario e tra le passività con il fondo ammortamento che lo rettifica) assistita da un finanziamento (presente tra le passività con un ammontare che si riduce al rimborso delle quote capitale). Con il metodo patrimoniale, in armonia con l'aspetto legale dell'operazione, il bene non risulta tra le attività patrimoniali in quanto non è di proprietà dell'impresa utilizzatrice.

Sul piano reddituale, il metodo finanziario consente di evidenziare le quote d'ammortamento del bene acquisito e gli oneri finanziari che rappresentano il costo del finanziamento ricevuto, mentre con il metodo patrimoniale risultano i canoni di competenza economica dell'esercizio. Inoltre, si noti che l'impatto dei canoni di leasing da un lato, e della somma delle quote d'ammortamento e degli interessi passivi dall'altro, pur uguagliandosi nell'arco della durata del contratto (€ 43.000,00), si differenziano nell'ambito di ciascun esercizio, con conseguente diversa informazione sul reddito prodotto in ciascun anno, e con potenziali differenziazioni nella distribuzione di utili ai soci.

8.9.4. *L'impostazione del codice civile*

Il legislatore italiano ha fatto una scelta ibrida tra questi due metodi alternativi per la contabilizzazione delle operazioni di leasing finanziario. Infatti, nella redazione degli schemi di Stato Patrimoniale e di Conto economico ha implicitamente optato per l'adozione del metodo patrimoniale, mentre nella redazione della Nota Integrativa ha previsto l'obbligo di indicare una serie di informazioni relative ai contratti di leasing finanziario in essere, che di fatto ricostruiscono l'impostazione contabile del metodo finanziario. Più specificamente l'art. 2427 del codice civile al punto 22 richiede la compilazione di un prospetto su « le operazioni di locazione finanziaria che comportano il trasferimento al locatario della parte prevalente dei rischi e dei benefici » in cui compaiano:

- il valore attuale delle rate non scadute di ciascun contratto;
- gli oneri finanziari di ciascun contratto;
- il valore dei beni nel caso fossero stati considerati immobilizzazioni;
- i relativi ammortamenti;
- le rettifiche e le riprese di valore [10].

---

[10] Vi è da aggiungere che in ambito internazionale i principi contabili IAS-IFRS prevedono unicamente l'adozione del metodo finanziario ogniqualvolta il contratto sia annoverabile tra quelli di leasing finanziario. Tuttavia, tale soluzione non è priva di complicazioni a causa dell'assenza di una netta linea di demarcazione per identificare i contratti di leasing finanziario e di leasing operativo. Ciò porta con sé potenziali comportamenti opportunistici da parte dei redattori di bilancio, i quali possono scegliere tra le due categorie contrattuali in base a prefissate grandezze economiche e finanziarie che intendono mostrare. Per contrastare tali tendenze lo IASB (*International Accounting Standards Board*) e il FASB (*Financial Accounting Standards Board)*, ovvero i principali organismi internazionali per la statuizione dei principi contabili, si sono impegnati in un ambizioso progetto congiunto per definire un nuovo principio contabile che superi queste incertezze. In particolare, il 13 Gennaio 2016, lo IASB ha emanato l'IFRS 16 (Leasing) in sostituzione dello IAS 17, prevedendone l'entrata in vigore a decorrere dal 1 Gennaio 2019. In estrema sintesi, la scelta fondamentale è stata quella di ampliare enormemente la nozione di leasing finanziario e di restringere in misura corrispondente la nozione di leasing operativo. L'aspetto chiave da considerare per inquadrare la tipologia di leasing diventa il diritto all'utilizzo dei beni oggetto di acquisizione, in luogo del trasferimento dei rischi e benefici. Sono esclusi dall'approccio finanziario solamente le attività e passività per contratti di locazione a breve termine, inferiori ai 12 mesi, e i contratti per beni di basso valore commerciale (inferiore a US $ 5.000). Su questi temi e sulle precedenti impostazioni si vedano V. Dell'Atti, M. Papa, G. Dicuonzo, *Rilevazione del leasing secondo l'Exposure Draft "Leases". Novità, ambito applicativo, criteri di rilevazione, contabilizzazione del locatario e del locatore,* in *Contabilità finanza e controllo,* n. 10, 2011, p. 750-760; M. Vergani, *Leasing: nuovi criteri di contabilizzazione. Analisi della nuova disciplina prevista dal principio contabile IAS 17 in materia di leasing,* in *Guida alla contabilità e bilancio.* Il Sole 24 Ore n. 10, 2010, p. 60 e ss.

Capitolo nono
LE OPERAZIONI IN TITOLI

9.1. Aspetti generali

In questa parte del lavoro si esamineranno le caratteristiche principali relative ai valori mobiliari, cioè particolari categorie di titoli, e si illustreranno le rilevazioni contabili relative alla loro acquisizione, gestione e cessione da parte delle imprese.

I valori mobiliari incorporano il diritto riconosciuto al legittimo possessore di esigere, dal soggetto obbligato che ha emesso i titoli, la prestazione indicata sugli stessi. Le transazioni relative a tali tipologie di titoli danno luogo al cosiddetto *mercato mobiliare*. I valori mobiliari rappresentano titoli di massa o in serie, cioè emessi in più esemplari mediante un'unica operazione. I titoli relativi a una certa emissione presentano caratteristiche identiche (stessi diritti, stessa scadenza, ecc.) e pertanto rappresentano *beni fungibili*, cioè perfettamente sostituibili tra loro.

Tra i valori mobiliari si possono annoverare sia i cosiddetti titoli di debito, che sorgono in virtù di un rapporto di credito/debito tra emittente e sottoscrittore (come nel caso delle obbligazioni e dei titoli di Stato), sia titoli che rappresentano quote di partecipazione al capitale di rischio dell'ente emittente (come nel caso delle azioni).

Tradizionalmente i titoli sono rappresentati da documenti cartacei. Con il D.Lgs. 24 giugno 1998, n. 213 è stato però disposto che le azioni, le obbligazioni e gli strumenti finanziari quotati sui mercati regolamentati, o comunque largamente diffusi tra il pubblico [1], non possono essere rappresentati da titoli fisicamente esistenti, ma sono rappresentati da semplici registrazioni contabili e mediante mere annotazioni contabili se ne trasferisce la titolarità. Tale fenomeno prende il nome di *dematerializzazione* dei titoli [2].

---

[1] Secondo specifici parametri stabiliti dalla CONSOB.

[2] In realtà la dematerializzazione degli strumenti finanziari ha avuto inizio nel 1986 attraverso il riconoscimento della Monte Titoli S.p.A. come depositario centrale nazionale per tutti gli strumenti finanziari di diritto italiano emessi da società private o dallo Stato. Il deposito presso la Monte Titoli non era però obbligatorio e quindi la conseguente dematerializzazione era legata all'adesione al sistema accentrato. Ora la dematerializzazione dei titoli quotati nei mercati regolamentati è obbligatoria.

9.2. Principali classificazioni dei titoli

I titoli possono essere variamente classificati a seconda dell'aspetto che si intende osservare. Più in particolare, con riguardo all'*ente emittente*, si distinguono i titoli *pubblici* (emessi dallo Stato o da enti pubblici) dai titoli *privati* (emessi da società private), tra cui troviamo le *obbligazioni* e le *azioni* (nelle varie categorie stabilite dalla legge).

Secondo la *durata*, si possono convenzionalmente distinguere i titoli a *breve* (scadenza entro 12 mesi, fra essi i BOT - Buoni Ordinari del Tesoro), quelli a *media* scadenza (durata da 1 a 5 anni) e quelli a *lunga* scadenza (oltre 5 anni).

Secondo il *reddito* assicurato all'investitore, cioè le modalità di remunerazione previste, si distinguono i titoli a reddito *predeterminato*, che prevedono il pagamento di un interesse (con tasso fisso o variabile – ad esempio titoli di Stato ed obbligazioni private), dai titoli a reddito *variabile* che prevedono un eventuale dividendo commisurato ai risultati economici conseguiti dall'ente emittente (azioni di S.p.A.). Caratteristiche intermedie presentano alcuni tipi di titoli a reddito *misto* (obbligazioni con premio).

Secondo il *regime di circolazione* si individuano titoli *nominativi* (le azioni ordinarie) e titoli *al portatore* (titoli di Stato, la maggior parte delle obbligazioni[3], azioni di risparmio).

Infine, secondo il trattamento fiscale, si distinguono i titoli *esenti* da imposte (i titoli di Stato emessi prima del 19/9/1986) dai titoli *soggetti* a imposte (titoli privati e titoli pubblici emessi dopo il 19/9/1986).

Tradizionalmente, prima che intervenisse la dematerializzazione, i titoli erano costituiti da *certificati* cartacei formati da due parti. La prima, che rappresentava il capitale, conteneva tutte le indicazioni relative al titolo stesso (tasso di interesse, valore nominale, modalità di rimborso, dati della società o ente emittente, ecc.). La seconda, che rappresentava gli interessi o dividendi, era costituita da un foglio diviso in tante *cedole* che venivano staccate ed incassate alle prestabilite *date di godimento*.

A seguito della dematerializzazione dei titoli, il termine cedola viene utilizzato per indicare gli interessi (per i titoli a reddito predeterminato) o i dividendi (per i titoli a reddito variabile) maturati in un determinato periodo.

9.3. Il valore dei titoli

Il valore di un titolo può assumere diverse configurazioni in base al momento e alle modalità con cui viene determinato.

In particolare, è possibile distinguere:

---

[3] Esistono anche obbligazioni nominative.

- valore nominale;
- valore di emissione;
- valore di rimborso;
- valore di mercato.

Il *valore nominale* è l'importo scritto sul titolo. Per i titoli a reddito predeterminato (quasi tutti i titoli di Stato, le obbligazioni, ecc.) rappresenta la somma su cui si calcolano gli interessi. Per le azioni rappresenta la quota di partecipazione al capitale sociale.

Il *valore di emissione* è l'importo che il sottoscrittore versa all'ente emittente nel momento in cui quest'ultimo lo colloca inizialmente sul mercato. Se il titolo viene emesso per un importo uguale al suo valore nominale si ha un'emissione *alla pari*; se viene emesso per un valore inferiore al nominale, si ha un'emissione *sotto la pari*; se, infine, il valore di emissione risulta superiore al nominale, si è in presenza di un'emissione *sopra la pari.*

Le vigenti disposizioni civilistiche (artt. 2346 e 2420 *bis* codice civile) impongono che le azioni e le obbligazioni convertibili in azioni possono essere emesse solo alla pari o sopra la pari.

Il *valore di rimborso* è la somma che l'ente emittente restituirà, al momento dell'estinzione del titolo, al possessore. Di solito coincide con il valore nominale del titolo, ma in alcuni casi è previsto un valore di rimborso superiore (rimborso sopra la pari).

Il *valore di mercato*, infine, è il prezzo, determinato sulla base delle dinamiche della domanda e dell'offerta sul mercato mobiliare, al quale un titolo oggetto di negoziazione viene quotato.

9.4. Il regime di circolazione dei titoli

In base al regime di circolazione dei valori mobiliari, si distingue fra:

- titoli al portatore;
- titoli nominativi.

I *titoli al portatore* possono essere trasferiti mediante la semplice consegna del titolo (titoli di Stato e, generalmente, obbligazioni di società per azioni). Il diritto in essi incorporato può essere esercitato da chiunque ne abbia il possesso.

I *titoli nominativi* sono intestati ad una data persona; l'intestazione è riportata sia sui titoli sia su un apposito registro tenuto dall'ente emittente. In questo caso, il trasferimento avviene tramite l'*annotazione* sul titolo e sul registro dell'emittente, ma può avvenire anche tramite *girata* autenticata, che però non ha effetto nei confronti dell'ente o società emittente finché non viene trascritta sui registri [4].

---

[4] La gran parte delle obbligazioni e dei titoli di Stato è al portatore, mentre le azioni sono normalmente titoli nominativi (ad eccezione delle azioni di risparmio che sono in genere al portatore).

9.5. Le azioni

9.5.1. *Definizione e caratteristiche principali*

Le *azioni* costituiscono dei titoli di credito particolari che rappresentano quote del capitale sociale delle società azionarie (società per azioni e società in accomandita per azioni): il titolare assume la natura di *socio* (azionista) e diventa comproprietario del patrimonio sociale.

Le azioni sono titoli causali e di massa. Sono *titoli causali* in quanto i diritti in esse incorporati traggono origine da un ben individuato rapporto giuridico sottostante (contratto di società); sono *titoli di massa* (o *in serie*) poiché da un'unica operazione (costituzione della società) trae origine una pluralità di titoli. Secondo l'art. 2354, c. 1, codice civile le azioni possono essere nominative o al portatore, a scelta del socio, se lo statuto o le leggi speciali non stabiliscono diversamente. Peraltro, interventi legislativi aventi finalità fiscali hanno introdotto da subito l'obbligo di emettere, in via generale, le azioni come *titoli nominativi* con la conseguenza che la società emittente deve tenere un apposito registro (libro dei soci).

È da notare che l'art. 2346 codice civile prevede la cosiddetta *dematerializzazione* delle azioni, cioè la possibilità di non emettere fisicamente i titoli ma considerarli come entità ideali i cui diritti e la cui circolazione sono garantiti da apposite registrazioni tenute dagli intermediari finanziari.

9.5.2. *Valore delle azioni*

Il *valore nominale* è quello indicato nel titolo. Il prodotto tra il valore nominale e il numero totale delle azioni esprime l'entità del capitale sociale.

Peraltro, è possibile emettere azioni senza indicazione del valore nominale. In questo caso, le disposizioni che ad esso si riferiscono si applicano con riguardo al loro numero in rapporto al totale delle azioni emesse (art. 2346, c. 3, codice civile).

Il *valore di emissione* rappresenta l'importo richiesto ai soci al momento della sottoscrizione e che gli stessi si impegnano a versare.

L'emissione delle azioni può avvenire:

- *alla pari*, quando il valore di emissione coincide con il valore nominale;
- *sopra la pari*, quando il valore di emissione risulta superiore al valore nominale. In questo caso la differenza tra il valore di emissione ed il valore nominale rappresenta la maggior dotazione di capitale netto attribuita alla società rispetto al valore del capitale sociale e costituisce la *Riserva sovrapprezzo azioni*. Il codice civile (art. 2346) fa espresso divieto di emissione di azioni sotto la pari: la *ratio* della norma è quella di tutelare i terzi creditori della società.

Nell'ambito dei titoli di credito in generale vi sono anche i titoli all'ordine, in cui viene indicato il nome del beneficiario e che vengono trasferiti mediante girata, cioè con una semplice annotazione sul retro del documento.

Si ricorda, infatti, che nelle società di capitali l'unica garanzia dei creditori è rappresentata dal patrimonio netto, poiché i soci non rispondono delle obbligazioni sociali con il loro patrimonio personale.

In sostanza, la norma vuole evitare che la società, attraverso l'emissione di azioni sotto la pari, possa dichiarare un capitale nominale di entità superiore a quella effettiva.

Il *valore di mercato* rappresenta il valore delle azioni intese come beni oggetto di negoziazione (ad esempio quotazioni di borsa).

Il *valore di rimborso* rappresenta l'importo che viene restituito ai soci.

Va peraltro notato che le azioni sono *titoli senza rimborso prefissato*, cioè non è prevista alcuna data di scadenza. Le azioni vengono rimborsate solo in caso di liquidazione della società o nel caso in cui si decida di ridurre l'entità del capitale sociale.

9.5.3. *Diritti attribuiti alle azioni*

In via generale, alle azioni sono attribuiti diritti di carattere amministrativo e diritti di carattere patrimoniale.

I primi si concretizzano nella possibilità di partecipare alle assemblee dei soci e nella possibilità di esercitare il diritto di voto nelle stesse assemblee.

I secondi si estrinsecano nel diritto ad ottenere una parte degli utili conseguiti dalla società (dividendo), nel diritto al rimborso in caso di liquidazione o riduzione del capitale sociale e nel diritto di opzione.

Il *diritto al dividendo* non è automaticamente esercitabile dal socio ma è necessario, in primo luogo, che la società abbia conseguito degli utili, o abbia riserve disponibili, ed inoltre occorre un'apposita delibera dell'assemblea che decide di distribuire dividendi ai soci. Solo dopo tale delibera sorge il diritto al dividendo da parte del socio. Per queste particolari caratteristiche le azioni costituiscono *titoli a reddito variabile*.

Come già visto, il *diritto al rimborso* è subordinato alla liquidazione o alla riduzione del capitale sociale deliberata dall'assemblea dei soci.

In sede di liquidazione, peraltro, il rimborso delle azioni avviene dopo aver pagato tutti i debiti della società, il che significa che in caso di insufficienza di fondi le azioni vengono rimborsate parzialmente o addirittura non vengono rimborsate affatto.

Il *diritto di opzione* attribuisce al socio la possibilità di sottoscrivere gli eventuali aumenti di capitale sociale in proporzione alla quota posseduta, con preferenza rispetto ai terzi non soci. Tale meccanismo, in pratica, consente al socio che lo desideri di mantenere la medesima percentuale di possesso societario anche dopo l'aumento del capitale.

Il diritto di opzione può essere esercitato direttamente dal socio oppure può essere oggetto di negoziazione.

9.5.4. *Categorie di azioni*

Il nostro ordinamento giuridico disciplina diverse *categorie di azioni* che si differenziano tra loro per i diritti amministrativi e patrimoniali ad esse attribuiti.

Le *azioni ordinarie* costituiscono la "normale" categoria di azioni che attribuiscono ai soci tutti i diritti amministrativi e patrimoniali suindicati.

Le *azioni privilegiate* attribuiscono dei vantaggi (privilegi) rispetto alle azioni ordinarie sotto il profilo dei diritti patrimoniali. Il privilegio può essere rappresentato, ad esempio, da un diritto di priorità nell'assegnazione dei dividendi (nel senso che prima di assegnare utili alle azioni ordinarie occorre aver attribuito alle azioni in oggetto un dividendo pari all'entità stabilita nello statuto sociale), da una maggiorazione del dividendo rispetto a quello attribuito alle azioni ordinarie, da una partecipazione limitata alle perdite che la società dovesse sopportare, da una priorità rispetto alle altre azioni nel rimborso in sede di liquidazione della società.

A fronte di questi privilegi nei diritti patrimoniali, l'atto costitutivo può limitare il diritto di voto alle sole assemblee straordinarie.

Le *azioni di risparmio*[5], che possono essere emesse come titoli al portatore (eccezione al principio di nominatività) soltanto da società italiane quotate in mercati regolamentati nazionali o di altri paesi dell'Unione Europea, sono prive del diritto di voto e sono dotate di particolari privilegi di natura patrimoniale.

L'atto costitutivo determina il contenuto del privilegio, le condizioni, i limiti, le modalità e i termini per il suo esercizio. Peraltro, a fronte dei privilegi di natura patrimoniale il possessore di azioni di risparmio non partecipa e non vota alle assemblee sociali (limitazioni nei diritti amministrativi). In ogni caso, l'art. 2351 codice civile stabilisce che le azioni con diritto di voto limitato (ad esempio azioni privilegiate), o prive del tutto di tale diritto (ad esempio azioni di risparmio), non possono superare la metà del capitale sociale.

Le *azioni di godimento* vengono attribuite ai soci ai quali sono state rimborsate azioni al valore nominale in seguito ad una delibera di riduzione del capitale sociale.

Tali azioni non attribuiscono il diritto di voto nelle assemblee (salvo diversa disposizione dell'atto costitutivo), mentre presentano limitati diritti patrimoniali.

In particolare, le azioni di godimento concorrono nella ripartizione degli utili soltanto dopo che alle altre azioni viene erogato un dividendo pari all'interesse legale; inoltre, in sede di liquidazione della società le azioni di godimento concorrono alla ripartizione dell'eventuale eccedenza risultante dopo il rimborso al valore nominale di tutte le altre categorie di azioni.

Il codice civile disciplina, all'art. 2349, le *azioni a favore dei prestatori di lavoro* da attribuire ai dipendenti in relazione ad assegnazioni straordinarie di utili

---

[5] La disciplina di tali azioni, contenuta nella L. 7 giugno 1974, n. 216, art. 14 e segg., è stata oggetto di revisione per effetto del Testo Unico dell'intermediazione finanziaria (D.Lgs. 24 febbraio 1998, n. 58).

agli stessi. Tali azioni presentano norme particolari circa il trasferimento e i diritti spettanti ai titolari.

L'emissione di tali azioni con l'attribuzione della qualità di socio ai dipendenti può rappresentare per gli stessi una forma di incentivazione e di maggior coinvolgimento alle vicende societarie.

9.6. Le obbligazioni

9.6.1. *Definizione e caratteristiche principali*

Le *obbligazioni* sono titoli di massa, autonomi e letterali che rappresentano quote di un prestito concesso alla società emittente (società per azioni o società in accomandita per azioni). Per questo motivo le obbligazioni vengono denominate *titoli di debito*.

Il possessore del titolo, detto *obbligazionista*, ha il diritto ad essere rimborsato ad una data scadenza e ad ottenere una remunerazione sotto forma di interessi alle date stabilite (date di godimento).

Le obbligazioni possono essere emesse come *titoli nominativi* (la società emittente deve tenere il libro delle obbligazioni) o *al portatore*.

A differenza delle azioni, che come abbiamo visto sono titoli a reddito variabile, le obbligazioni sono *titoli a reddito predeterminato* poiché la remunerazione per l'obbligazionista è contrattualmente definita. In alcuni casi la remunerazione può essere indicizzata per adeguarsi alla svalutazione monetaria: in tal caso il regolamento che disciplina il prestito deve indicare espressamente le modalità previste per l'indicizzazione.

Normalmente, il rimborso del prestito da parte dell'ente emittente non avviene in un'unica soluzione, ma procede gradualmente lungo tutta la durata del prestito (di solito compresa tra i 5 e i 20 anni) seguendo un *piano di ammortamento finanziario* (piano di rimborso).

Come già visto per i titoli azionari, anche per le obbligazioni è prevista la *dematerializzazione*, cioè la possibilità di non emettere i certificati cartacei ma di sostituire gli stessi da un sistema di registrazioni curato dagli intermediari creditizi.

9.6.2. *Valore delle obbligazioni*

Il *valore nominale* delle obbligazioni, indicato nel titolo, rappresenta in termini unitari il debito della società nei confronti dell'obbligazionista. Il valore nominale costituisce anche la base di calcolo per gli interessi da corrispondere periodicamente sul prestito.

Il *valore di emissione* esprime l'importo richiesto agli obbligazionisti all'atto della sottoscrizione del prestito.

L'emissione delle obbligazioni può avvenire:

- *alla pari*, quando il valore di emissione coincide con il valore nominale;
- *sopra la pari*, quando il valore di emissione è maggiore del valore nominale, per cui la società emittente incassa dagli obbligazionisti un importo superiore a quello che verrà rimborsato agli stessi. Tale differenza, che per la società emittente costituisce un provento finanziario da ripartire lungo la durata del prestito, viene definita *aggio di emissione*[6];
- *sotto la pari*, quando il valore di emissione è minore del valore nominale, per cui la società emittente incassa dagli obbligazionisti un importo inferiore a quello che verrà rimborsato agli stessi. Tale differenza, che per la società emittente costituisce un onere finanziario da ripartire lungo la durata del prestito, viene chiamata *disaggio di emissione*[7].

Tale tipo di emissione può facilitare il collocamento del prestito in quanto, a parità di remunerazione periodica, presenta, rispetto agli altri due tipi, condizioni più favorevoli agli obbligazionisti.

Il *valore di rimborso* rappresenta l'importo che verrà pagato agli obbligazionisti alla scadenza dei titoli.

Il rimborso può avvenire:

- *alla pari*, se l'importo rimborsato è uguale al valore nominale;
- *sopra la pari*, se l'importo rimborsato è superiore al valore nominale.

Il *valore di mercato* esprime il valore dei titoli oggetto di negoziazione.

9.6.3. *Categorie di obbligazioni*

Le società azionarie possono emettere diverse *categorie di obbligazioni*.

Le *obbligazioni ordinarie* attribuiscono all'obbligazionista il diritto al percepimento degli interessi e al rimborso secondo le modalità indicate nel regolamento del prestito.

Le *obbligazioni convertibili in azioni* consentono all'obbligazionista di percepire gli interessi sul prestito e di richiedere, entro un termine stabilito dal regolamento, la trasformazione dei titoli obbligazionari in titoli azionari (della società emittente il prestito o di altra società) secondo un prefissato rapporto di cambio, in luogo del normale rimborso. In questo caso, l'obbligazionista cessa di essere un creditore della società ed assume la natura di socio. Le obbligazioni convertibili in azioni non possono essere emesse sotto la pari.

---

[6] Più precisamente, l'aggio rappresenta per la società emittente una rettifica sottrattiva degli interessi passivi periodici corrisposti sul prestito obbligazionario.

[7] Più precisamente, il disaggio rappresenta per la società emittente un'integrazione degli interessi passivi periodici corrisposti sul prestito obbligazionario.

9.7. I titoli di Stato

9.7.1. *Definizione e caratteristiche principali*

I *titoli di Stato* sono titoli di debito emessi dallo Stato per fronteggiare il proprio fabbisogno finanziario. Attraverso la collocazione di tali titoli, detti anche titoli del debito pubblico, lo Stato si indebita sul mercato dei capitali nei confronti dei risparmiatori/investitori, reperendo risorse per far fronte alle momentanee esigenze di cassa o per contribuire al finanziamento di progetti di investimento.

Il possessore dei titoli ha il diritto al rimborso del capitale in base alle scadenze stabilite in sede di emissione, nonché all'incasso degli interessi maturati alle date di godimento previste.

I titoli di Stato sono emessi al portatore con un taglio minimo di 1.000 euro e rappresentano titoli a reddito predeterminato poiché la remunerazione è stabilita contrattualmente all'atto della loro emissione. Per effetto della dematerializzazione, i titoli di Stato non vengono più emessi in certificati cartacei, ma traggono la loro esistenza da un insieme di rilevazioni contabili.

I titoli di Stato sono emessi tramite apposite *aste* alle quali possono partecipare soltanto gli investitori istituzionali (ad esempio banche e Società di Intermediazione Mobiliare) e nelle quali vengono fissati i prezzi di aggiudicazione (valore di emissione). Le aste possono essere di due tipi: *aste competitive* e *aste marginali.*

Nelle aste relative ai titoli, gli investitori istituzionali provvedono a inviare telematicamente alla Banca d'Italia le proprie domande di acquisto, che rimangono segrete fino all'apertura dell'asta, in cui indicano le quantità dei titoli che intendono acquistare e i relativi prezzi che sono disposti a pagare.

Nel sistema d'asta competitiva, le domande relative ai titoli vengono soddisfatte sulla base degli specifici prezzi indicati dai diversi operatori. Pertanto, dapprima si soddisferanno integralmente le richieste dell'operatore che ha indicato il prezzo più elevato, procedendo poi in ordine decrescente fino ad esaurire l'intera quantità dei titoli offerti. In pratica, con questo sistema ogni operatore pagherà per i titoli aggiudicati il prezzo indicato nelle richieste di acquisto precedentemente inviate.

Al termine dell'aggiudicazione si determina il prezzo medio ponderato d'asta, che rappresenta il prezzo a cui i titoli devono essere collocati dagli investitori istituzionali per soddisfare gli ordini preventivamente ricevuti dalla clientela.

Nel sistema d'asta marginale, invece, il prezzo di aggiudicazione dei titoli, uguale per tutti gli investitori istituzionali, è il più basso tra quelli indicati dagli operatori in corrispondenza del quale l'intera quantità offerta viene aggiudicata (collocata). Se l'offerta risultasse superiore alla domanda, il prezzo di aggiudicazione sarà quello più basso in assoluto indicato nelle richieste di acquisto [8].

---

[8] Per un approfondimento sui meccanismi d'asta riguardanti l'aggiudicazione dei titoli di Stato si vedano: R. Moro Visconti, *I titoli a reddito fisso*, Milano, McGraw - Hill, 1993, pag. 247 e segg.; T. Barghini, *I titoli di Stato*, Milano, Il Sole 24 Ore Libri, 1996, pag. 65 e segg.

Il sistema dell'asta competitiva viene utilizzato per le emissioni dei *Buoni Ordinari del Tesoro* (BOT), mentre gli altri titoli di Stato sono collocati attraverso il sistema dell'asta marginale. Gli investitori istituzionali, ammessi a partecipare alle aste, danno vita al cosiddetto *mercato primario*, cioè al luogo in cui avviene il collocamento dei titoli di prima emissione.

I privati possono successivamente acquistare i titoli attraverso specifici ordini di acquisto agli operatori istituzionali ammessi alle aste. Una volta collocati, i titoli possono essere oggetto di negoziazione sul *mercato secondario*, che riguarda i titoli già in circolazione emessi in precedenti aste.

9.7.2. *Categorie di titoli di Stato*

Esistono diverse tipologie di titoli di Stato, che si differenziano per scadenza, tassi di rendimento e modalità di remunerazione.

I *Buoni Ordinari del Tesoro (BOT)* sono titoli a breve scadenza (3, 6, 12 mesi) attraverso i quali lo Stato fronteggia principalmente momentanee deficienze di cassa, legate a temporanei squilibri tra la dinamica delle entrate e delle uscite.

I BOT sono titoli privi di cedola per i quali la remunerazione spettante al possessore (interesse) è data dalla differenza tra il valore nominale che verrà rimborsato alla scadenza e il prezzo di sottoscrizione stabilito in sede di asta. Per questa caratteristica i BOT possono essere definiti come titoli di *puro sconto* o anche titoli ad *interessi impliciti.*

I *Buoni del Tesoro Poliennali (BTP)* possono avere una scadenza di 3, 5, 7, 10, 15 e 30 anni, hanno cedole semestrali e il loro rendimento è dato da un tasso di interesse fisso. Peraltro, esistono anche dei BTP indicizzati all'inflazione europea, BTP€i; hanno scadenza a 5, 10, 15 e 30 anni con cedola semestrale e prevedono un meccanismo di indicizzazione sia del capitale che verrà rimborsato alla scadenza sia del tasso di interesse, sulla base di un indice di variazione dei prezzi al consumo riferito all'area euro.

I *BTP Italia* sono titoli della durata di 4, 6 e 8 anni, con cedola semestrale e tasso di interesse indicizzato all'inflazione italiana. In caso di mantenimento del titolo fino alla scadenza, al possessore viene riconosciuto un premio pari al 4 per mille del valore nominale dell'investimento.

I *Certificati di Credito del Tesoro (CCT)* hanno una scadenza settennale, cedole semestrali e tasso di interesse indicizzato al rendimento dei BOT semestrali aumentato di una certa maggiorazione definita *spread.* A partire dal 2010, è iniziata l'emissione dei CCTeu che prevedono una durata di norma pari a 5 anni e un tasso di interesse variabile indicizzato al tasso *Euribor*[9] a 6 mesi maggiorato di un certo *spread.*

---

[9] L'Euribor è un tasso di riferimento determinato giornalmente come media ponderata dei tassi di interesse relativi alle transazioni finanziarie delle principali banche operanti nell'Unione Europea.

I *Certificati del Tesoro Zero Coupon (CTZ)* hanno una durata di 24 mesi e, a differenza dei CCT, sono senza cedole. Così come visto per i BOT, gli interessi non sono esplicitati da un tasso da applicare al valore nominale, ma sono determinati come differenza tra il valore di rimborso e il prezzo di emissione.

9.8. Il regime fiscale dei titoli

9.8.1. *Aspetti generali*

Il regime fiscale relativo agli interessi e proventi sui titoli di debito e sui titoli azionari si presenta piuttosto articolato: di seguito si cercherà di delineare gli aspetti principali di tale regime senza la pretesa di trattare in modo esaustivo l'argomento.

In particolare, si esamineranno sinteticamente le regole previste per la tassazione dei frutti conseguiti per effetto della detenzione dei titoli, rappresentati tipicamente dagli interessi (per i titoli di debito) e dai dividendi (per le azioni), nonché quelle relative ai componenti reddituali derivanti dalle cessioni degli stessi titoli.

9.8.2. *La tassazione degli interessi e altri proventi sui titoli di debito*

Gli intessi e gli altri proventi (scarti di emissione, premi, ecc.) maturati su titoli di debito hanno un differente trattamento fiscale a seconda della tipologia dell'emittente e del soggetto percipiente.

Per quanto riguarda il soggetto emittente, i titoli di Stato ed equiparati, nonché le obbligazioni e i titoli similari dei cosiddetti "grandi emittenti" (tipicamente banche e società quotate in mercati regolamentati) sono assoggettati ad *imposta sostitutiva*, mentre per i titoli di debito emessi da società non quotate trova applicazione il regime della *ritenuta*.

Di seguito si esporranno sinteticamente le regole di tassazione relative al regime dell'imposta sostitutiva e al regime della ritenuta.

Regime dell'imposta sostitutiva

Il trattamento fiscale degli interessi e altri proventi su titoli di Stato ed equiparati e sui titoli di debito dei "grandi emittenti" varia a seconda del soggetto percipiente.

Le persone fisiche, ed altri soggetti indicati dalla legge, quali le associazioni tra professionisti, gli enti non commerciali, le società semplici, ricevono gli interessi e gli altri proventi sui titoli dei soggetti emittenti suindicati al netto di un'imposta sostitutiva, che assolve in modo definitivo l'obbligo tributario. Pertanto, tali soggetti vengono denominati *nettisti*.

L'imposta sostitutiva è pari al 12,50% per i titoli di Stato ed equiparati, mentre per gli altri titoli suindicati la misura del prelievo è fissata al 26%.

Le società in nome collettivo, le società in accomandita semplice, le società di capitali e gli enti commerciali percepiscono, in via generale, i proventi in questione al lordo, cioè senza subire alcun prelievo fiscale alla fonte. Tali soggetti, denominati *lordisti*, subiscono la tassazione dei proventi percepiti direttamente in sede di dichiarazione dei redditi [10].

Infine, gli imprenditori individuali che hanno acquistato titoli di cui sopra nello svolgimento della loro attività d'impresa subiscono, sui relativi proventi, un'imposta sostitutiva (del 12,50% per i titoli di Stato ed equiparati e del 26% per gli altri titoli) a titolo di acconto. I proventi verranno poi inseriti nella dichiarazione dei redditi nella quale si provvederà a scomputare (recuperare), dall'imposta complessiva risultante dai conteggi, l'importo del prelievo d'acconto subito a titolo di imposta sostitutiva.

Regime della ritenuta

Per quanto riguarda gli interessi e gli altri proventi maturati su titoli di debito emessi da società non quotate in mercati regolamentati, è previsto un prelievo alla fonte del 26% sotto forma di ritenuta fiscale, qualunque sia la natura del soggetto percipiente.

Per le società di capitali e di persone, nonché per gli imprenditori individuali che acquistano titoli nell'esercizio d'impresa, la ritenuta subita opera a titolo di acconto. Pertanto, i proventi su titoli dovranno essere inseriti nella dichiarazione dei redditi dove si procederà allo scomputo (recupero) della ritenuta subita.

Per le persone fisiche non imprenditori, invece, la ritenuta fiscale opera a titolo d'imposta. Ciò significa che il percipiente dei proventi non deve inserire gli stessi nella dichiarazione dei redditi, in quanto attraverso la ritenuta si è assolto in via definitiva l'obbligo fiscale.

Di seguito si riporta una tabella che riassume il trattamento fiscale degli interessi e altri proventi maturati sui titoli di debito:

---

[10] La condizione per ricevere i proventi al lordo dell'imposta sostitutiva è che i titoli siano depositati presso intermediari autorizzati (ad esempio banche, Società di Intermediazione Mobiliare, ecc.). Se i titoli non sono depositati, i proventi vengono assoggettati ad imposta sostitutiva a titolo d'acconto e sono successivamente inseriti nella dichiarazione dei redditi. Dall'imposta complessiva, calcolata considerando anche i proventi sui titoli, si procede a scomputare (recuperare) l'importo dell'imposta sostitutiva precedentemente assolta.

Regime	*Titoli*	*Percipienti*	
		NETTISTI: Persone fisiche, associazioni tra professionisti, enti non commerciali, società semplici e di fatto	LORDISTI: Società (di persone e di capitali) ed enti commerciali
		Trattamento	
Imposta sostitutiva	Titoli di Stato ed equiparati, obbligazioni e titoli similari emessi da banche e società quotate in mercati regolamentati	Subiscono il prelievo alla fonte in via definitiva (imposta sostitutiva del 12,50% per i titoli di Stato e del 26% per gli altri titoli). I proventi non devono essere inseriti nella dichiarazione dei redditi. Eccezione: se i proventi sono conseguiti nell'esercizio di attività commerciali essi concorrono a formare il reddito d'impresa e l'imposta sostitutiva si scomputa in sede di dichiarazione dei redditi	Se *i titoli sono depositati* presso intermediari autorizzati, non subiscono alcun prelievo alla fonte. La tassazione dei proventi avviene in sede di dichiarazione dei redditi. Se *i titoli non sono depositati* si applica l'imposta sostitutiva che viene scomputata in dichiarazione
Ritenuta	Obbligazioni e titoli similari emessi da società non quotate	Sono assoggettati ad una ritenuta fiscale del 26% qualunque sia la natura del percipiente. La ritenuta opera: - a titolo d'acconto per le imprese individuali, le società di persone e le società di capitali; - a titolo d'imposta per le persone fisiche non imprenditori.	

9.8.3. *La tassazione dei dividendi sulle partecipazioni azionarie*

I dividendi rappresentano quote di utili netti che le società distribuiscono ai soci. Poiché si tratta di quote di utili netti, i dividendi hanno già scontato la tassazione in capo alla società che li distribuisce.

Pertanto, per evitare un'integrale doppia imposizione sui dividendi esistono diversi regimi di tassazione a seconda della natura del percipiente e della tipologia della partecipazione posseduta nel capitale della società emittente.

In particolare, per i percipienti persone fisiche, imprese individuali e società di persone, sono previste diverse modalità per determinare la quota imponibile e/o l'aliquota di tassazione dei dividendi, a seconda che si tratti di soggetto residente o non residente in Italia e che le partecipazioni siano qualificate [11] o non qualificate.

---

[11] Ai sensi dell'articolo 67, comma 1, lettera c) del TUIR., costituiscono partecipazioni qualificate le azioni, diverse dalle azioni di risparmio, e ogni altra partecipazione al capitale o al patrimo-

Per i percipienti rappresentati da società di capitali, in via generale, è prevista la tassazione limitatamente al 5% dell'importo del dividendo incassato, in quanto l'art. 89, comma 2 del TUIR prevede l'esclusione dalla formazione del reddito imponibile del 95% dell'ammontare percepito.

9.8.4. *Il trattamento fiscale dei proventi e degli oneri derivanti dalla cessione dei titoli*

La cessione di titoli può generare proventi o oneri che sono trattati diversamente dalle norme tributarie in base alla loro classificazione e alla natura del soggetto percipiente.

In via generale, i risparmiatori privati possono optare per tre diversi regimi [12] che si differenziano per il trattamento fiscale riservato alle plusvalenze e alle minusvalenze derivanti dalla cessione dei titoli.

Per quanto riguarda le imprese, i titoli di debito e le azioni possono essere classificate in bilancio nell'attivo circolante o tra le immobilizzazioni finanziarie. Nel primo caso, i corrispettivi delle cessioni vengono considerati ricavi dal punto di vista fiscale, anche se i titoli non rientrano tra i beni al cui scambio è diretta l'attività dell'impresa [13], e come tali sono assoggettati a normale tassazione.

Nel secondo caso, invece, le cessioni di titoli danno luogo a plusvalenze e minusvalenze, rispettivamente, tassabili e deducibili con meccanismi diversi a seconda del regime in cui ricade l'impresa [14].

9.9. Le diverse tipologie di quotazione ed i corsi dei titoli

Le quotazioni dei titoli possono essere espresse in modo diverso a seconda della base di riferimento considerata per indicare il prezzo.

Si ha una *quotazione percentuale* quando il prezzo indicato si riferisce a 100 euro di valore nominale del titolo. Tale tipologia di quotazione è utilizzata normalmente per i titoli di debito.

In questo caso, per conoscere la quotazione riferita ad un certo valore nomina-

---

nio di società di persone, società di capitali ed enti commerciali pubblici e privati, che rappresentano, complessivamente, una percentuale di diritti di voto esercitabili nell'assemblea ordinaria superiore al 2 o 20% ovvero una partecipazione al capitale o al patrimonio superiore al 5 o al 25%, a seconda che si tratti di titoli quotati o meno.

[12] Si tratta del *regime della dichiarazione*, del *regime del risparmio amministrato* e del *regime del risparmio gestito*. Il primo costituisce il regime normalmente applicabile, mentre gli altri due rappresentano regimi alternativi che possono essere applicati mediante specifica opzione del contribuente.

[13] Art. 85, comma 1, lettera *c)* ed *e)* del TUIR.

[14] Ad esempio, l'art. 87 del TUIR prevede un particolare meccanismo di esenzione per le plusvalenze realizzate derivanti dalla cessione di azioni e partecipazioni aventi specifici requisiti.

le di un titolo basterà impostare e risolvere una semplice proporzione. Così, ad esempio, se un titolo è quotato 99,50 e si vuole conoscere il prezzo riferito ad un valore nominale di € 20.000,00 si imposterà la seguente proporzione:

$$100 : 99{,}50 = 20.000{,}00 : x$$

$$x = € \ 19.900{,}00.$$

Si ha, invece, una *quotazione unitaria* quando il prezzo si riferisce ad un'unità del titolo preso in considerazione. In questo caso il prezzo complessivo di una certa transazione si ottiene moltiplicando il prezzo unitario per il numero di titoli oggetto di analisi.

Ad esempio, se un'azione Alfa ha una quotazione di € 3,24, un certificato da 800 azioni della stessa società avrà un prezzo complessivo pari a:

$$€ \ 3{,}24 \times 800 = € \ 2.592{,}00$$

Oltre che alle quantità cui si riferiscono (100 euro di valore nominale o un titolo), i prezzi dei titoli, detti anche *corsi*, possono essere espressi in modo diverso a seconda del valore cui si riferiscono.

Sotto questo profilo si possono individuare due corsi fondamentali: *corso secco* e *corso tel quel*.

Il corso secco rappresenta il prezzo di mercato riferito al valore del capitale del titolo e non comprende, quindi, il valore degli interessi. Viene indicato da una quotazione percentuale seguita da "+ *i*". Quest'ultima indicazione sta a significare che la quotazione non comprende gli interessi che devono essere calcolati e sommati al corso secco, cioè al valore del capitale.

Così, ad esempio, se un titolo è quotato 98,20 + *i*, significa che per ogni 100 euro di valore del capitale (valore nominale) è necessario pagare un prezzo di 98,20.

Sono quotati al corso secco i titoli di debito provvisti di cedole. Questa modalità per esprimere il corso non è idonea a rappresentare il prezzo che deve essere pagato dall'acquirente in un'operazione di compravendita di titoli. Infatti, quando la cessione di un titolo avviene ad una data intermedia compresa tra le date di godimento [15], il compratore, all'atto dell'acquisto, dovrà corrispondere al venditore il prezzo che il mercato riconosce al puro capitale (corso secco) maggiorato degli interessi relativi alla cedola in corso di maturazione. Alla successiva data di godimento, infatti, l'acquirente incasserà gli interessi relativi all'intera cedola, ma i proventi maturati fino al momento della cessione spettano al venditore.

---

[15] Le date di godimento sono le date in cui l'ente emittente dei titoli mette in pagamento gli interessi; per la maggior parte dei titoli sono fissate con cadenza semestrale; esistono peraltro titoli con cedole aventi diversa cadenza (ad es. annuali).

Pertanto, per determinare l'importo che l'acquirente deve corrispondere al venditore occorre calcolare il corso *tel quel* (t.q.), cioè il prezzo che comprende, oltre al valore capitale del titolo, anche gli interessi relativi alla cedola in corso di maturazione, ossia gli interessi maturati dalla data di ultimo godimento al giorno in cui l'operazione viene regolata.

In pratica, il corso *tel quel* si ottiene dal seguente calcolo:

Corso *tel quel* = corso secco + interessi maturati [16].

Si può affermare che a livello concettuale, le quotazioni delle azioni di società (che includono nel valore di mercato parte degli utili maturati) e dei titoli di debito sprovvisti di cedole (BOT, titoli *zero coupon,* ecc., che comprendono gli interessi maturati) hanno, di fatto, una quotazione che può essere assimilata a quella *tel quel.* Peraltro, poiché in questi casi la quotazione si riferisce indistintamente al valore del capitale e degli interessi (dividendi per le azioni) in corso di maturazione, si suole parlare di corso *tel quel sui generis.*

9.10. Il calcolo degli interessi dei titoli di debito con cedola

Come si è visto, i titoli di debito con cedola sono quotati al corso secco, ma la loro negoziazione avviene al corso tel quel. Occorre, pertanto, provvedere al *livellamento dei corsi,* cioè al passaggio da un corso all'altro.

Si ricorda che il corso *tel quel* è dato dalla somma del corso secco e degli interessi maturati dalla data dell'ultimo godimento alla data in cui l'operazione sui titoli viene regolata. Tali interessi, infatti, sono di competenza del venditore che, però, cedendo i titoli con la cedola in corso di maturazione non potrà incassarli alla scadenza. Di contro, l'acquirente, i cui interessi di competenza maturano a partire dal momento in cui l'acquisto dei titoli è perfezionato, incasserà alla successiva data di godimento gli interessi maturati sull'intera cedola.

Ciò può essere sintetizzato nel modo seguente:

---

[16] Da un punto di vista più teorico che pratico esiste un'altra modalità per esprimere il prezzo di un titolo: il *corso ex cedola.* Tale corso si riferisce ad un titolo privo della cedola in corso di maturazione, staccata e trattenuta dal venditore che la incasserà alla successiva data di godimento. Pertanto, in questo caso, il compratore non potrà incassare gli interessi di sua competenza, quelli che vanno dalla data di acquisto del titolo fino alla successiva data di godimento della cedola. In questo caso, il prezzo che il compratore dovrebbe pagare sarebbe dato dal valore del capitale (corso secco) ridotto degli interessi ancora da maturare. In passato, tale corso poteva essere utilizzato soltanto per le negoziazioni avvenute al di fuori dei mercati ufficiali, in quanto in questi ultimi i titoli dovevano essere ceduti obbligatoriamente con la cedola in corso di maturazione. Con la dematerializzazione dei titoli e la conseguente impossibilità di staccare la cedola cartacea, tale modalità di esprimere il corso di un titolo ha perso sostanzialmente significato.

ultima data di godimento	compravendita	futura data di godimento

Interessi di competenza del venditore	Interessi di competenza dell'acquirente
cedola	

In pratica, il compratore deve pagare al venditore gli interessi di sua competenza, cioè quelli maturati dalla data dell'ultimo godimento alla data in cui viene regolata la transazione.

Tale data, detta *data di regolamento*, è quella in cui avviene la consegna dei titoli da parte del venditore e il pagamento del corrispettivo da parte del compratore e coincide con il secondo giorno di borsa aperta successivo alla data di negoziazione (stipulazione del contratto).

Così, ad esempio, se la negoziazione di un titolo avviene il 18/11 (giovedì), la data di regolamento sarà il 22/11 (lunedì) in quanto il sabato e la domenica non sono giorni di borsa aperta, poiché non lavorativi.

18 giov.	19 ven.	20 sab.	21 dom.	22 lun.
negoziazione	1° giorno	/	/	2° giorno

Per calcolare gli interessi maturati nelle compravendite di titoli sul mercato secondario, è necessario utilizzare una procedura ben determinata valida nell'area euro.

Il calcolo viene eseguito con la convenzione *Act/Act*, cioè giorni effettivi/giorni effettivi. In particolare, la procedura è sintetizzabile nel modo seguente:

- gli interessi vanno inizialmente calcolati su 100 euro di valore nominale del titolo;
- al numeratore si indica il numero dei giorni che vanno dalla data dell'ultimo godimento (esclusa) alla data di regolamento (inclusa);
- al denominatore si indica il numero dei giorni compresi nella cedola in corso di maturazione;
- il tasso da utilizzare deve essere coerente con la durata della cedola. Pertanto, si utilizza un tasso annuale se la cedola è annuale, un tasso semestrale se la cedola ha una durata di 6 mesi, ecc.;
- il risultato degli interessi così calcolati deve essere considerato con un livello di arrotondamento di 5 cifre decimali;
- infine, sulla base di un calcolo proporzionale si procede alla determinazione degli interessi relativi al valore nominale dei titoli oggetto di negoziazione.

Di seguito si presenta un esempio relativo alla determinazione della somma che un acquirente lordista deve corrispondere nella negoziazione di un titolo di debito con cedola.

Il 19/05 (martedì) si acquistano BTP per un valore nominale di € 80.000, aventi cedole semestrali con godimento 1/2-1/8, tasso annuo 6%, corso secco di acquisto 99,25 + i, commissioni di negoziazione 0,25% sul corso secco. Si provveda al calcolo degli interessi maturati, alla determinazione del corso tel quel e all'importo da pagare per l'acquisto dei titoli.

Il corso secco dei titoli acquistati è determinato nel modo seguente:

$$100 : 99{,}25 = 80.000{,}00 : x$$

$$x = \frac{80.000{,}00 \times 99{,}25}{100} = € \ 79.400{,}00$$

Per quanto riguarda il calcolo degli interessi, occorre considerare al numeratore i giorni maturati dall'ultima data di godimento (01/02) alla data di regolamento (21/05), ottenuta aggiungendo due giorni di borsa aperta (nell'esempio proposto mercoledì e giovedì) alla data di negoziazione (19/05). Al denominatore andranno indicati i giorni compresi nel periodo cui si riferisce la cedola in corso di maturazione (nel nostro caso il semestre 01/02-01/08). I calcoli dei giorni da indicare al numeratore e al denominatore possono essere schematizzati come segue:

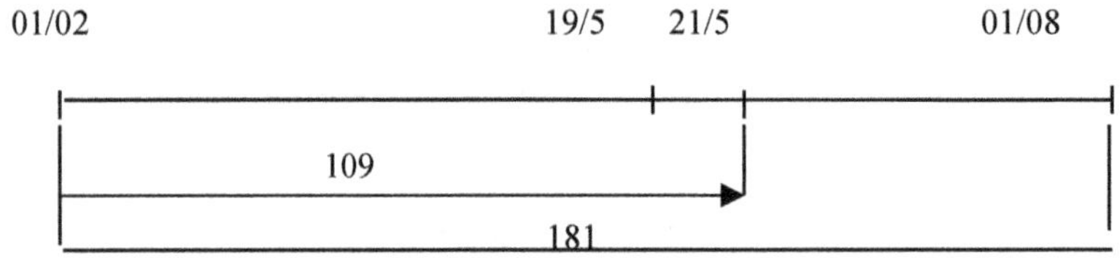

gg. maturati dal 01/02 (escluso) al 21/05 (incluso): 27 + 31 + 30 + 21 = 109
gg. durata cedola 01/02-01/08: 27 + 31 + 30 + 31 + 30 +31 + 1 = 181

Poiché la cedola ha una durata semestrale, occorre utilizzare un tasso semestrale, ottenuto considerando la metà del tasso annuale. Quindi, si avrà:

tasso semestrale: 6%/2 = 3%

Il calcolo degli interessi riferiti a 100 euro di valore nominale sarà il seguente:

$$I = \frac{100{,}00 \times 3 \times 109}{18.100} = € \ 1{,}806629834243 = \text{(arrot). } € \ 1{,}80663)$$

Il risultato così ottenuto, considerando un livello di arrotondamento di cinque cifre decimali, sarà utilizzato per calcolare gli interessi sul valore nominale dei titoli oggetto di negoziazione (€ 80.000,00):

$$I = \frac{1,80663 \times 80.000,00}{100} = € \ 1.445,30$$

È importante notare come nel calcolo degli interessi si è provveduto ad utilizzare un tasso semestrale, in quanto la durata della cedola si riferisce ad un semestre. In pratica, il tasso da utilizzare è dato dal tasso annuale diviso per il numero di cedole che vengono messe in pagamento in un anno.

Così, limitandoci alle durate delle cedole più frequentemente utilizzate, i tassi per il calcolo degli interessi saranno determinati secondo il seguente schema:

Cedola annua	→	tasso annuo (i)
Cedola semestrale	→	tasso semestrale (i/2)
Cedola trimestrale	→	tasso trimestrale (i/4)

Una volta calcolati gli interessi, sarà possibile determinare il corso tel quel, dato dal seguente calcolo:

corso tel quel: 79.400,00 + 1.445,30 = 80.845,30

Per determinare l'importo dell'esborso complessivo dell'operazione, è necessario considerare l'importo delle commissioni che vengono richieste dall'operatore (ad esempio banca) che ha curato l'intermediazione. In un'operazione di acquisto titoli, le commissioni, calcolate sul corso secco, devono essere sommate al costo del capitale e agli interessi maturati in quanto rappresentano un maggior costo.

Di contro, in un'operazione di vendita le commissioni di intermediazione saranno sottratte dal valore del capitale e degli interessi maturati in quanto costituiscono un minor ricavo.

Nell'esempio proposto si avrà:

commissioni: 79.400,00 × 0,25% = € 198,50

I conteggi per determinare il costo totale dei titoli (somma che l'acquirente deve pagare) possono essere riepilogati nel seguente modo:

corso secco	79.400,00
+ int. lordi maturati	1.445,30
corso tel quel	80.845,30
+ commissioni	198,50
TOTALE	81.043,80

Nel caso di soggetti nettisti, occorrerebbe calcolare l'imposta sostitutiva del 12,50% sugli interessi lordi da sottrarre dagli stessi per determinare gli interessi netti maturati.

Riprendendo l'esempio precedente, e ipotizzando, che venga applicata l'imposta sostitutiva del 12,50%, gli interessi netti sarebbero determinati come segue:

	interessi lordi maturati:	€	1.445,30
(-)	imposta sost. (1.445,30 × 12,50%)	€	(180,66)
	INTERESSI NETTI MATURATI	€	1.264,64

In questo caso, il costo complessivo dell'operazione sarà:

corso secco	79.400,00
+ int. netti maturati	1.264,64
+ commissioni	198,50
COSTO TOTALE	80.863,14

9.11. Il funzionamento del conto titoli

La teoria e la pratica contabile individuano diverse modalità di rilevazione e rappresentazione in bilancio delle operazioni di compravendita relative ai titoli. Nel prosieguo della trattazione si esamineranno due differenti impostazioni per la tenuta del conto titoli: il funzionamento a *costi e costi* e a *costi, ricavi e rimanenze.*

In entrambi i casi si utilizza un conto titoli con funzionamento bifase, che accoglie sia le operazioni di acquisto sia quelle di vendita.

Quando il conto titoli funziona a costi e costi, gli acquisti vengono contabilizzati nella sezione Dare, indicando il costo di acquisto (corso secco per i titoli di debito con cedola e corso *tel quel sui generis* per le azioni e i titoli di debito senza cedola); le vendite, viceversa, sono rilevate in Avere del conto titoli, provvedendo a stornare il costo dei titoli ceduti.

La differenza tra il corso di vendita e il corso di acquisto dei titoli venduti stornato in Avere rappresenta il risultato lordo della negoziazione (utile o perdita su titoli, a seconda che il corso di vendita sia maggiore o minore del corso di acquisto). In pratica, adottando il funzionamento del conto titoli a costi e costi si evidenzierà un utile o una perdita su titoli per ogni singola negoziazione conclusa.

Per i titoli di debito con cedola, poiché, come si è visto in precedenza, le negoziazioni avvengono al corso *tel quel*, ma il conto titoli accoglie valori al corso secco, gli interessi maturati, calcolati sulle operazioni di compravendita, saranno rilevati in specifici conti di reddito (*Interessi su titoli*).

La sezione Dare del conto titoli accoglierà anche la consistenza delle eventuali rimanenze iniziali di titoli, mentre il saldo del conto (rimanenze iniziali + costo dei titoli acquisti – storno del costo dei titoli venduti) esprimerà il valore delle rimanenze finali. Si noti che il saldo del conto titoli funzionante a costi e costi, determinato in qualsiasi momento dell'anno, assume significato economico (rappresenta il valore, in termini di costo, dei titoli in quel momento in portafoglio), in quanto le due sezioni (Dare e Avere) accolgono quantità omogenee (costi e storni di costi).

Si presenta di seguito un esempio per comprendere il funzionamento del conto titoli a costi e costi. Per semplicità si farà riferimento a titoli azionari: in questo modo non si dovranno calcolare interessi e sarà possibile focalizzare l'attenzione sulla tenuta del conto titoli.

Il 16/04 l'impresa Alfa ha acquistato 1.000 titoli, al prezzo unitario di € 1,00. Il successivo 18/10 ha rivenduto 600 titoli al prezzo unitario di € 1,10. Si provveda alla rilevazione contabile delle operazioni di compravendita dei titoli, tenendo conto che il conto titoli funziona a costi e costi.

Le scritture contabili relative alle operazioni suindicate sono le seguenti:

16/04		
Titoli	1.000,00	
Banca c/c		1.000,00
Acquistati 1.000 titoli al prezzo unitario di € 1,00		
18/10		
Banca c/c	660,00	
Titoli		600,00
Utile su titoli		60,00
Venduti 600 titoli al prezzo unitario di € 1,10		

La scheda di mastro del conto *Titoli* si presenta nel seguente modo:

Titoli
a costi e costi

Dare	Avere
Costo d'acquisto	Costo d'acquisto (*storno*)
1.000,00	600,00

Come è facile verificare, il saldo del conto *Titoli* evidenzia il valore delle rimanenze finali al costo (400 titoli al costo unitario di € 1,00).

Si analizza, ora, la tenuta del conto titoli a costi, ricavi e rimanenze. Quando il conto titoli funziona a costi, ricavi e rimanenze, la sezione Dare del conto si presenta allo stesso modo visto per la tenuta del conto a costi e costi, cioè accoglie il valore delle eventuali rimanenze iniziali ed il costo dei titoli acquistati, mentre le cessioni sono rilevate in Avere del conto titoli al ricavo, cioè al loro corso di vendita[17].

---

[17] Anche in questo caso valgono le considerazioni svolte in precedenza sui corsi da indicare nel conto titoli (corso secco o *tel quel sui generis*) e sul calcolo e rilevazione in un conto di reddito specifico degli interessi maturati nelle negoziazioni relative ai titoli di debito.

In questo caso le singole negoziazioni non rilevano alcun utile o perdita, ma il loro risultato viene determinato a livello globale a fine esercizio attraverso una procedura di assestamento del conto titoli. Il conto titoli tenuto a costi, ricavi e rimanenze presenta l'inconveniente di accogliere quantità eterogenee (costi in Dare e ricavi in Avere) e di indicare un saldo contabile privo di significato economico prima che sia effettuata la procedura di assestamento per la determinazione del risultato di negoziazione.

Si riprende ora, lo stesso esempio proposto in precedenza relativo alla compravendita di titoli.

Il 16/04 l'impresa Alfa ha acquistato 1.000 titoli, al prezzo unitario di € 1,00. Il successivo 18/10 ha rivenduto 600 titoli al prezzo unitario di € 1,10. Si provveda alla rilevazione contabile delle operazioni di compravendita dei titoli, tenendo conto che il conto titoli funziona a costi, ricavi e rimanenze.

Le scritture contabili saranno le seguenti:

16/04		
Titoli	1.000,00	
Banca c/c		1.000,00
Acquistati 1.000 titoli al prezzo unitario di € 1,00		
18/10		
Banca c/c	660,00	
Titoli		660,00
Venduti 600 titoli al prezzo unitario di € 1,10		

La scheda di mastro del conto *Titoli* si presenta nel seguente modo:

Titoli

a costi ricavi e rimanenze

dare	avere
Costo d'acquisto	Ricavo di vendita
1.000,00	660,00

Come è facile verificare, il conto *Titoli* funzionante *a costi ricavi e rimanenze* accoglie nelle due sezioni (Dare e Avere) valori eterogenei. Infatti, nel caso in esame, in Dare sono stati rilevati i costi di acquisto e in Avere i ricavi di vendita. Tali valori si riferiscono inoltre a quantità differenti (1.000 titoli acquistati e 600 titoli venduti): pertanto il saldo del conto non esprime né il risultato economico conseguito con la vendita né il valore dei titoli in rimanenza. Ciò pone l'esigenza di procedere al necessario "assestamento" del conto al termine dell'esercizio, in modo tale che in contabilità i titoli appaiano per il loro valore di costo, facendo emergere il risultato economico lordo conseguente.

Nel caso in esame, la quantità di titoli in rimanenza è 400 (1.000 *meno* 600). Tale quantità dovrà essere valutata al costo[18] (cioè al prezzo unitario di acquisto di € 1,00), per cui si avrà un valore complessivo delle rimanenze finali pari a € 400,00. Il saldo contabile del conto *Titoli* di € 340,00 (€ 1.000,00 *meno* € 660,00), essendo privo di significato economico, dovrà essere rettificato secondo la seguente procedura. Poiché nella sezione Avere del conto Titoli è stato contabilizzato il ricavo di vendita dei titoli ceduti (nel caso in esame 400 titoli), occorrerà confrontare tale ricavo con il costo di acquisto degli stessi titoli (titoli venduti), per determinare il risultato della negoziazione (utile o perdita).
Il costo dei titoli venduti sarà dato dalla seguente somma algebrica:

+ Rimanenze iniz. titoli (costo titoli esistenti a inizio eserc. in Dare del c/Titoli)
+ Costo dei titoli acquistati nell'esercizio (in Dare del c/Titoli)
(-) Rimanenze finali titoli (costo titoli esistenti a fine esercizio)

Nell'esempio proposto nel testo il costo dei titoli venduti sarà dato da:

	Rimanenze iniziali	0
+	Costo titoli acquistati	1.000
(-)	Rimanenze finali titoli	(-) 400
	Costo titoli venduti	600

Ora, confrontando il ricavo dei titoli venduti (€ 660) con il relativo costo (€ 600), si ottiene il risultato di negoziazione.

Riepilogando si avrà:

	Ricavo vendita titoli	660
(-)	Costo titoli venduti	(-) 600
	Utile su titoli	60

L'utile verrà rilevato in P.D. con la scrittura:

31/12		
Titoli	60,00	
Utile su titoli		60,00
Rilevato utile su titoli		

[18] Si noti che, per i titoli dell'attivo circolante, nell'operazione di assestamento occorre tener conto del valore delle rimanenze al costo anche se quest'ultimo risulta superiore al valore di mercato. Questa procedura consente di tenere separati i risultati della negoziazione da eventuali variazioni derivanti dalla valutazione attribuita ai titoli in sede di formazione del bilancio (svalutazioni). In senso conforme, si vedano: C. Caramiello, *Ragioneria generale ed applicata* (a cura di A. Musaio), Milano, Mursia, 1996, pag. 211.

Nei conti di mastro interessati si avrà, pertanto:

Titoli	
Dare	Avere
acquisto 1.000,00	vendita 660,00
utile 60,00	

Utile su titoli	
Dare	Avere
	60,00

Il saldo del conto *Titoli*, così assestato, riacquista significato economico, in quanto esprime l'importo delle rimanenze finali determinato secondo il valore di costo. Tale importo, rappresentando un investimento finanziario effettuato dall'impresa, andrà epilogato tra le attività dello Stato Patrimoniale [19].

9.12. Il funzionamento del conto titoli: un'esemplificazione

Per comprendere meglio il funzionamento del conto titoli, si presenterà di seguito una esemplificazione con i conteggi e le rilevazioni contabili relative ad operazioni di compravendita di titoli. Si farà riferimento a titoli di debito con cedola iscritti nell'attivo circolante [20] e rientranti nel regime dell'imposta sostitutiva. Peraltro, per semplicità si ipotizza che i soggetti coinvolti nelle operazioni siano soggetti lordisti. Quindi, non si contabilizzerà alcuna posta di carattere fiscale nelle operazioni di compravendita, di rilevazione delle cedole periodiche e di assestamento.

Il 23/05/n (lunedì) la società *Bond* provvede all'acquisto, come investimento non immobilizzato, di n. 12.000 obbligazioni emesse alla pari il 01/04/n dalla società *Spectre*, quotata in borsa, ciascuna del valore nominale di € 1,00, al corso di 99,65+*i*; il tasso annuo a favore dell'obbligazionista è pari al 4%, mentre le cedole sono semestrali con date di godimento il 01/04 e il 01/10. Le commissioni am-

[19] Tale saldo, se riferito a titoli dell'attivo circolante, verrà epilogato tra le attività dello Stato Patrimoniale se risulta inferiore al valore di mercato dei titoli. In caso contrario, prima di effettuare l'epilogo a Stato Patrimoniale, occorrerà effettuare una svalutazione della rimanenza dei titoli in ossequio al principio di prudenza. Per i titoli appartenenti all'attivo immobilizzato, la svalutazione dei titoli verrà operata nel caso si manifestino perdite durevoli di valore.

Lo schema di Stato Patrimoniale previsto dall'art. 2424 codice civile richiede l'iscrizione dei titoli fra le immobilizzazioni finanziarie o tra le poste dell'attivo circolante, a seconda che si tratti, rispettivamente, di investimenti destinati a permanere durevolmente in portafoglio o di elementi destinati alla negoziazione normalmente in un arco temporale breve. In entrambi i casi, i proventi e gli oneri derivanti dalla negoziazione dei titoli figureranno nelle voci del conto economico relative all'area finanziaria (voci C.16 e C.17).

[20] Ai sensi dell'art. 2426, c.1, n. 1 del codice civile i titoli iscritti tra le immobilizzazioni finanziarie sono rilevati con il criterio del costo ammortizzato, ove applicabile, mentre il n. 9 dello stesso articolo prevede che i titoli dell'attivo circolante siano iscritti in bilancio al minore tra il costo di acquisto e il valore di realizzazione desumibile dall'andamento del mercato.

montano complessivamente a € 26,00. I titoli sono depositati presso un intermediario autorizzato. Il successivo 08/05/n+1 (martedì) gli stessi titoli vengono venduti al prezzo di 99,80+*i* (corso secco); commissioni € 27,00. Si provveda alle rilevazioni contabili delle operazioni in titoli comprese tra la data di acquisto e la data di vendita. Il conto titoli funziona a costi e costi.

Occorre innanzitutto calcolare il valore capitale dei titoli acquistati, nonché considerare il rateo di interessi maturato dall'ultima data di godimento fino alla data di regolamento. Quest'ultima viene determinata aggiungendo 2 giorni di borsa aperta (martedì e mercoledì) alla data di negoziazione.

Gli elementi necessari per effettuare i conteggi relativi all'operazione vengono riportati di seguito:

valore nominale titoli: 12.000 × 1,00 = € 12.000,00

valore titoli al corso secco d'acquisto: € 12.000 x $\frac{99,65}{100}$ = € 11.958,00

commissioni: € 26,00

data di regolamento: 25/05/n (23/5/n + 2 giorni di borsa aperta)

gg. maturati dal 01/04/n (escluso) al 25/05/n (incluso): 29 + 25 = 54

gg. durata cedola 01/04-01/10: 29 + 31 + 30 + 31 + 31 +30 + 1 = 183

tasso semestrale: 4%/2 = 2%

Il rateo percentuale di interessi sarà pertanto di:

$$I = \frac{100,00 \times 2 \times 54}{18.300} = € \ 0,59016$$

Gli interessi riferiti al valore nominale dei titoli acquistati sono pari a:

$$I = \frac{0,59016 \times 12.000,00}{100} = € \ 70,82$$

Sul piano fiscale non si pongono problemi particolari poiché il soggetto acquirente è un lordista e i titoli risultano depositati presso un intermediario autorizzato. L'importo complessivamente pagato per acquistare i titoli è così determinato:

corso secco	11.958,00
+ int. lordi maturati	70,82
corso tel quel	12.028,82
+ commissioni	26,00
TOTALE	12.054,82

La scrittura in P.D. sarà:

25/05		
Titoli	11.984,00	
Interessi su titoli	70,82	
Banca c/c		12.054,82
Acquistati titoli		

Si noti che, in armonia con le disposizioni previste dal codice civile e dai principi contabili nazionali, il conto titoli è stato addebitato per l'importo del corso secco complessivo maggiorato delle commissioni (11.958,00 *più* 26,00), che, quindi, non sono oggetto di contabilizzazione separata[21]. Nei conti interessati si avrà pertanto:

Titoli

Dare	Avere
11.984,00	

Interessi su titoli

Dare	Avere
70,82	

Banca c/c

Dare	Avere
	12.054,82

L'importo di € 70,82 nel Dare del conto *Interessi su titoli* rappresenta la rettifica degli interessi attivi che verranno interamente incassati alla prossima data di maturazione della cedola (01/10). In quella occasione, infatti, il possessore dei titoli incasserà l'intera cedola riferita al periodo 01/04 – 01/10 e dovrà rilevare gli interessi lordi determinati in base al seguente calcolo:

I = € 12.000,00×2% = € 240,00

La rilevazione contabile sarà:

01/10		
Banca c/c	240,00	
Interessi su titoli		240,00
Riscossa cedola interessi		

---

[21] L'art. 2426, c. 1, n.9 del codice civile prevede che i titoli dell'attivo circolante siano iscritti in bilancio al costo di acquisto comprensivo degli oneri accessori o al valore di realizzazione desumibile dall'andamento del mercato, se minore.

Secondo l'OIC 20, i titoli non rientranti nell'ambito del criterio del costo ammortizzato «sono iscritti al costo di acquisto (o costo di sottoscrizione) del titolo, che è costituito dal prezzo pagato, comprensivo dei costi accessori. I costi accessori sono in genere costituiti da costi di intermediazione bancaria e finanziaria, spese di consulenza di diretta imputazione, ovvero commissioni, spese e imposte di bollo». Organismo Italiano di Contabilità, *Principi contabili, OIC 20, Titoli di debito*, 2016, par. 48.

A seguito delle operazioni fin qui rilevate, nei conti interessati avremo la seguente situazione:

Interessi su titoli

Dare	Avere
70,82	240,00

Banca c/c

Dare	Avere
……	…….
240,00	

In sede di assestamento dei conti al 31/12/n, occorrerà considerare il rateo degli interessi di competenza dell'esercizio, maturati dal 01/10/n al 31/12/n[22]:

importo cedola: I = € 12.000,00×2% = € 240,00

rateo di interessi: € 240,00 : 182[23] = x : 91[24]

x = 120,00[25]

La rilevazione al 31/12 sarà:

31/12		
Ratei attivi	120,00	
Interessi su titoli		120,00
Rilevata quota interessi di competenza dell'esercizio		

---

[22] Per i titoli immobilizzati, il codice civile prevede l'applicazione del criterio del costo ammortizzato. Tale criterio consiste nell'imputazione ad ogni esercizio della quota maturata di eventuali premi o scarti di sottoscrizione o di negoziazione. Si ha un premio di sottoscrizione o un premio di negoziazione quando il valore di rimborso dei titoli risulta superiore, rispettivamente, al prezzo di emissione o al prezzo pagato in sede di successiva negoziazione degli stessi. La quota maturata in ciascun esercizio rappresenta un'integrazione degli interessi riscossi con le cedole periodiche e avrà come contropartita il conto titoli, il cui valore verrà incrementato.

Si ha invece uno scarto di sottoscrizione o uno scarto di negoziazione quando il valore di rimborso dei titoli risulta inferiore, rispettivamente, al prezzo di emissione o al prezzo pagato in sede di successiva negoziazione degli stessi. La quota maturata in ciascun esercizio rappresenta, in questo caso, una rettifica diminutiva degli interessi riscossi con le cedole periodiche e avrà come contropartita il conto titoli, il cui valore verrà ridotto.

Il criterio del costo ammortizzato è disciplinato anche dai principi contabili nazionali. Si veda: Organismo Italiano di Contabilità, *Principi contabili, OIC 20, Titoli di debito*, 2016, parr. 35-45 e 50-72.

Nel caso sviluppato nel testo i titoli rappresentano investimenti dell'attivo circolante e, in ogni caso, sono stati emessi alla pari (valore di emissione = valore di rimborso), per cui non si evidenzia alcuno premio o scarto di sottoscrizione.

Nell'ipotesi considerata si ha un premio di negoziazione, in quanto il valore di rimborso è superiore al prezzo d'acquisto pagato in sede di negoziazione. Questo premio, però, come già visto, va considerato, in via generale, solo nel caso di titoli immobilizzati rilevati con il criterio del costo ammortizzato. Pertanto, poiché nell'esempio proposto i titoli rappresentano un investimento non immobilizzato, tale premio non viene rilevato.

[23] Durata del semestre in cui cade il 31/12.

[24] Giorni di competenza: dal 1/10 al 31/12. Si osservi che, nel calcolo del rateo di interessi al 31/12, i giorni si computano a partire dall'ultima data di godimento (esclusa).

[25] Stesso risultato è ottenibile calcolando direttamente gli interessi prodotti per i 91 giorni di competenza.

Nei conti interessati, limitatamente ai soli importi rilevati nelle operazioni di assestamento, si avrà pertanto:

Ratei attivi

Dare	Avere
120,00	

Interessi su titoli

Dare	Avere
	120,00

Il conto *Ratei attivi* verrà epilogato tra le attività dello Stato Patrimoniale, mentre il conto *Interessi su titoli* si chiuderà a Conto Economico. Il rateo relativo agli interessi della cedola semestrale, riaperto in Dare nel successivo esercizio, verrà poi chiuso con la scrittura[26]:

...I...		
Interessi su titoli	120,00	
Ratei attivi		120,00
Stornato rateo interessi		

Alla scadenza della cedola si rileverà[27]:

01/04		
Banca c/c	240,00	
Interessi su titoli		240,00
Incassata cedola interessi		

Nei conti interessati si avrà:

Interessi su titoli

Dare	Avere
120,00	240,00

Banca c/c

Dare	Avere
240,00	

[26] In alternativa, il conto *Ratei attivi* potrà essere chiuso in sede di rilevazione della cedola semestrale.

[27] Se il conto *Ratei attivi* non fosse stato chiuso con la scrittura vista nel testo, la rilevazione della cedola semestrale si presenterebbe come segue:

01/04		
Banca c/c	240,00	
Ratei attivi		120,00
Interessi su titoli		120,00
Incassata cedola		

Il saldo del conto Interessi su titoli esprime gli interessi della cedola semestrale incassata il 01/04 di competenza dell'anno n+1.

Il 08/05/n+1 (martedì) i titoli vengono venduti al prezzo di 99,80+i; e l'intermediario addebita commissioni per € 27,00.

Come per l'operazione di acquisto, anche per la cessione occorre calcolare il valore capitale dei titoli venduti, nonché considerare il rateo di interessi maturato dall'ultima data di godimento fino alla data di regolamento. In base alle regole già viste in precedenza, quest'ultima viene determinata aggiungendo 2 giorni di borsa aperta (mercoledì e giovedì) alla data di negoziazione.

Si riportano di seguito gli elementi necessari per effettuare i conteggi relativi all'operazione:

valore titoli al corso secco di vendita: $€\ 12.000 \times \dfrac{99{,}80}{100} = €\ 11.976{,}00$

commissioni: € 27,00

corso complessivo titoli (corso secco di acquisto + commissioni): € 11.984,00

data di regolamento: 10/05/n+1 (08/05/n+1 + 2 giorni di borsa aperta)

gg. maturati dal 01/04/n+1 (escluso) al 10/05/n+1 (incluso): 29 + 10 = 39

gg. durata cedola 01/04-01/10: 29 + 31 + 30 + 31 + 31 +30 + 1 = 183

tasso semestrale: 4%/2 = 2%

Gli interessi maturati riferiti a 100 € di valore nominale saranno:

$$I = \frac{100{,}00 \times 2 \times 39}{18.300} = 0{,}42623$$

Gli interessi complessivi riferiti al valore nominale dei titoli ceduti saranno determinati secondo il seguente calcolo:

$$I = \frac{0{,}42623 \times 12.000{,}00}{100} = €\ 51{,}15$$

L'importo complessivamente incassato dalla vendita dei titoli è determinato nel modo seguente:

corso secco	11.976,00
+ int. lordi maturati	51,15
corso tel quel	12.027,15
– commissioni	(–) 27,00
TOTALE	12.000,15

Poiché il conto titoli funziona a costi e costi, tale conto verrà accreditato per stornare il costo dei titoli venduti, rilevando separatamente l'utile o la perdita di negoziazione, determinati come differenza tra ricavo di vendita (al netto delle commissioni) e il costo stornato per la cessione dei titoli. Le commissioni, e in generale i costi accessori, non sono oggetto di distinta rilevazione e incidono direttamente sul risultato di negoziazione (riducendo l'utile o aumentando la perdita)[28].

Il risultato di negoziazione su titoli viene determinato come segue:

	prezzo di vendita al corso secco	€	11.976,00
(-)	commissioni	€	(27,00)
	prezzo netto di vendita	€	11.949,00
(-)	costo complessivo titoli	€	(11.984,00)
	PERDITA SU TITOLI	€	35,00

In P.D. si rileverà la vendita con la scrittura:

10/05		
Banca c/c	12.000,15	
Perdita su titoli	35,00	
Titoli		11.984,00
Interessi su titoli		51,15
Venduti titoli		

[28] Nel testo si è operata la scelta di portare le commissioni di vendita in diretta diminuzione del ricavo di vendita, in modo che sia le commissioni di acquisto sia quelle sostenute all'atto della cessione concorrano alla determinazione del risultato di negoziazione relativo ai titoli ceduti.

L'OIC 20 (par. 23), invece, stabilisce che «le spese di cessione dei titoli di debito si rilevano autonomamente nel conto economico, senza contribuire alla determinazione del saldo dell'eventuale plus/minusvalenza derivante dal realizzo dei titoli».

Questo modo di procedere non sembra coerente, in quanto il risultato di negoziazione è influenzato dalle spese di acquisto e non da quelle di vendita. Un comportamento coerente esigerebbe che le commissioni (sia all'acquisto sia alla vendita) fossero sempre contabilizzate a parte, oppure che le stesse fossero considerate entrambe nel risultato di negoziazione. In pratica, se si considerano le commissioni di acquisto e di vendita rilevate a parte, si metterebbe in evidenza un risultato di negoziazione "puro" (differenza tra i prezzi di mercato alla vendita e all'acquisto), mentre nel secondo caso si avrebbe un risultato di negoziazione "netto" che considera tutte le componenti legate alle transazioni su titoli. La scelta operata dall'OIC porta ad un risultato di negoziazione "ibrido" che ha una scarsa valenza economica. Poiché il codice civile inserisce le commissioni d'acquisto nel costo dei titoli, si ritiene che la soluzione più coerente (e più in linea con il dettato normativo) sia quella di portare le commissioni di vendita in diminuzione del prezzo di cessione dei titoli per evidenziare il risultato di negoziazione "netto" (che ha significato economico, perché evidenzia il risultato globale delle transazioni in titoli).

9.13. Il funzionamento del conto acceso ai BOT

I Buoni Ordinari del Tesoro (BOT), titoli senza cedola (*zero coupon bond*) con scadenza non superiore all'anno, prevedono un interesse *implicito*, pari alla differenza tra il valore nominale del titolo e il costo d'acquisto.

Convenzionalmente, l'interesse implicito dei BOT, espresso in termini percentuali di rendimento, è determinato con la convenzione *Act*/360 (giorni effettivi/360) in base al seguente calcolo:

$$r = \frac{\text{Valore nominale} - \text{Valore d'acquisto}}{\text{Valore d'acquisto}} \times \frac{360}{\text{giorni*}} \times 100$$

* giorni effettivi compresi tra la data di acquisto e la data di scadenza dei BOT

Si considerino i dati seguenti relativi all'emissione di BOT dei quali si vuole calcolare il tasso di interesse implicito:

Valore nominale dei BOT = 100,00

Valore di acquisto = 98,20

Numero giorni fra la data di acquisto e quella di scadenza = 182

Applicando la formula indicata nel testo si avrà:

$$r = \frac{100{,}00-98{,}20}{98{,}20} \times \frac{360}{182} \times 100 = 3{,}63\%$$

Come già segnalato, i BOT vengono emessi attraverso apposite aste alle quali possono partecipare soltanto gli investitori istituzionali che danno vita al *mercato primario*. Successivamente alla loro collocazione, i BOT possono essere oggetto di negoziazione sul *mercato secondario*.

I BOT, essendo titoli privi di cedola, sono quotati ad un corso che può essere definito *tel quel sui generis*, in quanto tale valore riguarda indistintamente sia il capitale sia gli interessi maturati.

Tali caratteristiche comportano alcuni aspetti particolari nella contabilizzazione delle operazioni relative ai BOT. Per comprendere la logica da seguire per la rilevazione delle operazioni sui BOT, si consideri la seguente situazione, volutamente semplificata.

Si supponga di acquistare dei BOT annuali del valore nominale di 100 al prezzo di emissione di 90. Ciò significa che, se i titoli verranno mantenuti fino alla scadenza, in sede di rimborso si incasserà un importo pari a 100 e quindi si andranno a monetizzare interessi per 10 (100 – 90).

Si supponga, ora, che dopo 6 mesi si voglia procedere alla vendita dei BOT.

Poiché sono decorsi sei mesi su dodici (nell'esempio proposto la durata dei BOT è infatti pari a 12 mesi), sui BOT sono maturati metà degli interessi complessivi. Da un punto di vista strettamente teorico, decorsi 6 mesi, il valore dei BOT dovrebbe essere pari a 95, cioè alla somma tra il valore di emissione (90) e l'importo degli interessi maturati (10/2 = 5).

In altri termini, se si vendessero i BOT ad un prezzo di 95, il venditore non evidenzierebbe né utili né perdite di negoziazione, in quanto recupererebbe la somma investita inizialmente (90) e monetizzerebbe gli interessi maturati fino a quel momento (5). Peraltro, il mercato, giornalmente, esprime una quotazione che tiene conto delle dinamiche della domanda e dell'offerta.

Così, ad esempio, se la quotazione di mercato fosse pari a 96, il venditore evidenzierebbe un utile di negoziazione pari a 1, in quanto il prezzo di vendita risulta superiore al valore teorico dei BOT a quella data.

Se, invece, il corso *tel quel sui generis* dei BOT fosse pari a 93, si evidenzierebbe una perdita di negoziazione di 2, in quanto il venditore incasserebbe una somma inferiore al valore teorico dei titoli.

Si consideri ora il seguente esempio che consentirà di chiarire il funzionamento del conto acceso ai BOT.

Si supponga che un soggetto lordista sottoscriva, in data 30/06/n, € 10.000,00 nominali di BOT con scadenza il 30/06/n+1, al prezzo di emissione di 95,90, commissioni bancarie di € 25,00.

Si considerino le due ipotesi seguenti:

1) i BOT vengono mantenuti fino alla scadenza;

2) i BOT vengono rivenduti in data 28/01/n+1 (lunedì) al prezzo di 98,70, commissioni bancarie € 26,00.

Il conto BOT viene fatto funzionare a costi e costi.

Ipotesi 1) BOT mantenuti fino alla scadenza

Il prezzo complessivo di emissione sarà:

$$€\ 10.000,00 \times \frac{95,90}{100} = €\ 9.596,00$$

Il costo dei BOT (comprensivo delle commissioni di acquisto) sarà pertanto pari a:

€ 9.590,00 + € 25,00 = € 9.615,00

L'interesse implicito al netto delle commissioni sarà pari a:

€ 10.000,00 – € 9.615,00 = € 385,00

Dal punto di vista fiscale, l'interesse implicito si considera percepito anticipatamente dal sottoscrittore. Pertanto, in caso di soggetti nettisti, l'imposta sostitutiva sullo scarto complessivo (al lordo delle commissioni) deve essere versata contestualmente all'atto della sottoscrizione.

Nel caso di soggetti lordisti, come nell'esempio proposto, alla sottoscrizione non verrà operato alcun prelievo fiscale, ma i proventi sui BOT subiranno la tassazione in sede di dichiarazione ei redditi.

Come si è visto, le commissioni bancarie di € 25,00 vengono portate ad incremento del costo dei BOT.

La rilevazione in P.D. relativa all'acquisto sarà:

30/06		
BOT	9.615,00	
Banca c/c		9.615,00
Acquistati BOT		

Al termine dell'esercizio, in sede di assestamento, occorrerà imputare gli interessi maturati dalla data di acquisto (30/06, esclusa) alla data di chiusura dell'esercizio (31/12, inclusa), periodo composto da 184 giorni.

Dividendo lo scarto complessivo (interesse implicito al netto di commissioni, pari a € 385,00) per 365 (giorni di durata dei BOT), si ottiene lo scarto (interesse) giornaliero, che moltiplicato per il numero di giorni maturati nell'esercizio (184) determina l'importo degli interessi di competenza del periodo:

$$\frac{385,00}{365} \times 184 = € 194,08$$

Il principio contabile nazionale OIC 20 stabilisce che per i titoli senza cedola gli interessi maturati sono rilevati in diretta contropartita del valore di bilancio del titolo. In pratica, il valore del titolo viene incrementato per tenere conto degli interessi maturati, fino a raggiungere, alla scadenza, il valore nominale di rimborso.

La rilevazione in P.D. sarà:

31/12		
BOT	194,08	
Interessi su titoli		194,08
Rilevati interessi maturati su BOT		

Al termine dell'esercizio il valore di bilancio dei BOT sarà pari a € 9.809,08.

Al 30/06/n+1, data di scadenza dei BOT, i titoli vengono rimborsati al valore nominale; si dovrà procedere alla chiusura del conto BOT e alla rilevazione degli interessi di competenza dell'esercizio n+1. La rilevazione contabile sarà:

30/06		
Banca c/c	10.000,69	
BOT		9.809,08
Interessi su titoli		190,92
Rilevato rimborso BOT		

Ipotesi 2) i BOT vengano venduti prima della scadenza, in data 28/01/n+1 (lunedì) al prezzo di 98,70, commissioni bancarie € 26,00

La rilevazione in P.D. relativa all'acquisto sarà la stessa vista nel caso precedente:

30/06		
BOT	9.615,00	
Banca c/c		9.615,00
Acquistati BOT		

Anche la rilevazione relativa agli interessi maturati al 31/12/n sarà la stessa vista nell'ipotesi precedente:

31/12		
BOT	194,08	
Interessi su titoli		194,08
Rilevati interessi maturati su BOT		

Dopo questa rilevazione contabile il valore di bilancio dei BOT sarà pari a € 9.809,08.

Al momento della vendita dei titoli, in data 28/01/n+1, occorrerà registrare nel Dare del conto *Banca c/c* il corrispettivo dell'operazione e in Avere lo storno del conto BOT e gli interessi maturati nell'esercizio n+1. Andrà, inoltre, rilevato il risultato di negoziazione (utile o perdita) realizzato con la cessione.

L'importo delle commissioni a carico del venditore dovrà essere sottratto dal prezzo di vendita dei titoli.

Pertanto, il corrispettivo dell'operazione, da registrare in Dare del c/c bancario, è pari a:

$$€\ 10.000,00 \times \frac{98,70}{100} = €\ 9.870,00 \text{ (prezzo di vendita)}$$

€ 9.870,00 – € 26,00 = € 9.844,00 (prezzo netto di vendita da accreditare sul c/c)

Gli interessi di competenza dell'esercizio n+1, sono calcolati dal 01/01 al 30/01, data di regolamento dell'operazione, in quanto, come già indicato, nelle operazioni su titoli occorre considerare 2 giorni di borsa aperta successivi alla data di negoziazione (28/01). Pertanto, il calcolo degli interessi maturati nell'esercizio n+1 sarà:

$$\frac{385{,}00}{365} \times 30 = € \, 31{,}64$$

Come si è visto in precedenza, per determinare il risultato di negoziazione, occorre individuare il valore teorico dei BOT alla data di cessione, dato dalla somma del valore di bilancio dei titoli (che comprende gli interessi maturati al 31/12 dell'esercizio precedente) e degli interessi maturati nell'esercizio fino al momento del regolamento dell'operazione.

Tale valore esprime l'importo che consente al venditore di recuperare il costo dell'investimento e di monetizzare gli interessi maturati fino alla data di cessione. Nell'esempio proposto il valore contabile dei BOT ammonta a € 9.809,08 (€ 9.615,00, pari al costo di sottoscrizione dei titoli maggiorato delle commissioni, più € 194,08, pari agli interessi maturati al 31/12 dell'esercizio precedente), mentre gli interessi maturati nell'esercizio ammontano a € 31,64.

Pertanto, se il prezzo di vendita dei BOT risulta superiore al valore teorico degli stessi, il venditore evidenzierà un risultato di negoziazione positivo (utile su titoli); in caso contrario si rileverà un risultato di negoziazione negativo (perdita su titoli).

Nel caso ipotizzato si avrà:

	Valore contabile BOT inizio esercizio	€	9.809,08
+	interessi maturati nell'esercizio	€	31,64
	VALORE TEORICO DEI BOT		9.840,72
	prezzo netto di vendita al 30/01/n+1	€	9.844,00
(–)	valore teorico dei BOT	€	(9.840,72)
	UTILE SU TITOLI	€	3,28

In P.D. l'azienda venditrice rileverà:

30/01		
Banca c/c	9.844,00	
BOT		9.809,08
Interessi su titoli		31,64
Utile su titoli		3,28
Venduti titoli		

Si noti come i costi per commissioni e bolli non sono rilevati distintamente, ma risultano inglobati nel risultato di negoziazione (utile o perdita su titoli).

Capitolo decimo
LE OPERAZIONI SUL PATRIMONIO NETTO

10.1. Il patrimonio netto: aspetti introduttivi

Nel presente capitolo si tratteranno le operazioni di gestione che hanno riflessi sulle parti ideali del patrimonio netto: la costituzione della società, gli aumenti e le diminuzioni del capitale sociale, le modalità di ripartizione dell'utile di esercizio e di copertura della perdita. Di seguito sono delineati i principali aspetti teorici sulla composizione del patrimonio netto e sulle diverse tipologie delle operazioni di aumento e riduzione del capitale sociale. Specifiche esemplificazioni pratiche saranno sviluppate nei paragrafi successivi per comprendere operativamente i collegati riflessi contabili.

10.1.1. *Le parti ideali del patrimonio netto*

Come evidenziato nella parte iniziale di questo lavoro, il patrimonio netto (o capitale netto), dato dalla differenza tra le attività e le passività aziendali, costituisce la ricchezza netta a disposizione dell'impresa in un dato momento. È importante sottolineare che il capitale netto rappresenta un valore residuale (attività – passività) e come tale non è oggetto di autonoma valutazione. Pur essendo un valore residuale e unitario, per esigenze giuridiche e pratiche il patrimonio netto è suddiviso in diverse poste contabili, che rappresentano le cosiddette parti ideali.

Al momento della costituzione di una società di capitali, il legislatore civilistico impone ai soci di conferire almeno un importo minimo a titolo di dotazione iniziale di capitale netto. Tale dotazione iniziale rappresenta il capitale sociale.

Oltre al capitale sociale, tra le parti ideali del patrimonio netto figurano le riserve, che possono essere fondamentalmente classificate in tre categorie: riserve di utili, riserve di capitale e riserve di rivalutazione.

Le parti ideali del patrimonio netto
Capitale sociale
Riserve
Utile/perdita esercizi precedenti
Utile/perdita d'esercizio

Le riserve di utili derivano dal "risparmio" di utili netti, cioè utili non distribuiti ai soci, che vanno ad incrementare la dotazione dei mezzi propri dell'impresa rappresentando una forma di autofinanziamento. Tali riserve possono essere obbligatorie, quando sono previste dalla legge (Riserva legale) o dallo statuto sociale (Riserve statutarie), o facoltative, quando sono costituite volontariamente senza che vi siano specifici obblighi di legge o statutari (Riserve libere o straordinarie).

Le riserve di capitale, invece, derivano prevalentemente da apporti (conferimenti) dei soci che non vengono imputati al capitale sociale (ad esempio Riserva sovrapprezzo azioni).

La classificazione delle riserve secondo l'origine

Le riserve di utile (derivano da utili non distribuiti)	Obbligatorie	Riserva legale, Riserva statutaria
	Facoltative	Riserva libera, Riserva straordinaria
Le riserve di capitale (derivano da apporti)		Riserva sovraprezzo azioni
Le riserve di rivalutazione (derivano da incrementi di valore)		Riserva rivalutazione ex Legge ...

Infine, le riserve di rivalutazione sono collegate ad incrementi di valore di determinati cespiti dovuti a rivalutazioni consentite da leggi speciali.

Le riserve hanno diverse funzioni, tra cui quella fondamentale relativa al fronteggiamento del rischio economico generale.

Come si vedrà, infatti, le riserve possono essere utilizzate per la copertura delle perdite di esercizio, che vanno ad intaccare la consistenza del capitale netto. Oltre che per la copertura delle perdite di esercizio, le riserve possono essere utilizzate per altre finalità quali, ad esempio, l'aumento del capitale sociale e la distribuzione ai soci.

Peraltro, esistono riserve liberamente disponibili per qualsiasi utilizzo (ad esempio le riserve libere o straordinarie) e riserve che sono disponibili solo per alcune finalità (ad esempio la riserva legale, che può essere utilizzata solo per la copertura di perdite).

Rientrano tra le parti ideali del patrimonio netto anche gli utili e le perdite (di esercizio e di esercizi precedenti), cioè le poste relative al reddito. Si ricorda, infatti, che il reddito è definito come la variazione positiva (utile) o negativa (perdita) che il capitale netto subisce per effetto delle operazioni di gestione, con esclusione di quelle intercorse direttamente con il titolare dell'impresa (imprenditore individuale o soci).

Gli utili di esercizi precedenti rappresentano utili realizzati in passato che non sono stati distribuiti ai soci e neanche accantonati in modo esplicito a specifiche riserve. Tra questi si può menzionare l'avanzo utili, cioè l'utile che residua, per effetto degli arrotondamenti, dopo aver eseguito gli accantonamenti alle riserve di utili e la distribuzione di dividendi ai soci. Le perdite di esercizi precedenti rappresentano, invece, parti ideali negative del patrimonio netto in attesa di copertura attraverso l'utilizzo di riserve o, in casi particolari, attraverso la riduzione del capitale sociale.

L'utile e la perdita di esercizio, infine, rappresentano, rispettivamente, parti ideali positive e negative di patrimonio netto che sintetizzano la misura del reddito riferito al periodo amministrativo in chiusura.

10.1.2. *Gli aumenti del capitale sociale*

Dopo la costituzione della società, il capitale sociale può essere aumentato per effetto di diverse operazioni. Con riferimento agli incrementi di capitale sociale, si possono avere aumenti reali (o a pagamento), aumenti virtuali (o gratuiti) e aumenti in forma mista.

Si hanno aumenti reali di capitale sociale quando, a seguito dell'operazione, si ha un incremento anche del capitale netto nel suo complesso. Ciò si verifica quando i soci eseguono nuovi conferimenti in denaro o in natura (beni) che incrementano la consistenza della dotazione patrimoniale a titolo di capitale proprio.

Se, ad esempio, un'impresa possiede un capitale sociale pari a 1.000, riserve per 500, ed i soci provvedono ad eseguire dei nuovi conferimenti (in denaro o in natura) per un valore di 200 a titolo di aumento dello stesso capitale sociale, l'operazione è sintetizzabile nel modo seguente:

Capitale sociale	1.000	+ 200	1.200
Riserve	500		500
Totale patrimonio netto	1.500	+ 200	1.700

Come è facile verificare, per effetto dell'operazione di apporto da parte dei soci aumenta per lo stesso importo (200) sia il capitale sociale sia il capitale netto nel suo complesso.

Negli aumenti virtuali, invece, a fronte di un aumento del capitale sociale non si riscontra alcun aumento nel capitale netto nel suo complesso. Ciò si verifica quando il capitale sociale non viene aumentato da nuovi apporti dei soci, ma dall'utilizzo di riserve precedentemente costituite. È evidente che in questo caso si verifica una permutazione economica tra parti ideali del patrimonio netto che modifica lo stesso soltanto da un punto di vista qualitativo, ma non quantitativo. In pratica, aumenta il capitale sociale, ma si riduce, per un identico importo, la consistenza delle riserve: pertanto l'ammontare del patrimonio netto rimane invariato.

Ipotizzando, come nel caso precedente, un capitale sociale di 1.000 e riserve di 500, un aumento virtuale di capitale sociale di 200 potrà essere rappresentato nel seguente modo:

Capitale sociale	1.000	+ 200	1.200
Riserve	500	- 200	300
Totale patrimonio netto	1.500		1.500

Gli aumenti di capitale in forma mista, infine, rappresentano una combinazione tra le due operazioni esaminate in precedenza. In pratica, una parte dell'aumento del capitale sociale avviene a pagamento, mentre la restante parte avviene in forma gratuita. In questo caso si avrà un incremento di patrimonio netto inferiore all'aumento del capitale sociale.

Considerando un capitale sociale pari a 1.000, riserve per 500 e un aumento di capitale di 300, di cui 200 a pagamento e 100 a titolo gratuito, l'operazione può essere schematizzata come segue:

Capitale sociale	1.000	+ 300	1.300
Riserve	500	- 100	400
Totale patrimonio netto	1.500	+ 200	1.700

10.1.3. *Le riduzioni del capitale sociale*

Anche le riduzioni di capitale sociale possono essere reali o virtuali.

Si hanno riduzioni reali quando a fronte di una diminuzione del capitale sociale si verifica una corrispondente diminuzione nella consistenza del patrimonio netto nel suo complesso.

Ciò avviene quando si procede al rimborso parziale ai soci di quote del capitale sociale sottoscritte in precedenza (rimborso proporzionale a tutti i soci, rimborso di azioni estratte a sorte), all'acquisto e al successivo annullamento di azioni, alla liberazione dei soci dall'obbligo di eseguire versamenti ancora dovuti o, ancora, al rimborso di capitale per recesso di soci.

Ipotizzando un capitale sociale di 1.000, riserve per 500 e un rimborso di capitale per 100, l'operazione può essere rappresentata nel seguente modo:

Capitale sociale	1.000	- 100	900
Riserve	500		500
Totale patrimonio netto	1.500	- 100	1.400

Per quanto riguarda le riduzioni virtuali del capitale sociale, in tali operazioni non si riscontra una corrispondente diminuzione del capitale netto nel suo complesso.

Ciò può verificarsi, ad esempio, quando una perdita viene coperta attraverso la riduzione (abbattimento) del capitale. In questo caso, infatti, si verifica una permutazione economica tra parti ideali del patrimonio netto che porta a modificare la sua composizione, ma non la sua consistenza: la perdita, che ha ridotto il patrimonio netto, viene eliminata (coperta) attraverso una corrispondente riduzione del capitale.

Supponendo che una società abbia un capitale sociale di 1.000, perdite per 400 e che non vi siano riserve, la copertura della perdita con la riduzione del capitale darebbe luogo alle seguenti situazioni:

Capitale sociale	1.000	- 400	600
Perdite	- 400	+ 400	
Totale patrimonio netto	600		600

È facile verificare come dopo l'operazione di copertura delle perdite il capitale netto non abbia subito alcuna variazione quantitativa (è rimasto pari a 600), mentre risulta modificata la sua composizione. Si è passati, infatti, da una situazione iniziale che presentava tra le poste del patrimonio netto un capitale sociale di 1.000 e perdite per 400 ad una situazione finale che non evidenzia più la perdita, ma presenta soltanto la posta contabile relativa al capitale sociale.

10.2. La costituzione di una S.p.A. con conferimenti in denaro

La costituzione di una S.p.A. con conferimenti in denaro verrà esaminata sviluppando la seguente esemplificazione.

Il 16/02, con atto del notaio Grassi, si è costituita la *Jolly S.p.A.*, il cui capitale sociale di € 500.000,00 è diviso in azioni del valore nominale di € 5,00 ciascuna. Il capitale risulta interamente sottoscritto in denaro.

Lo stesso 16/02 si versa, tramite il notaio, il 25% dei conferimenti come prescritto dalla legge in un c/c vincolato presso la Banca Intesa.

Il 7/03 si provvede a svincolare il 25% dei conferimenti versando la somma corrispondente più gli interessi maturati al tasso annuo dell'1,25% (ritenuta IRES 26%), su un c/c di corrispondenza presso la stessa Banca Intesa.

Il 29/03 si riceve e si paga tramite assegno bancario, effettuando la ritenuta d'acconto del 20%, la parcella del notaio Grassi comprensiva di onorari per € 2.400,00 + IVA 22% e di rimborsi spese (imposta di registro ed altre spese anticipate) per € 9.800,00.

In data 11/04 gli amministratori provvedono a richiamare la restante parte dei conferimenti sottoscritti da versare entro il 30/04. Successivamente si rileva il versamento dei conferimenti richiamati sul c/c Banca Intesa.

Sottoscrizione del capitale sociale

Il capitale sociale deve essere interamente sottoscritto dai soci che si impegnano a conferire nella costituenda società gli importi indicati nell'atto costitutivo. Si evidenzia pertanto un credito della società nei confronti dei soci, che misura l'entità del capitale sociale sottoscritto. Il capitale così apportato costituisce la dotazione iniziale dei mezzi propri dell'azienda [1].

La scrittura in P.D. sarà:

16/02		
Azionisti c/sottoscrizione	500.000,00	
Capitale sociale		500.000,00
Sottoscritto capitale sociale		

Versamento del 25% dei conferimenti

La normativa civilistica prevede che successivamente alla sottoscrizione dell'intero capitale sociale, il 25% di questo sia versato presso una banca in un c/c vincolato (cioè non utilizzabile) fino a quando la procedura di costituzione non si sarà formalmente conclusa con la nascita di un nuovo soggetto di diritto rappresentato dalla società.

La rilevazione contabile sarà:

16/02		
Banca Intesa c/c vincolato	125.000,00	
Azionisti c/sottoscrizione		125.000,00
Versato il 25% dei conferimenti		

Svincolo del 25% dei conferimenti

Espletate tutte le formalità richieste dalla legge, l'atto costitutivo deve essere depositato per l'iscrizione della società all'Ufficio del registro delle imprese presso la Camera di commercio competente. A seguito di tale iscrizione, la società acquisisce la personalità giuridica e viene a concludersi l'iter costitutivo.

A questo punto, il 25% dei conferimenti versati in precedenza può essere svincolato ed utilizzato liberamente per le necessità aziendali. Al momento dello svincolo la banca dovrà corrispondere alla società anche gli interessi maturati sulla somma rimasta vincolata, al netto della ritenuta IRES a titolo d'acconto pari al 26%.

[1] Si ricorda che, in via generale, il capitale minimo per la costituzione di una società di capitale ammonta:
- per le S.p.A. e le S.a.p.A.: € 50.000,00;
- per le S.r.l.: € 10.000,00 (salvo eccezioni).

Gli interessi saranno calcolati dal 16/02 (giorno del versamento) al 06/03 (giorno precedente al prelevamento dal c/c vincolato) per un totale di 19 giorni:

Interessi lordi maturati: $\dfrac{125.000,00 \times 1,25 \times 19}{36.500} = 81,34$

Ritenuta IRES: 81,34 × 26% = 21,15

La scrittura in P.D. sarà:

07/03		
Banca Intesa c/c	125.060,19	
Erario c/ritenute IRES	21,15	
Banca Intesa c/c vincolato		125.000,00
Interessi attivi		81,34
Svincolato 25% dei conferimenti		

Liquidazione e pagamento della parcella notarile

Il notaio che ha curato la costituzione della società richiede un compenso per l'attività professionale prestata, oltre al rimborso delle spese anticipate per conto della stessa (ad esempio imposta di registro, tasse di concessione, ecc.). Tali importi costituiscono per la società costi che, se giudicati di utilità pluriennale, andranno iscritti nell'attivo dello Stato Patrimoniale ed ammortizzati in un periodo massimo di 5 esercizi[2].

All'atto del pagamento della parcella, la società dovrà effettuare la ritenuta IRPEF, nella misura del 20%, calcolata sul compenso spettante al notaio (escluse quindi le somme spettanti a titolo di rimborso spese). Tale ritenuta costituisce un debito della società nei confronti dell'Erario e dovrà essere versata allo stesso entro il giorno 16 del mese successivo all'effettuazione (nel nostro caso, quindi, entro il 16 aprile).

Sinteticamente la parcella del notaio si presenta come segue:

[2] «La rilevazione iniziale *dei costi di impianto e di ampliamento* nell'attivo dello Stato Patrimoniale è consentita solo se si dimostra la congruenza ed il rapporto causa-effetto tra i costi in questione ed il beneficio (futura utilità) che dagli stessi la società si attende [...] ». Organismo Italiano di Contabilità, *Principi contabili, OIC 24, Immobilizzazioni immateriali*, 2016, par. 42. Si ricorda che ai sensi dell'art. 2426, n. 5, del codice civile, tali costi possono essere capitalizzati soltanto con il consenso del collegio sindacale, ove esistente, ed inoltre fino a che l'ammortamento non è completato possono essere distribuiti dividendi solo se residuano riserve disponibili a coprire l'ammontare dei costi non ammortizzati.

Onorario	€	2.400,00
IVA 22% (su € 2.400,00)	€	528,00
Rimborsi spese	€	9.800,00
TOTALE A VS. DEBITO	€	12.728,00
(–) Ritenuta d'acconto 20% (su € 2.400,00)	€	(480,00)
NETTO DA PAGARE	€	12.248,00

Le scritture relative alla liquidazione e al pagamento della parcella saranno pertanto le seguenti:

29/03		
Costi di impianto	12.200,00	
IVA a credito	528,00	
Fornitori		12.728,00
Ricevuta fattura del notaio Grassi		
29/03		
Fornitori	12.728,00	
Erario c/ritenute IRPEF		480,00
Banca Intesa c/c		12.248,00
Pagata fattura del notaio Grassi		

Richiamo e versamento dei restanti conferimenti

Versato il 25% del capitale previsto dalla legge, la restante parte del capitale sociale può essere versata successivamente, a seconda delle esigenze finanziarie della società. Spetta agli amministratori richiedere agli azionisti il versamento di ulteriori quote del capitale sociale (gli amministratori possono richiedere il versamento di tutto il residuo oppure solo di una parte), assegnando agli stessi un termine entro il quale effettuare il versamento.

La scrittura del richiamo dei versamenti sarà:

11/04		
Azionisti c/versamenti richiamati	375.000,00	
Azionisti c/sottoscrizione		375.000,00
Richiamato per intero il residuo del capitale sociale		

Questa permutazione finanziaria ha lo scopo di evidenziare che un credito a scadenza indeterminata (Azionisti c/sottoscrizione) è divenuto un credito con scadenza certa e a breve termine[3].

[3] Si noti che lo schema di Stato Patrimoniale disciplinato dall'art. 2424 codice civile prevede l'indicazione, tra le attività, dei crediti verso soci per versamenti ancora dovuti, con indicazione se-

All'atto del versamento da parte dei soci si avrà:

../..		
Banca Intesa c/c	375.000,00	
Azionisti c/versamenti richiamati		375.000,00
Versato il capitale richiamato		

10.3. I conferimenti di beni e di crediti

Oltre al denaro, i soci possono conferire in società anche beni (es. fabbricati) e crediti. In tali casi, però, il codice civile, per evitare una possibile sopravvalutazione dei conferimenti con un conseguente annacquamento del capitale, prevede una perizia sui beni conferiti da parte di un esperto.

Per le S.r.l. l'esperto che deve eseguire la perizia (relazione giurata) deve essere un soggetto iscritto nel registro dei revisori contabili o una società di revisione iscritta nell'albo speciale (art. 2465 codice civile), mentre per le S.p.A. l'esperto viene nominato dal tribunale (art. 2343 codice civile). In ogni caso, la parte di capitale corrispondente ai conferimenti di beni e crediti deve essere integralmente liberata al momento della sottoscrizione.

Si consideri il seguente esempio.

Il 22/10, con atto del notaio Magni, si è costituita la *Fante S.p.A.*, il cui capitale sociale di € 600.000,00 è diviso in azioni del valore nominale di € 10,00 ciascuna.

Il capitale risulta sottoscritto in denaro per € 330.000,00, e mediante apporti di un fabbricato valutato € 250.000,00 e di crediti valutati € 20.000,00.

Lo stesso 22/10 si versa, tramite il notaio, come prescritto dalla legge, il 25% dei conferimenti in denaro in un c/c vincolato presso la Banca Intesa e si liberano interamente i conferimenti relativi al fabbricato e ai crediti.

Sottoscrizione del capitale sociale

Alla sottoscrizione del capitale sociale la rilevazione in P.D. sarà:

22/10		
Azionisti c/sottoscrizione	600.000,00	
Capitale sociale		600.000,00
Sottoscritto capitale sociale		

parata della parte già richiamata. Pertanto, la permutazione finanziaria evidenziata nel testo facilita tale indicazione, in quanto permette di rilevare in contabilità generale la parte dei versamenti già richiamati che dovrà essere evidenziata separatamente nello Stato Patrimoniale.

Versamento del 25% dei conferimenti in denaro e liberazione dei conferimenti relativi al fabbricato e ai crediti

Le rilevazioni contabili saranno:

22/10		
Banca Intesa c/c vincolato	82.500,00	
Azionisti c/sottoscrizione		82.500,00
Versato il 25% dei conferimenti in denaro		
22/10		
Fabbricati	250.000,00	
Crediti	20.000,00	
Azionisti c/sottoscrizione		270.000,00
Liberati integralmente conferimenti in beni e crediti		

Seguiranno le rilevazioni relative allo svincolo del 25% dei conferimenti in denaro, della fattura del notaio, del richiamo e versamento di ulteriori quote del capitale secondo le modalità già evidenziate nel precedente esempio.

10.4. L'aumento a pagamento del capitale sociale

L'aumento del capitale sociale verrà trattato attraverso la seguente esemplificazione.

La *Jolly S.p.A.* (capitale sociale € 500.000,00 diviso in n. 100.000 azioni da € 5,00 ciascuna) ha deliberato di aumentare il capitale sociale, elevandolo a € 750.000,00. Si emettono n. 50.000 nuove azioni, da offrire in opzione ai soci, ad un prezzo di € 6,10, di cui € 0,10 a titolo di rimborso spese (spese di emissione certificati azionari, spese notarili, ecc.) da portare in riduzione dai costi di ampliamento sostenuti dalla società.

Si provveda a rilevare in P.D. la sottoscrizione dell'aumento del capitale sociale.

Gli aumenti di capitale sociale costituiscono modificazioni dell'atto costitutivo e devono pertanto essere deliberati dall'assemblea straordinaria. Peraltro l'atto costitutivo può attribuire agli amministratori la facoltà di aumentare il capitale sociale, in una o più volte, entro un limite massimo di cinque anni. Come si è visto, gli aumenti di capitale a pagamento (o reali) implicano un aumento effettivo del capitale netto nel suo complesso attraverso l'apporto di denaro o beni (conferimenti in natura) da parte dei soci. Tali aumenti sono possibili solo se le azioni già in circolazione sono state interamente liberate.

Negli aumenti di capitale sociale a pagamento, ai vecchi soci è riconosciuto il diritto di opzione, cioè il diritto di sottoscrivere con preferenza rispetto a terzi l'incremento del capitale[4]. Questo consente, al socio che lo desidera, di mantenere inalterato il suo rapporto di partecipazione nella società.

L'aumento del capitale sociale a pagamento può essere deliberato alla pari, quando ai sottoscrittori viene richiesta una somma pari all'aumento del capitale sociale (e al più una somma a titolo di rimborso spese e di conguaglio per gli utili in corso di formazione), oppure sopra la pari, quando in aggiunta al valore nominale del capitale (e ad eventuali somme a titolo di rimborso e conguaglio utili) viene richiesta un'ulteriore somma a titolo di sovrapprezzo.

Tale sovrapprezzo, che costituisce una riserva di capitale, trova di solito giustificazione con il fatto che un nuovo socio, entrando in società, partecipa pro-quota anche alle riserve accumulate prima del suo ingresso. Il sovrapprezzo, in sostanza,

---

[4] Il diritto di opzione può essere esercitato direttamente dal socio o essere ceduto a terzi (soci o non soci) dietro un corrispettivo. Tale corrispettivo trova giustificazione nel fatto che normalmente, per agevolare l'operazione di aumento del capitale, il valore (prezzo) di emissione delle nuove azioni è inferiore al valore (prezzo) corrente delle vecchie azioni.

Per le società quotate in borsa, durante il periodo in cui si attua un aumento del capitale sociale, il diritto di opzione è oggetto di quotazione giornaliera.

È peraltro possibile determinare il valore teorico del diritto di opzione, dato dalla differenza tra il valore corrente delle vecchie azioni ed il valore teorico attribuibile alle azioni in seguito all'aumento del capitale sociale.

In simboli si avrà:

$$VDO = Vc - Vt$$

dove:

VDO = valore teorico del diritto di opzione;
Vc = valore corrente delle vecchie azioni;
Vt = valore teorico delle azioni dopo l'aumento del capitale.

Il valore teorico delle azioni dopo l'aumento del capitale è dato dalla media ponderata tra il valore corrente delle vecchie azioni e il valore di emissione delle nuove azioni.

Il calcolo sarà dato dalla seguente espressione:

$$Vt = \frac{(Vc \times Nav) + (Ve \times Nan)}{Nav + Nan}$$

dove, in aggiunta ai simboli noti:

Nav = numero delle azioni vecchie;
Ve = valore di emissione nuove azioni;
Nan = numero delle azioni nuove.

Nel nostro caso, supponendo un valore corrente delle vecchie azioni pari a € 7,00, il valore teorico del diritto di opzione verrebbe così calcolato:

$$Vt = \frac{(7{,}00 \times 100.000) + (6{,}10 \times 50.000)}{100.000 + 50.000} = 6{,}70$$

$$VDO = 7{,}00 - 6{,}70 = 0{,}30$$

serve ad evitare che il nuovo socio abbia una sorta di rendita gratuita a danno dei vecchi soci.

Venendo al caso concreto della *Jolly S.p.A.*, si può riscontrare un aumento del capitale sociale deliberato sopra la pari: si ha infatti un prezzo di emissione di € 6,10 (comprensivo di € 0,10 di rimborso spese) a fronte di un valore nominale di € 5,00.

In pratica, è possibile scindere il prezzo di emissione unitario in tre quote distinte, come segue:

€ 5,00	valore nominale unitario
€ 1,00	sovrapprezzo di emissione unitario
€ 0,10	rimborso spese unitario
€ 6,10	

Moltiplicando gli importi unitari così determinati per il numero complessivo delle azioni emesse, si ottengono gli importi relativi all'operazione di aumento del capitale sociale.

Si avrà perciò:

€ 5,00 × 50.000 =	€	250.000,00	aumento capitale
€ 1,00 × 50.000 =	€	50.000,00	riserva sovrapprezzo
€ 0,10 × 50.000 =	€	5.000,00	rimborso spese

La scrittura in P.D. relativa all'aumento del capitale sociale sarà pertanto:

../..		
Azionisti c/sottoscrizione	305.000,00	
Capitale sociale		250.000,00
Riserva sovrapprezzo azioni		50.000,00
Costi di ampliamento		5.000,00
Sottoscritto aumento del capitale sociale		

Mentre i conti *Capitale sociale* e *Riserva sovrapprezzo azioni* sono conti economici di capitale, il conto *Costi di ampliamento* è un conto economico acceso ai costi pluriennali, che ha lo scopo di stornare (totalmente o parzialmente) i costi sostenuti in seguito all'aumento del capitale sociale da rilevare in Dare dello stesso conto [5].

In base alle disposizioni di legge, all'atto della sottoscrizione dell'aumento del capitale sociale è necessario versare presso le casse sociali o una banca incaricata

[5] Nel caso in cui le spese relative all'aumento del capitale sociale siano contabilizzate in conti accesi ai costi d'esercizio, in luogo dello storno del conto *Costi di ampliamento* si rileverebbe l'accreditamento del conto *Rimborsi spese*, conto di reddito acceso ai ricavi di esercizio. Tale conto ha lo scopo di stornare indirettamente le spese sostenute in seguito all'aumento del capitale sociale.

(e non in un c/c vincolato come avviene all'atto della costituzione) almeno il 25% del capitale sottoscritto in denaro e l'intero sovrapprezzo azioni.

Pertanto, supponendo di versare il minimo richiesto dalla legge e la quota di rimborso spese, si avrà:

../..		
Banca Intesa c/c	117.500,00	
Azionisti c/sottoscrizione		117.500,00
Versato il 25% del capitale, il sovrapprezzo e il rimborso spese		

È chiaro che se si versasse l'intero ammontare dell'operazione si avrebbe lo storno completo del credito nei confronti degli azionisti contro accreditamento del c/c bancario.

10.5. L'aumento gratuito del capitale sociale

Come si è avuto modo di vedere in precedenza, gli aumenti gratuiti (o virtuali) del capitale sociale non implicano alcuna variazione del capitale netto nel suo insieme, ma costituiscono soltanto una sua riallocazione tra le diverse parti ideali che lo compongono (ad esempio aumento del capitale sociale attraverso l'utilizzo di riserve precostituite).

Si consideri la seguente esemplificazione.

La *Jolly S.p.A.* (capitale sociale € 500.000,00 diviso in n. 100.000 azioni da € 5,00 ciascuna) ha emesso n. 20.000 azioni del valore nominale unitario di € 5,00 per aumento gratuito del capitale sociale. Allo scopo si utilizza la riserva statutaria per € 75.000,00 e la riserva straordinaria per € 25.000,00.

L'aumento del capitale sociale sarà pari a:

€ 5,00 × 20.000 = € 100.000,00

Tale aumento è gratuito (o virtuale) in quanto ad un incremento del capitale sociale corrisponde una diminuzione di pari importo nelle riserve disponibili della società (nel nostro caso riserva statutaria e riserva straordinaria), con la conseguenza che il patrimonio netto nel suo complesso non subisce alcuna variazione.

È da notare che la riserva statutaria può essere utilizzata dalla società per gli scopi che sono indicati nello statuto. Nel caso in esame si suppone che lo statuto preveda la possibilità di utilizzare la riserva statutaria per aumentare in modo gratuito il capitale sociale della società.

La rilevazione contabile sarà:

../..		
Riserva statutaria	75.000,00	
Riserva straordinaria	25.000,00	
Capitale sociale		100.000,00
Aumento gratuito del capitale sociale		

Occorre rilevare che lo stesso risultato si può ottenere, anziché con l'emissione di nuove azioni, mediante aumento del valore nominale delle vecchie azioni. Nel nostro caso, per aumentare il capitale di € 100.000,00, portandolo da € 500.000,00 a € 600.000,00, si potrebbe incrementare il valore nominale delle azioni da € 5,00 a € 6,00, lasciando inalterato il loro numero. Con tale operazione si otterrebbe un capitale sociale pari a € 600.000,00, con un incremento di € 100.000,00 rispetto all'importo originario. Infatti:

€ 6,00 × 100.000 = € 600.000,00

Le rilevazioni contabili sarebbero del tutto analoghe a quelle già viste per il caso dell'aumento mediante emissione gratuita di nuove azioni.

10.6. L'aumento in forma mista del capitale sociale

Un'altra forma di aumento che combina le due modalità viste in precedenza (aumento a pagamento e aumento gratuito) è rappresentata dall'aumento in forma mista. Con tale modalità, il capitale sociale viene in parte aumentato a pagamento, mediante conferimenti in denaro o in natura, ed in parte a titolo gratuito, attraverso l'utilizzo di riserve disponibili.

Si consideri il seguente caso.

La *Jolly S.p.A.* (capitale sociale € 500.000,00 diviso in n. 100.000 azioni da € 5,00 ciascuna) ha deciso di aumentare il capitale sociale in forma mista emettendo n. 100.000 azioni del valore nominale unitario di € 5,00. L'aumento avviene per l'80% in denaro (aumento a pagamento) e per il restante 20% mediante utilizzo della riserva di rivalutazione monetaria (aumento gratuito).

Se si considera il valore nominale unitario (€ 5,00) delle nuove azioni, lo stesso sarà così composto:

€	5,00 × 80% =	€	4,00	(parte a pagamento)
€	5,00 × 20% =	€	1,00	(parte gratuita)

Di conseguenza, l'aumento complessivo del capitale sociale sarà così determinato:

€	4,00 × 100.000 =	€	400.000,00	(aumento reale)
€	1,00 × 100.000 =	€	100.000,00	(aumento gratuito)

La rilevazione contabile sarà:

../..		
Azionisti c/sottoscrizione	400.000,00	
Riserva di rivalutazione	100.000,00	
Capitale sociale		500.000,00
Aumento in forma mista del capitale sociale		

Eseguito l'aumento, occorrerà effettuare il versamento di almeno il 25% dei conferimenti in denaro con la seguente scrittura contabile:

../..		
Banca Intesa c/c	100.000,00	
Azionisti c/sottoscrizione		100.000,00
Versato il 25% del capitale sottoscritto in denaro		

10.7. La riduzione del capitale sociale con rimborso ai soci

Le diminuzioni del capitale sociale, al pari degli aumenti, costituiscono modificazioni dell'atto costitutivo da deliberarsi con le maggioranze richieste per le assemblee straordinarie. Si è visto che anche le diminuzioni possono essere reali, se comportano una effettiva diminuzione del capitale netto della società, ovvero virtuali, se si verificano soltanto permutazioni tra le parti ideali del patrimonio netto che lasciano inalterata la misura dello stesso.

Un esempio di diminuzione reale del capitale sociale si verifica quando quest'ultimo viene parzialmente rimborsato ai soci, dando luogo ad un deflusso di risorse finanziarie dall'azienda. In tali casi la diminuzione può avvenire secondo differenti modalità.

La riduzione del capitale sociale con rimborso ai soci verrà trattata considerando la seguente esemplificazione.

La *Jolly S.p.A.* ha deliberato la riduzione di € 100.000,00 del proprio capitale sociale (€ 500.000,00 divisi in n. 100.000 azioni da € 5,00 ciascuna).

Si proceda a contabilizzare la riduzione del capitale sociale considerando i seguenti casi:

a) la riduzione di capitale avviene tramite il rimborso al valore nominale di n. 20.000 azioni estratte a sorte;

b) la riduzione di capitale avviene rimborsando € 1,00 a ciascuna azione posseduta dai soci;

c) la riduzione di capitale avviene liberando i soci dall'obbligo di effettuare il versamento del capitale residuo (nell'ipotesi che residui il 20% del capitale non ancora richiamato e versato, pari a € 100.000,00).

a) La riduzione di capitale avviene tramite il rimborso al valore nominale di n. 20.000 azioni estratte a sorte

Si tratta di rimborsare i soci possessori delle azioni estratte a sorte sulla base del valore nominale delle stesse. Il rimborso al valore nominale delle azioni può comportare una penalizzazione sul piano patrimoniale per i soci possessori dei titoli estratti a sorte.

Infatti, se vi sono riserve nel patrimonio netto della società il valore patrimoniale delle azioni può essere anche di gran lunga superiore al valore nominale. Ai possessori delle azioni estratte a sorte vengono assegnate azioni di godimento (speciale categoria di azioni) che possono partecipare alla distribuzione dell'utile solo se viene attribuito alle azioni ordinarie un dividendo pari alla misura dell'interesse legale. Inoltre, allo scioglimento della società, le azioni di godimento partecipano, insieme a tutte le altre categorie di azioni, alla ripartizione dell'eventuale eccedenza risultante dopo aver rimborsato al valore nominale tutte le azioni sociali.

Nel caso della Jolly S.p.A., le scritture in P.D. relative all'estrazione a sorte e al rimborso delle azioni saranno:

../..		
Capitale sociale	100.000,00	
Azionisti c/azioni da rimborsare		100.000,00
Estratte a sorte n. 20.000 azioni da € 5,00 l'una da rimborsare al valore nominale		
../..		
Azionisti c/azioni da rimborsare	100.000,00	
Banca Intesa c/c		100.000,00
Rimborsate azioni estratte a sorte		

Si noti che l'emissione delle azioni di godimento non comporta alcuna rilevazione contabile in quanto non ha alcuna rilevanza patrimoniale per la società.

b) La riduzione di capitale avviene rimborsando € 1,00 a ciascuna azione posseduta dai soci

In questa ipotesi, nessun socio subisce alcuna penalizzazione, in quanto il rimborso riguarda indistintamente tutti gli azionisti che si vedono rimborsata un'uguale parte del valore nominale di ogni azione.

Le rilevazioni contabili saranno:

../..		
Capitale sociale	100.000,00	
Azionisti c/rimborsi		100.000,00
Liquidata quota da rimborsare ai soci		
../..		
Azionisti c/rimborsi	100.000,00	
Banca Intesa c/c		100.000,00
Pagata quota rimborso ai soci		

c) La riduzione di capitale avviene liberando i soci dall'obbligo di effettuare il versamento del capitale residuo (nell'ipotesi che residui il 20% del capitale non ancora richiamato e versato, pari a € 100.000,00)

In questo caso, la società vanta un credito nei confronti dei soci per le quote di capitale sottoscritte ma non ancora richiamate e versate. In simili circostanze, la riduzione del capitale potrà avvenire attraverso la liberazione dei soci dall'obbligo di effettuare ulteriori versamenti (o una parte di essi). Perciò la riduzione del capitale sociale avrà come contropartita contabile lo storno del credito verso gli azionisti per i versamenti ancora dovuti.

La rilevazione contabile sarà:

../..		
Capitale sociale	100.000,00	
Azionisti c/sottoscrizione		100.000,00
Riduzione del capitale sociale		

Si noti che in quest'ultimo caso, a differenza dei precedenti, non si ha un vero e proprio rimborso ai soci con una corrispondente uscita monetaria, ma si ha lo storno di un credito vantato dalla società nei confronti dei soci.

Ciò comporta, ad evidenza, un risparmio monetario per i soci ed una minore entrata monetaria futura per la società.

10.8. La riduzione del capitale sociale per perdite

Le diminuzioni di capitale sociale per copertura di perdite d'esercizio costituiscono variazioni virtuali dello stesso, in quanto con tali operazioni non si ha alcuna modificazione della consistenza del patrimonio netto, ma solamente una permutazione tra parti ideali di segno contrario. Le diminuzioni del capitale sociale per perdite possono essere obbligatorie o facoltative.

La riduzione è obbligatoria, ai sensi dell'art. 2446 codice civile, quando per effetto di perdite la misura del capitale si sia ridotta di oltre un terzo. In tal caso, gli amministratori hanno l'obbligo di convocare senza indugio l'assemblea per gli opportuni provvedimenti, presentando alla stessa una relazione sulla situazione patrimoniale della società corredata dalle osservazioni del collegio sindacale[6]. Se entro l'esercizio successivo la perdita non risulta diminuita a meno di un terzo, l'assemblea che approva il bilancio deve disporre la riduzione del capitale in proporzione alle perdite accertate. In mancanza di tale delibera, gli amministratori e i sindaci della società o il consiglio di sorveglianza devono attivarsi chiedendo al tribunale che sia disposta la riduzione del capitale per un importo pari a quello delle perdite risultanti dal bilancio.

Le diminuzioni facoltative, invece, si verificano quando l'assemblea, su proposta degli amministratori, delibera di coprire le perdite (inferiori al terzo del capitale) abbattendo la misura del capitale sociale[7].

Le rilevazioni contabili della riduzione facoltativa per perdite verranno proposte prendendo in esame il seguente caso.

La *Jolly S.p.A.* (capitale sociale € 500.000,00, diviso in n. 100.000 azioni, riserva legale € 26.000,00) presenta perdite d'esercizio per complessive € 158.000,00. Si delibera di coprire le perdite utilizzando preventivamente la riserva legale per il suo intero importo (€ 26.000,00) e riducendo il capitale sociale per l'ammontare residuo delle perdite (€ 132.000,00)
Si rilevi l'operazione in P.D.

../..		
Capitale sociale	132.000,00	
Riserva legale	26.000,00	
Perdite di esercizi precedenti		158.000,00
Copertura perdite esercizi precedenti		

10.9. Le operazioni di acquisto di azioni proprie

Una particolare tipologia di operazioni relative al capitale delle S.p.A. è rappresentata dall'acquisto di azioni proprie.

In generale, l'acquisto di azioni proprie da parte di una società è soggetto a particolari limitazioni disciplinate dall'art. 2357 codice civile Tale articolo prevede, infatti, l'acquisto di azioni sociali nei limiti degli utili distribuibili e delle ri-

[6] Si fa presente che se per effetto di perdite di oltre un terzo del capitale lo stesso scende al di sotto del minimo legale, gli amministratori (o il consiglio di gestione) hanno l'obbligo di convocare l'assemblea per la riduzione ed il contestuale aumento del capitale ad un valore pari almeno al minimo legale. In alternativa l'assemblea può deliberare la trasformazione della società in altra forma giuridica compatibile con l'entità residua del capitale (art. 2447 codice civile).

[7] Come confermato da una pronuncia della Suprema Corte di Cassazione (Sezione I civile, 6/11/1999, n. 12347) la riduzione del capitale sociale per la copertura di perdite subite può avvenire solo dopo aver preventivamente utilizzato e quindi estinto le eventuali riserve iscritte in bilancio.

serve disponibili e per le società che fanno ricorso al mercato del capitale di rischio il valore nominale delle azioni acquistate non può eccedere la quinta parte del capitale sociale. Inoltre l'assemblea che autorizza l'acquisto di azioni proprie deve anche fissare le modalità dell'operazione, indicando la durata del periodo per il quale è valida l'autorizzazione (non superiore comunque a diciotto mesi), il prezzo minimo e quello massimo. L'art. 2357 *bis* codice civile stabilisce che tali limitazioni non si applicano in alcuni casi, tra cui gli acquisti effettuati appositamente in esecuzione di una delibera di riduzione del capitale sociale da attuarsi tramite annullamento di azioni. Pertanto, le disposizioni restrittive previste dall'art. 2357 codice civile si riferiscono ad acquisti di azioni proprie effettuati con lo scopo di mantenere le stesse in portafoglio per un periodo più o meno lungo. Tali azioni, in seguito, potranno essere rivendute o, previa delibera assembleare, annullate, determinando in quest'ultimo caso una riduzione di capitale decisa in epoca successiva al loro acquisto.

L'art. 2357 *ter* codice civile, come modificato dall'art. 6, comma 1, del D.Lgs. 18 agosto 2015, n. 139, stabilisce che «l'acquisto di azioni proprie comporta una riduzione del patrimonio netto di eguale importo, tramite l'iscrizione nel passivo del bilancio di una specifica voce, con segno negativo». Questa impostazione risulta coerente con la sostanza dell'operazione (in pratica si ha un deflusso di risorse finanziarie per rimborsare i soci attraverso il riacquisto delle azioni possedute dagli stessi) e con le indicazioni previste dai principi contabili internazionali. L'impostazione menzionata comporta che se le azioni proprie sono possedute dalla società alla data di chiusura dell'esercizio (in quanto non rivendute o non annullate), il valore delle stesse azioni (pari al costo sostenuto per il loro acquisto) deve essere portato in riduzione del patrimonio netto. Più specificamente, lo schema di Stato Patrimoniale disciplinato dall'art. 2424, come modificato dall'art. 6, comma 4, del D.Lgs. 18 agosto 2015, n. 139 prevede, all'interno della classe A del passivo, Patrimonio netto, la voce X, denominata "Riserva negativa per azioni proprie in portafoglio".

L'iscrizione della riserva negativa ha lo scopo di evitare che per effetto di acquisti di azioni proprie, operazioni che, come visto, si sostanziano di fatto in riduzioni di capitale, il patrimonio netto effettivo della società possa scendere al di sotto del valore nominale del capitale sociale. Per comprendere meglio il concetto, si consideri il seguente esempio.

Una società per azioni presenta la seguente situazione patrimoniale:

STATO PATRIMONIALE

Banca	100	Capitale sociale	100
Totale	100	*Totale*	100

In pratica risulta che i soci hanno sottoscritto e versato un capitale pari a 100.

Si supponga, ora, che la società provveda ad acquistare azioni proprie per un valore pari a 10, senza tener conto dei vincoli previsti dalla legge (acquisto con utili distribuibili o riserve disponibili e relativa iscrizione della riserva negativa). La situazione della società sarà allora la seguente:

STATO PATRIMONIALE

Banca	90	Capitale sociale	100
Azioni proprie	10		
Totale	100	*Totale*	100

Appare evidente che l'operazione dà luogo ad un vero e proprio rimborso di capitale ai soci che hanno ceduto le azioni alla stessa società emittente. Il valore nominale del capitale sociale risulta, infatti, pari a 100, ma il valore effettivo del patrimonio netto è pari a 90 (100 – 10): le azioni proprie costituiscono di fatto una rettifica del capitale netto della società.

Se, invece, l'acquisto delle azioni proprie è consentito soltanto in presenza di utili e di riserve distribuibili, e si pone l'obbligo di indicare tra le poste del patrimonio netto una riserva negativa di importo pari a quello delle azioni proprie detenute, si evita la possibilità di avere un patrimonio netto effettivo inferiore rispetto al valore nominale del capitale sociale.

Si consideri la seguente situazione patrimoniale:

STATO PATRIMONIALE

Banca	110	Capitale sociale	100
		Riserve disponibili	10
Totale	110	*Totale*	110

Si supponga ora che la società proceda all'acquisto di azioni proprie per 10 e, nel rispetto dell'art. 2357 *ter*, provveda ad iscrivere le stesse tra le poste del patrimonio netto con segno negativo (Riserva negativa per azioni proprie in portafoglio).

La situazione patrimoniale dopo l'acquisto sarà:

STATO PATRIMONIALE

Banca	100	Capitale sociale	100
		Riserve disponibili	10
		(-) Riserva negativa az. proprie	(-) 10
Totale	100	*Totale*	100

È facile constatare che in questo caso il patrimonio netto effettivo, pari a 100 (100 di capitale sociale + 10 di riserve disponibili – 10 di Riserva negativa per azioni proprie in portafoglio), non è sceso al di sotto del valore nominale del capitale sociale (100).

Se, in seguito, le azioni proprie vengono rivendute, la differenza tra prezzo di vendita e prezzo di acquisto è imputata ad incremento o decremento di un'altra voce del patrimonio netto[8]. Ad esempio, supponendo l'acquisto di azioni proprie per un valore di 100, e il successivo storno alla Riserva negativa per azioni proprie in portafoglio, le rilevazioni contabili saranno:

../..		
Azioni proprie	100	
Banca c/c		100
Acquistate azioni proprie		
../..		
Riserve negativa azioni proprie in portafoglio	100	
Azioni proprie		100
Stornate azioni proprie alla riserva negativa		

Se successivamente le azioni vengono rivendute ad un prezzo di 110, la differenza positiva di 10 (110 – 100) andrà ad incrementare il patrimonio netto (ad esempio le riserve straordinarie). Le rilevazioni contabili saranno le seguenti:

../..		
Azioni proprie	100	
Riserva negativa azioni proprie in portafoglio		100
Stornata riserva negativa azioni proprie		
../..		
Banca c/c	110	
Azioni proprie		100
Riserva straordinaria		10
Rivendute azioni proprie		

Se, invece, le azioni proprie fossero rivendute ad un prezzo di 95, la differenza negativa di 5 (100 – 95) andrebbe a ridurre il patrimonio netto (ad esempio le riserve straordinarie). Le rilevazioni contabili sarebbero le seguenti:

../..		
Azioni proprie	100	
Riserva negativa azioni proprie in portafoglio		100
Stornata riserva negativa azioni proprie		
../..		
Banca c/c	95	
Riserva straordinaria	5	
Azioni proprie		100
Rivendute azioni proprie		

[8] Organismo Italiano di Contabilità, *Principi Contabili, OIC 28, Patrimonio netto*, 2016, par. 39.

L'acquisto di azioni proprie finalizzato al loro successivo annullamento in esecuzione di una specifica delibera dell'assemblea straordinaria di riduzione del capitale è disciplinato dall'art. 2357 *bis* del codice civile. Per tale tipologia di operazione non figurerà tra le poste del patrimonio netto l'apposita riserva negativa, in quanto le azioni vengono annullate e pertanto non risultano in portafoglio.

L'operazione di acquisto e annullamento di azioni proprie verrà esaminata considerando il seguente esempio.

La *Jolly S.p.A.* ha deliberato la riduzione del proprio capitale sociale (€ 500.000,00 diviso in n. 100.000 azioni da € 5,00 ciascuna) attraverso l'acquisto, tramite c/c Banca Intesa, di n. 20.000 azioni proprie e successivo loro annullamento.

Nel patrimonio netto della società è presente, tra le altre poste, una riserva straordinaria di € 130.000,00.

Si proceda a contabilizzare l'acquisto (pagamento tramite c/c Banca Intesa) e il successivo annullamento delle azioni proprie nelle due ipotesi seguenti:

a) il prezzo unitario di acquisto è di € 4,70;

b) il prezzo unitario di acquisto è di € 5,20.

Ipotesi a) acquisto a € 4,70

In questo caso si è effettuato un acquisto sotto la pari, poiché il valore nominale di un'azione è di € 5,00.

Riduzione del capitale:	20.000 × € 5,00 =	100.000,00
Esborso per le azioni:	20.000 × € 4,70 =	94.000,00
Differenza		6.000,00

Tale differenza rappresenta una parte di patrimonio netto che viene "trattenuto" in azienda in seguito all'annullamento delle azioni: il suo importo non deve incidere sul reddito di esercizio, ma deve essere accreditato ad un'apposita riserva.

Le scritture in P.D. saranno:

../..		
Azioni proprie da annullare	94.000,00	
Banca Intesa c/c		94.000,00
Acquistate azioni proprie per annullamento		
../..		
Capitale sociale	100.000,00	
Azioni proprie da annullare		94.000,00
Riserva da riduzione capitale sociale		6.000,00
Annullate azioni proprie e ridotto il capitale sociale		

Ipotesi b) acquisto a € 5,20

In questa seconda ipotesi si è effettuato un acquisto sopra la pari.

Esborso per le azioni:	20.000 × € 5,20 =	104.000,00
Riduzione del capitale:	20.000 × € 5,00 =	100.000,00
Differenza		4.000,00

Anche in questo caso, come nel precedente, la somma pagata in più rispetto alla diminuzione del capitale sociale non deve interessare l'aspetto reddituale, ma rappresenta una diminuzione del patrimonio netto della società. Nel caso in esame si potrà procedere alla riduzione della riserva straordinaria[9]. La scrittura in P.D. è la seguente:

../..		
Azioni proprie da annullare	104.000,00	
Banca c/c		104.000,00
Acquistate azioni proprie per annullamento		
../..		
Capitale sociale	100.000,00	
Riserva straordinaria	4.000,00	
Azioni proprie da annullare		104.000,00
Annullate azioni proprie e ridotto il capitale sociale		

10.10. La ripartizione dell'utile d'esercizio

La normativa civilistica relativa alle società per azioni (art. 2364) prevede che entro centoventi giorni dalla chiusura dell'esercizio (entro centottanta in caso di particolari esigenze relative alla struttura e all'oggetto della società, se previsto dallo statuto), l'assemblea ordinaria deve essere convocata per deliberare in materia di approvazione del bilancio d'esercizio. In questa stessa sede, l'assemblea delibera anche sulla ripartizione dell'utile d'esercizio (o sulle modalità di copertura di eventuali perdite).

Almeno il 5% dell'utile netto deve essere accantonato alla Riserva legale, finché la stessa non abbia raggiunto una misura minima pari al 20% del capitale sociale.

La riserva legale, pertanto, è una riserva obbligatoria (esiste una disposizione di legge specifica).

Accanto alla riserva legale, lo statuto della società può prevedere che una certa

---

[9] Si veda: Organismo Italiano di Contabilità, *Principi Contabili, OIC 28*, *Patrimonio netto*, 2016, par. 38.

quota degli utili sia accantonata ad una Riserva statutaria. Anche tale riserva, al pari di quella legale, è obbligatoria (esiste una disposizione statutaria che vincola l'assemblea).

Sia la riserva legale, sia la riserva statutaria sono riserve non liberamente disponibili: la prima (entro il limite del 20% del capitale sociale) può essere utilizzata solo per la copertura di perdite d'esercizio, mentre la seconda può essere utilizzata soltanto secondo le modalità previste dallo statuto.

L'atto costitutivo può prevedere che gli amministratori della società siano remunerati mediante partecipazione agli utili conseguiti, indicando la percentuale attribuita agli stessi.

La misura degli emolumenti spettanti agli amministratori va determinata sull'utile al netto dell'accantonamento alla riserva legale [10].

Eseguite queste destinazioni vincolate, l'assemblea è libera di ripartire l'utile residuo come ritiene più opportuno.

In particolare, l'assemblea può decidere di destinare l'utile residuo (o soltanto una parte di questo) ad una Riserva straordinaria che, successivamente, potrà essere liberamente utilizzata (per coprire perdite, per la distribuzione ai soci, ecc.).

Tale riserva, a differenza delle due viste in precedenza, è facoltativa, in quanto non esiste alcun obbligo giuridico alla sua costituzione [11].

Ancora, l'assemblea può deliberare la distribuzione di una parte dell'utile agli azionisti, quale remunerazione dell'investimento da questi effettuato a titolo di capitale proprio.

In presenza di azioni di diverse categorie, la distribuzione degli utili dovrà essere eseguita tenendo conto dei diritti spettanti a ciascuna categoria.

Inoltre, se vi sono azioni non interamente liberate il dividendo da attribuire alle stesse è calcolato in proporzione al capitale versato.

Le problematiche e le rilevazioni contabili relative alla ripartizione dell'utile di esercizio verranno esaminate considerando il seguente caso.

Alla fine dell'esercizio n la *Jolly S.p.A.* (capitale sociale suddiviso in n. 100.000 azioni da € 5,00 ciascuna, di cui 40.000 privilegiate) ha conseguito un utile d'esercizio di € 85.625,32.

Il 30/04 l'assemblea degli azionisti delibera il seguente riparto: 5% a riserva legale; 15% a riserva statutaria; 25% ad una riserva straordinaria (liberamente disponibile); il resto agli azionisti con arrotondamento del dividendo lordo al centesimo di euro. Il vantaggio spettante alle azioni privilegiate consiste nell'assegnazione di un dividendo maggiorato del 2% del valore nominale rispetto a quello assegnato alle azioni ordinarie.

Il 5/05 si pagano i dividendi, tramite il c/c Banca Intesa.

---

[10] Lo statuto della società può prevedere che tale compenso sia determinato sull'utile al netto, oltre che dell'accantonamento a riserva legale, anche dell'accantonamento a riserva statutaria.

[11] Per un analisi approfondita delle funzioni e scopi delle varie riserve si veda G. Roberto, *Le riserve nel bilancio di esercizio*, Torino, Giappichelli, 2000.

Gli accantonamenti alle diverse riserve sono determinati sulla base dei seguenti calcoli:

Utile da ripartire:	€	85.625,32
(–) 5% a Riserva legale	€	(4.281,27)
(–) 15% a Riserva statutaria:	€	(12.843,80)
(–) 25% a Riserva straordinaria:	€	(21.406,33)
Residuo da ripartire ai soci:	€	47.093,92

Per calcolare il dividendo lordo (con arrotondamento al centesimo di euro), da assegnare alle diverse categorie di azioni, bisogna innanzitutto determinare la parte di utile da attribuire soltanto alle azioni privilegiate, per garantire alle stesse una maggiorazione del 2% del valore nominale, cioè € 0,10 (2% di € 5,00) per ogni titolo.

Per ciò, considerando che il numero delle azioni privilegiate ammonta a 40.000, si avrà:

Utile da assegnare solo alle azioni privilegiate: € 0,10 × 40.000 = € 4.000,00

Ne consegue che l'utile da ripartire tra tutte le categorie di azioni sarà pari a:

Utile totale da distribuire:	€	47.093,92
(–) Utile solo ad azioni privilegiate:	€	(4.000,00)
Residuo da ripartire:	€	43.093,92

Il dividendo unitario da assegnare alle azioni ordinarie sarà pertanto ottenuto dividendo l'importo residuo da ripartire per il numero complessivo delle azioni. Quindi si avrà:

$$\text{Dividendo unitario alle azioni ordinarie: } \frac{43.093,92}{100.000} = 0,4309392$$

Tale dividendo deve essere arrotondato a € 0,43 (arrotondamento al centesimo di euro inferiore [12]).

Il dividendo unitario spettante alle azioni privilegiate dovrà essere maggiorato di € 0,10 rispetto a quello spettante alle azioni ordinarie.

Complessivamente si avrà:

Dividendi da assegnare:			
alle azioni ordinarie:	€ 0,43 × 60.000 =	€	25.800,00
alle azioni privilegiate:	€ 0,53 × 40.000 =	€	21.200,00
Totale dividendi lordi:		€	47.000,00

[12] L'arrotondamento del dividendo deve essere in ogni caso effettuato per difetto, in quanto un arrotondamento per eccesso porterebbe ad un importo distribuibile ai soci superiore all'utile disponibile.

Riepilogando, l'utile residuo distribuibile ai soci, pari a € 47.093,92, viene così suddiviso:

Dividendi lordi:	€	47.000,00
Avanzo utili:	€	93,92
Totale	€	47.093,92

L'avanzo utili rappresenta la parte del risultato d'esercizio non distribuita ai soci per effetto degli arrotondamenti e verrà utilizzato nella ripartizione dell'utile dell'esercizio successivo.

La scrittura in P.D. relativa alla distribuzione dell'utile sarà:

30/04		
Utile di esercizio	85.625,32	
Riserva legale		4.281,27
Riserva statutaria		12.843,80
Riserva straordinaria		21.406,33
Azionisti c/dividendi		47.000,00
Avanzo utili		93,92
Ripartizione utile di esercizio		

Pagamento dei dividendi

Supponendo per semplicità che i percettori dei dividendi siano tutti persone fisiche residenti e detengano partecipazioni non qualificate, (non superiori a determinate soglie stabilite dalla legge) occorrerà calcolare e contabilizzare la ritenuta a titolo d'imposta del 26%.

La scrittura in P.D. sarà:

05/05		
Azionisti c/dividendi	47.000,00	
Erario c/ritenute da versare		12.220,00
Banca Intesa c/c		34.780,00
Pagati dividendi		

La ritenuta dovrà essere successivamente versata all'Erario entro il 16 del mese successivo al trimestre solare di pagamento.

Capitolo undicesimo

I PRESTITI OBBLIGAZIONARI

11.1. Il prestito obbligazionario: aspetti giuridici ed economico-aziendali

Il prestito obbligazionario rappresenta una modalità di finanziamento a medio-lungo termine accessibile soltanto alle società azionarie (S.p.A. e S.a.p.A.).

Se la legge o lo statuto sociale non dispongono diversamente, l'emissione di un prestito obbligazionario (non convertibile in azioni) è deliberata dagli amministratori (art. 2410 codice civile). Nel caso di deliberazione di una emissione di prestito obbligazionario convertibile in azioni, l'organo competente è invece l'assemblea straordinaria che deve contestualmente deliberare l'aumento del capitale sociale per un ammontare corrispondente alle azioni da attribuire agli obbligazionisti che dovessero optare per la conversione in capitale dei loro titoli obbligazionari (art. 2420 *bis* codice civile). Per poter deliberare l'emissione di un prestito obbligazionario convertibile è necessario che il capitale sociale preesistente risulti interamente versato.

A seguito dell'ottenimento di un prestito obbligazionario, la società emette dei particolari titoli (obbligazioni) rappresentativi del debito contratto nei confronti dei sottoscrittori del prestito (obbligazionisti).

L'entità massima del prestito che può essere emesso da una società è pari al doppio del capitale sociale, della riserva legale e delle riserve disponibili risultanti dall'ultimo bilancio approvato (art. 2412) [1].

L'emissione di un prestito obbligazionario può avvenire, come già visto nel nono capitolo, alla pari, sotto la pari o sopra la pari. Quando l'emissione è alla pari, la somma versata dagli obbligazionisti (prezzo o valore di emissione) è uguale al valore nominale del prestito. Nell'emissione sotto la pari, la somma versata da-

---

[1] Tale limite può essere superato quando le obbligazioni emesse in eccedenza sono destinate ad essere sottoscritte da investitori professionali soggetti a vigilanza. Non è, invece, soggetta a limitazioni l'emissione di obbligazioni garantite da ipoteca di primo grado su immobili della società, fino a due terzi del valore degli immobili medesimi. Regole particolari sono previste per l'emissione, da parte di società quotate, di obbligazioni destinate ad essere negoziate in mercati regolamentati. Inoltre, i limiti precedentemente indicati possono essere superatri, previa autorizzazione dell'autorità governativa, in presenza di particolari ragioni che interessano l'economia nazionale. Si veda in proposito l'art. 2412 codice civile.

gli obbligazionisti è inferiore al valore nominale del prestito: la differenza costituisce per la società un onere finanziario da ripartire lungo la durata del prestito, detto disaggio di emissione. Di fatto, il disaggio rappresenta un'integrazione degli interessi che la società emittente deve corrispondere agli obbligazionisti secondo le modalità previste dal regolamento del prestito. L'emissione sotto la pari, a parità di altre condizioni, è favorevole agli obbligazionisti che al momento del rimborso riceveranno un importo superiore a quello versato all'atto della sottoscrizione. Con l'emissione sopra la pari, infine, la somma versata dagli obbligazionisti è superiore al valore nominale del prestito: la differenza costituisce per la società un provento finanziario da ripartire lungo la durata del prestisto, detto aggio di emissione. In questo caso, l'aggio di emissione rappresenta una rettifica in diminuzione degli interessi che la società emittente deve corrispondere agli obbligazionisti secondo le modalità previste dal regolamento del prestito.

Si ricorda che i prestiti obbligazionari convertibili in azioni possono essere emessi soltanto alla pari o sopra la pari.

Come è noto, sui prestiti obbligazionari emessi la società paga, di norma periodicamente, le cedole (ad esempio con cadenza semestrale, annuale, ecc.) relative agli interessi calcolati sul valore nominale del debito residuo.

Tali interessi potranno essere assoggettati ad imposta sostitutiva o a ritenuta fiscale da applicare con differenti modalità, in base alla tipologia del soggetto emittente e di quello percipiente, secondo le indicazioni già delineate al capitolo 9 in tema di regime fiscale dei titoli.

Possono essere emessi anche titoli obbligazionari senza cedola (*zero coupon bond*), in cui gli interessi sono rappresentati dallo scarto tra il valore di emissione, richiesto all'obbligazionista al momento della sottoscrizione, e valore di rimborso.

Una volta sottoscritto il prestito, gli obbligazionisti dovranno effettuare i relativi versamenti. Se, con riferimento ai prestiti obbligazionari che prevedono il pagamento di interessi con cedola periodica, tali versamenti vengono effettuati con data di valuta[2] coincidente con quella prevista per l'inizio della decorrenza degli interessi, non si riscontrano particolari problemi. In questi casi, infatti, vi è coincidenza tra la data in cui la società dispone delle somme versate dagli obbligazionisti e la data da cui il prestito comincia a fruttare interessi periodici (data di valuta).

Se, invece, i versamenti vengono effettuati dagli obbligazionisti in data successiva a quella prevista per l'inizio della decorrenza degli interessi, la società emittente subisce una penalizzazione, in quanto ottiene le somme ad una data posteriore a quella riconosciuta agli obbligazionisti per il pagamento degli interessi. In altri termini, in questa ipotesi, la società emittente pagherebbe interessi anche per un periodo di tempo in cui non ha avuto la disponibilità del capitale da parte degli obbligazionisti. Ciò determinerebbe, simmetricamente, un indebito vantaggio per gli obbligazionisti.

Per evitare queste conseguenze, in tali casi si calcolano, e si fanno pagare a

---

[2] Si ricorda che la data di valuta indica il giorno a partire dal quale vengono calcolati gli interessi.

conguaglio agli obbligazionisti, gli interessi che maturano dalla data prevista per l'inizio della decorrenza degli stessi alla data di valuta dei versamenti. Tali interessi, detti dietimi, costituiscono una rettifica degli interessi passivi che la società dovrà pagare con la prima cedola periodica.

Nel caso in cui i versamenti vengono effettuati dagli obbligazionisti in data antecedente a quella prevista per l'inizio della decorrenza degli interessi, i dietimi di interesse verranno considerati come un ulteriore onere finanziario a carico della società, in aggiunta agli interessi maturati con le cedole periodiche.

Per quanto riguarda il rimborso del prestito, lo stesso può avvenire in unica soluzione, alla data di scadenza prevista dal regolamento, oppure attraverso pagamenti periodici di quote capitale in base ad un piano di ammortamento finanziario.

La restituzione del prestito potrebbe avvenire, ad esempio, periodicamente, tramite il rimborso di obbligazioni estratte a sorte, oppure tramite rimborso parziale proporzionalmente riferito a tutte le obbligazioni in circolazione (ad esempio, rimborso di 1/5 del valore nominale di ciascuna obbligazione in circolazione).

Per completezza, occorre segnalare che è prevista per le S.r.l. la possibilità di emettere titoli di debito particolari (art. 2483). L'emissione di tali titoli di debito, simili alle obbligazioni, è ammessa solo se prevista dall'atto costitutivo che deve indicare l'organo competente (soci o amministratori), gli eventuali limiti, le modalità e le maggioranze richieste per la decisione. Inoltre, i titoli di debito emessi dalle S.r.l. possono essere sottoscritti soltanto da investitori professionali soggetti a vigilanza (ad esempio banche e SIM) che sono in grado di apprezzare meglio del singolo risparmiatore il grado di rischio relativo al prestito. Tali investitori rispondono della solvenza della società emittente per i titoli ceduti a terzi non investitori professionali o a terzi non soci.

11.2. Il prestito obbligazionario: esemplificazione contabile

Gli aspetti contabili relativi all'emissione del prestito obbligazionario, al pagamento degli interessi, all'assestamento di fine periodo e al rimborso verranno trattati attraverso la seguente esemplificazione[3].

Il 01/01/n gli amministratori della ARCO S.p.A. hanno deliberato l'emissione di n. 30.000 obbligazioni del valore nominale di euro 10,00 ciascuna. Il valore unitario all'atto della sottoscrizione (valore o prezzo di emissione) è fissato in euro 9,90.

Il prestito viene sottoscritto e versato sul c/c bancario in data 01/01/n alle seguenti condizioni: durata 3 anni (scadenza 31/12/n+2); cedole annuali con interessi al tasso annuo del 2%; decorrenza interessi dal 01/01/n; rimborso integrale del prestito alla scadenza (31/12/n+2) al valore nominale.

---

[3] Per semplicità, nell'esemplificazione proposta nel testo non verranno trattate le implicazioni fiscali (eventuali trattenute fiscali operate a titolo di ritenuta o di imposta sostitutiva).

Si presentino le rilevazioni contabili relative alla sottoscrizione e al versamento del prestito obbligazionario, alla liquidazione e al pagamento delle 3 cedole annuali, alle operazioni di assestamento al 31/12 degli anni n, n+1, e n+2 e al rimborso alla scadenza del prestito.

L'emissione e la sottoscrizione del prestito

Si tratta, come è facile verificare, di un'emissione sotto la pari, in quanto viene richiesto agli obbligazionisti un importo di € 9,90 per ogni titolo sottoscritto, a fronte di un valore nominale unitario di € 10,00.

Gli importi complessivi relativi all'emissione del prestito sono così determinati:

Valore nominale complessivo:		
30.000 × € 10,00 =	€	300.000,00
(–) Valore di emissione complessivo:		
30.000 × € 9,90 =	€	(297.000,00)
Disaggio di emissione:	€	3.000,00

Il legislatore civilistico prevede che il disaggio e l'aggio sui prestiti, nonché i debiti, siano rilevati in bilancio secondo il criterio del "costo ammortizzato" applicato in base alle disposizioni contenute nei principi contabili internazionali [4].

In estrema sintesi, tale criterio consiste nel rilevare il debito (nel caso in esame rappresentato dal prestito obbligazionario) per un importo pari alla somma ricevuta, e di aggiornare tale valore per tenere conto di eventuali rimborsi, nonché delle quote maturate, in base al tasso di interesse effettivo, degli scarti tra il valore iniziale e il valore di rimborso dello stesso debito (si tratta, in pratica, delle quote maturate degli eventuali aggi o disaggi di emissione) .

Pertanto, al momento dell'emissione, sotto il profilo contabile, si rileverà in Dare il credito nei confronti degli obbligazionisti per le somme sottoscritte (valore di emissione), e che dovranno essere versate alla società, mentre in Avere si rileverà il corrispondente debito di finanziamento nei confronti degli stessi obbligazionisti.

La scrittura in P.D. sarà [5]:

---

[4] Peraltro, il codice civile stabilisce che le società di dimensioni più ridotte (quelle che possono redigere il bilancio in forma abbreviata previsto dall'art. 2435 *bis* e quelle che possono redigere il bilancio delle micro-imprese previsto dall'art. 2435 *ter*) possono non applicare il criterio del "costo ammortizzato", iscrivendo i prestiti obbligazionari al loro valore nominale. In questo caso, eventuali disaggi e aggi di emissione saranno iscritti, rispettivamente, tra i risconti attivi e i risconti passivi e ripartiti a quote costanti lungo tutta la durata del prestito, come integrazioni o riduzioni degli interessi periodici. Si veda in proposito: Organismo Italiano di Contabilità, *Principi Contabili, OIC 19, Debiti,* 2016, par. 69.

[5] Nel caso in cui la società sia esonerata dall'applicazione del criterio del "costo ammortizzato", il prestito obbligazionario verrà contabilizzato al valore nominale, rilevando, in contropartita, il credito verso gli obbligazionisti per l'importo da versare e il disaggio di emissione.

01/01/n		
Obbligazionisti c/sottoscrizione	297.000,00	
Prestiti obbligazionari		297.000,00
Emesso prestito obbligazionario		

Il versamento del prestito

Al momento del versamento si rileverà in Dare l'entrata finanziaria relativa alle somme incassate, mentre in Avere si provvederà a stornare il credito verso gli obbligazionisti.

La scrittura in P.D. sarà[6]:

La rilevazione contabile sarà:

01/01/n		
Obbligazionisti c/sottoscrizione	297.000,00	
Disaggio di emissione	3.000,00	
Prestiti obbligazionari		300.000,00
Emesso prestito obbligazionario		

[6] Stessa scrittura verrà rilevata nel caso in cui la società sia esonerata dall'applicazione del criterio del costo ammortizzato. Peraltro, se la decorrenza degli interessi fosse fissata, ad esempio, al 01/01/n e i versamenti degli obbligazionisti fossero effettuati in data 10/01/n, la società calcolerebbe e rileverebbe dietimi di interesse per 10 giorni e li chiederebbe in pagamento a conguaglio agli obbligazionisti.

Il calcolo dei dietimi sarebbe:

$$\text{Dietimi di interesse: } \frac{300.000{,}00 \times 2 \times 10}{36.500} = 164{,}38$$

Tali dietimi (contabilizzati in Avere del conto *Interessi passivi su obbligazioni*) rappresentano una rettifica degli interessi passivi che saranno pagati con la prima cedola periodica e che saranno calcolati a partire dal 01/01/n. In tal modo, a fine esercizio, graveranno sulla società soltanto gli interessi maturati a partire dalla data dell'11/01/n (interessi pagati con la prima cedola dal 01/01/n al 31/12/n, rettificati dai dietimi calcolati dal 01/01/n al 10/01/01 e incassati dalla società in sede di versamento eseguito dagli obbligazionisti.

In questo caso la scrittura relativa al versamento del prestito sarebbe:

10/01/n		
Banca c/c	297.164,38	
Obbligazionisti c/sottoscrizione		297.000,00
Interessi passivi su obbligazioni		164,38
Versati importi obbligazioni sottoscritte e dietimi		

01/01/n		
Banca c/c	297.000,00	
Obbligazionisti c/sottoscrizione		297.000,00
Versati importi obbligazioni sottoscritte		

La cedola annuale del 31/12/n

In data 31/12/n viene a scadere la prima cedola annuale relativa al prestito obbligazionario.

Si tratta, quindi, di calcolare e rilevare gli interessi maturati dal 01/01/n al 31/12/n sulla base del tasso nominale annuo.

I calcoli relativi alla cedola sono i seguenti:

$$\text{Interessi maturati su cedola annua: } \frac{300.000{,}00 \times 2}{100} = 6.000{,}00$$

Contabilmente si rileverà in Dare l'importo degli interessi maturati (componente negativo di reddito), mentre in Avere si rileverà il debito verso gli obbligazionisti. Successivamente occorre rilevare il pagamento della cedola agli obbligazionisti.

Le scritture in P.D. saranno[7]:

31/12/n		
Interessi passivi su obbligazioni	6.000,00	
Obbligazionisti c/interessi		6.000,00
Liquidata cedola annuale		
31/12/n		
Obbligazionisti c/interessi	6.000,00	
Banca c/c		6.000,00
Pagata cedola annuale		

L'assestamento al 31/12/n

Nel caso di emissione di prestiti obbligazionari sotto o sopra la pari, si evidenzieranno delle differenze tra valore nominale ed importi sottoscritti denominate, rispettivamente, disaggi e aggi di emissione. Come si è già visto, tali differenze costituiscono, per la quota maturata nell'esercizio, integrazioni (quota disaggio maturata) o riduzioni (quota aggio maturata) degli interessi rilevati nell'esercizio.

In particolare, il legislatore civilistico, all'art. 2426, comma 1, nn. 7 e 8, stabilisce che il disaggio e l'aggio sui prestiti, nonché i debiti, siano rilevati in bilancio secondo il criterio del "costo ammortizzato".

---

[7] Scritture identiche si avranno anche nel caso in cui la società non applichi il criterio del "costo ammortizzato".

Il codice civile rimanda alle disposizioni previste dai principi contabili internazionali per l'applicazione del criterio del "costo ammortizzato". Secondo tali principi, il valore di iscrizione di un debito in base al criterio del "costo ammortizzato" è dato da:

Valore iniziale (importo incassato)
(-) rimborsi di capitale
+/- ammortamento (quota maturata in base al tasso di interesse effettivo) della differenza tra valore iniziale e valore di rimborso

Il valore iniziale del debito viene rettificato per tenere conto della quota di disaggio o aggio di emissione maturata nell'esercizio in base al tasso di interesse effettivo. Nel caso proposto nel testo, il valore iniziale del debito al 01/01/n è pari a € 297.000,00, somma incassata dalla società al momento dell'emissione del prestito obbligazionario. Alla scadenza del prestito, in data 31/12/n+2, il valore del debito sarà pari a € 300.000,00, importo che dovrà essere rimborsato agli obbligazionisti. La logica del criterio del "costo ammortizzato" consiste nell'adeguare alla fine di ciascun esercizio il valore del debito che aumenta, per effetto della quota maturata del disaggio, mano a mano che si avvicina la data prevista per il rimborso [8].

Per applicare il criterio del "costo ammortizzato, occorre in primo luogo calcolare gli interessi sul prestito obbligazionario maturati nell'esercizio sulla base del tasso effettivo. Il tasso di interesse effettivo (o implicito) è quello che eguaglia il flusso di cassa in entrata al momento dell'emissione del prestito al valore attuale di tutti i flussi di cassa in uscita relativi allo stesso prestito. Nell'esempio in oggetto, i flussi in entrata sono rappresentati dalle somme incassate dalla società al momento del versamento eseguito dagli obbligazionisti (valore iniziale: € 297.000), mentre i flussi in uscita sono costituiti dalle somme corrisposte al 31/12 degli anni n, n+1 e n+2 per il pagamento delle cedole annuali relative agli interessi (€ 6.000), nonché dall'importo rimborsato agli obbligazionisti alla scadenza del prestito il 31/12/n+2 (€ 300.000). I flussi di cassa possono essere sintetizzati nel modo seguente:

DATA	FLUSSI IN ENTRATA	FLUSSI IN USCITA
01/01/n	297.000 incasso prestito	
31/12/n		6.000 cedola annuale
31/12/n+1		6.000 cedola annuale
31/12/n+2		6.000 + 300.000 cedola annuale + rimborso prestito

[8] Naturalmente, in caso di emissione sopra la pari, si dovrà adeguare alla fine di ciascun esercizio il valore del debito che diminuisce, per effetto della quota maturata dell'aggio, mano a mano che si avvicina la data prevista per il rimborso.

Pertanto, il tasso di interesse effettivo viene determinato risolvendo la seguente equazione, in cui *i* rappresenta il valore incognito:

$$297.000 = 6.000 \times (1+i)^{-1} + 6.000 \times (1+ i)^{-2} + 306.000 \times (1+i)^{-3}$$

$$i = 2{,}3491153\% \rightarrow 2{,}3491\%$$

Per semplicità il tasso di interesse effettivo verrà applicato considerando solo quattro cifre decimali, il che comporta, peraltro, un livello di arrotondamento dei risultati sufficientemente preciso. Il tasso così ottenuto dovrà essere applicato al valore del debito ad inizio periodo, per ottenere gli interessi effettivi maturati nell'anno n.

Pertanto si avrà:

Interessi maturati al tasso effettivo: $\dfrac{297.000{,}00 \times 2{,}3491}{100} = 6.976{,}83$

È importante notare come gli interessi che vengono corrisposti agli obbligazionisti attraverso il pagamento delle cedole periodiche sono calcolati applicando il tasso nominale (2%) al valore nominale del prestito obbligazionario (€ 300.000,00), mentre gli interessi effettivamente maturati vengono determinati applicando il tasso effettivo (2,3491%) al valore del debito all'inizio del periodo (€ 297.000,00).

Poiché gli interessi di competenza, calcolati sulla base del tasso effettivo, risultano superiori a quelli contabilizzati sulla base del tasso nominale, occorrerà integrare gli stessi interessi: l'integrazione rappresenta la quota del disaggio maturata nell'esercizio, che andrà ad aumentare il valore del debito nei confronti degli obbligazionisti.

I calcoli relativi agli interessi da integrare sono i seguenti:

Interessi calcolati al tasso effettivo:	6.976,83
Interessi contabilizzati:	(-) 6.000,00
Interessi da imputare al 31/12/n:	976,83
(quota maturata del disaggio)	

La rilevazione contabile relativa all'integrazione degli interessi sarà[9]:

[9] Nel caso in cui la società non applichi il criterio del "costo ammortizzato" le scritture di assestamento al 31/12 saranno diverse da quelle presentate nel testo. Innanzitutto, nel caso di emissione di un prestito obbligazionario con cedole non coincidenti con la chiusura dell'esercizio, in sede di operazioni di assestamento occorrerà calcolare e contabilizzare il rateo passivo relativo agli interessi maturati dall'ultima data di godimento al 31/12. Tali interessi, infatti, sebbene saranno pagati con la successiva cedola, sono maturati nell'esercizio e pertanto risultano di competenza economica del periodo amministrativo in chiusura.

31/12/n		
Interessi passivi su obbligazioni	976,83	
Prestiti obbligazionari		976,83
Integrazione interessi prestito obbligazionario		

Eseguita tale rilevazione contabile, il saldo del conto *Interessi passivi su obbligazioni* sarà pari a € 6.976,83 (importo degli interessi maturati sulla base del tasso effettivo), mentre il saldo del conto *Prestiti obbligazionari* sarà pari a € 297.976,83, importo determinato in base al criterio del "costo ammortizzato".

Come si può notare, in base all'applicazione del criterio del "costo ammortizzato", il valore del debito nei confronti degli obbligazionisti è aumentato per tenere conto della quota di disaggio maturata nell'esercizio. Analogamente, negli anni successivi, il valore del prestito aumenterà ulteriormente fino ad arrivare all'importo che dovrà essere rimborsato alla scadenza del prestito (€ 300.000,00).

La cedola annuale del 31/12/n+1

In data 31/12/n+1 si deve rilevare la seconda cedola annuale relativa al prestito obbligazionario. Occorre calcolare e rilevare gli interessi maturati dal 01/01/n+1 al 31/12/n+1 sulla base del tasso nominale annuo.

I calcoli relativi alla cedola sono i seguenti:

$$\text{Interessi maturati su cedola annua: } \frac{300.000,00 \times 2}{100} = 6.000,00$$

Nel caso in esame, in sede di operazioni di assestamento non sarà necessario rilevare alcun rateo di interessi, in quanto la scadenza della cedola annuale coincide con la data di chiusura dell'esercizio. Peraltro, si dovrà provvedere a imputare all'esercizio una quota del disaggio su prestiti, pari a un terzo dell'importo rilevato inizialmente. Infatti, come si è visto, in assenza di applicazione del criterio del "costo ammortizzato" il disaggio viene ripartito a quote costanti lungo la durata del prestito (nel caso in esame 3 anni). Il valore residuo del disaggio troverà collocazione nell'attivo dello Stato Patrimoniale tra i risconti attivi, mentre la quota del disaggio imputata all'esercizio rappresenta un'integrazione degli interessi passivi sul prestito e deve essere collocata nello schema di Conto Economico civilistico nella stessa voce in cui confluiscono gli interessi periodici.

Poiché il disaggio rilevato al momento dell'emissione del prestito ammonta a € 3.000,00, la quota di competenza dello stesso è pari a € 1.000,00 (3.000/3).

La rilevazione contabile sarà:

31/12/n		
Interessi passivi su obbligazioni	1.000,00	
Disaggio di emissione		1.000,00
Rilevata quota di competenza del disaggio di emissione		

Le scritture in P.D. saranno [10]:

31/12/n+1		
Interessi passivi su obbligazioni	6.000,00	
Obbligazionisti c/interessi		6.000,00
Liquidata cedola annuale		
31/12/n+1		
Obbligazionisti c/interessi	6.000,00	
Banca c/c		6.000,00
Pagata cedola annuale		

L'assestamento al 31/12/n+1

Per determinare gli interessi effettivi maturati nell'anno n+1, si dovrà applicare il tasso di interesse effettivo, calcolato con le modalità viste in precedenza (2,3491%), al valore del debito nei confronti degli obbligazionisti all'inizio dell'esercizio n+1 (€ 297.976,83).

Pertanto si avrà:

$$\text{Interessi maturati al tasso effettivo: } \frac{297.976,83 \times 2,3491}{100} = 6.999,77$$

Come è facile notare, gli interessi calcolati in base al tasso effettivo risultano superiori a quelli contabilizzati secondo il tasso nominale. La differenza tra i due importi deve essere contabilizzata come integrazione degli interessi rilevati nell'anno n+1 e rappresenta la quota di disaggio maturata nello stesso anno.

I calcoli relativi agli interessi da integrare sono i seguenti:

Interessi calcolati al tasso effettivo:	6.999,77
Interessi contabilizzati:	(-) 6.000,00
Interessi da imputare al 31/12/n+1:	999,77
(quota maturata del disaggio)	

La rilevazione contabile relativa all'integrazione degli interessi sarà [11]:

[10] La stessa scrittura verrà eseguita nel caso in cui la società non applichi il criterio del "costo ammortizzato".

[11] In caso di non applicazione del criterio del "costo ammortizzato" si dovrà procedere all'imputazione della seconda quota del disaggio di emissione.

La rilevazione contabile sarà:

31/12/n+1		
Interessi passivi su obbligazioni	1.000,00	
Disaggio di emissione		1.000,00
Rilevata quota di competenza del disaggio di emissione		

31/12/n+1		
Interessi passivi su obbligazioni	999,77	
Prestiti obbligazionari		999,77
Integrazione interessi prestito obbligazionario		

Al termine dell'esercizio, pertanto, il saldo del conto *Interessi passivi su obbligazioni* sarà pari a € 6.999,77 (importo degli interessi maturati sulla base del tasso effettivo), mentre il saldo del conto *Prestiti obbligazionari* sarà pari a € 298.976,60, importo determinato in base al criterio del "costo ammortizzato".

Si può verificare come il valore del debito nei confronti degli obbligazionisti alla fine dell'anno n+1 (€ 298.976,60) sia aumentato, rispetto a quello del precedente anno (€ 297.976,83), per tenere conto della quota di disaggio maturata nell'esercizio, e si sia avvicinato all'importo che dovrà essere rimborsato alla scadenza del prestito (€ 300.000,00).

La cedola annuale del 31/12/n+2

In data 31/12/n+2 si deve rilevare la terza e ultima cedola annuale relativa al prestito obbligazionario. I calcoli relativi agli interessi da corrispondere agli obbligazionisti sono i seguenti:

Interessi maturati su cedola annua: $\frac{300.000,00 \times 2}{100} = 6.000,00$

Le scritture in P.D. relative alla liquidazione e al pagamento della cedola saranno[12]:

31/12/n+2		
Interessi passivi su obbligazioni	6.000,00	
Obbligazionisti c/interessi		6.000,00
Liquidata cedola annuale		
31/12/n+2		
Obbligazionisti c/interessi	6.000,00	
Banca c/c		6.000,00
Pagata cedola annuale		

L'assestamento al 31/12/n+2 e il rimborso del prestito obbligazionario

Alla scadenza del prestito obbligazionario, in data 31/12/n+2, la società dovrà

[12] Le stesse scritture verranno eseguite nel caso in cui la società non applichi il criterio del "costo ammortizzato".

procedere al rimborso del debito nei confronti degli obbligazionisti, pagando una somma pari al valore nominale dello stesso prestito. In pratica, al 31/12/n+2 (data di scadenza e di rimborso del prestito) il valore del debito sarà pari a € 300.000, cioè l'importo che la società deve rimborsare agli obbligazionisti.

Come si è avuto modo di verificare, il valore iniziale del prestito al momento della sua emissione (01/01/n), pari a € 297.000, è stato incrementato alla fine di ogni esercizio per tenere conto della quota del disaggio di emissione (interessi integrativi) maturata e calcolata in base al criterio del "costo ammortizzato", tenendo conto del tasso di interesse effettivo.

Pertanto, il criterio del "costo ammortizzato" consente di adeguare progressivamente il valore del debito fino a portare lo stesso al valore effettivo alla scadenza, pari all'importo che verrà rimborsato agli obbligazionisti.

All'inizio dell'esercizio (01/01/n+2) il valore del prestito obbligazionario è di € 298.976,60, pari al valore al momento dell'emissione (€ 297.000) incrementato per tener conto delle quote di disaggio maturate negli esercizi n (€ 976,83) e n+1 (€ 999,77). Pertanto, la differenza tra il valore di rimborso a fine esercizio (€ 300.000,00) e il valore del debito ad inizio esercizio (€ 298.976,60) rappresenta l'ultima quota del disaggio di emissione maturata nel periodo. Questa deve essere rilevata come interesse integrativo. Tale interesse è pari a € 1.023,40 e verrà rilevato con la seguente scrittura in P.D. [13]:

31/12/n+2		
Interessi passivi su obbligazioni	1.023,40	
Prestiti obbligazionari		1.023,40
Integrazione interessi prestito obbligazionario		

Dopo la rilevazione contabile sopraindicata, il conto *Prestiti obbligazionari* evidenzierà un saldo di € 300.000,00 importo che esprime il debito da rimborsare agli obbligazionisti, mentre gli interessi di competenza dell'anno n+2 risulteranno pari a € 7.023,40 (€ 6.000,00 relativi alla cedola annuale + € 1.023,40 relativi all'integrazione per la quota del disaggio maturata). Si può facilmente verificare come gli interessi rilevati per competenza economica nell'anno n+2 coincidono con gli interessi effettivi relativi allo stesso anno, calcolati applicando il tasso effettivo al valore del debito all'inizio dell'esercizio.

[13] Se la società non applica il criterio del "costo ammortizzato", al 31/12/n+2 dovrà provvedere ad imputare la terza ed ultima quota del disaggio di emissione.

La rilevazione contabile sarà:

31/12/n+2		
Interessi passivi su obbligazioni	1.000,00	
Disaggio di emissione		1.000,00
Rilevata quota di competenza del disaggio di emissione		

Infatti si ha:

Interessi maturati al tasso effettivo: $\frac{298.976,60 \times 2,3491}{100} = 7.023,26$

La piccola differenza tra l'importo degli interessi così calcolati (€ 7.023,26) e quello degli interessi rilevati in contabilità (€ 7.023,40) è imputabile all'arrotondamento eseguito nella determinazione del tasso di interesse effettivo (si sono considerate per semplicità soltanto 4 cifre decimali). Si può inoltre verificare come gli interessi integrativi rilevati nei tre esercizi rappresentino la ripartizione del disaggio di emissione. Infatti:

Interessi integrativi anno n:	976,83
Interessi integrativi anno n+1:	999,77
Interessi integrativi anno n+2:	1.023,40
Totale (Disaggio di emissione)	3.000,00

Tale ripartizione, ottenuta applicando il criterio del "costo ammortizzato", ha consentito di adeguare progressivamente il valore iniziale del debito al momento dell'emissione (€ 297.000) fino a portarlo al valore finale di rimborso (€ 300.000) alla scadenza del prestito.

La scrittura contabile relativa al rimborso sarà [14]:

[14] In alternativa alle rilevazioni contabili proposte nel testo, alla scadenza del prestito obbligazionario si può effettuare un'unica scrittura in P.D. che raggruppa il rimborso e la contabilizzazione dell'interesse integrativo:

31/12/n+2		
Prestiti obbligazionari	298.976,60	
Interessi passivi su obbligazioni	1.023,40	
Banca c/c		300.000,00
Rimborsato prestito obbligazionario		

Per esigenze didattiche, nel testo si è preferito presentare separatamente le due rilevazioni per mostrare in modo più esplicito l'effetto del criterio del "costo ammortizzato", che consente di adeguare il valore iniziale del prestito fino a portarlo, al momento della scadenza, al suo valore di rimborso.

In caso di non applicazione del criterio del "costo ammortizzato", si procederà allo storno del valore nominale rilevato nel conto *Prestiti obbligazionari*, a fronte dell'uscita monetaria per rimborsare gli obbligazionisti.

La rilevazione contabile sarà:

31/12/n+2		
Prestiti obbligazionari	300.000,00	
Banca c/c		300.000,00
Rimborsato prestito obbligazionario		

31/12/n+2		
Prestiti obbligazionari	300.000,00	
Banca c/c		300.000,00
Rimborsato prestito obbligazionario		

11.3. I prestiti obbligazionari convertibili in azioni

I prestiti obbligazionari convertibili in azioni rappresentano una particolare tipologia di prestiti che consentono all'obbligazionista la scelta tra il normale rimborso secondo il piano di ammortamento finanziario prefissato e la conversione in azioni della società emittente (conversione diretta) o di altre società (conversione indiretta) in base ad un prefissato rapporto di cambio.

Il rapporto di cambio indica quante azioni devono essere attribuite agli obbligazionisti in cambio di un certo numero di obbligazioni possedute (ad esempio 3 azioni ogni 5 obbligazioni possedute) e viene determinato generalmente prendendo in considerazione il valore contabile delle azioni (patrimonio netto complessivo diviso il numero delle azioni).

Il prestito obbligazionario convertibile deve essere deliberato dall'assemblea straordinaria che deve contestualmente deliberare l'aumento del capitale sociale. L'importo dell'aumento deliberato deve essere pari al complessivo valore nominale delle azioni da consegnare, in base al rapporto di cambio, agli obbligazionisti nel caso esercitassero il diritto di conversione.

A tutela dell'integrità del capitale, i prestiti obbligazionari convertibili non possono essere emessi sotto la pari, ma soltanto alla pari o sopra la pari. L'emissione di tali prestiti è consentita solo se il capitale sociale risulta interamente versato e comporta l'attribuzione del diritto di opzione da parte dei soci in proporzione alle azioni da ciascuno possedute.

Dal punto di vista contabile, il prestito obbligazionario convertibile presenta le stesse problematiche del prestito ordinario; l'unica differenza riguarda l'eventuale opzione per la conversione delle obbligazioni in azioni esercitata dagli obbligazionisti.

Infatti, al momento del rimborso (ad esempio mediante estrazione a sorte periodica di un determinato numero di obbligazioni) gli obbligazionisti possessori dei titoli da rimborsare potranno:

- ottenere il rimborso, incassando il relativo importo in denaro;
- esercitare l'opzione per la conversione delle obbligazioni in azioni secondo il rapporto di cambio prefissato.

Se il prestito obbligazionario viene emesso alla pari (ad esempio, valore di emissione € 800.000,00, valore nominale € 800.00,00), la rilevazione contabile sarà:

../..		
Obbligazionisti c/sottoscrizione	800.000,00	
Prestiti obbligazionari convertibili		800.000,00
Emesso prestito obbligazionario convertibile		

Le rilevazioni relative al versamento e alle cedole periodiche sono del tutto analoghe a quelle già viste per le obbligazioni ordinarie.

Se, invece, il prestito obbligazionario viene emesso sopra la pari (ad esempio, valore di emissione € 810.000,00, valore nominale € 800.00,00), la rilevazione contabile sarà:

../..		
Obbligazionisti c/sottoscrizione	810.000,00	
Prestiti obbligazionari convertibili		810.000,00
Emesso prestito obbligazionario convertibile		

In questo caso, in sede di operazioni di assestamento, occorrerà tenere conto della quota dell'aggio maturata in ciascun esercizio, calcolata con il criterio del "costo ammortizzato", che verrà rilevata in Avere del conto *Interessi passivi su obbligazioni*, come riduzione degli interessi passivi di competenza, e in Dare del conto *Prestiti obbligazionari convertibili*, come riduzione del valore del debito nei confronti degli obbligazionisti.

In tal modo il valore iniziale del debito viene progressivamente ridotto, fino ad arrivare al valore di rimborso alla data di scadenza del prestito.

Al momento del rimborso (ad esempio tramite estrazione a sorte periodica di titoli), gli obbligazionisti che non richiedono la conversione in azioni incasseranno il relativo importo, mentre in caso di esercizio dell'opzione occorrerà rilevare la conversione del prestito (o della parte di questo per la quale è stata esercitata l'opzione) in capitale sociale (conversione diretta). A seconda del rapporto di cambio, la conversione potrà dar luogo o meno alla rilevazione di un sovrapprezzo.

Riprendendo il caso dell'emissione alla pari di un prestito obbligazionario convertibile per € 800.000,00 e considerando la successiva estrazione a sorte di obbligazioni da rimborsare per € 100.000,00, le rilevazioni contabili, nell'ipotesi che tutti gli obbligazionisti esercitino l'opzione della conversione in azioni, saranno impostate come di seguito indicato.

Estrazione a sorte delle obbligazioni

../..		
Prestiti obbligazionari convertibili	100.000,00	
Obbligazionisti c/rimborsi		100.000,00
Estratte a sorte n. ... obbligazioni		

Conversione delle obbligazioni in azioni (valore nominale delle obbligazioni uguale al valore nominale delle azioni)

../..		
Obbligazionisti c/rimborsi	100.000,00	
Capitale sociale		100.000,00
Conversione in azioni di n. … obbligazioni		

In questo caso, l'intero importo delle obbligazioni rappresenta un corrispondente aumento del capitale sociale.

Conversione delle obbligazioni in azioni (valore nominale delle obbligazioni superiore al valore nominale delle azioni)

../..		
Obbligazionisti c/rimborsi	100.000,00	
Capitale sociale		75.000,00
Riserva sovraprezzo azioni		25.000,00
Conversione in azioni di n. … obbligazioni		

In questa seconda ipotesi, poiché il valore nominale delle obbligazioni da estinguere risulta superiore al valore nominale delle azioni, la differenza rappresenta, in sostanza, un conferimento non imputato a capitale sociale, che va rilevato nella Riserva sovraprezzo azioni.

Capitolo dodicesimo

I CONTRIBUTI DA ENTI PUBBLICI

12.1. La natura dei contributi pubblici

I contributi pubblici rappresentano delle agevolazioni finanziarie concesse da organizzazioni sopranazionali, nazionali e locali (Unione Europea, Stato, Regioni o altri enti pubblici) a favore delle imprese. Queste agevolazioni mirano a favorire e sostenere lo sviluppo economico e/o l'occupazione in determinate aree geografiche o settori produttivi [1].

Tali agevolazioni possono essere concesse in forma diretta quando consistono in erogazioni di denaro o altri beni, o in forma indiretta, quando si concretizzano in riconoscimenti di crediti o riduzioni di obbligazioni di tipo tributario o contributivo. Si tratta di sovvenzioni che nella generalità dei casi non prevedono alcun vincolo di restituzione, anche se spesso sono concesse in abbinamento a forme di finanziamento tradizionali. Sul piano economico-aziendale, si distingue tra due principali categorie di contributi sulla base della diversa finalità economica delle contribuzioni concesse dagli enti pubblici: i «contributi in conto esercizio» e i «contributi in conto capitale»

I contributi in conto esercizio «sono in modo specifico destinati ad integrare i ricavi dell'esercizio o a ridurre i costi dell'esercizio, ovvero a fronteggiare squilibri fra tali flussi di valori» [2]. La loro finalità è quella di influenzare positivamente la formazione del reddito dell'esercizio.

I contributi in conto capitale, invece, sono destinati a rafforzare la capacità patrimoniale dell'azienda. A loro volta, essi possono essere distinti in:

– contributi finalizzati all'acquisizione, all'ampliamento o riattivazione di speci-

---

[1] Per un'analisi empirica sull'influenza di queste politiche agevolative sulla performance delle imprese nel contesto italiano si rinvia, tra gli altri, a: M. Serra, L. Mulas, A. Mura, *Contribuzione pubblica e creazione di Valore Aggiunto nelle imprese italiane: Un'analisi empirica*, in *Management Control*, 2012, Vol. 2, pp. 33-54.

[2] G. Melis, C. Pardocchi, *Il concorso dei contributi da enti pubblici al reddito d'esercizio ed al capitale di funzionamento*, in *Annali della Facoltà di Economia dell'Università di Cagliari*, Milano, FrancoAngeli, 1996, pag. 142.

fiche immobilizzazioni e commisurati al costo delle stesse [3], denominati generalmente contributi in conto impianti;
- contributi finalizzati al rafforzamento indistinto della struttura patrimoniale dell'azienda senza uno specifico vincolo di destinazione, di cui sono un tipico esempio i cosiddetti contributi e liberalità.

La diversa natura economica di tali contribuzioni genera differenze sulle modalità per la loro contabilizzazione e rappresentazione nel bilancio d'esercizio. Tali aspetti verranno considerati mediante le esemplificazioni successive.

12.2. I contributi in conto esercizio

Sul piano contabile, i contributi in conto esercizio rappresentano componenti positivi di reddito che possono essere finalizzati all'integrazione dei ricavi o alla riduzione dei costi d'esercizio.

Essi vanno rilevati nel momento in cui sorge il diritto alla loro percezione, indipendentemente sia della data in cui sono effettivamente incassati, sia dall'esercizio al quale si riferiscono, che può anche essere precedente.

Come previsto dal legislatore civilistico per la redazione degli schemi di bilancio, i contributi in conto esercizio confluiscono nel Conto economico nell'ambito della classe A Valore della produzione, alla voce 5 Altri ricavi e proventi, con separata indicazione degli stessi. I principi contabili italianispecificano che tale collocazione in bilancio deve riguardare contributi in conto esercizio che integrano i ricavi o riducono i costi relativi alla gestione caratteristica e accessoria dell'impresa. Se invece sono collegati con la gestione finanziaria, ossia se si tratta dei cosiddetti contributi in conto interessi ottenuti per l'abbattimento del costo degli oneri finanziari, vanno collocati sempre nel Conto Economico, ma in detrazione della voce C17 *Oneri finanziari*. Sono considerati anche in questo caso componenti positivi di reddito, ma rappresentano degli storni di costo anziché dei ricavi. Se invece tali contributi in conto interessi sono relativi a oneri finanziari maturati in precedenti esercizi vanno collocati nella voce C16d) *Altri proventi finanziari* [4].

Sotto il profilo tributario, all'art. 85, commi g e h, D.P.R. 917/1986, è specificato che rientrano tra i ricavi imponibili dell'esercizio «i contributi in denaro, o il valore normale di quelli in natura, spettanti sotto qualsiasi denominazione in base a contratto», nonché «i contributi in conto esercizio a norma di legge», secondo il criterio generale della competenza economica.

Di seguito si illustra un caso esemplificativo.

---

[3] Cfr. Organismo Italiano di Contabilità, *Principi contabili, OIC 16, Immobilizzazioni materiali*, 2016, par. 86.

[4] Cfr. Organismo Italiano di Contabilità, *Principi contabili, OIC 12, Composizione e schemi del bilancio d'esercizio*, 2016, parr. 56-f e 96.

Il 15/04 la Regione Sardegna comunica l'attribuzione di un contributo in conto esercizio di € 75.000,00 all'impresa Urbantrasporti S.r.l. destinato all'integrazione dei prezzi di vendita basati su prezzi politici ribassati. Il 19/06 l'importo viene accreditato sul c/c Unicredit dell'impresa beneficiaria.

Al momento della comunicazione dell'attribuzione del contributo, che indica formalmente il sorgere del diritto alla sua percezione, si addebita il conto *Crediti vs Enti Pubblici* (variazione finanziaria attiva) e si accredita il conto *Contributi in c/esercizio* (variazione economica positiva).

La rilevazione contabile è la seguente:

15/04		
Crediti vs Enti Pubblici	75.000,00	
Contributi in c/esercizio		75.000,00
Ottenuto contributo in c/esercizio Regione Sardegna		

Al momento dell'incasso, si rileva una permutazione finanziaria con cui si storna il credito e si addebita il c/c bancario per l'entrata monetaria.

La rilevazione è la seguente:

19/06		
Unicredit c/c	75.000,00	
Crediti vs Enti Pubblici		75.000,00
Accreditato sul c/c contributo in c/esercizio regionale		

12.3. Contributi in conto impianti

Secondo i principi contabili italiani, ora uniformi rispetto alla prassi internazionale prevista dallo IAS 20, la rilevazione dei contributi in c/impianti va impostata in base al cosiddetto approccio reddituale. Secondo questo approccio, il contributo è considerato un ricavo pluriennale anticipato che va gradualmente accreditato al Conto Economico negli esercizi in cui si articola la vita utile del cespite acquisito grazie al contributo[5].

---

[5] Cfr. Organismo Italiano di Contabilità, *Principi contabili, OIC 16, Immobilizzazioni materiali*, 2016, par. 88. In passato, gli stessi principi ammettevano in alternativa l'adozione del cosiddetto approccio patrimoniale. Secondo questa impostazione i contributi sono considerati come parte integrante del patrimonio netto dell'azienda beneficiaria e vanno rilevati in una specifica voce del patrimonio netto. Tale opzione era giustificata prevalentemente per motivi tributari poiché l'abrogata normativa fiscale prevedeva la sospensione integrale o parziale della tassazione del contributo a condizione che lo stesso venisse accantonato tra le poste del patrimonio netto. Cfr. *Consiglio Nazionale Dei Dottori Commercialisti e Consiglio Nazionale Dei Ragionieri, Principi contabili, Documento n. 16, Le immobilizzazioni materiali*, Milano, Giuffrè, 1979, pagg. 56-57.

L'accreditamento graduale al Conto Economico può essere, a sua volta, realizzato secondo due distinte modalità: 1) il metodo dei risconti (denominato dai principi contabili "metodo indiretto"; 2) il metodo della detrazione del costo (anche detto metodo "metodo diretto")[6].

Secondo il metodo del risconto, l'intero contributo va rilevato come componente positivo di reddito, rinviando al futuro la parte giudicata di competenza degli esercizi successivi. Questa quota viene rettificata indirettamente tramite l'iscrizione di un risconto passivo pluriennale. La ripartizione del contributo avviene sulla presunta vita utile del bene a cui è riferito. Operativamente, la quota del contributo che va accreditata al Conto Economico è ottenuta applicando la percentuale di ammortamento del bene acquisito all'importo del contributo. La quota del contributo che va riscontata si ottiene applicando al contributo la percentuale del costo storico del bene acquisito che rimane ancora da ammortizzare nei successivi esercizi.

Esemplificando, si ipotizzi che nell'esercizio n venga acquistato un impianto del costo di € 900,00, con vita utile stimata in 3 anni, a fronte del quale viene ricevuto un contributo di € 600,00. Le quote di ammortamento del cespite (€ 300,00 = € 900 diviso 3 anni) saranno parzialmente fronteggiate dalla quota proporzionale del contributo (€ 200 = 600,00 diviso 3 anni).

L'operazione dell'acquisto dell'impianto mediante il contributo influenzerà la formazione del reddito in ciascun esercizio per € 100,00 (€ 300,00 di ammortamento meno € 200,00 di quota contributo), che corrisponderà ad un ammortamento del 33,33% sul costo del bene al netto del contributo (€ 900,00 meno € 600,00).

Sul piano contabile, al momento dell'acquisto del bene si rileva la fattura ricevuta nel modo seguente:

../..		
Impianti	900,00	
Iva a credito	198,00	
Fornitori		1.098,00
Ricevuta fattura n … da … per acquisto di un impianto		

Al momento della comunicazione dell'attribuzione formale del contributo, si rileva il sorgere del credito nei confronti degli enti pubblici in contropartita di un ricavo pluriennale. La rilevazione è la seguente:

../..		
Crediti vs Enti pubblici	600,00	
Contributi in c/impianti		600,00
Liquidazione del contributo Legge …		

[6] Cfr. Organismo Italiano di Contabilità, *Principi contabili, OIC 16, Immobilizzazioni materiali*, 2016, par. 88.

Al momento dell'incasso si storna il credito e in contropartita si rileva l'aumento delle disponibilità bancarie:

../..		
Banca c/c	600,00	
Crediti vs Enti pubblici		600,00
Accreditato contributo Legge …		

Al termine dell'esercizio, in occasione delle scritture di assestamento, si rileva l'ammortamento del bene e si assesta la competenza economica del contributo stornando la quota di competenza degli esercizi successivi. Tale quota sarà pari all'ammontare del contributo corrispondente alla percentuale del costo dell'impianto ancora da ammortizzare:

$$€\ 600{,}00 \times 66{,}66\% = €\ 400$$

Le rilevazioni sono le seguenti:

31/12/n		
Amm.to impianti	300,00	
Fondo amm.to impianti		300,00
Quota di ammortamento dell'esercizio		
31/12/n		
Contributi in c/impianti	400,00	
Risconti passivi		400,00
Rinviata quota del contributo di competenza degli esercizi successivi		

Alla chiusura dei conti, il saldo del conto *Contributi in c/impianti* verrà epilogato in avere del Conto Economico tra i componenti positivi di reddito; il conto *Impianti*, sarà epilogato in Dare dello Stato Patrimoniale, mentre i conti *Fondo ammortamento impianti* e *Risconti Passivi* saranno epilogati in Avere dello Stato Patrimoniale.

Nel bilancio di derivazione contabile, l'operazione in esame ha i seguenti riflessi:

STATO PATRIMONIALE

Attivo		Passivo	
Impianti	900	Fondo ammortamento	300
		Risconti passivi	400

CONTO ECONOMICO

Costi		Ricavi	
Amm.to impianti	300	Contributi in c/Impianti	200

Il ruolo del risconto passivo pluriennale è proprio quello di trasferire agli esercizi successivi le quote del contributo in correlazione con la vita utile residua dell'impianto. Infatti, il saldo del conto *Risconti passivi* verrà poi gradualmente accreditato al Conto Economico degli anni successivi, in base alla prosecuzione del processo d'ammortamento per essere contrapposto alla quota di ammortamento dell'impianto.

Alla riapertura dei conti dell'esercizio n+1, il saldo del conto *Risconti Passivi* verrà girato al relativo conto di reddito ossia il conto *Contributi in c/impianti*, con la rilevazione seguente:

1/1/n+1		
Risconti passivi	400,00	
Contributi in c/impianti		400,00
Girato il saldo del risconto al relativo conto di reddito		

Al termine dell'esercizio n+1, si procederà all'assestamento dei conti per rispettare il principio della competenza economica, in modo del tutto analogo al precedente esercizio. La quota del contributo da rinviare all'esercizio sarà pari alla percentuale del costo dell'impianto ancora da ammortizzare:

$$€\ 600{,}00 \times 33{,}33\% = €\ 200$$

Le scritture saranno le seguenti:

31/12/n+1		
Amm.to impianti	300,00	
Fondo amm.to impianti		300,00
Quota di ammortamento dell'esercizio		
31/12/n+1		
Contributi in c/impianti	200,00	
Risconti passivi		200,00
Rinviata quota del contributo di competenza degli esercizi successivi		

Si tenga presente che con una soluzione contabile più agile, si sarebbero potute evitare le due rilevazioni contabili per assestare il contributo: una per girare alla riapertura dei conti l'intero saldo del conto *Risconto passivo* in avere del conto *Contributi in c/impianti* (€ 400,00); l'altra per poi stornare quest'ultimo mediante un risconto alla chiusura dell'esercizio (€ 200,00). Infatti, si sarebbe ottenuto un identico risultato con un'unica scrittura al termine dell'esercizio con cui si storna il conto *Risconti passivi* in contropartita del conto *Contributi in c/impianti* direttamente per l'ammontare da accreditare al Conto Economico [7].

---

[7] La quota del contributo giudicata di competenza dell'esercizio, in quanto contrapposta ideal-

La rilevazione sarebbe stata la seguente:

31/12/n+1		
Risconti passivi	200,00	
Contributi in c/impianti		200,00
Girato il saldo del risconto al relativo conto di reddito		

La tecnica contabile alternativa, ossia il metodo della detrazione del costo (o metodo diretto), consiste nel portare il contributo direttamente in detrazione del costo del bene a cui è finalizzato.

In questo modo il costo dell'immobilizzazione si ridurrà per un importo equivalente al contributo e le quote di ammortamento saranno proporzionalmente inferiori nei diversi esercizi in cui si dispiega la vita utile del bene.

L'influenza sull'entità del reddito d'esercizio e del patrimonio netto è identica con l'impiego delle due tecniche. Infatti, con il metodo della detrazione anziché esservi in Conto Economico l'importo degli ammortamenti calcolati sull'intero costo storico del bene in contrapposizione alla quota di contributo di competenza, appaiono quote d'ammortamento pari alla differenza dei due precedenti valori, in quanto calcolate sul costo storico ridotto dell'importo del contributo.

Analogamente nello Stato Patrimoniale anziché apparire tra le attività il valore netto contabile del bene ottenuto dalla differenza tra il costo storico originario e gli ammortamenti già rilevati, e tra le poste del passivo il risconto pluriennale, appare unicamente il valore netto contabile ottenuto dalla differenza tra il costo storico al netto del contributo e i minori ammortamenti calcolati.

Ciò può risultare più chiaro sviluppando con il metodo della detrazione lo stesso esempio appena svolto con la tecnica dei risconti. Al momento dell'acquisto dell'impianto, dell'attribuzione e dell'incasso del contributo le rilevazioni non si modificano. Esse sono:

Impianti	900,00	
Iva a credito	198,00	
Fornitori		1.098,00
Ricevuta fattura n ... da ... per acquisto di un impianto		
Crediti vs Enti pubblici	600,00	
Contributi in c/impianti		600,00
Liquidazione del contributo Legge ...		
Banca c/c	600,00	
Crediti vs Enti pubblici		600,00
Accreditato contributo Legge		

mente alla quota di ammortamento del bene, deve trovare rappresentazione nel Conto Economico alla voce A5 *Altri ricavi e proventi* nel valore della produzione.

La differenza consiste nello stornare il contributo interamente in detrazione del costo dell'immobilizzazione, con la rilevazione seguente:

Contributi in c/impianti	600,00	
Impianti		600,00
Storno costo impianti per contributo		

Al termine dell'esercizio l'ammortamento va calcolato sul costo dell'immobilizzazione ridotto del contributo (900,00 – 600,00 = 300,00), per cui le quote d'ammortamento saranno pari a 100,00:

31/12/n		
Amm.to impianti a	100,00	
Fondo amm.to impianti		100,00
Quota di ammortamento dell'esercizio		

La rappresentazione in bilancio al termine dell'esercizio nel caso esaminato sarebbe la seguente:

STATO PATRIMONIALE

Attivo		Passivo	
Impianti	300,00	Fondo ammortamento	100,00

CONTO ECONOMICO

Costi		Ricavi	
Amm.to impianti	100,00		

Analogamente, anche in ciascuno dei due anni successivi, si rileveranno gli ammortamenti per un importo minore rispetto al caso del metodo dei risconti, con la seguente rilevazione:

31/12/n+1		
Amm.to impianti	100,00	
Fondo amm.to impianti		100,00
Quota di ammortamento dell'esercizio		

I principi contabili italiani, ritengono entrambe le tecniche di contabilizzazione valide, dal momento che garantiscono la stessa influenza sull'ammontare del reddito d'esercizio e del patrimonio netto. Ciò è facilmente verificabile andando a vedere le rappresentazioni in bilancio sopra riportate.

Peraltro, vi è da aggiungere che la tecnica del risconto pare più rispettosa del principio della clausola generale che regola la formazione del bilancio d'esercizio (art. 2423 codice civile). Il metodo della detrazione, infatti, si differenzia sotto il profilo della chiarezza, in quanto, per effetto della rettifica del costo storico del bene strumentale, di fatto riduce in modo fittizio il valore delle immobilizzazioni da iscrivere in bilancio. Si tratta di un compenso di partite che può ledere il principio della chiarezza. Sul piano della «rappresentazione veritiera e corretta», vi sono ulteriori difficoltà poiché il cespite non viene iscritto al costo d'acquisto o di produzione come invece previsto dall'art. 2426 del codice civile, comma 1.

In merito alle implicazioni tributarie, entrambe le tecniche sono conformi alla normativa attualmente in vigore, secondo la quale, in base al combinato disposto dell'art. 88 comma 3 lett. b, e dell'art 109 comma 1. del D.P.R. 917/86 sono tassabili in base al principio della competenza economica, e, quindi, in base all'impostazione adottata in bilancio.

Inoltre, si segnala che il metodo della rappresentazione netta potrebbe generare un inconveniente sul piano tributario, poiché riducendo il costo dei beni ammortizzabili presenti nel libro cespiti, riduce anche il plafond su cui calcolare il limite del 5% per la deducibilità delle manutenzioni e riparazioni.

Di seguito si presenta un ulteriore caso esemplificativo della contabilizzazione dei contributi in c/impianti.

Il 15/04/n la società *Agitur* riceve la comunicazione dell'attribuzione di un contributo in c/impianti ex legge 488/92 pari a € 250.000,00 finalizzata all'acquisto di un macchinario. Il 30/06/n riceve la fattura 4570 della *Cecini* S.p.A. relativa al macchinario oggetto di contribuzione per € 300.000,00 + IVA 22%. Il 15/08/n l'importo del contributo viene accreditato nel c/c BNL La vita utile del bene è stimata in 5 anni (aliquota di ammortamento 20%).

Nel caso specifico, la società usufruisce di un contributo in conto impianti in base alla legge nazionale 488/92 che rappresenta il principale strumento con cui attualmente il Ministero delle Attività Produttive distribuisce alle imprese italiane contributi a fondo perduto e finanziamenti a tasso agevolato. Le rilevazioni relative all'acquisto del macchinario, all'ottenimento e incasso del contributo a questo punto non richiedono particolari commenti. Esse sono:

15/04		
Crediti vs Enti pubblici	250.000,00	
Contributi in c/impianti		250.000,00
Liquidazione del contributo Legge 488/92		
30/06		
Macchinari	300.000,00	
Iva a credito	66.000,00	
Fornitori		366.000,00
Ricevuta fatt. 4570 Cecini S.p.A. acquisto macchinario		

15/08		
BNL c/c	250.000,00	
Crediti vs Enti pubblici		250.000,00
Accreditato contributo Legge 488/92		

Sulla base del metodo dei risconti, che, come riferito, risulta maggiormente conforme alla clausola generale del bilancio, al termine dell'esercizio si procede al calcolo ed alla rilevazione della quota d'ammortamento e del risconto passivo, con il quale si rinvia ai futuri quattro esercizi la quota del contributo di loro competenza. I calcoli e le rilevazioni contabili sono i seguenti:

€ 300.000,00/5 = € 60.000,00 quota ammortamento di competenza dell'esercizio
€ 250.000,00/5 = € 50.000,00 quota di contributo di competenza dell'esercizio [8]
€ 50.000,00 x 4 = € 200.000,00 quota di contributo da rinviare agli esercizi successivi [9]

31/12		
Amm.to macchinari	60.000,00	
F.do amm.to macchinari		60.000,00
Quota di ammortamento dell'esercizio		
31/12		
Contributi in c/impianti	200.000,00	
Risconti passivi		200.000,00
Rinviata quota contributo di competenza degli esercizi successivi		

12.4. Contributi e liberalità

Come riferito in precedenza, i contributi in conto impianti non esauriscono la casistica dei contributi in conto capitale. Infatti possono esservi delle agevolazioni pubbliche che non sono finalizzate in modo specifico alla realizzazione di nuovi investimenti in beni ammortizzabili, né al riequilibrio del sistema dei costi e ricavi d'esercizio. Tali contributi in conto capitale possono riguardare la realizzazione di immobilizzazioni non soggette ad ammortamento, oppure riguardare la realizzazione di progetti complessi in cui coesistono sia investimenti in fattori strumentali

[8] Allo stesso risultato si perviene moltiplicando l'importo del contributo per l'aliquota di ammortamento:

€ 250.000,00 x 20% = € 50.000,00.

[9] Allo stesso risultato si perviene moltiplicando l'importo del contributo per la percentuale del costo del macchinario ancora da ammortizzare:

€ 250.000,00 x 80% = € 200.000.

sia in fattori d'esercizio, o ancora contributi generici a destinazione indistinta che potranno essere utilizzati in base alla discrezionalità del management aziendale.

Sulla modalità di contabilizzazione di tali contribuzioni non vi è uniformità di vedute da parte della dottrina economico-aziendale. Li si potrebbe contabilizzare come componenti positivi di reddito, oppure, con riferimento ai contributi generici finalizzati indistintamente al rafforzamento della struttura patrimoniale e finanziaria dell'impresa, pare avanzabile l'ipotesi di rilevarli mediante l'approccio patrimoniale, ossia rilevandoli in un'apposita voce del patrimonio netto.

Ai fini delle imposte sul reddito, il legislatore tributario specifica che i proventi in denaro o in natura conseguiti a titolo di contributo o liberalità, diversi dai contributi in conto esercizio e dai contributi in conto impianti, sono da considerare sopravvenienze attive e sono imponibili nell'esercizio in cui sono incassati, o in quote costanti ripartite nello stesso esercizio e nei quattro successivi (art. 88 comma 3, lett. b) DPR 917/86).

IL CASO BIO-BREW S.p.A. (PARTE SECONDA)

Questo caso applicativo ha l'obiettivo di sintetizzare le principali rilevazioni contabili sviluppate nei capitoli da 7 a 12. Si tratta della prosecuzione del caso Bio-Brew S.p.A. presentato alla fine del capitolo 6.

Nell'anno *n+1*, dopo la riapertura dei conti, l'impresa Bio-Brew S.p.A. effettua le seguenti operazioni:

1) Il 08/04 si emette fattura n. 192 per la vendita di birra per complessivi € 18.300,00 + IVA 22%. Il regolamento avviene tramite una ricevuta bancaria a 30 giorni, inviata in giornata alla Banca y. Il giorno successivo l'importo della ricevuta bancaria viene accreditato in conto corrente con la clausola salvo buon fine, al netto di oneri bancariper € 96,00.

08/04		
Clienti Italia	22.326,00	
Prodotti c/vendite		18.300,00
IVA a debito		4.026,00
Emessa fattura n. 192 per vendita prodotti		
08/04		
Clienti c/RI.BA. S.B.F.	22.326,00	
Clienti Italia		22.326,00
Invio RI.BA. all'accredito S.B.F.		
09/04		
Oneri bancari	96,00	
Banca y c/c	22.230,00	
Banca y c/anticipi su RI.BA. S.B.F.		22.326,00
Accreditato importo RI.BA.		

2) Il 22/04 l'assemblea dei soci delibera il seguente riparto dell'utile conseguito nell'esercizio precedente: 5% a riserva legale; 15% a riserva statutaria; 20% a riserva straordinaria; il resto agli azionisti con arrotondamento del dividendo lordo al centesimo di euro (capitale sociale suddiviso in 350 azioni da € 1.000,00 ciascuna). Il 10/05 si pagano i dividendi tramite il c/c Banca x, effettuando la ritenuta di euro 35.357,14.

Utile dell'esercizio *n* [1]	€ 235.660,93
5% a riserva legale	€ 11.783,05
15% a riserva statutaria	€ 35.349,14
20% a riserva straordinaria	€ 47.132,19
Residuo da ripartire	€ 141.396,55

Dividendo unitario azioni ordinarie: 141.396,55 / 350 = 403,99014 ≈ 403,99

Dividendi lordi: € 403,99 * 350 = € 141.396,50

Avanzo utili = € 141.396,55 - € 141.396,50 = € 0,05

22/04		
Utile dell'esercizio *n*	235.660,93	
Riserva legale		11.783,05
Riserva statutaria		35.349,14
Riserva straordinaria		47.132,19
Azionisti c/dividendi		141.396,50
Avanzo utili		0,05
Ripartito utile conseguito nell'esercizio n		
10/05		
Azionisti c/dividendi	141.396,50	
Erario c/ritenute da versare		35.357,14
Banca x c/c		106.039,36
Pagati dividendi		

3) Il 10/05 la banca comunica l'avvenuto incasso della ricevuta bancaria S.B.F. di cui al punto 1).

10/05		
Banca y c/anticipi su RI.BA. S.B.F.	22.326,00	
Clienti c/RI.BA S.B.F.		22.326,00
Comunicato regolare incasso della RI.BA. da parte della banca		

4) Il 16/06 si regola tramite c/c Banca x la posizione IRAP relativa all'esercizio n. In base alle disposizioni di legge, si provvede altresì a versare la prima rata di acconto IRES e IRAP nella misura del 40,6% delle imposte rilevate nell'esercizio precedente utilizzando, in compensazione, il credito IRES dell'anno n.

L'impresa deve versare, a titolo di acconto, il 40,6% dell'IRES dell'esercizio precedente pari a € 40.533,82 (€ 99.837,00 x 40,6%) e il 40,6% dell'IRAP dell'esercizio precedente per € 12.350,93 (€ 30.421,00 * 40,6%). Inoltre, si salda il debito IRAP sorto l'anno precedente, utilizzando in compensazione il credito

[1] L'importo dell'utile da ripartire è quello risultante dalla riapertura dei conti effettuata il 01/01/n+1, per la quale si rimanda al capitolo V.

IRES di € 24.470,98 formatosi nello stesso periodo.

16/06		
Erario c/acconto IRES	40.533,82	
Erario c/acconto IRAP	12.350,93	
Erario c/IRAP	13.941,00	
Erario c/IRES		24.470,98
Banca x c/c		42.354,77
Pagata IRES e IRAP anno n e acconti anno n+1		

5) Il 02/07 (lunedì) si acquistano, tramite la Banca x, Obbligazioni Hop, 3% annuo, godimento 01/06-01/12, per un valore nominale di € 57.000,00, al corso (non includente le commissioni) di 100,6 + *i*, giorni borsa 3, nessuna ritenuta fiscale. Le commissioni sono pari allo 0,4% del corso secco.

Valore titoli al corso secco di acquisto: $57.000{,}00 \times \frac{100{,}6}{100} = 57.342{,}00$

Data di regolamento: 04/07/n+1 (02/07 + 2 giorni borsa aperta)

GG. maturati dal 01/06/n+1 (escluso) al 04/07/n+1 (incluso): 29 + 4 = 33

GG. durata cedola 01/06-01/12: 29 + 31 + 31 + 30 + 31 + 30 + 1 = 183

Tasso semestrale: 3%/2 = 1,5%

Commissioni: 57.342,00 * 0,4% = € 229,37

$$I= \frac{100 \times 33 \times 1{,}5}{18.300} = 0{,}270491 \approx 0{,}27049$$

$$I= \frac{0{,}27049 \times 57.000{,}00}{100} = 154{,}18$$

Corso secco	57.342,00
+ int. lordi maturati	154,18
Corso tel quel	57.496,18
+ commissioni	229,37
TOTALE	57.725,55

04/07		
Titoli	57.571,37	
Interessi su titoli	154,18	
Banca x c/c		57.725,55
Acquistati titoli obbligazionari		

6) Il 20/07 la regione dà comunicazione dell'attribuzione di un contributo in c/impianti pari a € 4.000,00 finalizzato al rinnovo degli strumenti informatici.

20/07			
Crediti vs. Enti Pubblici	4.000,00	
Contributi in c/impianti		4.000,00
Liquidato contributo regionale		

7) Il 05/08 si riceve la fattura n. 120 della Tecnology S.r.l. per l'acquisto di strumenti informatici per € 9.700,00 + IVA 22%, relativamente ai quali si è ricevuto il contributo di cui al punto *6)*. In fattura sono addebitate anche le spese di trasporto per € 50,00 e i costi di montaggio pari a € 280,00 (IVA 22%). Regolamento a 15 giorni tramite giroconto bancario.

05/08		
Macchine elettroniche d'ufficio	10.030,00	
IVA a credito	2.206,60	
Fornitori Italia		12.236,60
Ricevuta fatt. 120 acquisto strumentazione informatica		
20/08		
Fornitori Italia	12.236,60	
Banca x c/c		12.236,60
Regolata fatt. 120		

8) Il 01/09 si stipula un contratto di leasing finanziario per l'acquisizione di un impianto, che prevede la corresponsione di un maxicanone anticipato pari a € 46.000,00 e 4 canoni semestrali pari a € 21.700,00 ciascuno. Lo stesso giorno si riceve la fattura n. 95 in cui viene addebitato il maxicanone e il primo canone, entrambi assoggettati a IVA 22%.

01/09		
Canoni di leasing	67.700,00	
IVA a credito	14.894,00	
Fornitori Italia		82.594,00
Ricevuta fatt. 95 per canone anticipato e maxicanone		

9) Il 18/09 si cedono ad una società di factoring crediti verso clienti, scadenti il 10/01/n+2, per un valore di € 48.000,00, alle seguenti condizioni: clausola pro-soluto (senza rivalsa), accredito immediato del 90% del valore nominale dei crediti sul c/c Banca y, al netto di commissioni pari al 1% del valore nominale e di interessi al tasso del 7,5% su base annua.

Importo anticipato: 48.000,00 * 90% = € 43.200,00

Giorni dal 18/09/n+1 al 10/01/n+2 =12+31+30+31+10=114

$$\text{Interessi passivi} = \frac{43.200,00 \times 114 \times 7,5}{36.500} = 1.011,95$$

Commissioni di factoring: 48.000,00 x 1% = 480,00

18/09		
Clienti c/factoring	48.000,00	
Clienti Italia		48.000,00
Trasferiti crediti a factor		
18/09		
Crediti vs. factor	4.800,00	
Interessi passivi di factoring	1.011,95	
Commissioni di factoring	480,00	
Banca y c/c	41.708,05	
Clienti c/factoring		48.000,00
Anticipati crediti ceduti a factor		

10) Il 05/10 si riceve la fattura n. 148 da un fornitore inglese per l'acquisto intracomunitario di luppoli soggetti a IVA 10%. Il totale della fattura è di sterline 4.000, il cambio del giorno di effettuazione dell'operazione euro/sterlina è pari a 0,8661. Regolamento in giornata tramite c/c Banca x.

Controvalore euro delle materie: 4.000/0,8661= € 4.618,40

05/10		
Materie c/acquisti	4.618,40	
IVA a credito	461,84	
Fornitori UE		4.618,40
IVA a debito		461,84
Ricevuta fatt. n. 148 per acquisto intracomunitario		
05/10		
Fornitori UE	4.618,40	
Banca x c/c		4.618,40
Regolata fatt. n. 148		

11) Il 15/10 l'assemblea straordinaria della società (capitale sociale € 350.000,00 diviso in 350 azioni ordinarie del valore nominale di € 1.000,00 ciascuna) delibera l'aumento del capitale sociale da effettuarsi mediante il conferimento di un terreno edificabile, valutato € 150.000,00. A tal fine vengono emesse 125 nuove azioni, da assegnare al socio apportatore, al prezzo di € 1.200,00 ciascuna. Lo stesso giorno il notaio consegna la documentazione attestante il passaggio di proprietà del terreno e la fattura comprensiva di onorari per € 1.600,00 + IVA 22% e di rimborsi spese per € 750,00. Regolamento in giornata tramite c/c Banca x, effettuando la ritenuta d'acconto del 20%.

Si noti che il valore di emissione delle azioni, pari a € 1.200,00, è superiore al valore nominale delle stesse. La differenza di € 200,00 è riconducibile al sovrapprezzo azioni.

Aumento capitale sociale: € 1.000,00 x 125 = 125.000,00

Riserva sovrapprezzo: € 200,00 x 125 = 25.000,00

15/10		
Azionisti c/sottoscrizione	150.000,00	
Capitale sociale		125.000,00
Riserva sovrapprezzo azioni		25.000,00
Sottoscritto aumento di capitale sociale		
15/10		
Terreni	150.000,00	
Azionisti c/sottoscrizione		150.000,00
Liberato integralmente conferimento		

La parcella presentata dal notaio sarà così articolata:

Onorario	€	1.600,00
IVA 22% (su 1.600,00)	€	352,00
Rimborsi spese	€	750,00
Totale a vs. debito	€	2.702,00
Ritenuta 20% (su 1.600,00)	€	(320,00)
Totale	€	2.382,00

15/10		
Costi di ampliamento	2.350,00	
IVA a credito	352,00	
Fornitori Italia		2.702,00
Ricevuta parcella n. 98 del notaio		
15/10		
Fornitori Italia	2.702,00	
Erario c/ritenute IRPEF		320,00
Banca x c/c		2.382,00
Regolata parcella n. 98		

12) Il 10/11 l'importo del contributo di cui al punto *6)* viene accreditato nel c/c Banca x.

10/11		
Banca x c/c	4.000,00	
Crediti vs. Enti Pubblici		4.000,00
Incassato contributo c/impianti		

13) Il 03/12 viene accreditata sul c/c Banca x la cedola semestrale relativa ai titoli obbligazionari di cui al punto 5.

Tasso semestrale: Tasso annuale/2 = 3% / 2 = 1,5%

I = 57.000,00 x 1,5% = 855,00

03/12		
Banca x c/c	855,00	
Interessi su titoli		855,00
Incassata cedola semestrale		

Al 31/12/n+1, prima dell'assestamento di bilancio, il responsabile amministrativo della Bio-Brew S.p.A. stampa la situazione dei conti riepilogativa di tutte le operazioni effettuate dall'impresa nel corso dell'anno [2], ivi comprese le operazioni contabilizzate ai punti precedenti (che sono una selezione di quelle effettuate durante l'esercizio). Le risultanze sono le seguenti:

CONTO	DARE	AVERE
Costi di impianto	37.000,00	
Costi di ampliamento	2.350,00	
Software	4.500,00	
Costi di sviluppo	15.000,00	
Terreni	150.000,00	
Fabbricati	270.000,00	
Impianti e macchinari	120.000,00	
Attrezzature industriali	60.000,00	
Macchine elettroniche d'ufficio	10.030,00	
Clienti Italia	257.715,00	
Cambiali attive commerciali	87.000,00	
Crediti vs. factor	4.800,00	
Dipendenti c/recupero contributi	1.261,60	
Erario c/IVA	1.460,00	
Erario c/acconto Irap	30.877,32	
Erario c/acconto Ires	101.334,56	
Titoli	57.571,37	
Banca x c/c	267.427,94	
Cassa contanti	2.549,00	
Capitale Sociale		475.000,00
Riserva legale		11.783,05
Riserva statutaria		35.349,14

[2] Si tenga presente che per esigenze didattiche e di spazio, nello sviluppo del caso sono state rilevate solamente alcune delle operazioni di gestione che la Bio-Brew S.p.A. ha realmente svolto durante l'esercizio (si tratta di quelle illustrate nei capitoli dal 6 al 12). La situazione dei conti aggiornata al 31/12, tuttavia, include nei saldi dei conti tutte le operazioni di gestione, comprese quelle non esplicitate nel caso.

CONTO	DARE	AVERE
Riserva straordinaria		47.132,19
Riserva sovrapprezzo azioni		25.000,00
Avanzo utili		0,05
F.do amm.to fabbricati		28.350,00
F.do amm.to impianti e macchinari		42.000,00
F.do amm.to attrezzature industriali		18.000,00
F.do amm.to software		4.500,00
F.do amm.to costi di impianto		29.600,00
F.do amm.to costi di sviluppo		3.000,00
F.do svalutazione crediti		8.163,23
Fondo TFR		65.870,00
Mutui passivi		129.350,00
Fornitori Italia		152.473,00
Cambiali passive		18.270,00
Banca y c/c		12.800,00
Erario c/ritenute IRPEF		10.914,00
Enti previdenziali		4.270,00
Prodotti c/vendite		2.161.549,00
Proventi diversi		47.093,20
Contributi in c/impianti		4.000,00
Interessi attivi vs. clienti		69,41
Interessi su titoli		700,82
Fitti attivi		57.000,00
Materie c/acquisti	911.560,00	
Canoni di leasing	67.700,00	
Spese di manutenzione	16.416,67	
Spese per prestazioni di servizi	100.791,68	
Stipendi e salari	252.320,00	
Oneri sociali	98.312,00	
Variazione rimanenze materie	90.000,00	
Variazione rimanenze prodotti	130.000,00	
Oneri bancari	2.158,00	
Premi assicurativi	47.300,00	
Oneri diversi di gestione	186.423,00	
Interessi passivi su mutui	6.800,00	
Interessi passivi c/c	87,00	
Interessi passivi di factoring	1.011,95	
Commissioni di factoring	480,00	
Totali	*3.392.237,09*	*3.392.237,09*

Si effettui l'assestamento dei conti tenendo conto dei fatti amministrativi di seguito indicati e delle operazioni contabilizzate precedentemente.

a) Dall'estratto conto Banca x relativo al mese di dicembre risultano interessi attivi per € 3.150,00 (ritenuta IRES 26%) e oneri bancari per euro 265,00. Dall'estratto conto della Banca y risultano interessi passivi per € 1.380,00 e oneri bancari pari a € 750,00.

31/12		
Erario c/ritenute IRES	819,00	
Oneri bancari	265,00	
Banca x c/c	2.066,00	
Interessi attivi c/c		3.150,00
Liquidate competenze E/C Banca x		
31/12		
Interessi passivi c/c	1.380,00	
Oneri bancari	750,00	
Banca y c/c		2.130,00
Liquidate competenze E/C Banca y		

b) Il 17/03 un cliente ha comunicato di aver intrapreso iniziative legali contro l'impresa per ottenere il rimborso di una precedente prestazione non conforme alle condizioni contrattuali. Prevedendo un esito negativo della controversia, si decide di accantonare prudenzialmente una somma pari a € 49.500,00.

31/12		
Accantonamento fondo controversie legali	49.500,00	
Fondo controversie legali in corso		49.500,00
Rilevato accantonamento al fondo rischi		

c) L'indennità TFR di competenza dell'esercizio è pari a € 19.176,00.

31/12		
Indennità TFR	19.176,00	
Dipendenti c/recupero contributi		1.261,60
Fondo TFR		17.914,40
Liquidato TFR di competenza dell'esercizio		

d) Gli ammortamenti sono calcolati secondo le seguenti aliquote: costi di impianto 20%, costi di ampliamento 20%, costi di sviluppo 20%; fabbricati 3%, impianti e macchinari 14%, attrezzature industriali 20%, macchine elettroniche d'ufficio 25% [3].

Amm.to fabbricati	270.000,00	x	3% =	8.100,00
Amm.to impianti e macchinari	120.000,00	x	14% =	16.800,00
Amm.to attrezzature industriali	60.000,00	x	20% =	12.000,00
Amm.to macchine elettr. d'ufficio	10.030,00	x	25% =	2.507,50
Amm.to costi di impianto	37.000,00	x	20% =	7.400,00
Amm.to costi di ampliamento	2.350,00	x	20% =	470,00
Amm.to costi di sviluppo	15.000,00	x	20% =	3.000,00

31/12		
Amm.to fabbricati	8.100,00	
Amm.to impianti e macchinari	16.800,00	
Amm.to attrezzature industriali	12.000,00	
Amm.to macchine elettroniche d'ufficio	2.507,50	
F.do amm.to fabbricati		8.100,00
F.do amm.to impianti e macchinari		16.800,00
F.do amm.to attrezzature industriali		12.000,00
F.do amm.to macchine elettroniche d'ufficio		2.507,50
Rilevati ammortamenti immobilizzazioni materiali		
31/12		
Amm.to costi di impianto	7.400,00	
Amm.to costi di ampliamento	470,00	
Amm.to costi di sviluppo	3.000,00	
F.do amm.to costi di impianto		7.400,00
F.do amm.to costi di ampliamento		470,00
F.do amm.to costi di sviluppo		3.000,00
Rilevati ammortamenti immobilizzazioni immateriali		

e) Si adegua il fondo svalutazione crediti nella misura del 2,5% dei crediti commerciali esistenti al 31/12.

A seguito dell'adeguamento, il fondo svalutazione crediti dovrà essere pari al 2,5% dei crediti commerciali. Esaminando la situazione dei conti al 31/12/n+1, si possono individuare le seguenti voci di credito commerciale:

Clienti Italia	257.715,00
Cambiali attive comm.li	87.000,00
Totale crediti commerciali	344.715,00

[3] Si noti che i terreni e i software presenti nella situazione dei conti al 31/12/n+1 non sono stati assoggettati alla procedura di ammortamento. I terreni, infatti, sono beni che non perdono valore nel tempo e per tale motivo non sono assoggettati al processo di ammortamento. Per i software, invece, si riscontra la coincidenza tra il costo storico e il fondo ammortamento e quindi la conclusione del processo di ammortamento.

Valore finale del fondo (adeguato): 344.715,00 × 2,5% =	8.617,88
Fondo esistente [4]	(8.163,23)
Accantonamento	454,65

31/12		
Svalutazione crediti	454,65	
Fondo svalutazione crediti		454,65
Adeguato fondo svalutazione crediti al 2,5%		

f) Le rimanenze finali di materie sono pari a € 80.000,00 e quelle di prodotti a € 175.000,00.

31/12		
Magazzino materie	80.000,00	
Magazzino prodotti	175.000,00	
Variazione rimanenze materie		80.000,00
Variazione rimanenze prodotti		175.000,00
Rilevate rimanenze finali di materie e prodotti		

g) I premi assicurativi presenti nella situazione dei conti si riferiscono al periodo 01/04/n+1 – 01/04/n+2.

Premio assicurativo: 47.300,00
Mesi totali: 12
Mesi di competenza dell'anno n+2 (dal 01/01/n+2 al 01/04/n+2): 3
47.300,00 : 12 = X : 3 → X = (47.300,00 × 3) / 12 = 11.825,00

31/12		
Risconti attivi	11.825,00	
Premi assicurativi		11.825,00
Assestata competenza premio assicurativo annuo		

Prima di rilevare le imposte IRES e IRAP occorre assestare alcuni componenti reddituali contabilizzati nel corso dell'esercizio n+1.

Con riferimento ai titoli obbligazionari (punto 5) bisogna contabilizzare la quota di interessi già maturata, che verrà liquidata in data 01/06/n+2. Nello specifico, si dovrà imputare la quota di interessi per il periodo 01/12/n+1 (ultima data di godimento) - 31/12/n+1.

[4] Si veda situazione dei conti al 31/12/n+1.

Importo cedola: I = € 57.000,00 x 1,5% = € 855,00
GG semestre (dal 01/12 al 01/06) = 30 + 31 + 28 + 31 + 30 + 31 + 1 = 182
GG di competenza (dal 1/12/n+1 al 31/12/n+1) = 30
Rateo interessi: € 855,00 : 182 = X : 30 → X = 140,93

31/12		
Ratei attivi	140,93	
Interessi su titoli		140,93
Rilevata quota interessi attivi di competenza		

Con riferimento al contributo pubblico (punto 6), si rende necessario assestare il relativo ricavo pluriennale, stornando la quota di competenza degli esercizi successivi.

Importo contributo da assestare: € 4.000,00 (si veda punto 6)
Amm.to macchine elettroniche d'ufficio coperte da contributo: € 2.507,50 [5]
Quota contributo di competenza: € 4.000,00 × 25% = € 1.000,00
Quota contributo da rinviare al futuro: € 4.000,00 - € 1.000,00 = € 3.000,00

31/12		
Contributi in c/impianti	3.000,00	
Risconti passivi		3.000,00
Rinviata quota di contributo di competenza futura		

Anche l'operazione di leasing finanziario (punto 8) merita attenzione in sede di assestamento dei conti. In particolare, si pone un problema di competenza sia per il primo canone semestrale pagato anticipatamente il 01/09/n+1 (con scadenza 01/03/n+2), sia per il maxicanone iniziale che si riferisce all'intera durata del contratto (01/09/n+1 – 01/09/n+3). L'assestamento di entrambe le voci avviene con un'unica operazione secondo la seguente procedura:

Canone mensile ricalcolato: € 132.800,00 / 24 = € 5.533,33

Totale canoni contabilizzati	€ 67.700,00
(-) Canoni di competenza (€ 5.533,33 x 4)	€ 22.133,32
Risconto attivo	€ 45.566,68

31/12		
Risconti attivi	45.566,68	
Canoni di leasing		45.566,68
Assestata competenza canoni di leasing		

[5] Si veda punto *d*.

Infine, occorre assestare la competenza economica degli interessi corrisposti anticipatamente al factor (punto 9) e relativi al periodo 18/09/n+1 - 10/01/n+2.

Interessi passivi pagati a factor: 1.011,95
GG totali: 114
GG di competenza dell'anno n+2 (dal 01/01/n+2 al 10/01/n+2): 10
1.011,95 : 114 = X : 10 → X = 88,77

31/12		
Risconti attivi	88,77	
Interessi passivi di factoring		88,77
Stornati interessi di factoring di competenza futura		

h) L'IRES d'esercizio è pari a € 132.400,00 e l'IRAP a € 35.700,00.

31/12		
IRES d'esercizio	132.400,00	
Erario c/acconto IRES		101.334,56
Erario c/ritenute IRES		819,00
Erario c/IRES		30.246,44
Liquidata IRES d'esercizio		
31/12		
IRAP d'esercizio	35.700,00	
Erario c/acconto IRAP		30.877,32
Erario c/IRAP		4.822,68
Liquidata IRAP d'esercizio		

Si provveda quindi a chiudere i conti e a determinare il reddito d'esercizio ed il correlato capitale di funzionamento.

31/12		
Conto Economico	1.933.783,00	
Materie c/acquisti		911.560,00
Spese di manutenzione		16.416,67
Spese per prestazioni di servizi		100.791,68
Oneri bancari		3.173,00
Premi assicurativi		35.475,00
Commissioni di factoring		480,00
Canoni di leasing		22.133,32
Stipendi e salari		252.320,00
Oneri sociali		98.312,00
Indennità TFR		19.176,00
Ammortamento costi d'impianto		7.400,00
Ammortamento costi d'ampliamento		470,00
Ammortamento costi di sviluppo		3.000,00

Ammortamento fabbricati		8.100,00
Ammortamento impianti e macchinari		16.800,00
Ammortamento attrezzature		12.000,00
Ammortamento macchine elettroniche d'ufficio		2.507,50
Svalutazione crediti		454,65
Variazione rimanenze materie		10.000,00
Accantonamento fondo controversie legali		49.500,00
Oneri diversi di gestione		186.423,00
Interessi passivi su mutui		6.800,00
Interessi passivi c/c		1.467,00
Interessi passivi di factoring		923,18
IRES d'esercizio		132.400,00
IRAP d'esercizio		35.700,00
Epilogo componenti negativi di reddito		
31/12		
Prodotti c/vendite	2.161.549,00	
Variazione rimanenze prodotti	45.000,00	
Fitti attivi	57.000,00	
Proventi diversi	47.093,20	
Contributi c/impianti	1.000,00	
Interessi attivi vs. clienti	69,41	
Interessi su titoli	841,75	
Interessi attivi c/c	3.150,00	
Conto Economico		2.315.703,36
Epilogo componenti positivi di reddito		
31/12		
Conto Economico	381.920,37	
Utile dell'esercizio n+1		381.920,37
Rilevato risultato d'esercizio		
31/12		
Stato Patrimoniale finale	1.662.090,69	
Costi di impianto		37.000,00
Costi di ampliamento		2.350,00
Software		4.500,00
Costi di sviluppo		15.000,00
Terreni		150.000,00
Fabbricati		270.000,00
Impianti e macchinari		120.000,00
Attrezzature industriali		60.000,00
Macchine elettroniche d'ufficio		10.030,00
Magazzino materie		80.000,00
Magazzino prodotti		175.000,00
Clienti Italia		257.715,00
Cambiali attive commerciali		87.000,00
Crediti vs. factor		4.800,00
Titoli		57.571,37
Erario c/IVA		1.460,00
Banca x c/c		269.493,94

Cassa contanti		2.549,00
Ratei attivi		140,93
Risconti attivi		57.480,45
Chiusura dei conti accesi alle attività		
31/12		
Capitale sociale	475.000,00	
Riserva legale	11.783,05	
Riserva statutaria	35.349,14	
Riserva straordinaria	47.132,19	
Riserva sovrapprezzo azioni	25.000,00	
Avanzo utili	0,05	
Utile dell'esercizio n+1	381.920,36	
Fondo ammortamento costi d'impianto	37.000,00	
Fondo ammortamento costi d'ampliamento	470,00	
Fondo ammortamento costi di sviluppo	6.000,00	
Fondo ammortamento software	4.500,00	
Fondo ammortamento fabbricati	36.450,00	
Fondo ammortamento impianti e macchinari	58.800,00	
Fondo ammortamento attrezzature industriali	30.000,00	
Fondo ammortamento macchine elettr. d'ufficio	2.507,50	
Fondo svalutazione crediti	8.617,88	
Fondo controversie legali in corso	49.500,00	
Fondo TFR	83.784,40	
Mutui passivi	129.350,00	
Fornitori Italia	152.473,00	
Cambiali passive	18.270,00	
Banca y c/c	14.930,00	
Erario c/ritenute IRPEF	10.914,00	
Enti previdenziali	4.270,00	
Erario c/IRES	30.246,44	
Erario c/IRAP	4.822,68	
Risconti passivi	3.000,00	
Stato Patrimoniale finale		1.662.090,69
Chiusura dei conti accesi alle passività e al netto		

BIBLIOGRAFIA

Airoldi G., Brunetti G., Coda V., *Economia aziendale*, Bologna, Il Mulino, 1994.

Amaduzzi A., *L'azienda nel suo sistema e nei suoi principi*, Torino, Utet, 1992.

Amodeo D., *Ragioneria generale delle imprese*, quarta edizione riveduta, Napoli, Giannini, 2002.

Barbagelata G., Traballi A., *Leasing. Le varie figure contrattuali. La corretta rilevazione in bilancio e in nota integrativa. Aspetti fiscali. Leasing e procedure concorsuali*, terza edizione, Milano, Esse libri-Simone, 2009.

Barghini T., *I titoli di Stato*, Milano, Il Sole 24 Ore Libri, 1996.

Bertini U., *Introduzione allo studio dei rischi nell'economia aziendale*, Pisa, Cursi, 1969.

Besta F., *La Ragioneria*, Volume III, Milano, Vallardi, 1909.

Borghesi A., *La gestione dei rischi di azienda: economia e organizzazione, teoria e pratica*, Padova, Cedam, 1985.

Capaldo P., *Qualche riflessione sull'informazione esterna d'impresa*, in *Rivista dei Dottori Commercialisti*, n. 6, 1975.

Capaldo P., *Reddito, capitale e bilancio di esercizio. Una introduzione*, Milano, Giuffrè, 1998.

Caramiello C., *L'azienda nella fase terminale*, Pisa, Cursi, 1968.

Caramiello C., *Il bilancio di esercizio, ieri e oggi. Brevi note per un confronto*, Milano, Giuffrè, 1994.

Caramiello C., *L'azienda. Alcune brevi riflessioni introduttive*, Terza edizione, Milano, Giuffrè, 1995.

Caramiello C., *Ragioneria generale ed applicata* (a cura di A. Musaio), Milano, Mursia, 1996.

Catturi G., *L'azienda universale. L'idea forza, la morfologia e la fisiologia*, Padova, Cedam, 2003.

Catturi G., *La valorialità aziendale*, Padova, Cedam, 2007.

Coda V., *L'orientamento strategico dell'impresa*, Torino, Utet, 1988.

Consiglio Nazionale Dei Dottori Commercialisti e Consiglio Nazionale Dei Ragionieri, *Principi contabili, Documento n. 16, Le immobilizzazioni materiali*, Milano, Giuffrè, 1979.

De Dominicis U., *Le immobilizzazioni tecniche nei problemi d'impresa*, Cuneo, Ghibaudo, 1955.

Dell'Atti V., Papa M., Dicuonzo G., *Rilevazione del leasing secondo l'Exposure Draft "Leases". Novità, ambito applicativo, criteri di rilevazione, contabilizzazione del locatario e del locatore*, in *Contabilità finanza e controllo*, n. 10, 2011.

Dezzani F., *Rischi e politiche d'impresa*, Milano, Giuffrè, 1971.

Dezzani F., Pisoni P., Puddu L., *Il bilancio*, Milano, Giuffrè, 2001.
Di Lazzaro F., *Il rischio aziendale. I modi per il suo fronteggiamento*, Milano, Giuffrè, 1990.

Ferrero G., *L'autoassicurazione nell'economia e nelle rilevazioni d'impresa*, Milano, Giuffrè, 1955.
Ferrero G., *Istituzioni di economia d'azienda*, Milano, Giuffrè, 1968.
Ferrero G., *Finanza aziendale*, Milano, Giuffrè, 1981.
Ferrero G., *La valutazione del capitale di bilancio. Logica economico-quantitativa della valutazione. Legislazione vigente e direttive comunitarie. Principi contabili*, Milano, Giuffrè, 1988.
Ferrero G., Dezzani F. *Contabilità e bilancio d'esercizio*, Milano, Giuffrè, 1983.
Frattini G., *Contabilità e bilancio. Principi economici, disciplina giuridica e normativa fiscale*, Milano, Egea, 2000.

Giordano S., *Contabilità semplificata*, Rimini, Maggioli editore, 2008.
Giunta F., *Appunti di economia aziendale*, ristampa riveduta, Padova, Cedam, 1996.
Giunta F., Pisani M., *Il bilancio*, seconda edizione, Milano, Apogeo, 2008.

Marchi L., *I sistemi informativi aziendali*, Milano, Giuffrè, 1988.
Marchi L. (a cura di), *Introduzione alla contabilità d'impresa*, Quarta edizione aggiornata, Torino, Giappichelli, 1999.
Marchi L. (a cura di), *Introduzione all'economia aziendale. Il sistema delle operazioni e le condizioni di equilibrio aziendale*, Quarta edizione, Giappichelli, 2001.
Melis A., *La qualità dell'informazione esterna. Principi contabili ed evidenze empiriche*, Milano, Giuffrè, 2008.
Melis G., *Le rimanenze nel bilancio di esercizio delle imprese che operano su commessa*, Padova, Cedam, 1988.
Melis G., *Elementi di Economia Aziendale,* terza edizione, Milano, Giuffrè, 2015.
Melis G., Congiu P., *Il bilancio d'esercizio delle imprese industrialimercantili e di servizi*, Milano, Giuffrè, 2015.
Melis G., Pardocchi C., *Il concorso dei contributi da enti pubblici al reddito d'esercizio ed al capitale di funzionamento*, in *Annali della Facoltà di Economia dell'Università di Cagliari*, Milano, FrancoAngeli, 1996.
Mella P., *Economia aziendale*, Torino, Utet, 1992.
Mella P., *Contabilità e bilancio*, Torino, Utet, 1993.
Montanari F., *Le operazioni esenti nel sistema dell'IVA*, Torino, Giappichelli, 2013.
Moro Visconti R., *I titoli a reddito fisso*, Milano, McGraw - Hill, 1993.

Onida P., *La logica e il sistema delle rilevazioni quantitative d'azienda*, seconda edizione accresciuta, Milano, Giuffrè, 1970.
Onida P., *Economia d'azienda*, Torino, Utet, 1971.
Onida P., *Il bilancio d'esercizio nelle imprese. Significato economico del bilancio. Problemi di valutazione*, quarta edizione emendata, ristampa inalterata, Milano, Giuffrè, 1974.
Organismo Italiano di Contabilità, *Principi contabili, OIC 11, Bilancio d'esercizio – finalità e postulati*, Milano, Giuffrè, 2005.
Organismo Italiano di Contabilità, *Principi contabili, OIC 12, Composizione e schemi del bilancio d'esercizio*, 2016.

Organismo Italiano di Contabilità, *Principi contabili, OIC 15, Crediti*, 2016.
Organismo Italiano di Contabilità, *Principi contabili, OIC 16, Immobilizzazioni materiali*, 2016.
Organismo Italiano di Contabilità, *Principi Contabili, OIC 19, Debiti*, 2016.
Organismo Italiano di Contabilità, *Principi contabili, OIC 20, Titoli di debito*, 2016.
Organismo Italiano di Contabilità, *Principi contabili, OIC 24, Immobilizzazioni immateriali*, 2016.
Organismo Italiano di Contabilità, *Principi Contabili, OIC 28, Patrimonio netto*, 2016.

Pantoni G., Sabbatini C., Dell'Isola N., Meroni M., *Adempimenti 2013 – Fatturazione IVA*, Sistema Frizzera, Milano, Il Sole 24 Ore, 2013.
Paolone G., *Il bilancio di esercizio delle imprese in funzionamento e dei gruppi societari*, Torino, Giappichelli, 1992.
Pavan A., *L'amministrazione economica delle aziende. Organizzazione e gestione; contabilità generale, bilancio e controllo nelle imprese. Associazioni "non profit" ed enti pubblici*, Milano, Giuffrè, 2001.
Pisoni P., *Il sistema informativo dell'impresa. Uno schema di studio*, Milano, Giuffrè, 1979.
Poddighe F., *L'azienda nella fase istituzionale*, Pisa, Cursi, 1984.
Portale N., *1000+ Casi IVA nella UE*, Milano, Giuffrè, 2013.
Provasoli A. (a cura di), *Bilancio d'esercizio. Letture e casi*, Milano, Egea, 2002.

Quagli A., *Bilancio di esercizio e principi contabili*, Torino, Giappichelli, 2001.

Roberto G., *Le riserve nel bilancio di esercizio*, Torino, Giappichelli, 2000.
Rugiadini A., *I sistemi informativi d'impresa*, Milano, Giuffrè, 1970.

Santesso U., Sòstero S., *I principi contabili per il bilancio d'esercizio. Analisi e interpretazione delle norme civilistiche*, Milano, Il Sole 24 Ore, 2006.
Sassi S., *Il sistema dei rischi d'impresa*, Milano, Vallardi, 1940.
Sassi S., *Le tecniche del fronteggiamento dei rischi nelle aziende industriali*, Napoli, Arti Grafiche La Nuovissima, 1951.
Serra M., Mulas L., Mura A., *Contribuzione pubblica e creazione di Valore Aggiunto nelle imprese italiane: Un'analisi empirica*, in *Management Control*, Vol. 2, 2012.
Simonci M., *Il contratto di leasing finanziario, Aspetti contabili aziendali e tributari*, Torino, Giappichelli, 1996.
Superti Furga F., *Le valutazioni di bilancio*, seconda edizione, Torino, Isedi, 1979.

Vergani M., *Leasing: nuovi criteri di contabilizzazione. Analisi della nuova disciplina prevista dal principio contabile IAS 17 in materia di leasing*, in *Guida alla contabilità e bilancio. Il Sole 24 Ore*, n. 10, 2010.
Vivarelli A., *I componenti straordinari del reddito d'impresa*, Cagliari, Società Editoriale Italiana, 1969.
Vivarelli A., *Strutture e forme del conto economico delle imprese*, Padova, Cedam, 1983.

Zappa G., *Il reddito di impresa. Scritture doppie, conti e bilanci di aziende commerciali*, terza ristampa della seconda edizione, Milano, Giuffrè, 1950.
Zappa G., *Le produzioni nell'economia delle imprese*, Tomo I, Milano, Giuffrè, 1956.
Zanda G., *Lineamenti di economia aziendale*, III Edizione, Roma, Kappa, 2006.

Ristampa effettuata nel mese di ottobre 2022
nella LegoDigit S.r.l. – Via Galileo Galilei, 15/1
38015 Lavis (TN)